FASCISME ET MONARCHIE

DU MÊME AUTEUR :

- *Nihilisme, subjectivisme et décadence* (2 tomes), Samizdat, 2009.
- *Présentation de l'Institut Charlemagne sous le patronage de l'archange Saint Michel*, Éditions Dominique Martin Morin, 2016.
- *Pour une contre-révolution révolutionnaire*, Reconquista Press, 2017.
- *Désir de Dieu et organicité politique*, Reconquista Press, 2019.
- *Paganisme versus Catholicisme : Le Conflit non surmonté du nationalisme*, Reconquista Press, 2020.

Collaboration aux ouvrages :

- *Serviam : La Pensée politique d'Adrien Arcand*, Reconquista Press, 2017. (Essai)
- MISCIATTELLI (Piero), *Le Fascisme et les Catholiques*, Reconquista Press, 2018. (Postface)

Sous le pseudonyme de STEPINAC :

- *De quelques problèmes politico-religieux contemporains*, Samizdat VR, 2011.
- *Du problème du rapport entre Nature et Grâce dans le thomisme et le néo-thomisme, et de ses enjeux politiques contemporains*, Samizdat VR, 2011.
- *Éléments de philosophie politique* (préfacé par Claude ROUSSEAU), Éditions Franques, 2013.

Joseph Mérel

FASCISME & MONARCHIE

Essai de conciliation du point de vue catholique

2e édition

Reconquista Press

www.reconquistapress.com

ISBN 978-0-9933993-7-4

Ce livre est la réédition d'un texte publié en 2001 en samizdat. Certaines erreurs et maladresses ont été rectifiées, quelques phrases ont été ajoutées çà et là. En dix-sept années, le monde a changé ; aussi certains développements paraîtront quelque peu inactuels au lecteur d'aujourd'hui. L'auteur a depuis, dans d'autres ouvrages, précisé sa pensée, laquelle demeure pour l'essentiel en accord avec ce qui est ici exposé.

Joseph Mérel - Avril 2018

PRÉFACE

J'ai fait la connaissance de Joseph Mérel il y a presqu'un lustre. C'était du haut d'une chaire... qu'il devrait occuper lui-même depuis longtemps, mais à laquelle il n'accédera peut-être jamais, en raison des idées qui s'expriment, précisément, dans cet ouvrage. Les quelques lignes qu'il me demande pour le préfacer ne sauraient en dégager la teneur, elle est trop riche et trop complexe pour cela. Elles visent seulement à attirer l'attention sur quelques thèmes — majeurs — d'un ouvrage qui, assurément, l'est lui-même, comme on va pouvoir en juger. L'extrême originalité de Joseph Mérel est aussi celle, aujourd'hui bien rare, de chercher à se faire oublier en se plaçant sous la tutelle conjointe de deux grands philosophes du passé. On pardonnera à l'auteur le langage métaphysique un peu difficile auquel l'acceptation de ce patronage le conduit, eu égard à l'importance des vérités qu'il vise à transmettre, et qui ne peuvent l'être que par ce moyen.

Quelles sont ces vérités ? La première est que le fascisme, perçu en général (traditionalisme catholique compris !) au pis comme le symétrique diabolique du communisme, au mieux comme son mime maladroit, représente au contraire l'héritage politique de l'aristotélisme chrétien, prolongé par Hegel. S'il le trahit partiellement, la faute en incombe à des circonstances historiques négatives qui ont fait avorter, finalement, cet effort de réactualisation. Effort que ne peuvent même pas se vanter d'avoir accompli les formes les plus tapageuses de la Réaction (le monarchisme maurrassiste par exemple !), souvent plus complices qu'on ne le croit du libéralisme de 89. La perception positive du fascisme, qui ne paraissait pas encore tout à fait inconvenante à certains il y a un demi-siècle, fait aujourd'hui hurler d'indignation même les autorités intellectuelles et morales de la vieille droite confédérée. Raison de plus, estime Joseph Mérel, pour soutenir et étayer philosophiquement les positions de Mussolini et de Hitler. Le début de son travail se consacre à cette réhabilitation. Seule la dimension idéelle du fascisme est concernée, parce que c'est la seule qu'on puisse aborder si on ne veut pas avoir immédiatement sur le dos les juges anti-révisionnistes. Je retiens ici des propos de l'auteur en faveur du « fascisme générique » (c'est-à-dire italo-allemand, à l'exclusion donc de toute référence hispanique), trois thèmes apologétiques ne manquant pas de force. Celui d'abord — trop oublié — de l'hostilité du fascisme à la « souveraineté du peuple » théorisée par Hobbes puis par Rousseau. Tant pour Hitler que pour Mussolini, le chef ne représente ni n'incarne, à la mode jacobine, une « volonté générale » au service de laquelle la sienne devrait se mettre : ils le voient, tout au contraire, comme le responsable des destinées d'une communauté organique, dont il doit se vouloir, conséquemment, non le simple chargé d'affaires mais bien le guide. Cette réhabilitation du commandement social, restitué à sa responsabilité foncière, suffit-elle, comme le croit l'auteur, à démarquer le fascisme du démocratisme ? Elle le désolidarise, en tous cas, du républicanisme contractualiste qui, en inféodant d'avance les gouvernants aux masses dont ils procèdent, a pour vérité historique ultime, en fin de cycle évolutif, le répugnant anonymat des directions communistes. L'autre trait saillant du fascisme, au moins hitlérien, c'est le racisme : un racisme semble-t-il « absolu », où le matérialisme moderne se manifesterait à l'état brut, comme dans l'économisme, les deux n'étant que l'expression alternative — ici universaliste, là particulariste — d'un même mal fondamental. La symétrie est pourtant trompeuse. En effet, si l'économolâtrie inhérente au libéralisme et au socialisme est intrinsèquement vicieuse, donc non susceptible de redressement, le racisme reproché à Hitler ne procédait, lui, que d'une surestimation déraisonnable (mais compréhensible, vu l'hostilité à la communauté allemande de l'époque des cosmopolites confédérés) du conditionnement physiologique dont nos activités supérieures sont toujours tributaires. Arraché à un absolutisme qui n'était peut-être que de circonstance, le « racisme » hitlérien (l'Église du temps, moins sotte et surtout moins lâche que la nôtre, ne s'y est d'ailleurs pas trompée) retrouve un incontestable fondement. Il y a un devoir pour un peuple, qu'Hitler a eu le mérite de comprendre et de réaffirmer : celui de protéger minimalement son intégrité biologique, sans laquelle c'en serait fait de sa culture, c'est-à-dire de ce qu'il doit pouvoir être fier d'apporter en cadeau à l'humanité. On lira sur ce point les pages nuancées de Joseph Mérel, qui sont à mon avis parmi les plus fortes de son livre. Ce qu'il retrouve ici, au-delà de la (vraie) position catholique — qui s'exprimait naguère dans *Mit brennender Sorge* — c'est, au fond, l'essentiel de la vision qu'Aristote se faisait déjà du *genos* : le *genos* où la nature humaine se prédispose elle-même, biologiquement, à des projections toujours particularisées de l'unicité de sa forme. Il aura fallu, c'est un comble, Hitler pour nous ramener à de telles vues, nonobstant la déformation affectant nécessairement une idée que sa relative inculture l'empêchait de cerner vraiment, au moment où son instinct lui en faisait sentir la souveraine importance. Enfin, et sur ce point aussi l'auteur me semble voir juste, il ne saurait être question d'aligner le fascisme sur l'irréligion moderne, dont les différentes formes relèvent d'un immanentisme horizontaliste signifiant le rejet *a priori*, par l'individu, de toute Existence prétendant dépasser la sienne. Le respect dû à Dieu, et à l'État qui Le représente, est un principe du christianisme ; là où l'individu voit dans sa subordination à la communauté la marque de sa dignité personnelle, quelque chose en subsiste encore.

La transcendance usurpatrice de la Race caricature, certes, celle que les sujets du vrai pouvoir sacral doivent reconnaître au dépositaire de ce dernier : elle en est cependant l'ombre portée, elle continue à l'évoquer, si lointainement que ce soit. Dans le sacrifice que l'individu consent encore à son peuple se manifeste une auto-transcendance, reliquat en l'homme de la présence de l'Autre, dont tout vrai matérialisme est, par définition, incapable. En persistant à demander aux Allemands un tel sacrifice, Hitler tournait le dos encore une fois à la Modernité. À la modernité communiste, comme Nolte essaie aujourd'hui en vain d'en convaincre la droite bien-pensante ; à la modernité marchande aussi, et dans la même foulée, car elles sont sœurs jumelles en immanentisme. C'est d'ailleurs la raison profonde de la liquidation historique du nazisme. Peut-on l'exprimer plus clairement que Churchill, cité par Mérel ? *Le crime impardonnable de l'Allemagne avant la Seconde Guerre mondiale était la tentative de détacher sa puissance économique du système du commerce mondial et de créer un propre système d'échanges duquel la finance mondiale ne pourrait plus bénéficier...* On ne saurait mieux dire. Partout où l'idée de bien commun — même défigurée — conserve un défenseur — même ambigu — il faut l'éliminer, dans l'intérêt des intérêts supérieurs de la collectivité mondiale ! Comment ne pas voir que les Juifs, suppôts de tous les matérialismes, ne pouvaient être, sur ces bases, que les ennemis absolus de l'hitlérisme, fondé dès lors à leur renvoyer au centuple leur hostilité ?

Fascisme et Monarchie renvoie, par son titre, à une seconde préoccupation de son auteur : celle, après avoir réhabilité dans le fascisme ce qui, en effet, pouvait et devait l'être, de le « concilier » avec la monarchie, en s'appuyant pour ce faire sur la tradition thomiste élargie. On sera sensible à l'originalité de l'entreprise. On appréciera l'extrême intelligence philosophique, et historique, que déploie Joseph Mérel pour mener à bien un tel projet, qui semble au premier abord relever de la gageure. Je me bornerai à relever deux thèmes impliqués de manière insistante dans un propos qui se résume lui-même ainsi : *La croisade des fascismes fut l'expression, à la fois inchoative et dévoyée... de ce dont la monarchie aurait eu besoin pour ne point sombrer.* Que la monarchie ait bien « sombré » est un fait, tristement confirmé en 1871 par l'absence de scrupules du Comte de Chambord à recourir, pour en réasseoir un jour les institutions principales, au *suffrage universel, honnêtement pratiqué.* Oui, triste fin que celle d'un système acculé au suicide (la Révolution n'a fait que le hâter) par sa fragilité même, par des « tensions internes » devenues insupportables. D'où venaient-elles ? Du mépris « aristocratique », explique Joseph Mérel, dans lequel était tenue, du fait de la primauté des Grands, la « volonté objective » du royaume. Cette « volonté objective » (l'expression vient de Hegel), le Roi, dynaste upsélique, extérieur à la société vivante, était, tout particulièrement, incapable de l'incarner. La fêlure congénitale de la monarchie capétienne tient ainsi à l'absence, en son sein, d'élites mobiles, capables, en renouvelant sans cesse les cercles dirigeants, d'arrimer ceux-ci au peuple réel. Pas étonnant qu'un jour il les ait chassés, comme on le fait de corps étrangers qui sont devenus des boulets — quitte à se retrouver ensuite, comme le possédé de l'Évangile, dans un pire état que celui qu'on avait connu en les subissant. Cette vision des « ordres » comme sclérotiques, tyranniques presque, pour un *populus* incapable de « se reconnaître » en eux, peut, de toute évidence, se légitimer... si on la rapporte à la situation terminale de la monarchie ; en particulier à celle qui s'inaugure lorsque les Médicis (il fallait ici, je crois, les incriminer avant les Bourbons dont ils ont contaminé l'esprit), s'en emparent, pour la déspiritualiser en l'administratisant, en la mercantilisant et finalement — je pense à l'entourage royal devenu essentiellement financier dès Louis XV — en l'enjuivant. Mais cette monarchie-là, à laquelle des perfusions bourgeoises à la Abel Bonnard n'auraient pu, en effet, faire que du bien, n'est plus la monarchie. Elle est la caricature de celle magnifiée par le *De Regno* (un texte que notre auteur n'aime guère !) et qui paraît jouxter, elle, l'essence historique du régime. En ce régime, le roi est pieux, donc paternel, donc plus proche de son peuple que ne l'était, à Athènes, l'animal politique dirigeant de l'animal politique dirigé ; dans ce régime, les « états » imbriqués les uns dans les autres font de la société un corps (analogue, ne l'oublions pas, au corps du Christ dans l'imagerie mystique, mais en même temps si concrète, d'un Jean de Terrevermeille) ; dans ce régime, pas besoin que la volonté de l'être politique s'objective pour qu'il existe, parce que suffisent à le constituer des volontés « subjectives » harmoniques (dans l'accomplissement de leur devoir d'état), se satisfaisant amplement d'être ce qu'elles sont, du haut en bas de la hiérarchie sociale. Je vais trop loin peut-être, et sûrement trop vite — Joseph Mérel sera le premier à me le pardonner — : c'est seulement pour rappeler l'existence d'un débat interne à la théorie monarchique, dont il n'est pas évident qu'elle appelle pour l'alimenter, en vue de sa propre complétude, la vision proprement fasciste de l'État.

L'auteur, dans son effort de conciliation des deux formes politiques, est amené à développer un second thème, dont les résonances ont, je n'hésite pas à le dire, quelque chose de fascinant. Le Bien en sa plénitude ou infinité lui apparaissant (dans la perspective de Hegel) comme un dépassement de la finitude (que le Bien pose dans lui-même et exerce pour la rédimer) dont la fixation ou absolutisation serait le mal ; toute sérénité lui apparaissant comme « l'assomption victorieuse » d'un tragique initial, la lutte, le conflit, la guerre, etc., se trouvent, *ipso facto*, occuper la première place dans la vie collective des hommes. Si notre avenir politique lui apparaît sous les espèces d'un néo-Empire romain germanique, analogue, en fin d'histoire, à celui qui n'avait pas encore au Moyen Âge acquis la force lui permettant de s'imposer pour toujours, c'est d'abord parce que c'est le seul régime qui puisse (couronné par l'Église) tempérer, à ses yeux, les affrontements que suscite providentiellement l'incoercible besoin qu'éprouve chaque culture de s'universaliser, au prix, s'il le faut, de la destruction de la culture voisine. La question qui se pose alors est celle de la concordance entre cette vision, authentiquement fasciste, de l'existence et la théologie chrétienne. Joseph Mérel s'efforce de la démontrer à partir de saint Thomas, dont la *Somme* et le *Contra Gentiles* enseigneraient ensemble — pour s'en tenir à un registre élémentaire, mais décisif — que, dans l'état d'innocence, la lutte (*naturalis discordia*) régnait déjà entre certaines espèces (*quaedam animalia*) avec toute la souffrance que cela peut entraîner pour les plus faibles, vouées à être mangées par les plus fortes. Le loup qui, dans l'Éden, dévore déjà l'agneau, chanterait à sa manière la gloire de Dieu : la férocité tueuse du premier manifesterait, autant que la douceur ensanglantée du second à l'autre extrémité de l'éventail du créé, la prodigieuse fécondité de la divine essence, capable d'*assumer superlativement* des perfections essentiellement contraires. Si le tragique biologique fait partie intégrante d'une création souverainement bonne, il en va *a fortiori* de même du tragique moral, notamment de la guerre, qui illustre en sa cruauté spécifique, elle aussi, quelque chose de la perfection suréminente de l'Essence divine ! Pour que le mal ne soit pas son échec, ne faut-il pas en effet que, d'une certaine manière, Elle l'assume — sinon lui-même, à tout le moins l'énergie polémique (ou irascible vertueux) dont le mal est la mémoire peccamineuse — en se l'intégrant pour la sublimer ? Et comment cela, sinon en la « positivant » par négation de ce qu'elle avait de négatif, après l'avoir d'abord produite (ou fait produire) ? Hegel introduit le fascisme au cœur de l'être, saint Thomas ne l'aurait-il pas, décidément, fait avant lui ? Quand, sur la lancée de Joseph Mérel, ici plus captivant que jamais, on relit les textes thomistes consacrés à l'état pré-lapsaire (par exemple *Somme théologique*, I^a^ q. XCVI, I, ou *Somme contre les Gentils*, III^a^ q. 22 et 127), on voit, pourtant, que le saint docteur, après avoir semblé accréditer par certains propos la manière de le comprendre dont il vient d'être question, se reprend, pour finir sur une tout autre note. Adam, au Paradis, ne se nourrissait que de fruits ; la gent animale était dans son ensemble bel et bien végétarienne ; originairement étrangère à la vie, la dimension carnivore y a surgi... brusquement. Le fait est qu'on imagine mal au fond de la crèche (reconstitutive pendant quelques heures, en son micro-milieu, de la création originelle), derrière les deux animaux paisibles de la tradition, un chacal se faisant les dents sur un petit mammifère, pour tâcher d'illustrer ainsi, selon son mode ontologique, la grandeur du Dieu naissant ! C'est avec le péché, en réalité, que « la mort est entrée dans le monde » : un péché dans lequel Dieu n'est « positivement » pour rien, et dont il relevait seulement de Sa souveraine et gratuite charité de récupérer, à notre pur profit, le négatif, selon l'économie d'un mystère qui nous dépasse. Joseph Mérel ne m'en voudra pas d'avoir maladroitement réveillé ici un vieux débat théologique, auquel, indirectement, sa thèse nous ramène. Il n'est pas clos. Jamais en tout cas, la vision fasciste de la vie ne l'avait rouvert dans les termes métaphysiques qui sont ceux de ce livre.

Que faut-il redouter le plus, dans la période convulsionnaire que nous traversons, et qui, si nous en sortons, débouchera un jour, selon Joseph Mérel, sur la restauration du « Saint-Empire » ? Le communisme, dont l'avenir ne fait que commencer ! Cette idée, hardie sous des apparences banales, s'autorise d'une critique préalable, ô combien fondée, de ceux qui voient dans les sociétés secrètes les maîtresses réelles d'une histoire dirigée depuis toujours par des théocrates juifs, ou des babéliens maçonniques. Je souscris d'autant plus aux pages de l'auteur à ce sujet que j'écrivais moi-même exactement la même chose il y a quelques jours, en songeant au trouble qu'elles allaient semer chez certaines bonnes âmes qui voudraient bien, pour pouvoir dormir tranquilles, que l'Ennemi du genre humain, enfin scientifiquement repéré, soit pour ainsi dire neutralisé par la connaissance précise qu'on aurait acquise de ses agissements. Las, la maçonnerie, inspirée ou non par la Kabbale, a bon dos. Satan, perçu comme il doit l'être, c'est-à-dire d'abord en sa faiblesse congénitale, ne saurait se fabriquer, pour détruire la société humaine, d'arme aussi puissante que celle-là. Il s'y prend, pour agir, de façon moins « centralisée » ; de façon plus homéopathique, plus diffuse, en épousant simplement le cours naturel d'une entropie dont il est bien le principe, sans pour autant être le responsable positif, l'auteur circonstancié de ses accélérations. Le fait que les « Sociétés » ne soient pas le bélier subversif qu'imaginent, dans le cadre traditionaliste, des âmes à la piété trop influencée par Sherlock Holmes, signifie-t-il pour autant qu'il faille considérer, par simple retournement de cette position, le communisme comme la forme assurée de notre punition historique transitoire ? Vaste question ! En y répondant affirmativement, Joseph Mérel s'expose peut-être, à partir de son propre argumentaire, à trois objections, que l'intérêt du débat me pousse à lui adresser. Invoquer Fatima en faveur de l'idée selon laquelle la Russie — toujours in-consacrée — ferait planer sur nous, à cause du bolchévisme dont elle continue à être le suppôt, **la** menace majeure, est devenu aujourd'hui difficile. En effet, ce que nous savons avec certitude du troisième Secret, c'est que la perte du « dogme de la Foi », châtiment infiniment plus grave que celui incarné par les Cosaques, parce que spirituel, est ce qui nous menace désormais directement. Quoi qu'il se passe ou ne se passe pas dans l'ancienne URSS, cela n'intéresse manifestement plus fondamentalement la Providence, qui a tenu à nous le faire savoir. Secondement, lorsque les papes identifient le communisme avec le dernier stade de la dégradation de la société, c'est pour le confondre avec le matérialisme, assimilé lui-même à un criminel collectivisme partageux. De cet économisme immanentiste radical, condamné ici comme « athéisme », il est clair que d'autres versions sont concevables : en particulier celle du mondialisme bancaire, aujourd'hui en voie de constitution, qui n'en est qu'une expression alternative. Même Jean-Paul II le voit, à ses moments de lucidité. Mondialisme bancaire et « sociétés secrètes » sont, en ce qui les concerne, largement dissociables : que les secondes couronnent le premier, en vivent et l'entretiennent de toutes leurs forces, c'est bien clair ; cela n'entraîne pas qu'il en soit la créature, et par conséquent l'otage. Sans elles, il serait quand même apparu, sous la pression de la seule logique industrielle. Et on peut très bien défendre l'idée qu'un monde « mondialisé » répond mieux, aujourd'hui, que le communisme aux besoins de l'individualisme révolutionnaire ; qu'il est plus efficacement involutif encore, et que ce n'est pas pour rien que se tournent vers lui des masses crachant désormais sur un bolchévisme « ringard », qui leur apparaît, c'est un comble, comme un américanisme pour défavorisés, un américanisme à l'usage des loqueteux du quart-monde. Utile en son temps, le communisme est devenu intolérable au nôtre, où l'hédonisme peut se payer le luxe de nouvelles exigences et regarder désormais de haut l'ouvrier léniniste, dont toute la joie était de pouvoir arracher aux riches une miette de leur superflu. La transformation de la haine jalouse en gloutonnerie de masse, rendue possible par un « progrès » technico-économique foudroyant, est évidemment le grand événement de notre époque. Il a l'inconvénient, par rapport au communisme, d'entraîner une émasculation des individus telle que la réaction salvatrice du fascisme, sur laquelle compte Joseph Mérel, risque bientôt, si cela continue, de n'avoir plus rien sur quoi s'appuyer. C'est ce dont il est le premier, bien entendu, à être conscient. Sa conclusion a beau être d'espoir, elle en constitue d'abord le témoignage. Ce en quoi je le retrouve. À défaut du glaive vengeur, destiné à rester au fourreau pour longtemps encore, que le stylo analytique continue au moins à remplir sa noble fonction !

Claude Rousseau,
ancien maître de conférences à
Paris IV-Sorbonne, section philosophie

INTRODUCTION

La disposition du texte réparti en paragraphes n'est nullement destinée à signifier une quelconque prétention de notre part à conférer à notre discours une forme systématique. Elle se veut simplement le moyen de faciliter les renvois. D'autre part, une certaine technicité ayant été adoptée dans l'expression, il nous a paru opportun de faire précéder certains passages d'un résumé (qui permettra au lecteur d'aller plus avant sans être arrêté par leur éventuelle difficulté) et/ou de notes explicatives.

1 – Aux Catholiques

Cet ouvrage s'adresse à toute personne de bonne volonté, croyante ou incroyante, catholique ou païenne, agnostique ou athée. Mais il s'adresse spécialement aux catholiques, à tous les catholiques, sinon certes exclusivement aux catholiques, à tout le moins seulement à ceux qui consentent à considérer sans hostilité le point de vue des catholiques et, pour plus de précision, des catholiques aujourd'hui nommés « intégristes », c'est-à-dire de ceux qui sont intégralement catholiques. Il serait aisé de montrer que les détenteurs de l'autorité dans l'Église conciliaire trahissent depuis trente ans l'intégrité de la doctrine catholique qu'ils sont supposés préserver et promouvoir, et que les timides édulcorations, avancées par eux, du venin moderniste dont ils sont infectés, n'ont que peu de chances d'annoncer un retour salutaire à l'enseignement de l'Église éternelle[1]. Cette démonstration a été faite maintes fois, avec toute l'érudition et toute la sagesse requises pour emporter l'adhésion de n'importe quel croyant honnête et bien informé. C'est pourquoi nous ne reviendrons pas sur ce point. Nous rappellerons simplement, pour mémoire, ce qui nous paraît être l'essence du modernisme :

[1] Le présent ouvrage fut rédigé en 2001, et publié pour la première fois en samizdat la même année. Depuis, comme chacun sait, les choses, en ce domaine, n'ont fait que s'aggraver.

2 – Le modernisme

Le contenu du concile Vatican II procède à une indifférenciation illégitime de la nature et de la surnature sur le plan de l'individu. L'Esprit-Saint soufflerait dans le cœur du Musulman, du Juif, du Luthérien ou du Bouddhiste, non pas en tant qu'ils sont hommes virtuellement membres de la Sainte Église, mais en tant qu'ils sont membres d'une fausse religion qui n'est plus vraiment fausse mais réalise déjà, par le seul fait qu'elle se donne pour une religion, un certain mode de participation actuelle à l'Église du Christ. Tel est le sens du « *subsistit in* » de *Lumen Gentium*. Maintes fois condamnée, de Grégoire XVI à Pie XII, cette thèse pèche logiquement par le fait qu'on ne voit pas comment l'Esprit-Saint pourrait se médiatiser dans une fausse religion, puisque le constitutif formel d'une fausse religion consiste dans le refus de l'Esprit-Saint. La fausse doctrine de l'indifférenciation entre aspirations naturelles (déjà toujours plus ou moins corrompues dans leur ordre propre par les effets du péché originel) et œuvre salvatrice de l'Esprit-Saint, induit logiquement l'œcuménisme moderniste, c'est-à-dire l'extension de fait de l'Église aux fidèles de toutes les religions et, par voie de conséquence, la liberté religieuse et la liberté de conscience. Mais cette identification illégitime opérée sur le plan de l'individu est l'envers obligé de la rupture, ruineuse, entre nature et surnature sur le plan politique, laquelle induit logiquement la séparation de l'Église et de l'État, la privatisation de la religion et la négation du règne social du Christ. Condamnée avec la même vigueur par les mêmes papes, cette fausse doctrine pèche logiquement pour les raisons suivantes. Pour le croyant, la vie religieuse est l'expression de ce qui lui est le plus cher, la manifestation de ses fins les plus élevées qui, par définition, se subordonnent toutes les autres fins. En termes catholiques, les biens naturels sont pour les biens surnaturels. Par ailleurs, si la thèse de la supériorité intrinsèque du bien commun (ou public) par rapport au bien particulier (ou privé) peut être métaphysiquement établie avec solidité, elle demeure pour tous la condition pratique de pérennité, et même de survie, d'une société. C'est pourquoi, si la religion est reléguée dans la sphère du privé, alors de deux choses l'une. Ou bien, au nom de la transcendance des fins religieuses par rapport aux fins civiles, le bien commun est subordonné au bien particulier (l'État est confisqué par des intérêts privés), et c'en est fait des conditions de pérennité de la cité : elle n'est plus politique mais formellement sociale, administrative et marchande, et elle se réduit au mieux, matériellement, à un conglomérat éminemment labile — parce que conflictuel — de lobbies et de familles plus ou moins vastes à structure théocratique et consensuellement fédérées par des organes de droit privé. Ou bien, au nom du primat du bien commun naturel politique, la religion — avec le bien privé auquel dans l'hypothèse elle appartient — est subordonnée à la cité (l'État confisque les aspirations religieuses), et c'en est fait de la transcendance des fins religieuses par rapport aux fins politiques. Dans le premier cas, la personne est lésée dans ses aspirations naturelles au bien politique. La majesté de l'État est violentée. Dans le second cas, la personne est frustrée dans ses aspirations surnaturelles au bien religieux. On ne saurait mieux faire pour opposer nature et surnature. C'est pourquoi la séparation de l'Église et de l'État, fût-elle opérée au nom de l'indépendance de l'Église, appelle, logiquement, soit la suppression de la religion au profit de l'humanisme qui divinise la créature, soit la suppression du politique au profit de la théocratie qui, exténuant l'ordre naturel (en tant qu'il s'y substitue) à des fins ecclésiales, exténue par là la religion dont le fondement ontologique, la grâce qui vient d'En-Haut, requiert comme condition de sa réception le respect de l'ordre naturel qu'elle transfigure et qui en est le sujet. De fait ces deux résolutions tératologiques peuvent, en dépit de leur incompatibilité de principe, coïncider pour un temps et même se faire complices l'une de l'autre, témoin le développement dans des États laïques d'inspiration maçonnique, d'une Action Catholique moderniste, ultra-cléricale et exagérément ultramontaine.

3 – « *Optima respublica* » et crise de l'Église

Il n'est pas inutile de rappeler qu'un acteur et témoin politique de l'envergure du Général De Gaulle (quoi que l'on pense de lui par ailleurs) déclara au soir de sa vie que Vatican II demeurerait, pour les siècles à venir, et s'il n'est pas vain de parler de siècles, l'événement le plus important, par l'ampleur de ses conséquences morales et politiques, du XXe siècle. Et nous pensons qu'aucune réforme intellectuelle et morale, aucune révolution politique heureuse, aucune restauration, aucun renversement du processus de décadence universelle auquel nous assistons aujourd'hui, ne seront possibles aussi longtemps que la crise de l'Église ne sera pas résolue. Mais nulle résolution ecclésiale ne sera efficace qui ne prendra soin de condamner l'enseignement moderniste de Vatican II avec la même fermeté que celle qu'exerça le saint pape Léon Ier à l'égard du brigandage d'Éphèse. La crise de l'Église ne sera résorbée que lorsque seront solennellement réprouvés, par des actes publics du magistère, les initiatives des papes — si tant est qu'ils l'aient jamais été — qui présidèrent ou prolongèrent Vatican II, avec la même clarté que celle que manifesta le saint pape Léon II à l'égard de son prédécesseur Honorius Ier. Autant dire que la présente réflexion n'a pas pour prétention d'influencer la chose politique d'une quelconque façon. D'autres s'y emploient depuis longtemps avec infiniment plus d'audience et de talent, qui pourtant échouent dans leur tâche faute du soutien préalable, et indispensable, d'une Église enfin redevenue elle-même. Nous voudrions plus modestement contribuer à faire comprendre dans un souci purement spéculatif, que les causes de la décadence politique ne sont peut-être pas tout à fait extrinsèques à la nature du régime que la Grande Cassure de 1789 a balayé ; que le traditionalisme et le conservatisme politiques ne sont peut-être pas la philosophie qu'appelle comme sa servante fidèle la doctrine catholique intègre. Nul n'ignore que l'adhésion à la foi catholique, qui est surnaturelle, induit dans l'ordre naturel l'attachement nécessaire à certaines certitudes philosophiques et, par là, politiques. Il sera tenu ici pour acquis que la doctrine thomiste, prise au sens large (c'est-à-dire incluant des développements opérés dans l'École depuis sept siècles) est l'expression la plus adéquate de la philosophie du catholicisme. C'est pourquoi il sera admis et présupposé — quoiqu'il ne nous paraisse pas inopportun d'en rappeler ici ou là les raisons — que le meilleur régime, « l'*Optima respublica* », la forme politique la plus conforme aux exigences de la nature humaine, se discerne, surtout en notre condition infralapsaire, dans la monarchie. Ceux que la simple idée d'une liaison infrangible entre le trône et l'autel (ou d'une religion d'État doublée d'un gouvernement non démocratique) emplit d'effroi, d'indignation ou même d'agacement n'ont aucun intérêt à nous lire. Mais quelle monarchie ?

4 – Le Salut par les Bourbons ?

Les régimes, et les idées qui les inspirèrent, historiquement illustrés pendant la Deuxième Guerre mondiale par les puissances de l'Axe, suscitent aujourd'hui dans la conscience universelle une réprobation sans faille. Nul n'ignore que cette conscience universelle est l'expression en même temps que l'opérateur du mondialisme babélien en ses versions juive, maçonnique, marxiste, libéralo-protestante ou démo-chrétienne (c'est-à-dire moderniste). Et s'il ne suffit certes pas d'identifier les ennemis de certains ennemis du catholicisme pour reconnaître dans les premiers des amis et défenseurs de ce dernier, il n'est pas vain de s'interroger, une bonne fois, sur les causes profondes de cette aversion consensuelle. Bon nombre de catholiques, même réellement catholiques, rejoignent en effet en idée, quand ce n'est pas en fait, les rangs des contempteurs inconditionnels du fascisme. Leurs raisons, souvent subjectivement honorables, seront évoquées. Mais ils se plaignent amèrement, autant comme monarchistes que comme catholiques, de ce qu'ils nomment les amalgames auxquels se livrent, avec une complaisance redoutable pour leur confort intellectuel et social, les puissances politiques et idéologiques dominantes du moment présent. L'affaire est entendue, pense-t-on :

Il y aurait contradiction à angle droit entre la monarchie catholique et le fascisme païen, entre la Sainte Église et les théosophies sataniques du national-socialisme, et c'est par un abus honteux qu'on oserait les rapprocher pour les rejeter dans le même camp ; on n'attaquerait les premières qu'en vertu d'une illusion d'optique confondant impunément réactionnaires partisans de l'Ancien Régime et révolutionnaires de droite. Si la désinformation, dit-on, n'était pas si puissante, le peuple abusé comprendrait que la vraie monarchie, celle d'avant 89, voulait et réalisait le bien des corps et des âmes qui lui étaient confiés. Il comprendrait qu'il suffit de se débarrasser des mensonges de la société moderne pour éliminer les dysfonctionnements ruineux dont elle est responsable, et que l'opérateur et le résultat de cette élimination ne peut être aujourd'hui que le rétablissement des Bourbons, le retour cyclique à l'avant de l'État moderne, l'abandon tant du nationalisme que de l'idée impériale, la rupture consommée avec tout ce que le monde a pu faire et penser depuis au moins deux siècles.

5 – Le repoussoir de la « Bête immonde »

Là contre, il convient de remarquer que la Subversion (autre mot pour désigner la conscience universelle évoquée plus haut, § 4) continue à nourrir la plus grande indulgence à l'égard du marxisme qu'elle désolidarise illusoirement du stalinisme, dans le moment où les crimes de ce dernier autrement plus grands que ceux du fascisme allemand ou italien, ne la scandalisent pas au même degré que les crimes de ceux-ci. Ce ne sont donc ni les violations de fait de la liberté de conscience, ni celles des principes de la démocratie parlementaire, qui déclenchent « *primo et per se* » la haine pathologique des tenants de la conscience universelle. Seule la « Bête immonde » fait figure de repoussoir systématique, et tout le monde pressent bien que nous sommes encore en guerre parce que la tragédie de la dernière guerre n'a pas été digérée. Elle n'est pas digérée parce qu'elle n'est toujours pas comprise, en dépit de la multitude prodigieuse de travaux et d'informations historiques dont on dispose à son sujet. Elle n'est toujours pas comprise parce que le sens, métaphysique, de l'enjeu qui opposait les forces en présence, déjà mal dégagé par elles au moment où elles s'affrontaient, demeure aujourd'hui encore plus dramatiquement méconnu. La propagande antifasciste est encore plus virulente qu'il y a cinquante ans, et pourtant le fascisme est politiquement et idéologiquement mort. Les ennemis déclarés de la Subversion ne risquent guère d'ébranler le système : les partis dits d'extrême droite, en Europe et ailleurs, sont presque toujours faibles et marginalisés, et ne sont en fait que des partis de centre droit puisqu'ils revendiquent la paternité des Principes de 89, de la Déclaration des Droits de l'Homme, et admettent le parlementarisme démocratique en faisant leur le dogme de la souveraineté populaire. Les monarchistes, orléanistes ou légitimistes, plus explicitement opposés au système, ne sont que des groupuscules qui relèvent plus de la société de pensée que de l'action politique, et dont nombre de membres soucieux d'honorabilité pactisent avec le système non tant pour le détruire de l'intérieur (ils savent l'entreprise ridicule) que pour en vivre. Le catholicisme intégriste, en ses différentes composantes, n'a qu'une faible audience et est privé de tout moyen. D'où vient que la Subversion s'acharne, en même temps que sur ses faibles ou tièdes opposants vivants qu'elle a bien du mal à assimiler à des révolutionnaires radicaux, sur le fascisme qui, en dehors des caricatures de « sex-shops » (la plupart du temps suscitées et entretenues par le système lui-même) auxquelles succombe une jeunesse morbide, ne renaît que dans ses phantasmes ?

6 – Le propos de l'ouvrage : compréhension du passé

Osons suggérer que la Subversion a une sourde conscience de ce que l'ennemi qu'elle se reconnaît et qu'elle convertit en hypostase du Mal fut objectivement l'ultime soubresaut, certes subjectivement infidèle à elle à plusieurs égards, de la vision catholique et traditionnelle — nous voulons dire intemporelle et éternelle — du monde qu'elle a entrepris de pourrir. Osons tenter de montrer que les monarchistes antifascistes et germanophobes ne savent pas eux-mêmes qu'il eût été dans la logique de leurs certitudes d'embrasser, au moins pour le temps nécessaire à la consommation de sa victoire militaire, la cause de l'Axe. Nous savons bien que ces affirmations, si elles ont quelque écho, nous vaudront la réprobation, indignée ou sarcastique, tant des monarchistes antifascistes que des fascistes antichrétiens, sans parler des foudres de la Subversion toute-puissante dont ils sont eux-mêmes les victimes. Il nous paraît cependant nécessaire d'embrasser un tel risque, parce qu'une mise à mort politique, sociale et peut-être un jour physique des très probables vaincus — dont nous sommes — du prurit démocratique, est toujours subie avec plus de sérénité par eux lorsqu'ils savent pourquoi ils ont perdu, quelle cause politique ils défendaient en vérité. Il ne suffit pas au vaincu, pour l'accepter sans révolte, de perdre en ayant raison, ou en sachant qu'il a combattu pour la bonne cause. Il doit savoir en fait, pour identifier comme bonne la cause pour laquelle il succombe, pourquoi il a raison, et ce savoir enveloppe la connaissance des raisons de son échec pratique. La toute-puissance de la Subversion n'était pas une fatalité. Elle est née de nos propres déficiences, et ces dernières n'eussent pas été possibles si nos pères avaient été plus lucides. Il fut un temps où tous les pays d'Europe étaient gouvernés par des princes catholiques, où les ordres naturel et surnaturel étaient quant à l'essentiel respectés, et où leurs puissances conjuguées eussent suffi à convertir le monde entier à la vraie foi et à la seule civilisation dont les valeurs naturelles soient proprement universelles. On peut certes invoquer le caractère périssable des choses humaines, et la faiblesse des hommes, pour insinuer que même un régime parfait structurellement ne laisserait pas d'être victime un jour ou l'autre d'un processus de décadence. Mais la faiblesse des hommes ne devient cause efficiente d'une corruption politique que s'ils se détournent librement de la vision du bien, lequel est pratiquement nécessitant (c'est-à-dire induit des actes bons : « *bonum est faciendum* ») si l'on consent à le contempler. Ce sont toujours les hommes qui agissent, en bien ou en mal, non les systèmes d'idées, mais toujours selon la logique des idées dont ils consentent à remplir leurs têtes. La formule d'Ovide : « *video meliora proboque, deteriora sequor* », n'est métaphysiquement recevable que s'il est admis que, dans l'instant où il chute, le pécheur a intentionnellement oblitéré en son âme, se mentant à lui-même, la clarté du bien et la certitude qu'il s'agit effectivement du bien. De sorte que ce n'est pas faire offense à la liberté de la volonté que d'affirmer qu'on ne défaille jamais moralement que par l'édulcoration de la prégnance, en soi-même, des idées vraies. Aussi, puisque rien n'autorise à penser que la vertu morale de nos pères était inférieure à la nôtre, dans le moment où leurs idées étaient assurément plus vraies que celles dont on prétend aujourd'hui nous nourrir, l'incapacité de fait en laquelle se trouvèrent nos pères d'avant 1789 de réaliser l'unité européenne de la chrétienté, qui eût rendu possible la conquête pacificatrice du monde entier et prévenu la poussée mortifère de la Subversion, n'est pas à chercher ailleurs que dans le fait que leurs propres idées vraies appelaient, dans le domaine politique, des développements auxquels ils se refusèrent. S'il ne nous est plus donné de les réaliser, qu'il nous soit au moins donné de les penser. Telle est donc la première raison du risque que nous prenons en publiant ce petit ouvrage : contribuer à proposer aux victimes non consentantes de la Subversion des éléments de réflexion les confortant dans la légitimité de leur refus, c'est-à-dire des éléments de résolution théorique des conflits qui affaiblirent leur propre camp à l'époque où les perspectives de l'action leur laissaient entrevoir une possible victoire.

7 – Le propos de l'ouvrage : l'unité des vraies droites

Note explicative :

- *« concret » : de « concrescere », croître ensemble.*

D'autre part, une résurrection des nations d'Europe, après tout possible par la grâce de Dieu quoique bien peu prévisible à vue d'homme, n'a de chances d'être féconde et pérenne, même après une lointaine réconciliation de l'Église avec elle-même (ou plutôt des princes de l'Église avec le Corps Mystique du Christ), que si les écoles de pensée opposées au babélisme démocratique réussissent à se réconcilier entre elles et avec leurs passés respectifs, c'est-à-dire avec elles-mêmes. En effet, s'il est vrai que le mal n'a d'être que par le bien dont il est la privation, le mal n'a d'unité que négative. Il se disperserait dans l'infini de la poussière et du néant sans le bien dont il est la négation plurivoque, négation qui le constitue comme mal. Il en résulte que tout ce qui, dans l'ordre du mal, réussit d'une manière ou d'une autre à se donner un semblant d'unité en dépit de ses dissensions intestines mortifères, n'y peut parvenir qu'en s'opposant au **même** bien, seul doté de cette unité positive que le mal lui emprunte tératologiquement pour la trahir. Puis donc que les victimes d'une totalité subversive, ou dotée d'unité négative, sont invitées à se reconnaître comme les participants plus ou moins conscients, plus ou moins volontaires, et selon des degrés de participation plus ou moins élevés, d'une **même** cause, elles doivent apprendre, se réformant l'une par l'autre, à se convertir à l'unité, ou identité concrète, dont elles ne se savent pas toujours objectivement procéder précisément parce que la réalisation historique de cette idée était à faire et ne s'est jamais faite. Chaque famille de pensée réprouvée doit aller jusqu'au bout de la logique de ses propres idées pour qu'enfin, dans l'ordre naturel où il leur est permis de se modifier et que le catholicisme n'a pas pour vocation de définir (mais seulement de déclarer compatible ou non avec ses propres dogmes), soit révélée en toute clarté la cause unique que, séparées, elles s'épuisaient à servir.

8 – Le propos de l'ouvrage : incomplétude de l'idée monarchique

Note explicative :

• *« inchoatif » : se dit d'une action commençante et inachevée.*

• *« ordres chronologique et ontologique » : ce qui est premier en intention (cause finale) est ultime en exécution ; le point de départ est antérieur au point d'arrivée quant au temps, mais c'est le point d'arrivée qui, premier quant à la causalité, explique le fait même du départ.*

• *« subsumer », « subsomption » : le genre « animal » subsume les espèces « homme », « chien », « cheval », etc. « Subsumer » s'oppose à « sursumer » (sursomption) qui traduit le vocable allemand « aufheben » (Aufhebung), lequel signifie « conserver et nier » (comme « tollere » en latin) : le papillon sursume la chrysalide.*

Aussi le propos de cet ouvrage est-il d'établir que la croisade des fascismes fut l'expression, à la fois inchoative et dévoyée, à ce titre contestable mais par bien des points récupérable, de ce dont la monarchie aurait eu besoin pour ne point sombrer. Il ne s'agit pas simplement d'établir qu'un nouveau général Monck est nécessaire au rétablissement de la monarchie. Nous essaierons de montrer que le concept rationnel de monarchie catholique, corrélatif d'une vision impériale de l'Europe, jamais réalisé historiquement, requiert que lui soient intégrés des éléments théoriques qui ne furent chronologiquement développés qu'après la chute temporelle des trônes et par réaction contre l'œuvre des fossoyeurs de ces derniers. Ainsi ces éléments semblent-ils procéder, pour qui confond ordre chronologique d'apparition et ordre ontologique de causalité, de ce qui s'oppose à la monarchie. Cette remarque appelle des développements qui sont proposés dans le chapitre I. L'objet formel de notre recherche étant circonscrit, il nous reste, pour achever cette introduction, à proposer au lecteur quelques courts textes qui préciseront le sens de notre démarche.

9 – Monarchie et fascisme

a) « Dieu aidant, nous fonderons ensemble et quand vous le voudrez, sur les larges assises de la décentralisation et des franchises locales, un gouvernement conforme aux besoins réels du pays. Nous donnerons pour garantie à ces libertés publiques auxquelles tout peuple chrétien a droit, **le suffrage universel honnêtement pratiqué et le contrôle des deux chambres, et nous reprendrons, en lui restituant son caractère véritable, le mouvement national de la fin du siècle dernier** » (Henri V, *Manifeste de Chambord*, 5 juillet 1871).

b) « (...) le fascisme est contraire à toutes les abstractions individualistes, à base matérialiste, genre XIXe siècle ; c'est pourquoi aussi il est contraire à toutes les utopies et à toutes les innovations jacobines » (Mussolini, *La Doctrine du Fascisme*, I-6, Paris, Éd. du Trident, 1987).

c) « Nous représentons un principe nouveau dans le monde, nous représentons l'antithèse nette, catégorique, définitive de la démocratie, de la ploutocratie, de la maçonnerie, en un mot, de tout le monde des immortels principes de 1789 » (*ibid.* p. 63 — *Pour l'installation du nouveau Directoire national du Parti*, 7 avril 1926 ; dans *Scritti e Discorsi*, vol. V, Milan, Hoepli, 1934, p. 307).

Quel est, du comte stérile et de l'ex-instituteur révolutionnaire, le plus démocrate ? S'agissait-il dans l'esprit d'Henri V de la réhabilitation d'une monarchie absolue, c'est-à-dire souveraine au sens de Bodin, et indépendante, qui aurait pris acte du bien-fondé de l'idée organique d'une communauté nationale ?

« Les représentants du peuple jouiront de tous les droits et de **l'indépendance** dont ils ont besoin pour **contrôler** sincèrement et sérieusement les actes du pouvoir » (*Programme du Comte de Chambord*, évoqué par le P. Bole, son confesseur, dans une lettre du 17 septembre 1884). Au même endroit, on apprend qu'Henri V entendait garantir la « **liberté religieuse pour tous** », et qu'il ne reconnaissait à l'État, en matière économique, « aucun droit d'initiative ». Force est ainsi de remarquer que si les actes du pouvoir sont supposés être contrôlés, c'est que la souveraineté du prince n'est pas absolue. Si l'État reconnaît la liberté religieuse pour tous, c'est que le pouvoir politique s'interdit la prérogative de promouvoir la vraie religion, de telle sorte que la majesté de l'État se trouve par voie de conséquence confisquée par des intérêts privés (cf. ici § 2). Aussi le propos du Comte de Chambord était-il, avec l'idée nationale (notion ambiguë), d'intégrer à sa conception de la monarchie certains acquis des principes démocratiques de 1789. La description de la monarchie rêvée par son prétendant (nous savons le terme impropre selon la science juridique des légitimistes) ou représentant historiquement le plus autorisé correspond donc à un régime **démocratique** (suffrage universel) représentatif, **libéral économiquement** (aucune initiative de l'État en ce domaine) et **religieusement** (liberté de conscience), subsumé par un principe exécutif **non absolu** (puisque contrôlé), par là relatif au magistère de la multitude, s'étant ainsi rogné les ailes à un point tel qu'il n'eût guère différé des monarchies constitutionnelles contemporaines (anglaise, espagnole, belge) dont les princes se réduisent au rôle de potiche. Telle est donc l'essence de la monarchie en sa conscience de soi exhaustivement actualisée, dans sa raison formelle, par l'événement révolutionnaire qui matériellement l'avait détruite : lorsqu'une réalité humaine, fruit de compromis séculaires, n'est forgée que par le hasard sous la pression des circonstances, elle n'accède à l'idée adéquate ou circonscription d'elle-même qu'après son achèvement temporel qui l'accomplit dans l'acte où il la fait périr de ses propres déficiences. Avouons qu'il n'y a guère de différence entre elle et les républiques démocratiques, conspuées par l'école monarchiste par là décidément mal placée pour intenter au fascisme un procès en démocratisme.

10 – Antifascisme monarchiste, justification du plan

Pourquoi intenter un tel procès d'intention aux monarchistes ? Parce qu'une certaine tradition politique contemporaine, le plus souvent catholique et même volontiers catholique intégriste, soutenue par un autoritarisme clérical non dénué de suffisance et de naïveté provinciale induisant chez ses défenseurs un étroit nationalisme cocardier d'inspiration maurassienne, trouve pertinent d'établir une filiation conceptuelle et historique entre l'idée de démocratie (chrétienne ou non) qu'elle abhorre, et le fascisme qui l'excède par sa prétention à la renouveler. Une telle tradition dénonce l'engouement, féminin à ses yeux, des fascistes pour le culte du chef. Le catholique, comme on sait, ne se met à genoux que devant Dieu, et le césarisme ne serait qu'une sordide reviviscence du paganisme, exacerbée par les restes non digérés du subjectivisme romantique. Se justifiant ainsi aux yeux des médias inquisiteurs qui, trop souvent, saisissent dans ses effluves d'encens des relents de crématoire, cette tradition participe objectivement, et parfois subjectivement, à la curée universelle contre le « ventre toujours fécond de la Bête immonde », à la mystique résistancialiste, aux célébrations déprécatoires d'un gaullisme baptisé à Domrémy, au modernisme, au babélisme démocratique et libéralo-socialiste. Ayant non sans confusion revendiqué la paternité concomitante de Joseph de Maistre, de Donoso Cortès, de Maurras et du Maréchal Pétain, elle se reconnaît aujourd'hui — dans l'attente millénariste d'un « Grand Monarque », ou plus prosaïquement du retour du prince par elle autorisé — dans le franquisme et plus généralement dans ses épigones latino-reaganiens, conservateurs bourgeois et capitalistes paternalistes. Elle oublie volontiers les déclarations suivantes, par trop inconvenantes à ses yeux :

> « L'idée national-socialiste de la primauté du travail et de sa réalité essentielle par rapport à la fiction des signes monétaires, nous avons d'autant moins de peine à l'accepter qu'elle fait partie de notre héritage classique » (Maréchal Pétain, *Revue des deux Mondes*, 15 septembre 1940).

> « Il y a opposition, contradiction à angle droit entre le marxisme, égalitaire, international, et la protection de la nation et de la patrie. Mais un socialisme, libéré de l'élément démocratique et cosmopolite, peut aller au nationalisme comme un gant bien fait à une belle main » (Charles Maurras, *Dictionnaire politique et critique*, t. V, p. 213).

Brandissant l'encyclique *Mit brennender Sorge*, cette tradition exècre l'esprit communautaire et organiciste, révolutionnaire et prolétarien de ce que, faute de mieux, nous nommerons du terme générique de fascisme. Nous nous efforcerons ici de dégager les raisons profondes de cette aversion. Pour ce faire, nous procéderons en trois temps. Dans le **chapitre deux**, nous procéderons à une brève évocation des tensions repérables entre certains aspects doctrinaux et pratiques des fascismes et la morale catholique ; le **chapitre un** évoquera préalablement, pour les dissiper, quelques préjugés. Dans le **chapitre trois,** nous évoquerons les tensions conceptuelles intérieures à la pensée monarchiste. C'est dans le **chapitre quatre** que nous tenterons de dénoncer les origines subjectivistes de l'antifascisme traditionaliste. Le **chapitre cinq** traitera de l'importance qu'il sied de conférer aux sociétés secrètes (thème rebattu à propos des origines occultistes et gnostiques supposées du national-socialisme et, pour certains, du fascisme italien). Le **chapitre six** rappellera le point de vue authentiquement catholique en ce qui concerne la question juive.

Précisons que nous n'entendons pas faire l'apologie inconditionnelle des régimes politiques et des courants de pensée qui seront évoqués dans cet ouvrage, et que notre unique propos, philosophiquement parlant, qui n'exclut pas de notre part un engagement doctrinal que nous n'entendons nullement celer, est de mettre en évidence la logique des idées et des psychologies qu'elles induisent dans l'esprit de leurs promoteurs et de leurs défenseurs.

CHAPITRE I

De la persistance de quelques préjugés

11 – Plan du chapitre

Note explicative :

• *« paradigmatique » : de « paradigme », exemple ou modèle.*

Fut évoquée, au § 8, une confusion entre ordre ontologique de causalité et ordre chronologique d'apparition, à propos des éléments en droit constitutifs de l'État rationnel catholique ; cet idéal est non historique mais il est mesure paradigmatique des jugements qu'il appartient de porter sur les réalisations politiques des communautés catholiques passées et présentes. En d'autres termes, fut affirmé — ce que nul ne contestera et qui est un lieu commun — que la monarchie n'est pas morte seulement sous les coups des méchants. Ces derniers ne furent efficaces que parce qu'elle était habitée par des tensions qui accusaient sa fragilité interne et qui seront discutées au chapitre V : coexistence entre structures féodales et structures étatiques, entre tendances nationalistes et tendances dynastiques, entre absolutisme gallican et reliquats théocratiques, etc. Et la suppression de telles tensions eût requis l'adoption de dispositions qui n'apparurent, dans l'organicité nationale et fasciste, qu'après la chute de la monarchie. Cette postérité chronologique invite l'observateur non philosophe à identifier de telles dispositions non comme les éléments en droit constitutifs de l'idée monarchique, mais comme les conséquences obligées des régimes antimonarchiques. Une telle erreur de perspective peut être illustrée par les propos suivants de François Furet (*Historia* n° 44, décembre 1996, p. 9 à 13) : « On retrouve dans le bolchevisme et le fascisme les deux faces de la démocratie révélées par la Révolution française : l'universel et le national, vécues et pensées l'une par rapport à l'autre de façon antagoniste, mais aussi unies l'une à l'autre par le même rejet radical du monde bourgeois de l'économie et de l'aliénation (...). » L'auteur ajoute que ces deux doctrines seraient opposées à « l'*homo œconomicus* » et à la conception bourgeoise de la vie, parce que la passion anti-bourgeoise serait inhérente au cœur de l'homme démocratique.

Nous voudrions dans ce chapitre 1) contester l'idée selon laquelle le marxisme serait une négation de l'*homo œconomicus* (§ 16) ; 2) contester l'opposition entre vocation universelle et vocation nationale (§ 15) ; 3) nuancer la thèse d'une liaison entre passion anti-bourgeoise et esprit démocratique (§ 17 et § 18) ; 4) contester la nature démocratique et socialiste du fascisme (même à propos du national-socialisme) (§ 13 et § 14). Préalablement, il convient de justifier la méthode philosophique consistant à juger une expérience politique passée à la mesure non tant de ce pour quoi elle se donne que de ce qu'elle aurait dû être, qui eût pu être inductivement discerné dans ce qu'elle était, mais qui ne fut rectifié que de manière tronquée et en partie dévoyée à partir de ce qui lui succéda.

12 – Tout jugement suppose un idéal

Résumé :

Juger, c'est comparer. On ne peut apprécier la valeur d'une société qu'à l'aune de l'organisation idéale dont elle se veut la réalisation, et le devenir réel d'une société, sa prospérité et sa pérennité (ou son déclin et sa chute), dépendent d'abord de la pertinence des valeurs qu'elle se propose de promouvoir.

Dans le domaine biologique, une réalité n'est mortelle que parce qu'elle est structurellement inadéquate à son concept. Elle meurt en tant que « la maladie originaire de l'animal, le germe de mort inné en lui, c'est d'être inadéquat à l'universel » (Hegel, *Encycl.* § 375). L'ange est son essence, et il ne peut disparaître que par annihilation — envers de la création —, mais non par corruption. La plante, l'animal et l'homme ne sont pas leur essence, et sont naturellement voués à la mort. Il en est de même, analogiquement, pour les communautés politiques naturelles. Ce qui donne l'existence à une communauté est sa forme, son principe d'unité et d'intelligibilité. Ce qui lui fait perdre l'existence est son aptitude à se soustraire à cette même forme, ou plutôt son inaptitude à s'y conformer. Mais les aptitudes d'une chose procèdent elles-mêmes de sa nature, de sa forme ou essence, de telle sorte que la cause première de sa mort est à chercher dans sa nature, dans son impuissance à se donner l'existence sous une forme substantielle pérenne. L'âme humaine est immortelle parce que la mort, séparation de l'âme et du corps, n'a aucune prise sur l'âme individuelle du défunt. Ne peut mourir que ce qui est composé. Or l'âme humaine, cette essence individuée par sa relation au corps singulier dont elle conserve les notes individuantes nonobstant la corruption de ce dernier, est simple. Une substance spirituelle possède ainsi sa nature incorruptible et ne saurait en être privée. Mais une réalité accidentelle, telle la société, ne saurait subsister en dehors de la matière (la multitude) qu'elle unifie et actualise. Elle ne saurait posséder sa forme au point, comme dans le cas de la personne humaine, de s'identifier à elle. Il en résulte qu'une société ne meurt jamais que parce que la forme politique qu'elle s'est donnée ne correspond pas aux conditions essentielles de pérennité que requérait sa nature. À moins qu'il soit dans la nature d'une telle société, comme dans le cas des vivants inférieurs, de passer, soit pour se proroger spécifiquement dans un rejeton aussi parfait qu'elle dans son ordre propre, soit pour faire place à un type d'organisation plus conforme aux exigences de la nature humaine, laquelle est commune, mais selon des modes d'existence différents, à l'individu et au tout politique. Mais nous savons bien, en ce qui concerne le bouleversement de 89, qu'il n'en est rien. Loin d'avoir achevé, aux deux sens du terme, l'Ancien Régime, la Révolution française s'y est opposée en substituant à ses fins organiques naturelles (le bien commun) et surnaturelles (la Communion des Saints) une finalité individualiste formellement antipolitique et remplie par le délire subjectiviste de chacun. Nous sommes donc fondés à évaluer l'être d'une société passée au devoir-être de son concept idéal. On sait au reste depuis Platon et Aristote qu'un jugement porté sur la réalité contingente présuppose, dans l'ordre de spécification, un concept représentant une essence qui n'est pas contingente parce qu'elle est intemporelle.

13 – Le fascisme est-il démocratique et socialiste ? (le fascisme comme réaction)

Résumé :

Le principal ennemi de la Subversion n'est pas tant l'ensemble des écoles monarchistes que le fascisme. Le fascisme résulte de la Révolution française comme le besoin du remède résulte de la maladie, non comme le rejeton de ses parents. Le jacobinisme est la résolution brutale et satanique des contradictions de la monarchie. Le fascisme ne s'oppose à la monarchie qu'en s'opposant à ses contradictions létales, et c'est par une illusion d'optique qu'on renvoie le fascisme dans le camp du jacobinisme.

Tel est bien le réflexe des antifascistes à tendance monarchiste que de faire du fascisme un sous-produit de l'esprit démocratique, un pur rejeton des principes de 89. Les tenants chimériques de la monarchie historique, nostalgiques d'un monde à jamais disparu et cultivant avec coquetterie un dandysme du désespoir et de l'échec, ont toute l'indulgence, à tout le moins bénéficient de la commisération amusée de la Subversion. Bien des Cercles légitimistes ont des attaches très concrètes avec les milieux économiquement libéraux, et les cercles orléanistes (telle l'Action française) se sont faits depuis belle lurette les courroies de transmission du Gaullisme et de sa descendance. La Subversion sait bien que la monarchie historique était imparfaite : elle était inachevée, sur le plan théorique, dans son ordre propre ; elle était décadente sur le plan pratique dans son personnel dirigeant. La Subversion sait que les défauts structurels de la monarchie française la vouaient à basculer dans son contraire. Elle ne redoute rien tant que ce qui, n'en revendiquant pas la paternité, pourrait en faire revivre l'esprit en la dépouillant de ses oripeaux obsolètes. C'est ce dont elle a depuis soixante ans l'obscure intuition, et c'est pour cette raison qu'en dépit de certains aspects modernistes du fascisme (scientistes, immanentistes, relativistes et païens), elle s'acharne contre lui : elle vise en lui la monarchie qu'elle exècre, non tant la monarchie historique qui ne l'effraie guère que la monarchie qu'appelle la vision catholique de l'homme et du monde, toujours dangereuse parce qu'éternellement vraie, en puissance dans le cœur des hommes de bonne volonté. La prudence et l'équité doivent certes inviter, s'il entend demeurer lucide et ne point céder aux démangeaisons de l'activisme brutal, tout acteur politique — et le plus humble contribuable l'est aujourd'hui — à résister aux réflexes de revanche et de provocation dérisoire qui le feraient ressembler à la caricature que ses ennemis lui renvoient de lui-même. Mais le fascisme est-il vraiment la caricature de la monarchie ? Nul doute que le fascisme a été historiquement engendré par la situation qui résultait de la Révolution française. Mais c'est en tant qu'il s'est insurgé contre elle qu'il lui est lié. Pour autant que la Révolution française puisse être considérée telle la résolution dramatique et perverse des tensions inhérentes à l'Ancien Régime, ce qui se veut le contrepied de la Révolution française prend en compte, en tant qu'il naît dans l'élément de cette dernière, les contradictions de ce dont elle se voulait la solution. Le fascisme est le produit de la démocratie en tant qu'il se veut lui-même la résolution des contradictions de la démocratie. Il peut à bon droit être interprété comme une réaction, mais il a sur la monarchie réactionnaire l'avantage de savoir, en tant qu'il nie ce qui la nie et en quoi elle se résout négativement, c'est-à-dire se dissout sans se retrouver, ce qui est à résoudre positivement en elle. Sous ce rapport, procédant en le niant de ce en quoi elle s'éclipse, il est le moment du processus à raison duquel la monarchie se peut réconcilier avec elle-même. Ces moments historiques sont certes, de soi, contingents, parce que l'histoire se fait par des hommes et non par des idées ; les actions sont décidées par des volontés libres et non par des intellects. Il reste cependant que, comme nous l'avons fait observer plus haut (§ 6), les volontés sont mues par des intellects, et que l'intellect est informé par des concepts dont le contenu, assujetti à une logique objective propre, détermine, si l'intellect y souscrit par l'inclination de la volonté libre, un nombre très limité de choix pratiques. C'est donc sans tomber dans le travers d'une pétition idéaliste de principe qu'il est permis de penser que l'histoire, en son développement contingent, corrobore la logique des concepts, des valeurs, des visions du monde au nom desquels les hommes agissent, et que le cours historique des événements obéit à la loi des relations intelligibles contenues dans la représentation que se font d'eux-mêmes et de leur devenir les acteurs historiques. S'il n'en était ainsi, il n'y aurait rien à **comprendre** dans l'histoire qui se réduirait à une succession d'événements ponctuels exprimant le résultat de l'entrechoquement irrationnel des libertés individuelles. Il arrive même que l'histoire accouche de situations qui n'avaient été subjectivement ni voulues ni même parfois prévues par les acteurs historiques eux-mêmes, mais qui auraient pu l'être s'ils avaient mieux analysé le contenu objectif des doctrines qu'ils avaient subjectivement embrassées, ou qu'ils avaient adoptées pour des raisons subjectives. Il y a quelque chose de très vrai dans le mot de Marx : « Les hommes font l'histoire, mais ils ne savent pas l'histoire qu'ils font. » C'est pourquoi, bien que de soi contingents dans leur réalisation historique jamais assurée, les moments historiques évoqués plus haut ne sont pas de simples constructions de l'esprit sans rapport avec la réalité qu'ils tentent de comprendre. C'est elle seule qui peut ne pas leur être adéquate, parce que le propre de ce qui est temporel et en devenir est d'avoir la puissance de se soustraire à ce qui le fait être.

14 – Le fascisme est-il démocratique et socialiste (responsabilité politique et économique) ?

En ce qui concerne l'esprit démocratique dont le fascisme (pris au sens large en lequel nous avons adopté le mot) serait le produit, nous nous contenterons de proposer au lecteur l'analyse des citations suivantes :

> « Une majorité vacillante d'individus peut-elle jamais être rendue responsable ? L'idée de responsabilité a-t-elle un sens, si elle n'est pas encourue par une personne déterminée ? (...) Est-il d'ailleurs arrivé une seule fois qu'une bande de gens ait compris une idée avant que le succès en ait révélé la grandeur ? (...) Quand le principe parlementaire de l'autorité des majorités l'emporte sur celui de l'autorité d'un seul et remplace le chef par le nombre et par la masse, il va contre le principe aristocratique de la nature, sur lequel s'appuie d'ailleurs une conception de la noblesse qui ne laisserait place à aucun de nos premiers dix mille » (A. Hitler, *Mein Kampf*, NEL, 1934, trad. J. Gaudefroy et A. Calmette, p. 85 à 87).

> « On ne saurait assez s'élever contre l'idée absurde que le génie pourrait être le fruit du suffrage universel ! » (*id.* p. 94).

Hitler oppose à la démocratie parlementaire « la véritable démocratie allemande, dont le chef librement choisi doit prendre sur lui la responsabilité entière de tous ses faits et gestes. Une telle démocratie n'admet pas que les différents problèmes soient tranchés par le vote d'une majorité ; un seul décide, qui répond ensuite de sa décision, sur ses biens et sur sa vie » (*id.* p. 96 à 97). La formule est certes ambiguë. Mais les historiens savent que le Führer n'envisageait nullement de soumettre au suffrage de la masse le choix de son successeur, ce qui autorise à penser qu'il ne considérait pas le fait d'avoir été « librement choisi » comme le fondement de sa légitimité. Il pensait qu'en situation de crise et de vacance du trône, le pouvoir appartient à celui qui, capable de s'en emparer (par la force ou de toute autre façon, dont le choix démocratique), est en mesure de l'exercer en vue du bien commun. Au reste, il reconnaît dans le même ouvrage (p. 236 et 237), tout en soutenant la doctrine thomiste (qu'il ignorait très probablement) de la licéité du régicide (entendu comme tyrannicide, quand le roi devient tyran), ou de la déposition du prince en cas d'incompétence, les mérites de l'idée monarchique qui reposent, conformément au sens de cette organisation, dans l'institution elle-même et non dans la personne. Hitler et Mussolini n'étaient démocrates qu'au sens où le salut du peuple l'emporte sur la logique dynastique, elle-même instrument du bien commun. Mais ce n'est pas ce qu'on entend proprement par démocratie. À ce compte, autant parler de la démocratie de Sylla...

> « Le mouvement nouveau est dans son essence et dans son organisation intime antiparlementaire, c'est-à-dire qu'il dénie en général le principe — comme dans sa propre organisation intérieure — d'une souveraineté de la majorité en vertu de laquelle le chef du gouvernement est rabaissé au rang de simple exécutant de la volonté des autres. Le mouvement pose le principe que, sur les grandes comme sur les petites questions, le chef détient une autorité incontestée, comportant sa responsabilité la plus entière » (*id.* p. 343). On ne saurait être plus clair : le national-socialisme refuse le dogme démocratique, théorisé par J.J. Rousseau, de la souveraineté populaire. L'État « *völkisch* » n'aura « aucun corps représentatif qui décide quoi que ce soit par voie de majorité, mais seulement des corps consultatifs qui se trouveront sans cesse aux côtés du chef et qui recevront leur tâche de lui (...) » (*id.* p. 443).

Quant au « socialisme » du national-socialisme, on peut se souvenir des propos suivants :

> « La corporation nazie n'est pas un organe de lutte de classe, mais un organe de représentation professionnelle » (*id.* p. 596). « L'ouvrier nazi doit savoir que la prospérité de l'économie nationale signifie son propre bonheur matériel. Le patron nazi doit savoir que le bonheur et la satisfaction de ses ouvriers sont la condition primordiale de l'existence et du développement de sa propre prospérité économique. Les ouvriers et les patrons nazis sont tous deux des délégués et des mandataires de l'ensemble de la communauté populaire. La grande proportion de liberté personnelle qui leur est accordée dans leur action, doit être expliquée par ce fait que la capacité d'action d'un seul est beaucoup plus augmentée par une extension de liberté que par la contrainte d'en haut ; la sélection naturelle, qui doit pousser en avant le plus habile, le plus capable et le plus laborieux, ne doit pas être entravée » (*id.* p. 597).

Ces propos font écho à la doctrine de Mussolini (pour lequel Hitler eut toujours la plus grande admiration) :

> « Ni individus, ni groupes (partis politiques, associations, syndicats, classes) en dehors de l'État. Le fascisme s'oppose donc au socialisme, qui fige le mouvement historique dans la lutte des classes, et ignore l'unité de l'État qui fond les classes en une seule réalité économique et morale ; et de même il est contre le syndicalisme de classe. Mais le fascisme veut que, dans l'orbite de l'État, les exigences réelles qui donnèrent naissance au mouvement socialiste et syndicaliste soient reconnues, et il les fait valoir dans

le système corporatif où ces intérêts s'accordent avec l'unité de l'État » (Mussolini, *La Doctrine du Fascisme*, chap. I § 8, p. 16, Éd. du Trident, 1987).

« Je n'adore pas la nouvelle divinité, la masse. Elle est une création de la démocratie et du socialisme » (Mussolini, dans un discours à Udine de sept. 1922, cité par Julius Evola, dans *Le Fascisme vu de Droite*, Éd. Pardès, 1993, 45390 Puiseaux, p. 74).

Et enfin Julius Evola, fasciste aristocratique dont nous partagerions l'enseignement politique s'il avait su approprier ses principes aux exigences dogmatiques de l'Église catholique :

> « Socialisme et individualisme ne sont, au fond, que deux aspects solidaires d'une même décadence matérialiste, anti-qualitative, niveleuse, qui s'est produite ces temps derniers. L'idéal de personnalités libres, différenciées, viriles, en tant qu'éléments pour composer une réalité politique organique et hiérarchique où chacun a sa fonction et sa dignité propres, est supérieur au socialisme comme au libéralisme. Et cet idéal est d'abord et génériquement indo-européen, puis classique, classico-romain et, enfin, romain-germanique (Moyen Âge) » (Dans *Essais Politiques*, Éd. Pardès, 1979, p. 314).

On pourrait multiplier les citations. Ces dernières pourraient suffire. Le « socialisme » du national-socialisme ne fut qu'une manière, durcie par les nécessités d'une économie de guerre, de réhabiliter le primat du bien commun sur le bien particulier, et du politique sur l'économie. Hitler se prononça pour une organisation corporative de la société (cf. *Mein Kampf*, *op. cit.*, p. 593). C'est précisément ce dont convient implicitement Churchill déclarant dans ses *Mémoires* :

> « Le crime impardonnable de l'Allemagne avant la Seconde Guerre mondiale était la tentative de détacher sa puissance économique du système de commerce mondial et de créer un propre système d'échanges duquel la finance mondiale ne pouvait plus bénéficier » (cité dans la revue *Écrits de Paris* n° 613, septembre 1999, p. 40).[2]

Et nous ne voyons pas ce qu'il pourrait y avoir de démocratique, au sens individualiste et jacobin du terme, dans le souci en effet très fasciste de vouloir hypostasier, ou exercer comme leur conscience de soi, le génie et le destin propres à la communauté dont le chef a la charge. Nous reviendrons plus longuement sur ce point, mais on voudra bien dès à présent noter la lucidité du Duce, affirmant : « La démocratie est un régime sans roi, mais avec de très nombreux rois plus exclusifs, plus tyranniques et plus ruineux qu'un seul roi qui

---

[2] Certains lecteurs nous ont aimablement fait observer que cette phrase de Churchill ne semble pas figurer, en fait, dans ses *Mémoires*.

serait un tyran » (*op. cit.* chap. II § 6, p. 33). En définissant la démocratie comme la tyrannie de tous sur tous, Mussolini en avait compris l'essence et, par là, ne pouvait pas être démocrate. Le point de vue de Mussolini était déjà celui d'Aristote, qui, au livre V de sa *Politique* (chapitre 10), faisait observer qu'oligarchie et démocratie sont « des tyrannies divisées entre plusieurs têtes ».

15 – Vocation universelle et vocation nationale

Résumé :

Le nationalisme du fascisme n'est pas un individualisme des peuples. Il fait s'harmoniser adéquatement la protection des particularités nationales et la promotion des valeurs universelles, c'est-à-dire des règles posées en l'homme par la nature humaine et par Dieu son Auteur. La racine de toute Subversion (et en particulier du jacobinisme et du communisme) consiste métaphysiquement dans l'insurrection de la subjectivité contre la nature ou essence humaine qui en est en droit la mesure parce qu'elle en est en fait le fondement.

En ce qui concerne la thèse selon laquelle le fascisme aurait exclu de manière unilatérale l'une des deux faces de la démocratie (l'universel, au profit du particulier) révélées dans la Révolution française dont il serait par là supposé procéder, on se contentera de méditer sur les formules suivantes :

> « Aujourd'hui, j'affirme que le fascisme considéré comme idée, doctrine, réalisation, est universel : italien, dans ses institutions particulières, il est universel dans son esprit, et il ne saurait en être autrement. L'esprit, par sa nature même, est universel. On peut donc prévoir une Europe fasciste, une Europe qui s'inspire, dans ses institutions, des doctrines, de la pratique du fascisme, c'est-à-dire une Europe qui résolve dans un sens fasciste le problème de l'État moderne, de l'État du XXe siècle, bien différent des États qui existaient avant 1789 ou qui se formèrent ensuite. Le fascisme répond aujourd'hui à des exigences de caractère universel. Il résout en effet le triple problème des rapports entre l'État et l'individu, entre l'État et les groupements, entre des groupements quelconques et des groupements organisés » (*Message pour l'An IX*, aux Directoires Fédéraux réunis au Palais de Venise, 27 octobre 1930, dans *Scritti e Discorsi dal 1929 al 1931*, Milan, Hoepli, 1934, p. 223, cité dans *La Doctrine du Fascisme*, *op. cit.*, p. 53).

> « J'entends l'honneur des nations dans la contribution qu'elles ont fournie à la culture de l'Humanité » (E. Ludwig, *Entretiens avec Mussolini*, Milan, Mondadori, 1932, p. 199, cité dans *La Doctrine du Fascisme*, *op. cit.*, p. 56).

On voit bien là que le fascisme n'est pas une exaltation étroitement nationaliste, fondée sur une conception nominaliste, historiciste et relativiste de la nation, du particulier, du moi individuel démultiplié dans un moi collectif. Le fascisme n'est pas un individualisme des peuples, une complaisance narcissique en forme collective dans le culte de soi-même. Le fascisme est un universalisme fondé sur la reconnaissance de valeurs morales objectives induites par une nature humaine identique en tout homme. Mais il appartient à cette nature, parce qu'elle est une cause métaphysique réelle et non un simple être de raison ou un idéal vide, de se particulariser dans des peuples, des nations, des manières d'être homme. Selon un processus circulaire, la nature humaine est en retour explicitée, à travers elles qui la réfléchissent plus ou moins parfaitement et révèlent par là son caractère spirituel, dans des cultures et des destins politiques historiquement particuliers mais à vocation universelle. La nature humaine, norme immanente de la personne et cause à la fois efficiente et finale de ses activités, se réfléchit ontologiquement dans la particularité des peuples qui la restituent à elle-même spirituellement. On est loin des « valeurs » de la Révolution française, expression fanatique du subjectivisme et de l'individualisme terroriste. L'idée de l'homme qui inspire le jacobinisme est la *Déclaration des Droits de l'Homme et du Citoyen*. Mais cette idée ne contient rien qui ressemblerait à une nature platonicienne ou aristotélicienne, à une essence mesurant l'existence, normative de la subjectivité et de la liberté : elle consiste bien au contraire à réduire la nature de l'homme à sa subjectivité sans contenu et dont les pulsations nihilistes animeraient l'infini des désirs sensibles en lesquels elle est en peine de se reconnaître. L'universalisme des Droits de l'Homme n'est pas la projection d'une essence humaine dotée d'un contenu intelligible et de déterminations qui la circonscrivent. Il est l'unité toute négative — abstraitement universelle, pouvant être prédiquée du dernier des hommes, du plus indigent moralement — de ce qui reste à l'homme après qu'il s'est dépouillé de toute détermination essentielle pour se réduire à sa conscience. L'Union Soviétique s'est voulue (c'est encore vrai pour la Chine et cela le redeviendra certainement ailleurs en plusieurs endroits à la fois, peut-être même en Russie)[3] la patrie

[3] Il semble peu probable, aujourd'hui (2018), que la Russie de Vladimir Poutine, ostensiblement soucieuse de réveiller les principes communautaires et spiritualistes du patriotisme, de la famille et de la moralité traditionnelles, ambitionnant de se poser en dirigeant international des peuples désireux de se soustraire à l'hégémonie du mondialisme bancaire sévissant partout mais stratégiquement enkysté aux États-Unis, soit encore gravide de la tentation communiste. Il demeure que, aussi longtemps qu'un pays (et telle est bien la Russie d'aujourd'hui) est flanqué d'un gouvernement aspirant à s'intégrer, pour des raisons économiques sous-tendues par des appétits populaires consuméristes, dans les réseaux de l'économie mondialiste, et de surcroît solidaire, au nom d'un patriotisme à courte vue, des mensonges innombrables — en particulier historiques — attachés au défunt Troisième Reich, il prend le risque de subir un retour du communisme, parce que la consommation du mondialisme bancaire ne pourra pas prendre d'autre forme que celle d'un communisme planétaire, c'est-à-dire d'un capitalisme d'État roulant pour l'État mondial en lequel — conformément aux prévisions de Marx — l'oligarchie bancaire internationale actuelle, après avoir drainé toutes les richesses de la terre, ne pourra pas ne pas se convertir.

internationale des travailleurs, c'est-à-dire la négation de toute patrie charnelle au profit d'une communauté mondiale de consommateurs n'ayant en commun que le refus partagé d'appartenir à une communauté fondatrice expressive d'un idéal moral fondé sur une nature commune. Il en est de même au fond pour la France révolutionnaire depuis deux siècles, dont le communisme est idéologiquement le rejeton qui consomme son projet : la subjectivité vide entend se réfléchir ontologiquement dans la particularité toute contingente d'un peuple voué à s'identifier progressivement à la communauté mondiale, pour se restituer à elle-même et se déifier. On voit que le schéma jacobin du rapport entre personne et société, subjectivité et essence, est l'envers strict du projet fasciste. C'est pourquoi la Révolution française ne saurait être l'identité concrète du bolchevisme et du fascisme en lesquels, selon François Furet, elle se serait décomposée. C'est bien plutôt le projet fasciste qui réalise l'identité concrète de l'universel (de la nature humaine) et du national (qui manifeste cette nature en tant qu'il en procède et s'ordonne à elle) dont la Révolution française, version inchoative du bolchevisme, ne réalise que l'identité abstraite après les avoir réduits tous deux à l'indifférencié de la conscience (l'« universel ») rempli par l'indéfini des besoins matériels (le « national », la patrie où l'on jouit).

16 – Marxisme et « *homo œconomicus* »

Résumé :

Le libéralisme démocratique (c'est en fait un pléonasme) et le bolchevisme matérialiste (idem) sont deux frères ennemis qui communient dans l'individualisme et dans le consumérisme, son corollaire obligé dont les Droits de l'Homme sont le cache-sexe. Leur différence n'est que de degré dans le progrès de décomposition de l'homme et de la société, non de nature.

Le contestable parallèle établi par François Furet, après beaucoup d'autres, entre bolchevisme et fascisme, invite ce dernier à faire du bolchevisme une forme radicale de rejet de l'« *homo œconomicus* ». Si la chose est assurément vraie du fascisme, elle est pour le moins douteuse à propos du bolchevisme. Si, pour Marx, l'aliénation économique est l'aliénation fondamentale de l'homme, aussi bien du bourgeois que de l'ouvrier, elle est le moteur de sa libération, le négatif nécessaire qui, en se reniant ou en se réfléchissant, propulse la révolution sociale et accouche de l'homme libéré. Si l'essence humaine est l'ensemble des rapports sociaux (et telle est la vraie définition du socialisme) ; si, loin d'être déterminée par la conscience en sa vie subjective (superstructure), la vie sociale en tant qu'infrastructure économique détermine la conscience et la forge de part en part, la réalité économique de l'homme conscient des causes réelles de son aliénation (les contradictions entre forces productives et rapports de production) ne saurait en tant que telle faire l'objet de sa réprobation : le négatif de l'aliénation économique ne se renie pas en tant qu'il nierait l'économisme, mais en tant que la forme momentanée (bourgeoise) de son exercice est elle-même contradictoire. Le marxiste conséquent ne condamne le consumérisme libéral que pour le récupérer, sublimé, dans une organisation communiste qui en assure l'exercice égalitaire. Si le citoyen encore aliéné dans la société bourgeoise ne conçoit sa libération qu'inadéquatement, c'est en tant qu'il n'a pas pris conscience de l'aliénation de la propriété privée. Ce n'est nullement parce qu'il vouerait aux gémonies l'économisme en tant que tel, c'est-à-dire — par-delà les modalités de sa pratique — l'idée selon laquelle la société (c'est-à-dire l'homme lui-même, puisqu'il est, en dehors d'elle, supposé n'être qu'une abstraction) aurait pour vocation première d'accroître indéfiniment, par le travail et la réciprocité des services, les moyens de consommer. Ainsi Lénine pouvait-il écrire (*Que faire ?*, 1902, *Œuvres choisies*, Moscou, 1946, I) que « (...) livrée à ses seules forces, la classe ouvrière ne peut arriver qu'à la conscience trade-unioniste » (p. 197). « (...) la classe ouvrière est attirée spontanément vers le socialisme, <mais> c'est l'idéologie bourgeoise qui, spontanément, s'impose à l'ouvrier » (p. 208). « La liberté de critique est la liberté de l'opportunisme, la liberté de transformer le parti en un parti démocratique réformiste, la liberté de faire pénétrer dans le socialisme les idées bourgeoises et les éléments bourgeois » (p. 178). Et de même que cette dernière remarque ne condamne pas du tout la démocratie, mais condamne la confiscation de cette dernière par les intérêts privés et non démocratiques de la classe bourgeoise, de même ces citations dans leur ensemble n'attestent en rien une révocation du consumérisme, mais dénoncent le manque d'éducation de la classe ouvrière, le caractère non scientifique (non marxiste) de ses aspirations à la consommation. L'ouvrier ne doit pas s'embourgeoiser, non parce que la bourgeoisie promeut le consumérisme, mais parce qu'elle le limite en le confisquant. Louis-Ferdinand Céline avait aussi dénoncé ce travers bourgeois de l'ouvrier sans-culotte : « Pour le peuple, le communisme c'est le moyen, l'astuce d'accéder bourgeois illico, à la foire d'empoigne. Sauter dans les privilèges, tranquille, Baptiste une fois pour toutes » (*Les Beaux Draps*, Nouvelles Éditions françaises, Paris, 1941, p. 122). Mais c'était, dans sa perspective alors fasciste, pour condamner l'économisme lui-même : « Boyaux avides prolétaires contre boyaux contractés bourgeois. C'est toute la mystique démocratique. C'est consistant, mais ça rampe, c'est lourd, ça fatigue, ça pue » (*L'École des cadavres*, Éd. Denoël, Paris, 1938, p. 126). Le communisme est — par la réduction économiste et matérialiste de l'homme à ses besoins, des relations humaines à des rapports laborieux entre les hommes et avec le monde — la consommation exhaustive de l'égalitarisme démocratique induite par l'individualisme subjectiviste de la conscience humaine déifiée. De sorte que l'ambition communiste de mettre fin à l'individualisme de l'« *homo œconomicus* » n'est nullement le dépassement de l'individualisme et de l'économisme, mais leur diffusion égalitaire totale. Procédé analogue à la résolution démocratique du problème du pouvoir, qui ne conjure la tyrannie qu'en la diffusant de manière maximale. Faire du fascisme et du bolchevisme les frères ennemis engendrés par la Révolution française selon sa logique jacobine brutale, c'est développer l'illusion d'optique propre au libéral qui veut la démocratie sans sa violence.

17 – Esprit bourgeois et esprit démocratique, petite et grande bourgeoisie

Que penser de cette dénonciation libérale d'une relation nécessaire entre passion anti-bourgeoise et esprit démocratique ? Une telle observation dénonce elle-même le préjugé de son auteur, le point de vue bourgeois de son rapporteur, plus précisément son point de vue grand bourgeois : ayant diffusé les idées démocratiques pour dissoudre le pouvoir aristocratique et royal qui ne lui faisait pas la place qu'elle convoitait, la grande bourgeoisie eut tôt fait, après avoir au terme du Directoire instauré sa dictature idéologiquement molle et souvent pratiquement féroce à la mesure mesquine de sa pauvreté spirituelle, d'en appeler à l'esprit moralisateur de résignation et de hiérarchie, pour contrôler la populace avide qu'elle avait fait sortir de ses gonds. L'esprit démocratique lui devenait hostile qui prétendait lui demander des comptes sur la légitimité usurpée de son nouveau pouvoir. Et puisqu'avec la plèbe républicaine le bolchevisme et le fascisme condamnent — l'un par accident (cf. ici § 16), l'autre dans son essence — la férule bourgeoise de la société libérale, il est dans la logique sophistique de la bourgeoisie de faire de ces dernières doctrines autant de résidus de la démocratie qui lui est devenue hostile. Il n'est certes pas question, pour nous, d'opposer une bourgeoisie chargée de tous les vices à une aristocratie mythique dotée de toutes les vertus de sagesse et de magnanimité :

> « Il est aisé de reprocher à Richelieu et à Louis XIV d'avoir ôté à la noblesse son importance sociale, mais il faut reconnaître qu'elle n'avait donné avant eux aucun signe de maturité politique : le pouvoir royal a seulement dompté des brouillons » (Abel Bonnard, *Les Modérés*, Grasset, 1936, p. 67).
>
> « (...) la noblesse a surtout marqué sur l'esprit public par l'aspect qu'elle lui a offert d'elle-même au XVIIIe siècle et que la nation tout entière a copié en le critiquant. Ce sont ces brillants seigneurs qui ont appris aux Français à parler de tout sans toucher à rien ; c'est eux qui, comme tant de Français d'aujourd'hui qui ne sont pas nobles, n'ont vu dans l'État qu'un distributeur de places et de pensions ; c'est eux qui, tout en voulant que la nation les considérât selon l'idée qu'ils avaient d'eux-mêmes, n'ont pas sur lui donner l'exemple du respect pour ce qui était plus haut qu'eux. Combien peu elle tenait à l'organisation de la France, cette classe l'a montré par l'émigration. À peine la nation fut-elle agitée qu'elle s'en détacha : cette feuille dorée était une feuille morte » (*id.* p. 68).
>
> « (...) la même noblesse qui, dans la nuit du 4 août, abandonna tous ses privilèges avait obstinément refusé, jusqu'alors, de renoncer à aucun, et, dans l'assemblée des notables, d'accepter les impôts très modérés qui

auraient permis de combler le déficit. En lâchant tout après avoir voulu tout garder, les gentilshommes de l'Assemblée constituante cédèrent sans doute à l'ivresse d'être applaudis, aux premiers effets d'une crainte sourde, au secret plaisir d'entraîner d'autres privilégiés dans les sacrifices qu'ils faisaient eux-mêmes, et à la tentation, bien forte sur des Français de ce temps-là, comme elle le serait encore sur des Français de ce temps-ci, de remplacer par un transport d'un moment l'effort austère et prolongé que demandaient les circonstances » (*id.* p. 207 et 208).

Citons encore Abel Bonnard, dont la langue éblouissante ne doit pas faire oublier qu'il a dit, comme sur tant d'autres choses, l'essentiel sur le rôle politique et social de la bourgeoisie :

« (...) elle (...) mérite peu de louanges. Elle met en lumière un défaut commun à beaucoup de Français, qui aiment mieux emprunter leur importance à l'État que de la tirer d'eux-mêmes. Colbert essaya en vain de donner à cette classe le goût de s'établir dans le commerce ou dans l'industrie ; elle préféra le service du roi, parce qu'elle y trouvait le moyen de s'insinuer dans la noblesse. Au moment où l'organisation de l'ancien régime lui était plus favorable qu'à cette noblesse même, elle ne sut ni ne voulut défendre la royauté, et mit en train la Révolution, sans être de force à la diriger. (...) La bourgeoisie française ne mérite nullement le nom de conservatrice, car le véritable esprit de conservation consiste en tout autre chose que dans une garde inquiète montée devant de l'argent et il défend bien moins des coffres que des autels. (...) La bourgeoisie française a cru, au contraire, que c'était être pratique que d'être petit ; elle a confondu de tout son cœur le supérieur avec l'inutile, et n'a pas eu d'autre philosophie que de faire du droit de propriété une idole dans un désert » (*id.* p. 78 et 79).

Quelque chose pourtant nous paraît profondément juste dans les propos paradoxaux de Drieu La Rochelle :

« Pourquoi ne suis-je pas communiste ? Mais pourquoi ne suis-je pas réactionnaire ? Parce que je suis un petit bourgeois et que je ne crois qu'aux petits bourgeois. Cette espèce de petits bourgeois qui tient du petit noble, du bourgeois des professions libérales, du paysan, de l'artisan. Mais qui n'aime ni le fonctionnaire, ni l'employé, ni l'ouvrier d'usine quand ils ont oublié leur origine concrète. Rien n'a été fait que par nous (...). Nous sommes la masse des individus, le liant de toutes les classes. Nous sommes les hors-classe, les hommes libres » (*Socialisme fasciste*, NRF, 1934, p. 108 et 109).

Et Drieu de citer ceux qu'il appelle « nos hommes », dans un mélange pour le moins éclectique : Maurras, Jaurès, Clemenceau, Fouché, Thiers, Bonaparte, Cromwell, Mussolini, Hitler, Staline... « Ennemis de toutes les classes, traîtres à toutes les classes. Fidèles à nous-mêmes. Les rois ont tué les nobles, les riches n'ont jamais été des chefs : il n'y a que nous » (*id.*). À sa manière, Drieu rejoint Bonnard qui disait :

« (...) sans doute il n'a pas manqué de gens issus de la bourgeoisie pour montrer des sentiments fiers ou élégants : mais ceux qui se sont ainsi comportés se sont plutôt conduits comme des nobles parmi les bourgeois que comme des bourgeois proprement dits (...) » (*Les Modérés*, p. 80-81).

« En pensant aux bourgeois français, il me souvient de ce que Beugnot a dit de ceux de Paris, au XVIIIe siècle : "Cette race d'hommes excellents a été poursuivie et décimée par la Révolution ; elle s'était élevée dans un long calme, à l'abri d'un gouvernement qui paraissait éternel ; elle est finie et ne se reproduira jamais" (...) nous pouvons d'autant mieux apprécier la justesse de l'observation de Beugnot que cette race dont il nous parle n'a pas péri tout entière à ce moment-là ; elle a refleuri moins vivace après la tempête, elle a duré jusqu'à notre temps, et nous avons tous pu en connaître les derniers représentants : c'étaient ces chefs de bureau des grands ministères, hommes d'une probité scrupuleuse et naturelle, remplissant admirablement leurs fonctions sans y disparaître, gais, affables, lettrés ; c'étaient ces hommes d'étude ou ces médecins aussi indifférents aux profits qu'aux honneurs, uniquement attachés au noble objet qu'ils s'étaient choisi : c'étaient ces amateurs de peinture, qui, dans le culte de l'art qui les passionnait, savaient être aussi fins critiques qu'ardents amoureux, et qui ont passé leur vie dans un modeste logis, à la clarté opulente de quelques chefs-d'œuvre. Dans une nation où règne l'envie, ces hommes-là en étaient tout à fait exempts et ils vivaient trop loin de la vanité pour jamais jalouser personne » (*id.* p. 72-73).

Certes, Bonnard fustige la petite bourgeoisie, « sans doute une des classes les plus mesquines qui aient jamais paru dans l'histoire » (*id.* p. 82). Mais il n'en dénonce les travers qu'en tant qu'il y voit l'origine des défauts de la grande bourgeoisie. La grande, « il n'y en a pas » (*id.* p. 82). « Dans l'immense pluralité des cas, les gros bourgeois français ne sont que de petits bourgeois agrandis, ils présentent les mêmes traits, en les rendant plus visibles » (*id.* p. 83). Autant dire que ce qu'il appelle petite bourgeoisie n'est autre que celle que nous nommons grande bourgeoisie, toutes deux ne se différenciant que par l'épaisseur de leurs portefeuilles, et ce que nous nommons petite bourgeoisie avec Drieu La Rochelle n'est autre que la bourgeoisie proche de ses origines populaires et capable du meilleur comme du pire, mais non encore gangrenée par l'habitude devenue héréditaire de viser la fortune pour elle-même. Toutes ces considérations doivent nous inviter à penser qu'il est bien des manières d'être bourgeois, et des fonctions bien différentes de celles que telle ou telle philosophie politique assigne à la bourgeoisie dans l'organisation et la vie évolutive d'une société. Ce qui est sûr, c'est que la passion antibourgeoise, telle celle, fasciste, d'Abel Bonnard, qui au fond n'est pas une « passion » en tant qu'elle est nuancée et rationnellement fondée, n'est pas l'apanage de l'esprit démocratique. Une telle animadversion est terriblement juste, en ce qui concerne une certaine bourgeoisie. Mais le caractère unilatéral du jugement de François Furet se comprend si l'on prête attention aux attributs éminemment ambigus du statut réel de la bourgeoisie.

18 – Esprit bourgeois et esprit démocratique : le fascisme, production de l'esprit petit bourgeois

Note explicative :

• *« tératologique » : relatif aux anomalies et aux monstruosités des êtres vivants.*

Résumé :

Est vivant ce qui, au rebours de la machine, a en soi le principe de son mouvement et du renouvellement de ses parties. Il n'est pas de société vivante sans renouvellement de ses élites, et c'est dans l'élément de la bourgeoisie que s'opère ce renouvellement qui prend la forme d'une double métamorphose : le plus dynamique du peuple y meurt à lui-même pour se convertir en bourgeois dont tout l'office est, dans la forme sociale de son progrès spirituel, de se sublimer pour se convertir en aristocrate. L'aristocrate est celui qui fait servir au bien commun sa richesse, sa puissance et son savoir. Et puisque le bien commun est la raison et le meilleur du bien particulier, l'aristocrate s'ordonne au meilleur de lui-même en s'ordonnant au tout. Participant des deux extrêmes (dirigeants et dirigés), la bourgeoisie, détentrice d'un pouvoir dont elle ne sait pas encore se faire le serviteur, est toujours tentée, pour le malheur de la société, de s'identifier (voire de se substituer) à l'un des extrêmes au détriment de l'autre (on obtient l'oligarchie ou gouvernement des riches, et le socialisme). Corrélativement, chaque extrême, relativisé au sein du tout par le fait même de l'instance médiatrice qui le met en rapport avec l'autre, est tenté, quand cette instance se renie pour s'identifier à lui, de s'absolutiser au détriment du tout (on obtient la tyrannie, et l'ochlocratie ou despotisme de la populace). L'apport fasciste à la conception classique des sociétés d'ordre est de conjurer, par sa conception organique (i.e. selon le modèle du vivant) de la société, les effets destructeurs de la double tentation qui vient d'être évoquée.

En particulier, une vision linéaire des parties de la Cité par là réduite à un conglomérat mécanique de classes interdépendantes mais statiquement juxtaposées, réduit la bourgeoisie à un segment intermédiaire entre peuple et aristocratie. Sous ce rapport, on a coutume de dénoncer dans la bourgeoisie un corps de parvenus de la plèbe qui singent leurs maîtres et convoitent de s'y substituer. Cette vision des choses est commune tant aux aristocrates décadents soucieux d'accuser, avec d'autant plus d'ostentation qu'elle est de moins en moins légitime, leur différence à l'égard de la bourgeoisie, qu'aux grands bourgeois animés d'un même souci à l'égard du peuple et de la petite bourgeoisie. Un tel jugement à l'emporte-pièce s'entend aussi dans la bouche de certains hommes du peuple quelque peu frottés d'instruction, mais déclassés professionnellement et pleins d'amertume, qui déversent leur bile prétentieuse sur leurs supérieurs immédiats en se donnant des airs de grands seigneurs pour se cacher la nature envieuse de leur arrivisme frustré. Et il convient d'observer qu'une société statique, non vivante, sans circulation intestine de ses composants, est telle une machine dont les éléments ne concourent au fonctionnement du tout que par une structure qui les arraisonne extrinsèquement, les dispose de manière tant bien que mal ordonnée, de telle sorte que la préservation de chaque membre et son intérêt propre ne coïncident pas avec le bien propre du tout ; c'est la vie du corps entier qui anime le cœur et les poumons, leur vie est celle du tout, de sorte que le souci par chaque organe de sa vie propre coïncide avec le service du bien du tout se faisant vivre de ce à quoi il donne vie, dans une action réciproque rendant coextensifs les intérêts de la partie et du tout ; au lieu que les parties de la machine ne sont animées que d'un mouvement qui vient de l'extérieur, de la force du bras de l'ouvrier, de sorte qu'elles sont contraintes, par une impulsion qui ne vient pas d'elles, de servir malgré elles les fins que l'ouvrier assigne à la machine. Chaque partie n'est intéressée que par accident à la bonne marche de l'ensemble, et ne contribue à elle que comme visant en elle la condition de sa propre intégrité. Le souci du bien commun n'est pas immanent à la partie, et de ce fait les parties demeurent virtuellement ennemies les unes des autres : elles supportent mal les concessions que leur impose une intégration dans un tout dont la raison d'être supposée — celle de les servir dans leurs intérêts privés — devrait exclure qu'elles dussent faire des concessions.

Dans le cas d'une réalité organique, c'est-à-dire d'un être vivant, on a affaire à une totalité telle une machine qui monterait elle-même ses ressorts. Comme l'enseigne saint Thomas d'Aquin, « *nomen vitae sumitur ad significandam substantiam cui convenit secundum suam naturam movere seipsam* » (*Somme théologique*, I[a] q. 18 a. 2) : le mot de vie est employé pour désigner une substance à laquelle il revient selon sa nature de se mouvoir elle-même. Un tel mouvement, qui désigne d'abord le processus de la génération, est spontané quant à son origine (*motus ab intrinseco*) et immanent quant à son terme (*movere seipsum*). De sorte que la genèse d'un être vivant, son évolution interne qui diversifie les parties qui le constituent en même temps qu'elle les rassemble et les convertit à l'unité de l'essence du vivant, révèle un processus circulaire selon lequel le vivant se présuppose idéellement (et telle est l'essence de l'âme, principe d'organisation et terme visé par l'organisé animé) pour se faire provenir de la matière en laquelle il s'anticipe et qu'il structure en s'éduisant d'elle : le vivant est positionnel dans lui-même, en tant que processus d'identification **réflexive** à soi, de son **contraire** qu'il rédime plus ou moins parfaitement selon le degré de vie qu'il actualise. Selon ce processus, c'est du tout que la partie tient l'être, de sorte qu'une main coupée, selon le mot d'Aristote, n'est encore dite main que par homonymie. Aussi le bien propre de la partie est-il celui du tout (à tout le moins l'enveloppe-t-il comme sa raison), il est une particularisation du bien propre du tout, et les conflits entre parties, tels les phénomènes tératologiques d'hypertrophie ou de dépérissement, ne surgissent que quand le tout est malade, dégénérant inchoativement en mécanisme. Si la Cité, qui bien sûr n'est pas substance — mais dont la vie des composant humains, et leur intellectualité qui les habilite à communier dans la poursuite de bien spirituels éminemment communicables et participables, autorise à la définir comme une totalité analogiquement vivante — entend prévenir les dissensions qui préparent sa mort, il convient de s'en faire une représentation circulaire invitant à poser, selon son concept, les parties de la Cité comme autant de moments subsistants de sa genèse, de son renouvellement interne et de sa subsistance. Dans cette perspective, la bourgeoisie, fonction médiatrice, est le moment, éminemment labile et ambigu, de l'identité négative du peuple et de l'aristocratie :

La totalité encore indifférenciée et idéelle de la multitude politique habitée par une communauté de destin, s'anticipe dans une multitude réelle mais de soi encore atomistique, ou plèbe. Puis elle se restitue à elle-même — niant processuellement le mécanisme dont elle se fait provenir et qu'elle pose en s'y anticipant, c'est-à-dire en s'y niant — selon les moments de la bourgeoisie et de l'aristocratie. Cette dernière culmine et se sublime dans le Prince, conscience de soi ou hypostase de la totalité idéelle dont il n'est chronologiquement le résultat que parce qu'il en est fonctionnellement le principe. Si la nature, entendue en son sens aristotélicien de cause efficiente, de principe ontogénique du mouvement (*Phys.* II), est bien « *ratio indita rebus ab arte divina* » (saint Thomas, *Somme théologique*, I^a^ II^ae^ q. 13 a. 2 : la nature est raison introduite dans les choses par l'art divin), alors la nature de la Cité, totalité idéelle posant le corps qu'elle investit, préexiste à l'éduction concrète de la Cité, selon trois modes d'existence : en puissance dans la multitude encore grégaire, en acte inachevé dans les chefs qui l'organisent, mais d'abord en acte complet quant à sa forme dans l'entendement divin, conformément à la leçon de Joseph de Maistre qui faisait observer que les États sont des vaisseaux qui ont leurs ancres dans le Ciel. Ainsi comprend-on que le prince a pour office de représenter, en même temps que la raison formelle de la multitude politiquement organisée, l'autorité divine elle-même dont procède toute autorité : « *auctoritas* » vient de « *augere* », faire croître.

On s'aperçoit aisément, dans cette perspective, que la bourgeoisie est le lieu privilégié, en tant que « *terminus a quo* » populaire de l'aristocratie, du renouvellement des élites. Elle est une instance par essence révolutionnaire, puisque reconnue analogiquement comme l'ordre social en son contraire dans le premier moment de sa rédemption intestine. Mais elle est sainement révolutionnaire puisqu'elle est condition de la vitalité de la société. L'identification à soi du tout, victoire souveraine de la forme en sa négation de la négation différenciante en laquelle elle se précède, est d'autant plus parfaite qu'est plus radical le moment d'opposition à soi qu'elle assume en tant que circulaire. Une société ne conjure son dépérissement qu'en entretenant le principe de sa vitalité, l'origine à elle immanente de ce mouvement vital ou circulaire lui donnant de respirer, de se régénérer dans son propre élément, de se maintenir par là dans les limites que lui prescrit son essence. Ainsi comprend-on le caractère ambigu de la bourgeoisie, tout comme les fonctions polymorphes qu'on s'autorise selon les contextes à lui attribuer : elle peut toujours être tentée, par aigreur ou impatience, par cette révolte toujours mortifère qui est le fruit d'ambitions souvent légitimes mais trop longtemps refoulées, de refuser son ordination à la fonction aristocratique ; elle inverse alors le circuit naturel de sa vocation, elle s'identifie au peuple qu'elle aura feint d'investir de la dignité du prince dont en tant que plèbe le peuple est le contraire ou l'envers, pour s'en différencier ensuite en mimant l'aristocratie qu'elle prétendra remplacer. Mais une telle séduction perverse, au sens propre du mot (« *perversus* » dit renversement), n'est possible, comme le rappelait Abel Bonnard, que quand le poisson pourrit par la tête : quand les fonctions royale et aristocratique se soustraient elles-mêmes à leurs propres vocations. Que la cité pérenne, finalisée par le bien commun qui fonde métaphysiquement son intégrité en prévenant toute révolution ou implosion, requière d'assumer une instance révolutionnaire permanente ; qu'elle doive entretenir en elle-même, pour n'avoir pas à périr des soubresauts que suscite paradoxalement en ses organes une staticité excessive faussement identifiée à la préservation de son essence, un organe essentiellement polémique en lequel elle se risque, voilà ce dont à notre sens **le fascisme, expression petite bourgeoise du souci du bien commun**, est susceptible d'enrichir la doctrine monarchiste. Le fascisme est le produit maladroit d'une petite bourgeoisie à demi-cultivée, honnête et excédée, opposée à la fois aux grands bourgeois oligo-démocrates et à la plèbe ochlocratique, et déçus profondément par une aristocratie déliquescente. Voilà qui n'est compris ni des monarchistes ni des libéraux, qui substituent à la refondation organique de la cité comme garant de son homogénéité, pour les premiers, une fonction dynastique statique, et, pour les seconds, une activité polémique mais transposée dans l'ordre économique. Mais réserver à la filiation dynastique seule, à mode de fonctionnement à la fois familial et transnational, le soin d'assurer l'unité de la cité, c'est placer hors de la multitude le principe de sa structuration interne, c'est tendre vers une organisation mécanique de la cité qui oblitère le primat du bien commun et prépare les dissensions létales. De même, transposer dans l'ordre économique et attendre des conflits qui l'animent la pulsation immanente de vitalité qui fait se régénérer la société, c'est faire communier les hommes, comme l'a admirablement montré Claude Rousseau (*Les Illusions de l'Occident*, chapitre 12, Albin Michel, 1981), dans l'élément matériel qui, comme principe de divisibilité (inversement proportionnelle à la participabilité : un bien spirituel, au rebours d'un bien sensible, peut être tout entier en la possession individuelle de plusieurs sans rien perdre de son intégrité et de son unité), n'a pour résultat que d'opposer les hommes entre eux, et derechef la société politique bascule dans ce mécanisme social qui éclipse tendanciellement l'humanité dans l'homme.

Pour clore ce chapitre nous évoquerons encore, avec une admirative reconnaissance, Abel Bonnard qui, fasciste de raison, n'ignorait rien des déficiences du fascisme et des défauts tant des dictateurs (« ces centaures ajoutant leur buste d'homme au corps de leur peuple », *Les Modérés*, p. 326) que de la dictature. Mais il la préférait, dans l'intérêt de la monarchie, à ces politiciens démocrates dont les monarchistes antifascistes, flanqués des catholiques bien-pensants, firent le lit :

> « <Les dictatures> ne peuvent être regardées que comme le remède très pénible d'un mal très profond, l'expression rudimentaire de l'ordre lorsqu'il s'oppose au chaos ; elles se justifient surtout par ce qu'elles ont empêché et c'est précisément un des griefs les plus graves qu'on puisse faire à la démocratie, que de rendre nécessaire ce régime où elle se continue encore, quoiqu'il ait l'air de la démentir. (...) Mais on ne peut refuser aux dictateurs d'être des personnages tragiques. S'il est très douteux qu'ils soient des grands hommes, il est très certain qu'il sont éminemment des hommes ; tout leur effort en fait foi, et cette valeur virile suffit à les mettre de mille coudées au-dessus des politiciens ; ils n'ont pas fait leur carrière par des tricheries et des bassesses, mais par la lutte et par la prison, et ayant engagé toute leur personne dès leurs premiers actes, jamais ils ne l'ont exposée davantage que dans le poste suprême où ils sont des chefs pour être des cibles » (*Les Modérés*, p. 280-281).

CHAPITRE II

Brève évocation des tensions entre fascisme et morale catholique

19 – Plan du chapitre

À aucun moment nous n'aborderons le problème des crimes qui furent imputés au fascisme. Cette discrétion a deux causes. Tout d'abord, il appartient aux historiens de savoir avec précision quels sont ces crimes : nul n'ignore le contenu que développa l'histoire officielle, pendant plus de trente ans, à propos de Katyn. Et comme il se trouve qu'en dépit de leurs principes avoués les maîtres des régimes plouto-démocratiques actuels répriment avec la dernière vigueur toutes les manifestations dérangeantes pour eux de la liberté d'expression, nous nous tairons sur le sujet.[4] Les lecteurs comprendront qu'il en allait

[4] Notons cependant que le caractère passionnel des jugements portés sur les puissances de l'Axe et sur les idées qui les inspirèrent tient essentiellement au fait que ces puissances se sont rendues coupables, selon l'histoire officielle imposée par la force d'une répression judiciaire sans précédent, d'un crime abominable, et tel non tant par le nombre des victimes que par sa nature : l'anéantissement d'un groupe d'hommes non à raison de ce qu'ils avaient fait ou pensé, ni même à raison de ce qu'ils étaient, mais en vertu (en ce qui concerne les enfants) de ce qu'ils étaient supposés devenir, faire ou penser, et ce au nom d'un déterminisme théologico-biologique par lui-même contestable. Le projet léniniste d'anéantissement d'une classe sociale entière, quoique plus ravageur quant au nombre des victimes et aussi contestable quant au postulat déterministe supposé l'avaliser, ne revêt pas le même caractère. En effet, pour les consciences chrétiennes ou pétries de christianisme (même dévoyé en humanisme) formant l'immense majorité des observateurs et censeurs occidentaux, ce projet n'insulte pas aussi directement le Créateur, parce qu'il n'est pas fondé sur un argument d'ordre biologique (un être serait moralement pervers en vertu de sa nature même à lui conférée par Dieu) : Dieu n'est pas créateur des classes sociales.
À supposer que l'Histoire future en vienne un jour à laver les puissances de l'Axe de l'accusation d'un tel crime, les passions tomberaient au point de modifier, voire même

non tant du confort de l'auteur que des conditions matérielles de publication de cet ouvrage. D'autre part, le fascisme n'a pas l'apanage de la brutalité. À propos des crimes de guerre, « les démocraties et les pays communistes nous ont montré, par leur conduite de la guerre, qu'ils n'étaient pas le propre d'un camp, mais que tout le monde avait des actes criminels à se reprocher : de plus, l'invention de la guerre subversive et l'intervention illégale des civils par des actes de guerre est à l'origine des procédés de défense que les responsables militaires ont dû accepter pour la protection de leurs troupes, et cette réaction des responsables n'est pas particulière non plus aux pays fascistes (...) les campagnes sur les atrocités ne sont que des instruments de la propagande » (Maurice Bardèche, *Qu'est-ce que le fascisme ?*, Les Sept Couleurs, p. 179-180). La brutalité du fascisme ne lui est pas consubstantielle. Elle est le fait des conditions dramatiques de sa genèse et de sa survie dans un monde hostile. Est violent ce qui, comme l'établit Aristote (*Phys.* V) est contre nature. Sous ce rapport, les oligarchies molles sont infiniment plus violentes que le fascisme.

D'un point de vue catholique (qui est le nôtre), on reproche, sur le plan doctrinal, quatre choses au fascisme : 1) son racisme, 2) ses prétentions hégémoniques qui développent des attitudes belliqueuses, 3) son hypertrophie de l'État, 4) sa tendance (surtout dans le cas du national-socialisme) à pervertir le message chrétien pour le faire servir à ses propres intérêts. Il est certain que le fascisme fut justement condamné par l'Église dans ce qu'il avait de condamnable, mais il convient de ne pas jeter le bébé avec l'eau du bain, c'est-à-dire de s'en tenir à tout et seulement à ce qui fut condamné en lui, dût-on s'écarter, quand la raison y invite, des intentions et préférences subjectives des auteurs des diverses condamnations. Les trois premiers des quatre points ci-dessus évoqués seront ici successivement abordés dans trois sections distinctes. Le quatrième sera développé dans le chapitre V.

---

d'inverser, les jugements couramment formulés sur la question. C'en serait fait du consensus presque universellement partagé sur l'Ordre mondial construit depuis cinquante ans, Ordre lui-même fondé sur l'idéologie des Droits de l'Homme dont les deux modes contradictoires de réalisation — libéralisme et socialisme — ne coexistent que par l'invocation d'un ennemi fondateur et réconciliateur perpétuellement réactualisé, telle la « Bête immonde ». On dira que le marxisme récuse l'idéologie des Droits de l'Homme. Mais Marx dans *La Question juive* récuse « l'homme abstrait » des Droits de l'Homme, non la divinité de la conscience humaine (proclamée par Marx dans sa thèse de doctorat) que cette idéologie présuppose et qu'il ne prétend dépasser qu'en l'assumant.

Première section : Le racisme du fascisme

20 – La réponse de l'Église

Note explicative :

• *« fébronianisme » : doctrine de Justinius Febronianus (Johann Nikolaus von Hontheim, 1701-1790, évêque coadjuteur de Trêves) ; auteur d'un « de statu Ecclesiae » (mis à l'Index en 1764) ; soutenait des thèses conciliaristes et prônait un épiscopalisme absolu conférant à tous les évêques les mêmes compétences, tant pour le pouvoir d'ordre que pour le pouvoir de juridiction.*

• *sponsal : du latin spons, spontis, volonté libre.*

> « Quiconque prend la race ou le peuple ou l'État ou la forme de l'État, ou les dépositaires du pouvoir, ou toute autre valeur fondamentale de la communauté humaine — toutes choses qui tiennent dans l'ordre terrestre une place nécessaire et honorable — quiconque prend ces notions pour les retirer de cette échelle des valeurs, même religieuses, et les divinise par un culte idolâtrique, celui-là renverse et fausse l'ordre des choses créé et ordonné par Dieu : celui-là est loin de la vraie foi en Dieu et d'une conception de la vie répondant à cette foi. (...) Nul ne songe, certes, à barrer la route qui doit conduire la jeunesse allemande à la constitution d'une vraie communauté ethnique, dans le noble amour de la liberté, l'inviolable fidélité à la patrie. Ce contre quoi Nous Nous élevons, et Nous devons Nous élever, c'est l'antagonisme volontairement et systématiquement suscité entre ces préoccupations d'éducation nationale et celles du devoir religieux. Voilà pourquoi Nous crions à cette jeunesse : Chantez vos hymnes à la liberté, mais n'oubliez pas pour autant la liberté des enfants de Dieu ! » (Pie XI, *Mit brennender Sorge*, du 14 mars 1937).

S'il est vrai qu'une conscience chrétienne ne saurait diviniser la race et l'État, elle ne saurait les ignorer, puisqu'il s'agit de valeurs fondamentales qui tiennent une place nécessaire et honorable dans l'ordre terrestre. Au reste, la politique est « le champ de la plus vaste charité, dont on peut dire qu'aucun autre ne lui est supérieur, sauf celui de la religion » (Pie XI, *Discours à la Fédération universitaire catholique italienne* du 18 décembre 1927). Il est exclu qu'un catholique puisse jamais justifier l'avortement, la dissolution des familles, la négation du règne social du Christ, la subordination de l'Église au Politique, le gallicanisme ou le fébronianisme. Il est exclu qu'il puisse jamais soutenir la thèse du déterminisme biologique, lequel est une forme de matérialisme. Un catholique ne pourra jamais défendre une forme de racisme somme toute fort judaïque — témoin, pour illustrer le concept de race élue ou supérieure, l'évocation par certains membres du Troisième Reich d'un Nietzsche judéophile à la mesure de son antichristianisme (voir par exemple les aphorismes 250 et 251 de *Par delà le Bien et le Mal*). Pour le chrétien, tout homme est « *imago Dei* », tout homme quelle que soit sa race est racheté, en puissance ou en acte (selon qu'il appartient ou non à l'Église catholique), dans le sang du Christ. Pour le chrétien, la hiérarchie suprême entre les hommes est celle de la sainteté ; elle se subordonne ultimement, sans les supprimer mais en dévoilant le sens surnaturel qu'il a gratuitement plu à Dieu de leur conférer par le don de la grâce, toutes les autres hiérarchies naturelles qui par là ne sauraient la négliger et encore moins s'y substituer. Il est définitionnel de la nature spirituelle de l'être humain de s'actualiser en lui comme suppôt ou personne, et, dès le stade de l'ordre naturel, toutes les créatures qui sont égales dans la ligne de la personnalité sont dotées d'une égale dignité, fussent-elles inégales quant aux dons qui leurs sont dévolus et qui procèdent des conditions ou des modes d'individuation, en elles, de leur nature. C'est l'aptitude à connaître et à vouloir ou aimer Dieu, à Le choisir librement pour Sa Gloire en faisant Sa Volonté, c'est-à-dire en obéissant à l'injonction immanente de la nature droite et de la grâce, qui détermine le constitutif formel de la dignité de la personne. Quelle que soit sa couleur, quels que soient son sexe, sa classe sociale, ses talents innés, le moins servi par les modes singuliers de concrétisation en lui de sa nature humaine est déjà naturellement supérieur, s'il est vertueux, à toute autre personne moins vertueuse que lui mais qui jouirait de plus grands talents, parce qu'il exerce opérativement de manière plus excellente que le second les facultés qui sont induites par sa différence spécifique. Et c'est encore plus vrai dans l'ordre surnaturel, qui se subordonne le naturel en le présupposant.

Il reste qu'un catholique ne saurait nier, voire même négliger, l'importance de cette cause matérielle qu'est le patrimoine biologique : l'homme n'est pas un ange logé dans un corps d'emprunt, l'âme est l'acte premier d'un corps organisé ayant la vie en puissance (Aristote), et saint Thomas défendit toujours, après le Stagirite, la thèse métaphysique de l'individuation de la forme par la matière. Il est exclu tout autant qu'on soit sommé, en tant que catholique, de réduire la fonction de l'État à une simple organisation dispositive ou instrumentale destinée à promouvoir la dignité de la personne entendue comme singularité ineffable ; ce serait, dans une perspective personnaliste et par là moderniste, faire du bien commun l'instrument du bien particulier.

À ce sujet, si les pratiques eugénistes incluant la stérilisation des tarés sont réprouvées par la morale catholique, ce n'est ni au nom d'un équivoque « droit de la personne », ni au nom du principe d'une inviolabilité inconditionnelle de la vie privée, ni au nom de la valeur prétendument infinie et sacrée du libre arbitre. Le droit, « *jus* » ou « *dikaïon* », conformément à son acception aristotélo-thomiste, ne relève que de la justice particulière (et non de la justice générale, ou vertu morale de justice) et ne concerne que les biens divisibles relatifs à l'ordre de l'avoir : la notion de « droit subjectif » procède d'une conception erronée de la personne, tout comme celle de « droit de l'homme » qui ruine le primat du bien commun et s'inscrit dans une conception contractualiste (violente donc puisque contre nature : l'homme est par nature un animal politique), par là individualiste, de la société. La vie privée n'est soustraite au bien public que comme détermination obligée de la vie publique elle-même qui, en tant qu'elle n'est pas substantielle et personnelle (sinon par analogie), présuppose l'intégrité et l'initiative de ses membres — autant d'attributs qu'elle ne garantit en retour que pour se les subordonner : la vie privée ne se soustrait à la vie publique que comme moment obligé de recueillement en elles-mêmes de la personne et de la famille, non comme si ce repliement sur soi était raison de la vie publique, mais en tant qu'en lui s'accomplit l'opération vitale, personnelle et sponsale, à la fois d'ordination réfléchie du privé au public, à la fois d'ordination de la personne à un bien supérieur au bien politique ; mais il ne lui est supérieur qu'en tant qu'il est plus universel et plus intégrateur que le bien politique, plus radicalement public, telle la communion des saints. Quant au libre arbitre, il n'est pas l'essence mais la qualité de la volonté qui, comme appétit rationnel, tient sa dignité non de son autonomie (laquelle est certes un attribut obligé de sa nature, mais non sa fin) mais de l'élévation des biens auxquels elle donne accès. La stérilisation des tarés n'est moralement prohibée que parce qu'elle fait violence à la nature humaine qui enveloppe, comme le mode de sa propre perpétuation, l'exercice de la procréation (y compris, mais sublimé selon un mode surnaturel, dans le cas du religieux consacré qui est l'instrument privilégié de fécondation des âmes par la grâce) : c'est seulement par accident que le taré, qui n'est pas tel par nature, est impropre à transmettre la vie. Dans le même ordre d'idée, c'est seulement par accident et non par essence que les époux stériles sont tels, et que leur mariage est licite bien que la finalité première du mariage soit de transmettre la vie. Il y a cependant une différence entre les deux cas : les époux stériles ne compromettent pas la santé de leur peuple, ce qui a lieu avec des tarés prolifiques. Le double respect de la loi morale et du bien commun appelle donc que les tarés avérés soient moralement invités, par eux-mêmes et par leur entourage, à demeurer en l'état de chasteté. Si les procédés de l'eugénisme brutal offensent la morale, c'est non parce qu'il est question d'eugénisme, mais parce qu'il est question de brutalité, c'est-à-dire de violence prise en son vrai sens : acte contre nature.

Pour la même raison, le souci politique du législateur de parvenir à la constitution d'une véritable communauté ethnique exclut, selon la morale catholique, que les mariages soient forcés ou interdits. Mais cela n'est nullement imputable à un prétendu droit sacré — perspective libérale et personnaliste — de la personne en tant que personne dans sa réalité privée, ou de la subjectivité souveraine soustraite à l'*imperium* de l'État. C'est encore justifié par la seule nature humaine (que le national-socialisme tend à réduire à la nature universelle en sa réalité seulement biologique et animale) qui, comprenant analytiquement comme son mode propre de perpétuation l'institution du mariage, exige que les époux, dans et par l'amour, se donnent l'un à l'autre comme le complément de leur manière sexuée d'être. Le sens métaphysique objectif de leur attirance réciproque est la tendance exercée en et par chacun d'eux en direction d'une commune nature qui les habite et que chacun ne concrétise qu'unilatéralement : les désirs ou tendances dans un être procèdent de son essence et ramènent à elle, puisque le désir est manque, manque de ce qui est requis pour être soi-même en plénitude, et par là manque de soi-même ; tout désir atteste en celui qui l'éprouve le souci de se rendre adéquat à son essence, de s'identifier opérativement et inchoativement à elle. Et dans le cas de l'amour conjugal, l'unité des époux, fondée sur leur commune nature, se réalise hypostatiquement dans l'enfant. Puis donc que les époux s'unissent en vertu de la pulsation immanente d'une nature commune (désir sexué) et en direction d'une nature commune (le fruit qu'est l'enfant), ils se donnent l'un à l'autre dans un acte de bienveillance mutuelle comme le complément de leur manière sexuée d'être. Mais pour donner il faut avoir, et avoir son être signifie qu'on le possède. Or on ne se possède que si l'on est donné — à tout le moins confié — à soi-même, et telle est la liberté. L'union conjugale, selon les exigences de la nature humaine, se décide ainsi librement. Mais le respect par l'État de la liberté des unions n'implique nullement l'obligation pour lui d'obéir inconditionnellement aux choix privés les plus dommageables au bien commun de la société. Libre, l'union conjugale implique la responsabilité, jusques et y compris à l'égard de l'État que cette liberté ne somme nullement de ne pas sanctionner, par des mesures légales discriminatoires, les unions dommageables au bien public : la liberté des unions privées n'implique pas de soi, par exemple, l'attribution de la nationalité et de la citoyenneté à tout conjoint et à toute progéniture.

Nous illustrerons dans un premier temps les points de doctrine fasciste ou national-socialiste qui marquent le souci maladroit ou perverti de constituer une vraie communauté ethnique (§ 20.1 et suiv.). Puis nous dégagerons par d'autres citations (§ 21.1 et suiv.), afin d'apprécier tant la portée des condamnations que le champ des thèses condamnées, les procédés et maximes non incompatibles avec les exigences morales du catholicisme et requis pour poursuivre une telle fin.

20.1 – Condamnation du racisme et distinctions nécessaires

Hitler préconisa (*Mein Kampf*, *op. cit.*, p. 39) d'« anéantir avec une décision brutale les rejetons non améliorables ». Il affirma (*id.* p. 101) qu'« on ne doit pas oublier que le but suprême de l'existence des hommes n'est pas la conservation d'un État : c'est la conservation de leur race ». À propos de la campagne lancée par Georg von Schönerer, pangermaniste, en faveur du « schisme avec Rome, » Hitler écrivit : « S'il avait réussi, on aurait eu raison de la malencontreuse scission religieuse en Allemagne ; et la force intérieure du Reich et de la nation allemande ne pouvait que gagner énormément à cette victoire » (*id.* p. 114). Aussi pensa-t-il que le protestantisme défend mieux que le catholicisme les intérêts du germanisme, en dépit de sa cécité à l'égard du problème juif. Le racisme d'Hitler lui fit commettre une grave bévue en lui faisant condamner le caractère purement religieux de l'antisémitisme professé par le mouvement social-chrétien (*id.* p. 123), et Julius Evola partagea cette opinion réductrice (cf. *Le Fascisme vu de Droite*, *op. cit.*, p. 122). (Nous reviendrons pour notre part sur ce problème dans le chapitre VI du présent travail). Dans la même perspective, Hitler réduisit la religion de Moïse à une doctrine de la conservation de la race juive (*id.* p. 152) et ne vit jamais dans le marxisme qu'une invention juive pour dominer le monde : « Nous devons voir dans le bolchevisme russe la tentative des Juifs au vingtième siècle, pour conquérir la domination mondiale » (*id.* p. 660, voir aussi p. 169). Plus généralement Hitler professa — et tel fut son « œuf de Christophe Colomb » (*id.* p. 283) — un réductionnisme biologique presque radical : « tout ce qui est grand fut produit par l'Aryen. Les Aryens ont été seuls les fondateurs d'une humanité supérieure et, par suite (...) ils représentent le type primitif de ce que nous entendons sous le nom d'"homme" » (p. 289, *ibid.*). « C'est dans le sang, seul, que réside la force ou la faiblesse de l'homme » (p. 338). « La question de la race n'est pas seulement la clef de l'histoire du monde, c'est celle de la nature humaine » (p. 338). Les missions chez les Nègres sont inutiles, « missions dont ils ne souhaitent ni ne peuvent comprendre l'enseignement » (p. 401). L'État raciste « devra faire de la race le centre de la vie de la communauté, (...) prendre soin que, seul, l'individu sain procrée des enfants » (p. 402), le but suprême étant « une race obtenue selon les règles de l'eugénisme » (p. 403). « Comme, dans l'ensemble, le rendement intellectuel des individus est directement fonction des qualités de race du matériel humain donné, l'éducation de chacun doit avoir pour tout premier but l'entretien et le développement de la santé physique » (p. 406). On ne saurait, bien entendu, souscrire aux déclarations saugrenues d'Hitler identifiant le nègre à « un demi-singe » (p. 429) ou désignant le péché contre la race comme le « vrai péché originel » (p. 404). Et l'on ne saurait innocenter le fascisme (pris au sens strict) d'une tentation doctrinale pour le racisme : Julius Evola (*Le Fascisme vu de droite*, *op. cit.*, p. 113) rappelle que Mussolini, dès 1921 (donc bien avant la pression allemande consécutive à la constitution de l'Axe), mettait en relation le fascisme avec « un profond et constant besoin de notre race aryenne et méditerranéenne, qui, à un moment donné, s'est sentie menacée dans les fondements mêmes de son existence ». Il est vrai que Mussolini avoua aussi (cf. *La Doctrine du Fascisme*, *op. cit.*, p. 65) qu'il voyait dans la race « 95 % de sentiment »...

20-2 – Critique fasciste du racisme

Note explicative :

• *« heuristique » : du grec « heuriskein », trouver ; qui a une utilité dans la recherche et la découverte, scientifique ou autre.*

En fait, contre un tel réductionnisme biologique, il n'est pas de meilleure réfutation, paradoxalement, que l'argument de Julius Evola lui-même : « Nous serions avant tout tenté de demander si, chaque vérité étant liée à une race et vraie pour elle seule, la vérité même selon laquelle on croit à ce pluralisme doit être réputée vraie pour une race seulement, étant dictée par les caractéristiques particulières de celle-ci, ou bien si elle est vraie universellement et en mode supra-raciste pour toutes les races. Tout relativisme, en général, est condamné à ce guêpier et à cette contradiction : car dans l'acte même par lequel il se proclame vrai, il assume, précisément, *mutatis mutandis*, les caractères d'un absolutisme ou d'un universalisme » (cf. *Essais politiques*, *op. cit.*, p. 286-287). On pourrait en dire autant de l'historicisme, pour les mêmes raisons. Et telle est la loi de retournement dialectique qui expulse tout réductionnisme dont la figure marxiste est comme le délirant exemplaire, se définissant par le conflit entre une infrastructure (économique pour Marx, libidinale pour Freud, biologique pour le raciste, consistant en la volonté de puissance pour Nietzsche ou en le vouloir-vivre pour Schopenhauer) et la superstructure (art, religion, philosophie) qui l'exprimerait en la celant (par exemple la culture ne révèle pas la nature raciale de sa cause univoque supposée) : si cette dichotomie (d'inspiration kantienne : le phénomène ou *Erscheinung*, apparition, serait posé par la chose en soi qui, si l'on peut dire, ne « transapparaîtrait » pas dans son apparition) est vraie, alors la doctrine qui la formule, appartenant de soi à la superstructure, devrait n'être qu'une expression mystifiante de l'infrastructure...

On peut se demander, néanmoins, si Hitler crut vraiment, ou s'il crut toujours à la valeur heuristique de sa théorie simpliste. Julius Evola rappelle que « dans un discours prononcé en 1933 à Nuremberg, Hitler lui-même a reconnu clairement que le type physique nordique peut ne pas s'accompagner de facteurs spirituels lui correspondant, en sorte que, dans ce domaine, le critère ultime doit être fourni par l'attitude de l'âme et de l'esprit, par le caractère, par les œuvres. Une discrimination est donc admise au sein même de l'élément nordique. Un examen approfondi montre donc que la « race » de l'idéologie politique nazie n'est qu'un simple « mythe » auquel ne correspond aucune réalité précise, plus ou moins synonyme de peuple libéré de l'élément juif et métis, séparé de ses composants pathologiquement condamnés, ou bien qu'elle s'identifie plus ou moins aux élites dont parle le fascisme, celles qui créent les États et donnent une forme aux nations » (*Essais politiques*, *op. cit.*, p. 337-338). Souvenons-nous que Heydrich ne faisait guère mystère des origines juives de sa grand-mère, et que le régime nazi honora maints « aryens d'honneur » ; que les services de propagande de Goebbels firent savoir au cinéaste Fritz Lang (lequel déclinait leur invitation de travailler pour eux en excipant de ses origines juives) qu'ils étaient seuls habilités à reconnaître en lui un Juif ; que maints historiens compétents n'excluent nullement la thèse d'une ascendance juive d'Adolf Hitler lui-même, et que ce dernier ne l'ignorait pas (Maria-Anna Schicklgruber, grand-mère d'Hitler, exerça un temps les fonctions de bonne chez un marchand juif dont elle fut probablement la maîtresse). Au reste, la doctrine raciste avait elle-même, comme il le fut souvent rappelé, des origines très diverses et fut partagée par de nombreuses personnalités dont les sympathies politiques eussent fait de plusieurs d'entre elles — par leur philosémitisme et par leur scientisme matérialiste issu des Lumières — des opposants à Hitler : Ludwig Gumplowicz, Moses Hess, Mac Dougall, Augustin Thierry, Mignet, Henri Martin, Scipio Sighele, Gustave Lebon, Hippolyte Taine, Édouard Drumont, Arthur de Gobineau, Houston Stewart Chamberlain (qui fut, lui, époux d'Eva Wagner, un ami d'Hitler, et qui lui confirma son soutien dans une lettre peu avant sa mort survenue en 1927), Jules Soury, Ernst Haeckel, Vacher de Lapouge... Le racisme est un avatar de la mentalité scientiste (laquelle est objectivement responsable — quand bien même l'ontologie qui l'inspirait, matérialiste, est indéfendable — d'authentiques progrès scientifiques) que les aspirations nationales et nationalistes du siècle dernier tentèrent presque toutes de récupérer.

20-3 – Le national-socialisme n'est pas un concept univoque

En fait le national-socialisme n'est pas un concept univoque, une doctrine homogène. Hitler et Rosenberg s'opposaient à propos de la juste conception du Reich dont le représentant, pour le Führer, était Charlemagne et non le Saxon Widukind. Christoph Steding (*Das Reich und die Krankenheit der europaïschen Kultur*, Hansseatische Verlagsanstalt, 2e éd., Hambourg, 1938), qui, de manière pertinente, dénonçant en lui une mentalité slave ultra-subjectiviste et passionnelle, qualifiait Nietzsche de « grand écartelé », et qui représentait selon Evola les tendances les plus dignes d'intérêt du national-socialisme, admirait l'État romain, affirmait la supériorité des États et des Empires sur les nations qui n'en sont que la matière, décelait justement dans un certain nationalisme les relents rousseauistes de l'esprit démocratique, refusait la conception naturaliste de la race et critiquait la vénération esthétisante des romantiques pour les « héros » et les « génies » (cf. Evola, *Essais politiques*, *op. cit.*, p. 14 et suiv.). Evola était universaliste (*id.* p. 62-63) en déclarant qu'« un impérialisme mérite son nom lorsqu'il domine en vertu des valeurs universelles auxquelles une nation ou une race déterminée s'est élevée à travers sa capacité de se dépasser elle-même ». L'impérialisme français des Capétiens, leur prétention nationaliste et gallicane à se soustraire à tout prix (et même au détriment de l'unité catholique de l'Europe) à la suzeraineté — pourtant maintes fois rappelée par Rome — du Saint-Empire, leur obstination pendant la Guerre de Trente ans à ruiner l'Allemagne en favorisant l'hérésie protestante, le refoulement exaspéré dans le cœur des Allemands de leur aspiration séculaire à l'unité, la pression slave dont la France fut souvent l'alliée (quand elle n'en était pas l'instigateur), l'incompréhension de l'Église et des Habsbourg au regard du souci des Germains d'Autriche de ne pas se fondre dans un creuset slave (cf. *Mein Kampf, op. cit.*, p. 112-113-387), puis plus tard la folle iniquité des dispositions du Traité de Versailles, expliquent (sans toutefois la justifier) à la fois la réaction nationaliste excessive de bien des Allemands, leur racisme unilatéral et leur hostilité à l'égard de Rome. Mais il n'est pas exclu qu'Hitler ait été anticatholique seulement par accident :

20-4 – Pseudo-hostilité hitlérienne au catholicisme

> « Celui qui pense arriver à une réforme religieuse par le détour d'une organisation politique révèle seulement par là qu'il n'a pas la moindre compréhension de l'évolution des conceptions religieuses, ou même des dogmes, et de ce qui la détermine pour les Églises... C'est le cas de dire qu'on ne peut servir deux maîtres à la fois. Je considère d'ailleurs que la fondation ou la destruction d'une religion est un geste plus grand et d'une tout autre nature que la fondation ou la destruction d'un État ; je ne parle pas d'un parti » (*Mein Kampf, op. cit.*, p. 118).
>
> « Les partis politiques n'ont rien à voir avec les questions religieuses pour autant que les répercussions de ces dernières ne vont point contre la vie nationale, et ne minent pas la morale de la race ; de même, on ne doit pas mêler la religion à la lutte des partis politiques. Quand les dignitaires de l'Église se servent d'institutions ou même de doctrines religieuse pour porter atteinte à leur race, on ne doit jamais les suivre dans cette voie, ni les combattre par les mêmes armes. Les idées et les institutions religieuses de son peuple doivent toujours rester inviolables pour le chef politique ; sinon, qu'il cesse d'être un homme politique et qu'il devienne un réformateur, s'il en a l'étoffe ! » (*ibid., op. cit.*, p. 120).

Un Catholique, pour diverses raisons, ne saurait certes avaliser de tels propos. Hitler pèche par pusillanimité en s'interdisant toute responsabilité dans la vie religieuse de la nation, dont il a la garde en tant que l'assomption du bras séculier de l'Église appartient aux prérogatives du politique dans son ordination au bien surnaturel dont l'Église est le garant. Il pèche par prétention excessive quand il affirme que la morale incluse dans sa conception du politique exclut toute ingérence de l'Église, puisque le politique est lui-même voué à servir la religion. De même Mussolini est incontestablement coupable lorsqu'il refuse la thèse du pouvoir indirect de l'Église en matière politique (cf. *Fascisme et Religion*, Rapports sur les accords du Latran de 1929, Éd. du Trident, Paris, 1989, p. 116). L'erreur qu'illustrent ces thèses relève au fond, au grand dam des fascistes, du libéralisme philosophique dont ils ne surent pas s'émanciper totalement. Mais il convient d'observer que de tels propos ne révèlent pas cette haine satanique du catholicisme que monarchistes antifascistes et démo-chrétiens se plaisent à dénoncer dans le fascisme et dans le national-socialisme. Citons, pour le confirmer, Pierre Maximin dont nous évoquerons bientôt l'ouvrage (cf. notre § 20.5.4) :

« En août 1941, Hitler donna l'ordre de ne prendre aucune mesure contre l'archevêque Mgr von Galen qui, au cours d'un sermon dominical, s'en était pris ouvertement à la pratique de l'euthanasie du gouvernement. Et, le même mois, Hitler menaçait de renvoi et d'arrestation le Gauleiter de Bavière pour avoir stupidement essayé de faire enlever les crucifix dans les écoles bavaroises. Cette question des crucifix, enlevés ou maintenus dans les lieux publics, est d'une indiscutable importance attestée par l'acharnement de la fable à son sujet » (p. 18 et 19).

20-5-1 – Les trois tendances de la NSDAP

Comme on peut s'en apercevoir en consultant, entre autres, l'ouvrage de Victor Farias (*Heidegger et le nazisme*, Verdier, 1987), la NSDAP (*Nationalsozialistische Deutsche Arbeiterpartei*) fut toujours déchirée en trois grandes tendances illustrées par le parcours politique, dont nous dirons ici quelques mots, du philosophe Martin Heidegger. La première est issue d'Abraham a Sancta Clara (Johann Urlich Megerle), le plus grand prédicateur catholique de l'Allemagne baroque, opposé aux Juifs et aux Turcs. Dans la même ligne se situe saint Clemens Maria Hofbauer (1751-1821), prêtre rédemptoriste, père spirituel du mouvement social-chrétien, très antisémite. Karl Lueger poursuivra son œuvre, en 1887. Ce dernier était opposé aux conservateurs monarchistes (à cause de leur logique dynastique qui méconnaissait le fait national) et soutenu par les Jésuites. Il fut maire de Vienne en 1897. Léon Daudet l'honora de son amitié, et Hitler, qui assistera à son enterrement, dira de lui qu'il fut « le plus éminent bourgmestre allemand de tous les temps » (*Mein Kampf*, NEL, 1934, p. 62). À la même tendance prénazie appartint Richard von Kralik, fondateur du *Gralbunt*, catholique fervent antimoderniste que l'on qualifierait aujourd'hui volontiers d'intégriste, et soutenu personnellement par saint Pie X (cf. la revue *Der Gral*, Jg 5, mai 1911). Von Kralik ne cachait pas son total accord idéologique avec le Dr Karl Lueger, tous deux opposés au *Kulturkampf* et aux Modernistes. Du *Gralbunt* sortirent les *Völkischen*, ces autrichiens germanophones hostiles à l'Autriche multiraciale et multiculturelle favorisée par les Habsbourg. Von Kralik disait : « La Providence a chargé les différents peuples et États d'une responsabilité et d'une mission différentes. » On songe à José Antonio Primo de Rivera, définissant la nation comme une « unité de destin dans l'universel » (*Textos de Doctrina Politica*, p. 789). Le jeune Heidegger sera lui-même membre du *Gralbunt*. L'idéal de Von Kralik était un nouvel Empire germanique, dirigé par l'Autriche catholique, ce qui lui fit choisir le catholicisme « *Frankisch* » opposé à l'aryanisme gothique-protestant, et admirer Charlemagne en tant que créateur de la grandeur germaine en étroite collaboration avec Rome. Von Kralik se voulait l'héritier de Richard Wagner et de Schlegel. Le jeune Hegel, à l'aube du XIXe siècle et avant de sombrer dans le luthérianisme prussien, avait pensé quelque chose d'analogue. Il « n'entrevoyait l'avenir de l'Allemagne qu'à travers la suprématie de l'une ou l'autre puissance <Autriche ou Prusse>, en plaçant les meilleures chances du côté de la Prusse <ce à quoi ne se résoudra pas Von Kralik > qu'il redoute et qu'il caractérise de façon perspicace et quelque peu méprisante : "(...) vis-à-vis de l'Autriche, l'État prussien fait l'effet d'un bourgeois qui a gagné sa fortune par son travail, péniblement, pfennig après pfennig, en face d'un aristocrate libre et riche de naissance (...)". Au moment où il rédige l'écrit sur la constitution, Hegel est déjà habité par un solide réalisme politique ; si son *Esquisse d'une réforme...* contient encore des vestiges du passé (rôle des princes et de la noblesse), du moins a-t-il compris que seul un "nouveau Thésée" pouvait unifier l'Allemagne et sans doute pense-t-il, à cette époque, à l'Archiduc Charles de Habsbourg » (Michel Jacob, dans *Écrits politiques* de Hegel, Éd. Champ Libre, 1977, p. 18-19).

20-5-2 – L'*Altkatholizismus*

Or en 1889 se ravive une opposition entre catholiques et *Altkatholiken* (Vieux Catholiques). En fait le mouvement anti-romain, conduit par Johann Ignatz von Döllinger (1799-1890, excommunié en 1871), date des années 1860. Le *Zentrum* admit le dogme de 1870 (infaillibilité pontificale) mais une minorité de théologiens se rassembla en congrès en 1871 à Munich pour développer l'*Altkatholizismus*, associé à la social-démocratie et appuyé par la Prusse bismarckienne. L'*Altkatholizismus* était proche des Lumières, de la maçonnerie, libéral, opposé à la province, à la patrie locale et à l'autorité centrale de Rome. Heidegger appartiendra au début au courant catholique non schismatique : Conrad Gröber, supérieur du foyer Saint Conrad à Constance, sera archevêque de Fribourg, soutien d'Hitler et artisan du Concordat avec le Saint-Siège ; c'est lui qui offrira à Heidegger l'ouvrage de Brentano (sur *Les diverses significations de l'être*) qui suscitera sa vocation philosophique.

20-5-3 – Les mensonges d'Hermann Rauschning

On peut se demander si cette première tendance dans la NSDAP n'était pas celle d'Adolf Hitler lui-même. Considérons en effet (cf. citations et remarques dans les § qui suivent) les informations que nous offre Friedrich Heer (dont Gabriel Marcel a dit qu'il était l'un des auteurs les plus francs de notre époque) dans son ouvrage *Der Glaube des Adolf Hitler, Anatomie einer politischen Religiosität* (Bechtle Verlag, München, 1969, traduit de l'allemand par Michel Demet, Stock, 1971, sous le titre : *Autopsie d'Adolf Hitler*). Friedrich Heer, très hostile au nazisme et moderniste d'un point de vue religieux, s'emploie dans son livre à souligner tous les points de convergence entre le nazisme et la doctrine catholique traditionnelle. Il va de soi que les citations que nous glanons dans son ouvrage ne nous inspirent pas les mêmes jugements que les siens. D'autre part, l'intérêt des informations qu'il diffuse n'empêche pas F. Heer de commettre des erreurs historiques monumentales, telle la créance qu'il accorde à *Hitler m'a dit*, cette baudruche gonflée en 1939 par Willi Münzenberg, chef de l'agence du Komintern à Paris, éditée par Imre Révécz et signée par Hermann Rauschning. C'est à Pierre Maximin (cf. ici notre § 20.5.4) que nous devons les informations qui précèdent et que complète notre § 20.5.15.

20-5-4 – Soutiens catholiques aux hitlériens

Le général de l'Ordre de la Société de Jésus, aristocrate polonais, Vladimir Ledochowski, redouté et célébré comme le troisième dictateur de Rome, avait misé sur Adolf Hitler (Heer, p. 344). Pierre Maximin, auteur d'un remarquable ouvrage (*Une encyclique singulière sous le Troisième Reich*, publications V.H.O., 1999, BP 60, B-2600 Berchem 2, Belgique) riche d'informations du plus haut intérêt, rappelle (p. 38 en particulier) que le R.P. Ledochowski, comme d'ailleurs Pie XII, furent à bien des égards, pour des raisons diverses dont toutes ne sont pas immunes de partialité fondée sur des informations erronées, très critiques à propos des régimes totalitaires, du fascisme et du nazisme en particulier. Il reste que leur hostilité ne leur interdit pas, au moins pendant plusieurs années, de discerner dans les régimes sus-cités autant de réponses aux problèmes du vieux monde, maladroites certes mais presque nécessitées par les ravages en Europe de l'esprit délétère de 1789. C'est ce qui fit déclarer à von Papen que « le IIIe Reich était la riposte chrétienne à 1789 » (John Lukacs, *Hitler of History*, Alfred Knopf, New York, 1997, p. 90, cité par Pierre Maximin, *op. cit.*, p. 17).

20-5-5 – (Suite)

À l'automne 1943, à un journaliste italien qui lui demandait ce qu'il pensait du peuple allemand, Pie XII répondit : « C'est un grand peuple qui verse son sang dans la lutte contre le bolchevisme, non seulement pour ses amis mais aussi pour ceux qui sont aujourd'hui ses ennemis. Je ne peux croire à un échec sur le front de l'Est » (Heer, p. 315). En 1944, Pie XII reçut à Rome celui qui allait devenir le Cardinal Spellman, lequel intervenait en tant que porte-parole de la droite américaine et anticommuniste en faveur d'un renversement des alliances, c'est-à-dire pour une alliance avec Hitler contre les Soviétiques (Heer, p. 245 et 315).

20-5-6 – (Suite)

Le Cardinal Bertram n'hésitait pas à proclamer : « J'ai dit aux enfants : Heil Hitler ! Cela concerne le Reich d'ici-bas. Loué soit Jésus-Christ, c'est la liaison entre Ciel et terre » (Heer, p. 312).

20-5-7 – (Suite)

Le cardinal Faulhaber (archevêque de Munich, vieux légitimiste allemand opposé à la République de Weimar) affirma : « La croix gammée n'a pas été choisie par le Führer pour s'opposer à la croix chrétienne. Elle n'est d'ailleurs pas ressentie comme telle par le peuple allemand ni par les évêques qui, aux jours prescrits, hissent le drapeau à croix gammée » (Heer, p. 309). Reçu le 4 novembre 1936 par Hitler au *Berghof*, le même cardinal quitta le Führer enthousiasmé. Il lui rappela que depuis 1933, Pie XII le tenait pour le premier homme d'État du monde. Par une lettre pastorale de tout l'épiscopat allemand datée du 24 décembre 1936, il demandera à tous les catholiques de se ranger derrière Hitler pour lutter contre le bolchevisme (Heer, p. 197-198-203-208). Dans l'ouvrage de Pierre Maximin déjà cité, on trouve (p. 21), à propos du cardinal Faulhaber, l'information suivante :

> « Que le chef du IIIe Reich fût exempté personnellement de la critique semble corroboré par une note privée, non seulement inédite mais encore intime, non destinée à la publication, que l'on a trouvée dans les papiers personnels du cardinal Faulhaber, celui-là même que l'on dit avoir été — et qui fut sans doute effectivement — l'un des instigateurs de *Mit Brennender Sorge*. Il s'agit du compte rendu d'un entretien du cardinal avec Hitler le 4 janvier 1936 (durée de l'entretien : de 11 à 14 heures) terminé par un dîner d'une demi-heure dans la véranda de la salle à manger à l'*Obersalzberg* (résidence du Führer, dans les Alpes bavaroises). Or, que consignait Mgr Faulhaber ? Tout simplement ceci :
>
> *Dans la première heure, le Führer fut le seul à parler, franchement, familièrement, avec chaleur, voire avec passion parfois. Pendant la deuxième heure, j'eus l'occasion, sans être pour ainsi dire interrompu, de répondre aux vues du Führer et de présenter mon propre point de vue. Au cours de la troisième heure, le tête-à-tête se fit de plus en plus détendu...*
>
> *Le Führer : Les hommes ne peuvent rien faire sans croire en Dieu. Le soldat, après trois ou quatre jours sous la mitraille, doit se raccrocher à la religion. L'absence de Dieu, c'est le néant.*
>
> *Je répondis : Les splendides professions de foi faites par le Führer en diverses occasions, et précisément celle de son discours de clôture lors de la journée du Parti, à Nuremberg, et au Bückeberg, n'ont certainement pas manqué de faire impression dans le monde... C'est en vain que l'on en chercherait de pareilles de la bouche d'un Léon Blum, par exemple, dans sa lamentable réponse au discours de*

Nuremberg ; mais on n'en trouverait pas davantage chez les autres hommes d'État... (Sources indiquées par Pierre Maximin : *Archives épiscopales de Munich, fonds Faulhaber* n° 8203 et Ludwig Volk : Akten Michael Faulhabers, tome II, p. 184 et suivantes.) »

20-5-8 – (Suite)

Mgr Franz Joseph Rarkowski était une « créature de Mgr Benigni » (Heer, p. 189). Mgr Benigni, dont l'œuvre fut saluée jadis par Mgr Ducaud-Bourget, dirigea la « Sapinière », organisme discret protégé par saint Pie X et destiné à pourchasser les modernistes infiltrés dans l'Église. « *Episcopus castrensis* », responsable de trois cent soixante aumôniers depuis le 20 février 1938, Mgr Rarkowski déclarait en août 1942 : « Derrière le temps que nous vivons, et qui exige de vous vos souffrances, votre sang, vos larmes, derrière les ordres que vous donne à vous, soldats, notre Führer, derrière ce que la patrie attend de vous, derrière tout cela, il y a la volonté de Dieu » (Heer, p. 269-270).

20-5-9 – (Suite)

Cependant que durant la vie du Saint-Empire romain germanique des empereurs et des rois déplacèrent, chassèrent et persécutèrent des évêques, les libertés d'enseignement des Églises, leur liturgie, leurs dogmes, demeurèrent hors d'atteinte pendant toute l'existence du IIIe Reich (Heer, p. 227).

20-5-10 – Soutiens hitlériens aux catholiques

Lorsque se déchaîna en 1936 le combat avec les Églises mené par Rosenberg, Himmler et les Groupes S.S., Hitler mit en garde, durant un congrès des Gauleiter à Munich, les dirigeants du parti : « Le livre de M. Rosenberg, *Le Mythe du XXe siècle*, n'est pas une publication officielle du Parti. Au surplus, je vous affirme que l'Église catholique possède une force vitale qui se prolongera bien au-delà de notre vie à nous tous réunis ici » (Heer, p. 202). À ce sujet, comme le rappelle Otto Skorzeny (*La Guerre inconnue*, version française de Saint-Paulien, Albin Michel, 1975, p. 40), contrairement au régime des S.A., l'inscription au Parti dans les Waffen S.S. n'était ni obligatoire ni même recommandée ; la liberté de conscience était absolue ; on y trouvait des agnostiques, des protestants et des catholiques pratiquants.

20-5-11 – (Suite)

Ribbentrop, allié fidèle d'Hitler jusqu'au bout (ce qui ne sera pas le cas d'Himmler), s'entretenant avec le Cardinal Secrétaire d'État Maglione, envisagera une procédure du gouvernement du Reich contre les textes signés par Ludendorff, qui selon lui appartenait au clan des « rêveurs fanatiques et racistes » (Heer, p. 240-241). Lors de son premier discours radiodiffusé, le

1er février 1933, Hitler déclarera : « Le gouvernement national prendra fermement sous sa protection le christianisme, base de toute notre morale, la famille, cellule fondamentale dans le corps de notre peuple et de notre État » (Heer, p. 156-157). Dans la revue mensuelle *Stimmen der Zeit* (*Les Voix du temps*), éditée par les Jésuites à Munich, on trouve, fin 1933 : « La conclusion du Concordat prouve qu'il ne peut y avoir d'hostilité entre la NSDAP et l'Église. » « Au contraire, la croix gammée, le signe matériel, trouve son accomplissement dans le signe spirituel, celui de la grâce » (Heer, p. 162). Le théologien Simon Pirschegger, auteur d'un ouvrage intitulé *Hitler et l'Église catholique* (Graz, 1933), affirmera : « Mon ambition a été et est toujours de contribuer à la réconciliation de l'Église catholique et du national-socialisme de la Grande Allemagne » (Heer, p. 160).

20-5-12 – (Suite)

Hitler refusa le combat contre Rome : « Ceux qui ont soudain découvert, en 1924, que la mission suprême du mouvement national était la lutte contre l'ultramontanisme n'ont nullement brisé l'ultramontanisme, par contre ils ont brisé l'unité du mouvement national. » Hitler visait là Ludendorff et Rosenberg, ce qui explique que Ludendorff, dans son journal, ait pesté contre Hitler en ces termes : « L'ultramontain Adolf Hitler, ce valet des curés tout dévoué à Rome » (Heer, p. 147).

> « Historiquement, c'est bien ce qu'il y a de plus significatif dans la grande profession de foi de l'Autrichien catholique Adolf Hitler. Son programme culturel conservateur manifeste une considération toute particulière pour l'Église, tourne le dos aux rêveries fanatiques des “nouveaux païens”, des “Germains”, des sectes racistes, toujours anti-romaines, préoccupées d'astrologie et d'occultisme, repousse les théories des petites Églises politico-religieuses, des cercles, communautés religieuses, associations et groupes divers dont Munich regorge aux environs des années 20 » (Heer, p. 133).

20-5-13 – Le témoignage de Skorzeny

On comprend ainsi qu'Otto Skorzeny (*op. cit.*, p. 40 à 42) puisse rappeler les faits suivants :

> « L'aumônier de la brigade française SS Charlemagne était Mgr Mayol de Lupé, ami personnel de Pie XII, et j'ai eu dans mes unités un prêtre catholique roumain, servant comme simple soldat (...). Nous ne nous privions pas de critiquer certaines conceptions du Parti et les décisions de certains Gauleiter. Que le malheureux Streicher et son journal, le *Stürmer*, pussent exister, nous paraissait à la fois lamentable et inconvenant. Ce journal faisait tache. Il n'y avait vraiment rien de commun entre les éditoriaux de *Das Reich* qu'écrivait Goebbels, et les élucubrations du *Stürmer* (...). Mais comment ne

s'aperçoit-on pas que cette armée, qui compta environ un million de jeunes Européens <la Waffen S.S.>, au sein de laquelle chaque combattant jouissait d'une égale supériorité morale devant la mort, constituait un démenti éclatant aux fameuses doctrines « nordiques » du Reichsführer SS Heinrich Himmler ? Idées que Hitler lui-même ne partageait point. Je dois avouer de même que les doctrines du Reichsleiter Alfred Rosenberg m'ont toujours paru enveloppées de l'épais brouillard des Niebelungen. (...) Je puis dire que si Himmler comptait employer, dans l'avenir, les Waffen S.S. comme instruments d'une certaine politique personnelle, cette politique, quelle qu'elle pût être, nous resta parfaitement inconnue. »

20-5-14 – Soutien de Pie XII aux hitlériens

Dans l'ouvrage de Saul Friedländer (*Pie XII et le IIIe Reich*, Éd. du Seuil, 1964), on trouve l'information suivante (p. 196 à 200) : « Le 16 décembre 1943, le chef de la police de sûreté et des services de sécurité du Reich, Kaltenbrunner, transmet à Ribbentrop un long rapport de l'un de ses agents concernant "l'attitude du pape à l'égard de la situation internationale et de l'État national-socialiste". » Il n'est pas possible de restituer ici l'intégralité du texte que Friedländer propose dans son livre, mais quelques extraits et résumés seront très éclairants :

- Le pape nia très énergiquement toute participation, active ou passive, du Saint-Siège au renversement de Mussolini. Puis il exprima son inquiétude à l'égard des influences franc-maçonnes et communistes qui reparaissaient en Italie : « Des informations réellement menaçantes nous sont parvenues du Sud, mais aussi des villes industrielles du Nord de l'Italie (Bologne, Milan, Turin et Gênes). Nous craignons le pire au cas où l'Allemagne se verrait obligée d'évacuer ces régions. » Il exprima la même inquiétude à l'égard de l'évolution intérieure de l'Allemagne dont il savait que la guerre était désormais perdue pour elle.

- Au sujet des bombardements (*Terrorangriffe*), le pape déclara avec une profonde émotion que sa sollicitude allait tout particulièrement au peuple allemand. « Comme il le fit déjà souvent au cours d'entretiens avec d'autres agents, le pape en vint finalement à parler du danger que le bolchevisme représentait pour le monde et laissa entendre que, désormais, seul le national-socialisme représentait un rempart contre le bolchevisme... Il déclara que, certes, certaines tendances du national-socialisme l'inquiétaient, mais que l'Église avait toujours désiré un arrangement, et le désirait particulièrement maintenant, dans l'intérêt des peuples et qu'elle avait prouvé son désir d'arriver à une entente avec le national-socialisme en signant le Concordat. »

20-5-15 – Le courant proprement hitlérien de la NSDAP

Toutes les observations qui précèdent nous disposent à penser, tant à cause de ses propres propos qu'en vertu de l'attitude adoptée par l'Église à son égard, que le catholique Adolf Hitler avait choisi, au sein de la NSDAP, le camp catholique. Peut-être est-il bon, pour se libérer d'une désinformation contemporaine systématique visant pour certains (dont les monarchistes antifascistes, même catholiques traditionalistes) à faire d'Hitler un anticatholique frénétique afin de mieux dégager l'Église catholique de ce qu'il faut bien appeler un engagement hitlérien au moins implicite, pour d'autres à laisser entendre que l'Église d'avant Vatican II, en raison d'un engagement aussi épouvantable à leurs yeux, n'était pas vraiment chrétienne, de connaître les informations suivantes :

- Le trop fameux *Hitler m'a dit* de Hermann Rauschning (dans lequel Hitler est présenté comme une espèce de révolutionnariste héraclitéen, de nihiliste schizophrène et mégalomane) a été reconnu comme un **faux** (cf. l'hebdomadaire *Die Zeit* de juillet 1985 ; Karl-Heinz Janssen, directeur historique de ce journal, affirme que Rauschning a « induit en erreur une génération entière d'observateurs contemporains, en même temps qu'un nombre considérable d'historiens »). On ne voit pas ce qu'Hitler aurait pu lui confier, puisqu'il ne le croisa que dix fois, et jamais seul. Exclu de la NSDAP en 1935, il s'était mis à dénoncer l'hitlérisme dans son *Hitler m'a dit, confidences du Führer sur son plan de conquête du monde.* Mais le jeune universitaire helvétique Wolfgang Hänel a identifié les sources effectives du livre de Rauschning : des passages entiers de *Mein Kampf*, des discours du Führer et des dignitaires de la NSDAP (le tout passablement modifié), et même des auteurs étrangers (telle version, telle édition, de tel ou tel pays, ne se correspondent pas) ; Hänel a montré que dès l'origine au moins trois rédacteurs (dont le plus important est le Juif hongrois Imre Révész, alias Emery Reves) avaient assisté Rauschning : cette collaboration avait été rendue nécessaire par le bref délai accordé à la réalisation de l'ouvrage. Paul Ravoux, traducteur de *Die Revolution des Nihilismus* (son premier ouvrage), aurait composé le tiers de *Hitler m'a dit.* Il n'en reste pas moins que des passages entiers du livre serviront de pièce à conviction au procès de Nuremberg. Et les analyses du fait totalitaire proposées par Hannah Arendt, caution philosophique de la « bien-pensance » contemporaine, sont elles aussi étroitement dépendantes des élucubrations de Rauschning.

- Lisons encore Skorzeny (*op. cit.*, p. 257 et 258) évoquant le « thé de minuit » de Hitler :

> « C'était là que beaucoup faisaient carrière, grâce à la flagornerie et à l'intrigue, pour peu qu'ils entrassent dans les vues du Reichsleiter Martin Bormann, toujours présent. Les *Libres propos* publiés après la guerre, prétendent reproduire les conversations tenues au cours de certains de ces "thés de minuit". À l'insu de Hitler, deux collaborateurs de Bormann, les Docteurs

Pickert et Heinrich Heim, avaient été chargés de se remémorer les paroles du Führer. Le Dr Heim a spécifié qu'il les dictait de mémoire, n'ayant parfois que quelques mots clés qu'il griffonnait sur une feuille posée sur ses genoux. Bormann modifiait la version qui lui était soumise — toujours à l'insu du Führer — et d'autre part les éditeurs ont tripatouillé le texte des *Libres propos*, qui n'étaient naturellement pas destinés à la publication. Ces documents doivent être considérés avec la plus grande circonspection par les historiens. Le Reichsleiter, farouchement anticlérical, y transforme Hitler en athée, et qui plus est, en militant anticatholique, alors que jamais le Führer, élevé dans le catholicisme, n'a abjuré cette religion. Bien au contraire. Il pensait et disait que les deux principaux piliers de la civilisation occidentale étaient l'Église romaine et l'empire britannique. »

20-5-16 – La *Thulegesellschaft*

Heidegger était lui-même, au moins au tout début de sa carrière, catholique. Mais en 1910, après la publication de l'encyclique *Pascendi Dominici gregis* de saint Pie X (1907), fut exigé des professeurs catholiques le serment antimoderniste. De fait, cette mesure ne fut pas appliquée à l'Allemagne. Mais elle suscita de violentes polémiques dans les universités allemandes. C'est elle qui invita Heidegger à quitter la faculté de théologie de Fribourg, en raison de ses répugnances à l'égard de l'orientation prise par Rome sur la question du modernisme (cf. Farias, *op. cit.*, p. 63). Il est vrai que « cet éloignement par rapport à l'Église tendait aussi à accroître les chances de Heidegger auprès de la faculté de philosophie de Göttingen » (*id.* p. 63). Il quittera donc la faculté de théologie et abandonnera définitivement le catholicisme en 1919. C'est alors qu'il se rapproche de ce qui sera la deuxième tendance de la NSDAP, celle qui est anticatholique, et dont l'idéologie s'ensource dans une sensibilité de type luthérien-prussien : c'est de ce dernier, par exemple, que procède le socialisme d'August Bebel, qui adhéra à la Ire et à la IIe Internationales et auquel le socialisme de Röhm est apparenté. Heidegger prendra, pour cette raison, ses distances avec le Parti après la purge de 1934. Skorzeny dira d'elle qu'« il s'agissait d'un vaste complot dont les ramifications nationales et internationales sont encore mal connues. Röhm n'était qu'un instrument » (*La Guerre inconnue*, *op. cit.*, p. 84). C'est à ce moment que le mouvement étudiant, que soutenait Heidegger et sur lequel il fondait tous ses espoirs de réforme des universités, passera sous le contrôle de Rudolf Hess (réduit au silence depuis peu, le 17 août 1987, par les SAS et/ou la CIA), le plus grand ennemi de Röhm, lequel était fanatiquement anticlérical, socialiste, et subordonnait l'État à la vie nationale entendue comme communauté en devenir pensée sur le mode de la révolution permanente. Comme le fait observer Farias (*Heidegger et le nazisme*, *op. cit.*, p. 110), « le national-socialisme est alors plus éloigné que jamais du monolithisme idéologique et politique ». L'évocation de Rudolf Hess nous permet enfin de désigner la troisième tendance de la NSDAP, celle qui est issue de la « *Thulegesellschaft* », société théosophique reprenant la tradition des Illuminés de Bavière, des Rose-Croix, de la Golden Dawn ; telle est cette tendance de mystiques racistes, rêveurs fanatiques et occultistes dont se moquait Hitler, et dont feront partie Rudolf Hess et Heinrich Himmler. On voit que le réalisme politique d'Hitler lui fit associer les initiés rêveurs aux traditionalistes catholiques pour écraser la tendance socialiste et gauchiste avant la lettre qui avait soutenu à l'origine son mouvement. Cela dit, bien que sa pensée propre ne soit réductible à aucune des trois tendances, bien qu'elle soit beaucoup plus proche de la première que des deux autres, elle ne laisse pas cependant d'avoir été contaminée quelque peu par elles.

20-5-17 – Une mise au point de Gaston Fessard

Nous pensons avoir montré, à travers cette brève évocation de Heidegger (dont la pensée propre n'était ici nullement l'objet) que le national-socialisme n'était pas une doctrine homogène, et que son anticatholicisme doit être considérablement nuancé. Certes, la doctrine catholique condamne le nazisme en tant que racisme, et non seulement **une** dimension (révolutionnariste) de la NSDAP, si l'on entend par racisme — et c'est ainsi que nous l'entendons — la doctrine qui **divinise** la race en tant qu'elle fait de la race le fondement, la cause efficiente et la fin des valeurs culturelles, leur refusant toute valeur intrinsèque, et ne les reconnaissant comme bonnes et valides qu'en tant qu'elles seraient l'expression de la race. En d'autres termes, la doctrine catholique est incompatible avec le racisme si le racisme fait de la race un **absolu**, et à ce titre reconnaît la valeur de toutes les valeurs engendrées par la race en refusant la valeur de toutes les valeurs qui ne seraient pas posées par elle. Il est incontestable qu'Hitler a lui-même en partie versé dans cette erreur — témoin les citations évoquées plus haut (§ 20-1). Hitler a sans nul doute, au moins au début de sa carrière politique, fait de la race le moteur de l'histoire et de la culture et, sous ce rapport, nous souscrivons à l'opinion du Père Gaston Fessard :

> « Encore convient-il de remarquer, pour être juste envers cette conception du monde <le nazisme>, qu'une telle falsification était, au moins en son principe, une saine réaction contre le marxisme. Ne l'oublions pas : prolétaire authentique, Hitler a été éduqué par les syndicats communistes de Vienne, et c'est par opposition à leur internationalisme pacifiste qu'il a compris l'importance du national. Si odieux qu'ait été son antisémitisme, **corollaire d'ailleurs du judaïsme inverti du Peuple de Maîtres** <c'est nous qui soulignons>, il n'en marque pas moins la remise en honneur des biens qui dérivent des communautés naturelles et en particulier de la nation et des valeurs qui en dépendent. (...) Parce qu'elle s'oppose à cette négation du national et, dans la mesure même où elle reprend ainsi un élément fondamental de toute société humaine, la réaction hitlérienne garde donc en sa racine une foncière vérité qui sans doute, n'excuse ni ne légitime en rien sa

falsification idolâtrique ou **judaïque** <c'est nous qui soulignons> du christianisme, mais aussi que celle-ci ne peut faire oublier » (G. Fessard, SJ, *Paix ou guerre : notre paix*, Éd. du Monde Nouveau, 1951).

20-5-18 – La race n'est que cause dispositive

Mais Hitler ne fut pas antichrétien, au sens néo-païen du terme :

« Mais la meilleure définition en est fournie par le produit de cette éducation religieuse : par le Juif lui-même. Sa vie n'est que de ce monde et son esprit est aussi profondément étranger au vrai christianisme que son caractère l'était, il y a deux mille ans, au grand fondateur de la nouvelle doctrine. Il faut reconnaître que celui-ci n'a jamais fait mystère de l'opinion qu'il avait du peuple juif, qu'il a usé, lorsqu'il le fallut, même du fouet pour chasser du temple du Seigneur cet adversaire de toute humanité qui, alors qu'il le fit toujours, ne voyait dans la religion qu'un moyen de faire des affaires. Mais aussi le Christ fut pour cela mis en croix, tandis qu'on voit aujourd'hui le parti politique chrétien se déshonorer en mendiant pour les élections les voix des Juifs et en cherchant ensuite à nouer des intrigues avec les partis juifs athées, même contre ses propres nationaux » (*Mein Kampf, op. cit.*, p. 306-307).

De plus, jamais Hitler ne fit de la race ou du peuple un Dieu, comme tendirent à le faire, en identifiant diversement l'Absolu à la conscience de soi du divin dans l'homme et plus précisément dans la communauté ethnique, Heidegger, Buber et même Lévinas. Ainsi qu'on l'a vu, et comme la conséquence de l'affirmation d'une Providence transcendante à la race elle-même, jamais Hitler ne conçut la NSDAP sur le mode de l'instrument d'une révolution permanente. Sa subordination, certes contestable (et non fasciste), de l'État à la nation, est une subordination de l'État à la staticité de la race, et non au devenir d'un peuple se créant lui-même dans la praxis. En cela, Hitler ne fut ni subjectiviste ni existentialiste. Il ne fut pas subjectiviste parce qu'il subordonna le bien particulier au bien commun : « Ce qui fait la grandeur de l'Aryen, ce n'est pas la richesse de ses facultés intellectuelles, mais sa propension à mettre toutes ses capacités au service de la communauté » (*Mein Kampf, op. cit.*, p. 297). Il ne fut pas existentialiste, parce qu'il reconnaissait l'existence d'une nature humaine, quelque étroite qu'en soit sa conception : tout ce qui est grand fut selon lui produit par l'Aryen, les Aryens ont été seuls les fondateurs d'une humanité supérieure et, par suite, « (...) ils représentent le type primitif de ce que nous entendons sous le nom d'"homme" » (*ibid.* p. 289). De plus : « Bien qu'un inventeur, par exemple, ne fonde sa réputation que le jour où est connue son invention, il serait faux de croire que c'est seulement à ce moment-là que le génie a brillé dans l'homme ; l'étincelle du génie se trouve dès l'heure de sa naissance sous le front de l'homme vraiment doué de la faculté créatrice. Le vrai génie est inné ; il n'est jamais le fruit de l'éducation ou de l'étude » (*ibid.* p. 293), ce qui est le contraire strict de ce que développe, par exemple, J.P. Sartre à propos du génie de Proust qui ne serait que la somme de ses œuvres, tout comme l'essence d'un homme qui ne serait que la série des actes que pose sa liberté gratuite et sans nature. Enfin, si Hitler fit de la race l'infrastructure de la culture, jamais il n'en vint en fait à dire que les valeurs de civilisation ne sont telles qu'en tant que posées par la race, de telle sorte que la race n'est pas pour lui fin des valeurs (leur cause finale), mais leur condition. Il y a pour Hitler une objectivité des valeurs de civilisation, qui d'ailleurs permet seule, pour lui comme pour tout homme, la hiérarchisation objective des cultures :

> « Il est de première nécessité de se convaincre que l'idéalisme n'est pas une manifestation négligeable du sentiment, mais qu'au contraire il est en réalité, et sera toujours, la condition préalable de ce que nous appelons civilisation humaine, et même qu'il a seul créé le concept de "l'homme" » (*ibid.* p. 298). « Mais, comme l'idéalisme n'est pas autre chose que la subordination des intérêts de la vie de l'individu à ceux de la communauté et que cela est, à son tour, la condition préalable pour que puissent naître les formations organisées de tous genres, l'idéalisme répond en dernière analyse aux fins voulues par la nature » (*ibid.* p. 299).

Puis donc que l'Aryen, qui correspond à ce que nous appellerions aujourd'hui le représentant du type ethnique indo-européen — et dont les travaux de Dumézil (et de Jean Haudry) ont révélé la très probable réalité historique, à la fois culturelle (langue originelle) et biologique — est pour Hitler le prototype de l'homme (cf. *Mein Kampf*, p. 289), quand ce prototype est l'expression de l'idéalisme entendu comme vertu **morale** (subordination intentionnelle de l'individu au bien commun), c'est que la nature humaine immanente à tout homme est d'abord, à ses propres yeux, un principe **spirituel**. Ce principe spirituel, de soi non racial, se donne, au travers d'un processus darwinien de sélection, les conditions biologiques les plus adéquates de sa promotion ; il se concrétise dans un peuple déterminé qui, loin d'avoir à se contenter de se laisser vivre, ou de pratiquer l'eugénisme pour conserver son excellence, doit toujours entretenir cette dernière librement dans et par une culture spiritualiste expressive des valeurs universelles induites par les exigences de la nature humaine en tant que pleinement humaine.

20-5-19 – Races et valeurs

C'est pourquoi, contre ce qui a été souvent dit par maints penseurs de droite (le national-socialisme serait un rousseauisme...), et en dépit de l'étroitesse extrême de ce réductionnisme biologique si paradoxalement semblable à celui de ceux qu'il avait désignés comme ses ennemis jurés, Hitler peut être considéré comme un homme de droite. Nous appelons « de droite » toute doctrine qui considère qu'il existe des valeurs objectives transcendantes corrélatives d'une essence humaine paradigmatique (laquelle ne peut surexister que dans un entendement divin et créateur), auxquelles l'homme a pour vocation de se conformer, de telle sorte que sa dignité d'homme se mesure à sa capacité à subordonner sa subjectivité à la réalisation en lui-même d'un tel paradigme. Une telle doctrine exclut le principe de la souveraineté populaire entendue comme résultante des subjectivités individuelles, mais elle l'admet au sens classique de l'adage « *salus populi suprema lex esto* », parce qu'il s'agit de la réalité **spirituelle** d'un « *populus* », déjà informé par des valeurs, défini et finalisé par elles, et non d'un « *vulgus* ». Or jamais Hitler n'admit (cf. ici § 14) le principe de la démocratie jacobine. À toute distance tant du personnalisme (qui n'est au fond qu'une variante de l'existentialisme) que de l'idolâtrie de la masse, il écrivit :

> « Les progrès et la civilisation de l'humanité ne sont pas un produit de la majorité, mais reposent uniquement sur le génie et l'activité de la personnalité » (*ibid.* p. 344). « Notre mouvement doit développer par tous les moyens le respect de la personnalité. On n'y doit jamais oublier que c'est dans la valeur personnelle que repose la valeur de tout ce qui est humain, et que toute idée et toute action sont le fruit de la force créatrice d'un homme » (*ibid.* p. 351).

Pour en finir avec cette première partie de la première section du présent chapitre, nous laisserons parler Léon Degrelle, ce soldat « *Volksführer* » catholique auquel Hitler fit l'honneur de lui déclarer que, s'il avait eu un fils, il eût aimé que c'eût été lui :

> « En entrant en Russie, les Allemands qui avaient été soumis à un endoctrinement nazi vraiment trop sommaire, s'imaginaient que les seuls êtres valables de l'univers étaient les Aryens, qui, obligatoirement, devraient être des géants, charpentés comme des jeux d'orgues, plus blonds que du thé, les yeux bleus comme un ciel tyrolien au mois d'août. C'était assez comique, car Hitler n'était pas grand et il avait le poil châtain. Himmler de même. Goebbels avait une jambe plus petite que l'autre, il était court de taille et noiraud comme un pruneau. Sepp Dietrich avait la touche d'un tenancier trapu de bar marseillais. Bormann était tordu comme un champion cycliste retraité. » (Léon Degrelle, *Hitler pour 1000 ans*, La Table Ronde, 1969, p. 216-217).
>
> Et l'auteur de rappeler que les filles russes que rencontraient les soldats allemands sur le front de l'Est étaient plus blondes que ces derniers, « plus naturelles et plus saines que tout ce qu'avait rassemblé la Hitler-Jugend. On ne pouvait imaginer race plus typiquement aryenne, si l'on s'en tenait aux canons sacro-saints de l'Hitlérisme ! (...) Des théoriciens nazis professaient des théories violemment anti-slaves. Elles n'eussent pas résisté à dix ans de compénétration russo-germanique. » (*ibid.* p. 217).
>
> L'Europe de Napoléon « eût pris à temps, dans ses mains habiles, la grande machine de l'univers, au lieu de laisser chacun de nos pays s'épuiser

en dehors de l'Europe dans des rivalités colonialistes, souvent abjectes et cupides et qui, finalement, se révélèrent non payantes. De même, il est malheureux qu'au XXe siècle, Hitler ait raté l'affaire à son tour. Le communisme eût été balayé. Les États-Unis, n'eussent pas fait plier l'univers sous la dictature de la conserve. Et, après vingt siècles de balbutiements et d'efforts ratés, les fils de cinq cents millions d'Européens, unis malgré eux au début, eussent possédé enfin l'ensemble politique, social, économique et intellectuel le plus puissant de la planète » (*ibid.* p. 219-220).

21 – Conception catholique de la communauté ethnique

Conformément à ce qui fut annoncé au terme du § 20, nous pouvons aborder, afin de mieux circonscrire ce que la morale catholique réprouve dans le fascisme (en son acception générique), les maximes exposant les doctrines et procédés non contraires aux exigences du catholicisme et requis pour constituer une véritable communauté ethnique. Nous accompagnerons ces maximes de commentaires personnels.

21-1 – Transition, suite

Ne contreviennent pas à l'enseignement de l'Église les doctrines impliquées dans les propos suivants :

a) « Chaque peuple porte la responsabilité du succès de son existence, et l'absorption d'un sang entièrement étranger représentera toujours un risque pour une nation qui a prouvé sa valeur historique. Par conséquent, on ne peut refuser à quiconque le droit de sauvegarder la pureté de sa race et d'élaborer les mesures nécessaires à cette fin. La religion chrétienne demande simplement que les moyens utilisés ne soient pas contraires à la morale et à la justice naturelle » (Monseigneur Gröber, 1935, archevêque de Fribourg, cité par Saul Friedländer dans *Pie XII et le Troisième Reich*, Seuil, 1964, p. 92). Il ne s'agit pas d'appliquer l'adage maladroit : « la fin ne justifie pas les moyens ». En rigueur, et par définition, la fin justifie toujours les moyens puisqu'elle a raison de cause première qui meut les autres causes. En revanche, lorsque les moyens contreviennent aux exigences d'une fin plus élevée que celle qu'ils prétendent servir, ils doivent être abandonnés précisément parce que leur fin ultime, celle qui est raison de la fin immédiate à laquelle ils sont dévolus, les rend invalides. Et prendre des mesures qui contribuent à la constitution d'une véritable communauté ethnique, homogène et unie, ne concerne que la matière de la société. Mais la matière est pour la forme, dont la mesure est la vertu de justice elle-même définie par les exigences spirituelles de la nature humaine qui ultimement ordonne l'homme à la béatitude naturelle et surnaturelle, laquelle consiste dans la connaissance de Dieu. Par conséquent on ne saurait justifier n'importe quelle mesure visant à préserver l'intégrité physique d'une nation. Cela dit, si la morale est dans son fond à la fois la science et l'habitus grâce auxquels la liberté est à même de se déterminer adéquatement en vue du plus grand bien de l'homme, dont la possession constitue le bonheur, elle est, plus philosophiquement, le fruit de l'analyse des mœurs au travers desquelles, du sein même de leur contingence et de leur particularité, l'intellect discerne inductivement les fins nécessaires et universelles auxquelles il est naturel que soient ordonnés les conduites des hommes. Aussi, tant par la procédure inductive de son dévoilement qu'en vertu de la particularité de la matière qu'elle régit, la morale, universelle dans son contenu, a pour vocation de s'approprier à la particularité des peuples qui l'adoptent, de leur génie et de leur sensibilité. Et puisque l'État a raison de forme vis-à-vis de la matière ethnique de la cité, il a lui-même pour vocation — ou plutôt il contient analytiquement dans sa vocation politique — l'exigence de se faire le protecteur de cette particularité même, non comme si elle avait raison de fin, mais en tant qu'elle est condition tant du discernement inductif que de la concrétisation historique de la morale : il serait beaucoup plus difficile dans les sociétés actuelles que dans n'importe quelle communauté de l'antiquité, du Moyen Âge ou de l'époque classique, de discerner dans les mœurs, et de leur appliquer, les règles de morale expressives des exigences de l'intemporelle nature humaine. C'est ainsi qu'un homme politique contemporain, en dépit de ses positions républicaines affichées, pouvait rappeler, dans une perspective à la fois chrétienne et fasciste, que « l'État national incarne la communauté populaire organisée pour accomplir sa destinée. Il a un contenu éthique : il est le gardien de l'âme populaire. (...) Entre le bien et le mal, le pouvoir ne peut rester neutre. (...) S'il y a dans l'être humain une aspiration à l'harmonie, elle doit être codifiée, guidée, grâce à l'autorité de l'État » (Jean-Marie Le Pen, journal *Le Monde* du 21 septembre 1991). Et si cette âme populaire requiert, quant à son intégrité et à sa pérennité, l'entretien de l'homogénéité du patrimoine biologique qui en est le corps, il est dans l'ordre que l'État en manifeste le souci et prenne des dispositions à cet effet. La citation qui suit n'a sous ce rapport rien qui puisse offenser tant l'ordre naturel du politique et de la morale que l'ordre surnaturel de la grâce et de la charité.

b) « Quelle mission plus belle que celle de modeler avec amour sa race ! (...) Le pays ne sera sauvé que provisoirement par les seules frontières armées ; il ne peut l'être définitivement que par la race française, et nous sommes pleinement d'accord avec Hitler pour proclamer qu'une politique n'atteint sa forme supérieure que si elle est raciale ; car c'était aussi la pensée de Colbert et de Richelieu » (Jean Giraudoux, *Pleins Pouvoirs*, Gallimard, 1939). S'il n'existe pas de race française à proprement parler, la France fut très tôt dotée d'un patrimoine biologique qui resta stable jusqu'au siècle dernier. Après le Ve siècle avant J.C., terme des grandes migrations venues du Danube et de la Méditerranée, la France ne connaîtra plus que les incursions des peuples appartenant au même rameau indo-européen (proto-Celtes, Celtes, Latins, Germains, dont la parenté fut établie par G. Dumézil). « Après l'an mil, les apports extérieurs n'ont jamais été suffisamment massifs pour modifier sensiblement les caractères physiques des occupants de la France » (Alfred Fierro-Domenech, *Le Pré carré, géographie historique de la France*, coll. Pluriel, Éd. R. Laffont, 1986, p. 139).

c) Ce souci politique de conserver l'intégrité de la communauté ethnique se retrouve très légitimement même chez des auteurs revendiqués par les tenants du monarchisme antifasciste. Ainsi Louis de Bonald écrivait-il : « Toute introduction d'étrangers qui, par leur constitution morale ou physique, peuvent détériorer les mœurs d'une nation, ou même en altérer la race, doit être resserrée dans d'étroites limites, si elle ne peut être entièrement empêchée » (Louis de Bonald, cité par Michel Toda, dans *Bonald*, Éd. Clovis, 1997, p. 171).

21-2 – L'individuation par la matière

Résumé :

Quand plusieurs individus appartiennent à un même type spécifique, il faut distinguer dans ces individus une composition métaphysique de matière et de forme (le corps et l'âme dans le cas du vivant). C'est la matière qui confère à la forme son individualité. Cette causalité du corps n'exclut pas que l'âme transcende, en tant que spirituelle (i.e. libre et dotée d'intelligence abstractive), ce par quoi elle se fait conditionner : forme et acte d'un corps organisé, de ce corps-ci et non d'un autre, l'âme pose en elle-même des principes d'opérations (intelligence et volonté) qui excluent la participation intrinsèque d'un organe, mais qui requièrent sa participation extrinsèque. De telle sorte que cette causalité du corps intervient comme ensemble des conditions sensibles (sensation, imagination, mémoire, passions) d'opérations non sensibles (réflexion, intellection, volition). De plus, jamais l'individualité n'est voulue pour elle-même comme si elle était l'intention dernière de la nature et de Dieu son Auteur : l'incommunicabilité individuelle ouvre à la communication et elle lui est ordonnée.

C'est pourquoi la causalité du patrimoine biologique intervient dans la constitution psychologique de la personne humaine, ainsi contribue à conditionner sa culture elle-même célébrée dans un ensemble politique qui est raison de la personne singulière.

Rappelons que saint Thomas d'Aquin, élève fidèle d'Aristote, soutint toujours contre l'école augustinienne la doctrine de l'individuation par la matière : la matière et les conditions matérielles sont « *individuationis principia* » (*Compendium* c. 133). La matière désignée (« *materia signata* »), cette chair et ces os, est ce qui particularise au point de conférer l'individualité à cette forme spécifique qui n'en est l'acte qu'en tant qu'elle s'affecte — et telle est l'âme individuelle — des notes individuantes du corps (cf. *Somme théologique*, I^{a} q. 85 a. 1 ad 2um). Ainsi, « dans les choses incorruptibles, il n'y a qu'un seul individu par espèce <tels les anges>, car un seul suffit à conserver l'espèce. Dans celles qui sont soumises à la génération et à la corruption, il y a beaucoup d'individus d'une seule espèce pour la conservation de celle-ci » (I^{a} q. 47 a. 2 resp.). Et « la différence formelle <spécifique> a plus d'importance que la différence matérielle <individuelle> » (*ibid.*), ce qui revient à dire que l'individualité de l'individu n'est pas raison de son existence. Elle n'en est que la condition, et l'existence elle-même est mesurée par l'essence (nature ou forme spécifique). Aussi le patrimoine biologique n'est-il pas fin de l'existence humaine, mais la condition de son exercice en tant que vraiment humaine, adéquatement ordonnée à la raison qui est différence spécifique. La multiplication des individus de même espèce s'accomplit par division de la matière (cf. *Compendium* c. 52, *Somme théologique* I^{a} q. 87 a. 7), et cette diversification numérique procédant de l'union de l'âme au corps subsiste après la destruction du corps (*Compendium* c. 85). Et l'hylémorphisme thomiste exclut la pluralité dans le même sujet des formes substantielles : «*forma substantialis facit esse hoc aliquid simpliciter*» (*Compendium* c. 90 : la forme substantielle fait exister telle chose au sens strict, de telle sorte qu'on ne saurait exempter la forme spirituelle, ou âme humaine, de son intrinsèque référence au corps, comme s'il était donné à ce dernier d'exister en vertu d'une autre forme). Il va de soi que l'âme humaine n'est pas éduite de la matière au sens où elle en serait simplement « tirée » comme le sont les formes non subsistantes, et cela parce que l'âme, transgressant par ses puissances opératives d'intellection et de volition les virtualités incluses dans la plasticité de la matière, est elle-même immatérielle et immédiatement créée par Dieu. Elle peut être dite néanmoins éduite de la matière en tant qu'elle ne la transgresse qu'en l'investissant (Dieu même ne saurait créer une âme humaine sans la poser dans un corps parce que la chose est contradictoire et que le contradictoire est impossible à Dieu), et ne l'investit qu'en se faisant déterminer par elle, par ce corps qu'en retour, en tant qu'elle est son acte, elle fait exister en se l'appropriant. S'il est définitionnel de l'âme d'être l'acte d'un corps, lequel est sa puissance immanente, alors, dès là que la forme est le « *terminus ad quem* » de la puissance qui lui est ontologiquement suspendue et que précisément elle actualise, l'âme s'anticipe en sa puissance, se fait provenir d'elle non comme si cette dernière lui préexistait en tant que puissance de cette forme spirituelle (elle n'est de soi que puissance à des formes matérielles), mais en ce sens que l'âme est créée *ex nihilo*, ou à partir d'une pénurie ontologique absolue (bien plus radicale donc que ne l'est la matière) qui est le « *terminus a quo* » de la matière elle-même que, par là, la forme transit dans son processus d'actuation du corps. Elle n'est pas éduite du corps comme s'il la contenait en puissance. Elle est éduite du corps en tant qu'elle le contient comme la puissance dont elle se fait procéder en l'actualisant. Rappelant que le bien de l'espèce est l'objet principal de la nature dans les choses corruptibles, et que c'est en vue de ce bien que la génération est établie, saint Thomas remarque certes (I^{a} q. 98 a. 1) que, dans le cas des réalités spirituelles, l'individu, parce que subsistant, est voulu pour lui-même : « Mais les substances incorruptibles demeurent toujours non seulement selon l'espèce, mais encore selon les individus ; et pour cette raison ces individus sont le fruit de l'intention principale de la nature. Ainsi donc la génération convient à l'homme quant à son corps, qui est corruptible selon sa nature. Mais quant à l'âme, qui est incorruptible, il convient que la multitude des individus soit par soi voulue par la nature, ou plutôt par l'Auteur de la nature qui Seul est le Créateur des âmes humaines. » Mais il ne faudrait pas penser, selon une interprétation complaisamment personnaliste de ce texte, qu'il y aurait dans le cas de l'homme un retournement dans l'ordre de subordination entre l'individu et l'espèce, la personne et l'essence. L'individu ne cesse d'être voulu, par la nature ou par son Auteur, comme **individuation** de la nature : n'étant pas de soi — et ne pouvant pas être — une nature individuelle, l'humain ne saurait être voulu à ce titre et, le fût-il comme l'ange, l'individualité ne serait pas voulue comme si elle était raison de la nature. L'individualité n'est voulue que comme mode de concrétion de la nature en tant que cette dernière, spirituelle, requiert l'incommunicabilité ontologique pour jouir de cette intériorité lui donnant précisément de s'ouvrir à la communication, de viser en s'y ordonnant autre chose qu'elle-même, d'être en mesure de tendre vers des biens éminemment participables en tant même que spirituels, ce qu'aucune réalité seulement matérielle ne saurait faire : « L'incommunicabilité de la personne elle-même n'a pas raison de terme comme si la personne existait pour son incommunicabilité ; au contraire, loin d'être un pour soi dans cette incommunicabilité, celle-ci ouvre la nature à la communication — *actiones sunt suppositorum.* Les personnes divines sont essentiellement expressives de la fécondité de la nature divine. Dans le cas de la personne créée, la communication s'accomplit dans la participation vitale au bien commun » (Charles de Koninck, *De la primauté du bien commun contre les personnalistes*, Québec, 1943, p. 40-41). C'est pourquoi l'individualité, distraite de la nature qui se clôt en elle mais par là la fait être, n'est rien ; elle ne dit de soi que la négation de la division ou de la différence, elle dit l'« in-différence », ce qui est le propre de la matière prime qui, privée de toute détermination, est dotée d'une certaine forme d'unité, mais précisément de cette unité qui, n'étant l'unité de rien ou d'aucun divers, est un rien d'unité, par là se révèle dialectiquement comme la multiplicité pure, mais en puissance. Ce n'est donc pas en raison de son individualité que l'individu est dans l'intention de la nature puisque l'individualité est intrinsèquement dépendante de la nature qui ne saurait être finalisée par ce dont elle est le principe. C'est en raison de sa spiritualité qui, comme capacité de réflexion (on ne peut savoir qu'en sachant qu'on sait), exige cette fermeture sur soi qui enjoint à la nature de se poser comme un individu subsistant. L'individualité n'est voulue que comme nécessairement enveloppée par, et comme détermination obligée de la nature concrète. La nature est cause intrinsèque de l'individualité de l'individu. Si elle s'ajoutait extrinsèquement à l'individu supposé déjà existant par soi, il y aurait individuation de l'individu par lui-même, il serait une forme individuelle et ineffable, distincte de sa détermination spécifique, et alors l'individu serait une personne par autre chose que ce qui lui donne d'être humain. Il serait une pure subjectivité enrobée d'une nature, au mieux un ange affligé ou flanqué d'un corps, tel ce pilote en son navire qu'évoque, avouant ainsi les difficultés insurmontables de son dualisme,

Descartes dans sa *Sixième Méditation*. Ainsi, l'« *intentio naturae* » n'est pas l'individu comme si son individualité avait raison de fin de la nature. Il n'a raison de fin qu'au sens où il est définitionnel de la nature, humaine, de manifester sa perfection en achevant l'exercice de sa causalité dans l'individu pérenne. Cet « *universale in causando* » qu'est la nature subsiste au sein même de son statut de nature individuée ou substance. C'est lui qui donne à la substance d'être principe d'opérations multiples, ou encore d'être puissance active d'une infinité d'accidents dont aucun n'actue exhaustivement la substance. C'est lui aussi qui est le moteur de la génération, qui donne à la substance vivante d'être féconde. Si l'individualité était raison de la nature, il suffirait à cette dernière de s'individuer une seule fois, de se poser en une seule personne humaine, pour que l'« *intentio naturae* » fût satisfaite. En résumé, la nature humaine s'accomplit dans l'individu et le préserve comme individu parce que c'est à raison de cette individualité subsistante qu'elle peut se poser comme intériorité spirituelle ; c'est parce qu'elle peut se poser tout entière (certes non totalement) en un seul qui en célèbre et manifeste opérativement les richesses (ce qu'aucun animal privé de raison ne peut accomplir) qu'elle pose en s'individuant en lui l'individualité pérenne de ce dernier.

Puis donc que l'individuation s'accomplit par la matière et que cette individuation n'est pas raison mais condition d'opérations dont l'excellence, ou vertu, fait rayonner la nature en tant qu'essence, saint Thomas va jusqu'à faire observer que, bien que la vertu se dise d'abord de l'âme, la complexion physique peut incliner à la vertu (cf. *Somme théologique*, I^a^ II^ae^ q. 63 a. 1 et II^a^ II^ae^ q. 123 a. 1). Aussi n'est-il pas abusif de faire sien, quand on se dit thomiste, l'enseignement politique d'Aristote qui illustre les conséquences de la thèse métaphysique de l'individuation par la matière : « Est aussi facteur de sédition l'absence de communauté ethnique tant que les citoyens n'en sont pas arrivés à respirer d'un même souffle. Car de même qu'une cité ne se forme pas à partir d'une masse de gens pris au hasard, de même ne se forme-t-elle pas dans n'importe quel espace de temps. C'est pourquoi parmi ceux qui ont, jusqu'à présent, accepté des étrangers pour fonder une cité avec eux ou pour les agréger à la cité, la plupart ont connu des séditions » (*Politiques*, Livre V, 3, 1303 a 25-30).

21-3 – Contre Lyssenko

Nous entendons par communauté ethnique une communauté fondée sur une identité de mœurs, à tout le moins une similitude de manières complémentaires de sentir et de penser, induisant la conscience plus ou moins réfléchie d'une communauté de destin. Une communauté de destin est une vocation politique consistant à incarner collectivement dans l'histoire un corpus de valeurs et d'idées, d'éléments culturels en général expressifs d'une manière d'être homme qui se veut, dans l'esprit de ses acteurs qui en sont aussi les promoteurs, la manière d'être homme la plus adéquate aux réquisits de la nature humaine dans des conditions d'existence historiques et géographiques données. Plus simplement, une communauté ethnique est la matière d'un destin politique entendu comme la promotion d'une certaine idée de la nature humaine. Une telle communauté requiert-elle la prise en compte du patrimoine biologique ? Et la notion de race correspond-elle à une réalité ?

Notons tout d'abord que « l'hérédité des caractères acquis s'apparente à une série de superstitions. Plus que toute autre, elle a résisté à l'expérimentation. Plus que toute autre, elle a contribué à freiner l'analyse du vivant en général, de la reproduction en particulier. Aucune des prétendues transmissions de caractères acquis ne résiste à l'analyse. On peut bien, dès la naissance, couper systématiquement la queue à tous les souriceaux d'une lignée. Après cinq générations, les centaines de petites souris qui en seront issues naîtront toujours avec une queue normale, de la même longueur moyenne que celle de leurs ancêtres. L'hérédité est séparée de toute fantaisie locale, de toute influence, de tout désir et de tout incident. Elle se loge dans la matière et dans son arrangement » (François Jacob, *La logique du vivant*, Gallimard, 1970). Dans la même perspective, Jean Rostand rappelait, dans ses *Pensées d'un biologiste*, que le biologique ignore le culturel, que « la civilisation de l'homme est dans les bibliothèques, dans les musées et dans les codes ; elle exprime les chromosomes humains, elle ne s'y imprime pas ». Autant dire que la position néo-lamarckienne de Lyssenko, que Jacques Monod traitait de « charlatan autodidacte et fanatique », n'est que le produit de la doctrine marxiste qui réduit l'essence intime de l'homme, et les capacités qu'elle pose en lui, au résultat d'influences sociales qu'il suffirait de changer pour changer l'homme dans son être même : tout homme en vaudrait un autre parce qu'ils seraient tous, en puissance, la même chose, à savoir cette essence humaine définie comme le complexe des relations sociales. En vérité, on ne saurait changer le patrimoine biologique par la culture. Mais cela n'établit nullement tant l'existence de races que l'existence d'une quelconque causalité des déterminations biologiques sur la formation d'une culture.

Nous nous efforcerons dans les paragraphes suivants (§ 21-3-1 à 21-6) d'établir 1) que la notion de race n'est pas une production conceptuelle délirante de matérialistes inégalitaires soucieux de justifier l'exploitation de certains hommes par d'autres (§ 21-3-1 à 21-3-4) ; 2) qu'il existe une relation entre race et culture (§ 21-4) ; 3) que la plurification de l'espèce humaine en différentes races, loin de résulter du péché originel, est l'effet de l'« *intentio naturae* » (§ 21-5-1 à 21-5-8). Si tous ces points sont acquis, on pourra légitimement en déduire qu'il appartient en effet au responsable politique de prendre en compte et de promouvoir l'homogénéité biologique du ou de chacun des peuples qu'il guide, et de favoriser l'instauration d'une véritable communauté ethnique pour lui conférer la réalité d'une véritable communauté politique de destin.

21-3-1 – Sur l'existence des races

« Nous entendons par "race" toute population dotée, en plus ou moins grand nombre, de gènes qui leur sont propres et qui se sont différenciés **par mutation** <c'est nous qui soulignons>. Les caractères mutés concernent l'anatomie (couleur de la peau, cheveux, forme de la fente palpébrale), la composition chimique (groupe sanguin, hémoglobine, protéines diverses...) et probablement les fonctions (hypersurrénalisme des races noires par exemple » (Pierre-Paul Grassé ; *Toi, ce petit dieu*, Albin Michel, 1971, p. 130). Pour des raisons purement idéologiques, Claude Lévi-Strauss affirma certes : « Ce sont les formes de culture qu'adoptent ici ou là les hommes, leurs façons de vivre telles qu'elles ont prévalu dans le passé ou prévalent encore dans le présent, qui déterminent dans une très large mesure, le rythme de leur évolution biologique et son orientation. Loin qu'il faille se demander si la culture est ou non une fonction de la race, nous découvrons que la race — ou ce que l'on entend généralement par ce terme — est une fonction parmi d'autres de la culture » (« Race et histoire », dans *Le Regard éloigné*, Plon, 1983, p. 36). Mais Lévi-Strauss, prisonnier d'une doctrine structuraliste qui substitue une rationalité sans sujet à ce qu'il croit être l'homme philosophant, chimérique à ses yeux et par lui réduit à un sujet sans rationalité (cf. *L'Homme nu*, Plon, p. 614), s'achoppe à l'incohérence suivante : pour conjurer le déterminisme matérialiste d'un certain racisme, il élabore une doctrine encore plus matérialiste et, partant, plus réductrice. En effet, tout phénomène culturel ne serait qu'un effet de structures constantes, qu'il dégage des sociétés étudiées par des procédés logico-mathématiques, et auxquelles il confère ensuite, arbitrairement, le statut de causes des comportements et des démarches intellectuelles des populations et des personnes. Ainsi le discernement dans la nature humaine de la notion de race, et la valeur heuristique à elle conférée, seraient-ils eux-mêmes autant de phénomènes culturels, autant d'interprétations aléatoires et contestables, puisque la présupposition d'une nature qui serait le fondement de la culture est elle-même un phénomène culturel : si l'homme ne peut définir que culturellement sa nature, il ne la peut semble-t-il circonscrire et distinguer de la culture elle-même. Mais pour ne point tomber dans un « culturalisme » aussi contradictoire que l'historicisme (si tout est relatif, l'acte même de l'affirmer l'est aussi), Lévi-Strauss conserve le souci de distinguer entre nature et culture. Et dans le souci de préserver l'indépendance de la culture par rapport au patrimoine biologique, il réduit la nature humaine à « tout ce qui est en nous par hérédité biologique » (cf. Georges Charbonnier, *Entretiens avec Claude Lévi-Strauss*, Plon, 1969), ajoutant que tout ce qui est universel chez l'homme relève de la nature ainsi entendue, quand la culture (cf. *Les Structures élémentaires de la parenté*, 1969) relèverait du relatif et du particulier (ainsi tout ethnocentrisme est-il frappé d'arbitraire), de telle sorte que cette doctrine scientiste (le racisme) qui réduit tout phénomène spirituel à une propriété de la matière, n'est elle-même qu'une production particulière, à ce titre relative et contingente, de la culture. Mais

Lévi-Strauss ne trouve ultimement d'autre fondement à la genèse des structures qui régissent la culture que celui de l'hérédité biologique... Il n'évacue le conditionnement universel de la culture particulière par la nature matérielle qu'en le convoquant.

D'autre part, même les défenseurs les plus inquisitoriaux de l'antiracisme reconnaissent qu'on ne peut aujourd'hui évacuer le concept de race. Le Docteur V. Viza (dans le journal *L'Événement du jeudi* du 5 décembre 1991) accusa de « raisonnement pervers » les tenants de l'angélisme « qui nient l'existence des races ». « Admettre les différences individuelles et raciales inscrites dans les chromosomes, relève de l'honnêteté intellectuelle, et cela est plus qu'impératif aujourd'hui alors que le débat sur le racisme fait rage. Dire vrai est une mesure de catharsis et peut prévenir qu'à la place de l'encre ne coule le sang. Prétendre que pour la génétique moléculaire il n'y a aucune différence entre un Noir et un Blanc, ne fait qu'exacerber le racisme. » (Cette position était confirmée dans le même texte par le Professeur Lucotte, du laboratoire d'anthropologie moléculaire à l'hôpital Cochin–Port-Royal).

21-3-2 – Race et psychisme

Plus récemment, dans un article intéressant du même journal (*ÉDJ* du 3 novembre 1994, p. 68 à 78), le journaliste Jean-François Kahn, « catholique » de gauche qu'il serait risible de soupçonner de sympathies pour le racisme, posait de bonnes questions et formulait de pertinentes remarques qui, quoique vouées à infirmer l'enseignement des socio-biologistes racistes, apportait objectivement, se fondant sur des travaux au-dessus de tout soupçon, de l'eau au moulin des défenseurs de l'intégrité raciale des peuples. Nous nous permettrons, en les commentant, d'en extraire et d'en résumer quelques passages.

a) « La manipulation des tests de Q.I. est un vieux procédé qui a fait long feu. Chacun voit bien que c'est moins l'intelligence qui détermine le statut social que le statut et l'environnement social qui contribuent à façonner l'intelligence » (p. 70).

b) Un test de Q.I. n'est « qu'un examen concocté en fonction des valeurs et en référence aux structures mentales de ceux qui l'on inventé » (p. 70). Il ne reflète pas tant un degré d'intelligence qu'un degré de performance dans la ligne d'un certain type d'intelligence. L'intelligence informaticienne établit une nette supériorité du Jaune sur le Blanc. Un test fondé sur des valeurs négro-africaines favoriserait les Noirs. Et c'est précisément l'existence de formes différentes d'intelligence, liées à des patrimoines génétiques déterminés, qui fut contestée par l'intelligentsia progressiste. Le journaliste leur rétorque : « On peut certes, utilisant en cela la méthode Coué, clamer : "Les races n'existent pas." On ne saurait douter que ceux qui s'y emploient manifestent en cela les meilleures intentions du monde. L'enfer en est malheureusement pavé » (p. 71).

c) « (...) le discours antiraciste négateur de la différence (nous ne sommes tous que des parcelles intellectuellement identiques d'un homme unique) n'est absolument pas audible par ceux qui sont confrontés à cette différence » (p. 71). « Nier la race revient à laisser le champ libre à ceux qui veulent la hiérarchiser » (*ibid.*).

d) « Sent-on le soufre dès lors qu'on constate, aux Jeux Olympiques, l'omniprésence des Noirs, de toutes nationalités, dans les courses de sprint ou les épreuves de saut (...), ou encore leur apport considérable à la musique universelle, fût-elle la plus sophistiquée, y compris à l'art lyrique (réputé spécifiquement occidental) ? Or il n'y a *a priori* aucune raison pour qu'une différenciation purement externe (phénotypique) implique une spécificité de la musculation (interne) ou de l'influx nerveux, un sens particulier du rythme ou une propension au bon chant. Fait-on preuve de déviance lorsqu'on observe en revanche que, placés dans le même milieu — américain en l'occurrence —, les Chinois et les Vietnamiens s'imposent beaucoup plus massivement dans le domaine de l'informatique ou de la technologie de pointe que les représentants des autres communautés ? Ce qui, encore une fois, dénote une propension à un mode de pensée, et non une hiérarchisation de la capacité à penser » (p. 72).

e) Puis J.F. Kahn se demande si « à une différence physique inscrite dans les gènes correspondent d'autres spécificités d'ordre comportemental ou psychique » (p. 72). Évoquant la thèse de Lévi-Strauss (qui le nie), il constate *a contrario* que « les cultures qui diffèrent le plus fondamentalement les unes des autres (la musique, en particulier, en fait foi) sont toujours celles qui émanent de peuples racialement le plus différenciés » (p. 74). Les cultures se sont différenciées parce qu'elles ont épousé à l'origine les orientations qu'ont connues les différents rameaux du tronc commun originel » (p. 74). Si la raciation est le fruit des « résultats d'une adaptation optimisée par la sélection naturelle » (p. 74), « on ne voit pas pourquoi ce qui est vrai pour les morphologies ou les physiologies ne le serait pas pour les prédispositions qui tendent à l'élaboration d'une culture » (p. 74).

f) À ce stade J.F. Kahn, prudent, se refuse à établir une relation de cause à effet entre détermination biologique et propension à développer une culture. Si une culture induit une prédisposition cérébrale (câblages marginaux des interconnexions cérébrales, ou relations synaptiques) qui en retour infère sur une culture, la sélection d'un câblage cérébral est auto-élaborée par l'homme (détermination physiologique induite par ce que la philosophie thomiste nomme un habitus) et n'est pas, selon l'auteur de l'article, comparable à une mutation morphologique ou anatomique. Il est vrai que cette dernière est irréversible, non culturellement influençable, ce qui n'est pas le cas de la première. Toutefois, si la façon de penser ne dépend pas à ses yeux de la race, « certaines aptitudes intellectuelles ont pu correspondre à une certaine morphologie également sélectionnée » (p. 74). « Nier la part que la race réelle — biologiquement définie —

peut prendre, au-delà même de la morphologie, dans l'émergence d'un particularisme mental serait une erreur » (p. 75).

g) Le journaliste achève son plaidoyer antiraciste en évoquant le Professeur Axel Kahn (p. 75 et 76) qui ose dire : « L'idée qu'il pourrait y avoir des différences comportementales héréditaires entre deux populations qui ont évolué loin les unes des autres ne me choque pas du tout. » Que cette idée ne soit pas selon lui prouvée ne l'empêche pas de développer une analogie très éclairante. Il en est de la culture par rapport au patrimoine biologique comme de l'art du sculpteur par rapport à la pierre. Dans une œuvre d'art, l'information de l'artiste fait oublier les propriétés naturelles de la pierre parce que l'unité de la forme et de la matière est si grande qu'on ne peut les distinguer. De même la « pierre corticale (...) se sculpte selon l'expérience, l'environnement culturel ». Cela dit, « si génial soit-il, l'artiste ne pourra pas réaliser exactement la même sculpture selon qu'il utilise du granit ou du marbre » (J.F. Kahn). Aussi, « il y a en nous de l'instinct héréditaire qui coexiste avec les performances du cerveau supérieur » (Axel Kahn). Ce qui revient à admettre qu'il existe bien, en fait, une relation causale, non entre les déterminations raciales et les relations synaptiques, mais entre les déterminations raciales et l'aptitude potentielle à ce que soient culturellement favorisées de telles relations synaptiques.

21-3-3 – Race et communauté ethnique

Nous retenons, de ces informations fondées sur le témoignage de scientifiques contemporains, que les races existent et qu'elles conditionnent, au titre de causes physiquement dispositives, une prédisposition native, d'ordre spirituel, à développer plus volontiers telle forme de culture plutôt que telle autre. Cela ne préjuge en rien de la capacité de n'importe qui à adopter, s'il est immergé en elle dès sa naissance, telle culture. Cela indique néanmoins, et c'est énorme, que la race induit une puissance naturelle, actualisée ou non, à développer une certaine culture. Il en résulte que si un Noir, élevé en milieu par exemple nord-américain ou européen, développe une psychologie d'occidental, une virtualité latente demeure en lui qui, en d'autres circonstances (c'est-à-dire sans l'influence formatrice d'une culture d'emprunt), se fût spontanément actualisée dans le sens d'une culture plus expressive du génie propre à la négritude. Et une immigration massive, même culturellement et socialement intégrée, même non génératrice de ghettos, favorise, par le simple fait d'une multiplicité accrue de contacts entre personnes d'une même race, la tendance ou l'appétit d'une telle puissance native à rechercher son actualisation. Il n'est pas en effet de puissance qui, naturelle et par là conforme au vœu de l'essence humaine en tant qu'ordonnée à un bien congru à cette dernière, ne tende spontanément, quand les causes dispositives — tels des catalyseurs — sont présentes, à chercher son actualisation. Or la coexistence de sujets porteurs d'une même puissance exigitive (en tant que devenue consciente) de sa propre actuation, fait qu'ils se reconnaissent réciproquement, au sens hégélien (chacun n'accède que par l'autre, en tant qu'objectivé par lui, à la conscience de lui-même et de sa propre vocation), dans l'exercice des relations sociales et, par là, prennent progressivement conscience de leurs virtualités communes. En vertu de ce qui précède, une immigration massive et qui plus est prolifique favorise l'élaboration, du sein même de sa culture d'origine (occidentale par exemple dans le cas d'immigrés non indo-européens de deuxième ou troisième génération), d'une culture (négroïde par exemple) d'origine ancestrale (au sens propre). Ce constat est corroboré implicitement par F. Jacob : « L'hérédité ne détermine pas la culture, contrairement à ce qu'ont prétendu les racistes. L'hérédité détermine la capacité à adopter une culture » (cité par A. de Benoist, *Les Idées à l'endroit*, Éd. Libres, Hallier, 1979, p. 150). Dans une certaine mesure, ceux que J.F. Kahn et ses amis traitent de racistes n'ont jamais dit autre chose. Si le racisme des successeurs matérialistes des idéologues, tel Haeckel, est à la fois condamné par la science et par l'Église, la prise en compte politique de la causalité de la race peut bien faire à bon droit partie, tant pour la science que pour l'Église, des valeurs fondamentales de la communauté humaine, comme le reconnaissait Pie XI.

De ce que l'homme est libre, il est comme donné à lui-même dans un acte selon lequel s'identifient le don et le donataire, de telle sorte qu'il est invité à coopérer activement, après qu'il s'est appliqué à les discerner dans les opérations qui les révèlent en les actuant inchoativement, à la réalisation sociale des virtualités de son essence. Pourquoi, si elle s'exerce conformément aux exigences du droit naturel, la maîtrise prudentielle de cet aspect de lui-même qu'est l'héritage biologique devrait-elle *a priori* en être exclue ? « Pour de nombreuses raisons, l'uniformisation de l'espèce humaine n'est pas souhaitable. La "raciation" favorise la diversité des esprits, des coutumes, des façons de penser : arts, techniques en tirent un certain profit. L'uniformité engendre le dégoût, l'ennui, deux mauvais conseillers, elle est un signe de pauvreté » (P.P. Grassé, *op. cit.*, p. 134).

21-3-4 – Antiracisme et subjectivisme

Le refus de reconnaître la réalité et la causalité des déterminations raciales participe du même subjectivisme caractéristique de la modernité, qui identifie l'homme à sa liberté, à son pouvoir de se choisir et de se faire et qui, dans l'insurrection de l'acte personnel d'exister contre l'essence qui en droit le mesure (tel est l'existentialisme, avoué ou non, qui constitue comme la matrice objectivement satanique de tous les systèmes philosophiques corrélatifs de l'idée démocratique), pose l'homme comme créateur et origine de lui-même pour l'autoriser à se déclarer fin de lui-même. Si le Moi a une nature qui le limite à n'être que ce qu'il est, lui fixant une vocation qu'il n'a pas choisie, exigitive de déterminations individuantes physiques et psychologiques contre lesquelles il ne peut rien et dont il a le devoir de s'accommoder, alors le libre arbitre lui-même est posé par la causalité d'une telle essence qui ne le fait être qu'en le limitant, et par voie de conséquence la liberté est elle-même limitée, et ne s'exerce elle-même en plénitude qu'en plébiscitant sa limite. C'est ainsi que se conjuguent aujourd'hui, dans les travaux anthropologiques conformes à l'air empesté de ce temps, une conception cartésienne de la conscience (ou personnaliste de la personne), et une conception matérialiste de l'homme en général et de la société. Selon la conception cartésienne, le Moi est sa liberté, la personne est « *imago Dei* » par sa liberté et non par sa raison (cf. Descartes, *IVe Méditation*). Et cela au mieux quand l'existence de Dieu n'offense pas la dignité de l'Homme : comme Ludwig Feuerbach l'a enseigné, on en vient à penser, très logiquement du point de vue du postulat subjectiviste, que Dieu n'est en fait qu'une « *imago Hominis* », image variable selon les religions, et fruit d'une conscience aliénée s'étant dépossédée d'elle-même en se projetant fantastiquement dans un arrière-monde fictif ; l'homme, pour réaliser le divin, le « vrai » divin qu'il est en vérité, doit se réapproprier son image dans la proclamation libératrice de l'athéisme, et le construire dans et par la société. Selon la conception matérialiste de l'homme qui dialectiquement fait suite à la précédente, tout, en l'homme, dans la société et dans la nature, doit pouvoir s'expliquer en termes de déterminisme, parce que la prévisibilité qui s'attache à une telle idée rend possible la maîtrise parfaite, démiurgique, de l'univers, et consacre ainsi l'appétit débridé de liberté entendu comme inflation dans l'ordre du faire ; en particulier, le corps n'est qu'une machine qu'il sera loisible de reconstruire au gré des désirs et de la subjectivité terroriste qui s'y investit ; ainsi s'expliquent l'avortement et les manipulations génétiques. Il n'est guère nécessaire d'insister sur le caractère tératologique, c'est-à-dire absurde, de la conjugaison de ces deux conceptions de l'homme. Le souci de ce véritable monstre qu'est l'homme moderne et contemporain, qui inspirerait seulement la pitié si ses effroyables misères spirituelles n'empêchaient pas ceux qui veulent encore être normaux de vivre selon leurs propres exigences morales et politiques, n'est pas de projeter une vision cohérente de lui-même qui serait normative de ses aspirations, il est de se donner la caution conceptuelle l'habilitant à justifier les prétentions que lui inspire son orgueil. C'est pourquoi il est à la fois existentialiste (tout en lui est liberté, il se choisit) et déterministe (tout, en lui et hors de lui, est déterminé, la liberté est la nécessité comprise) : le déterminisme est le propre d'un mécanisme, lequel a pour caractéristique d'exclure toute finalité immanente, parce que l'idée directrice (porteuse de finalité) qui préside à sa construction lui vient — au rebours des êtres vivants — de l'extérieur ; et ce qui exclut toute finalité immanente exclut la norme d'une nature régulatrice porteuse d'exigences morales ; il exclut aussi l'intention libre d'un Auteur de la Nature pensant la finalité qu'il prescrit aux choses qu'il crée ; l'homme qui refuse toute obéissance préfère se croire nécessité par un déterminisme plutôt que de se savoir en devoir de respecter librement les fins que lui prescrit l'injonction d'une nature qu'il n'aurait pas choisie.

21-4 – Races et cultures

Note explicative :

Dire de A qu'il procède « proleptiquement » de B (du grec « prolepsis » : anticipation), c'est dire qu'il l'anticipe chronologiquement bien qu'il lui soit suspendu selon la causalité ; A est premier en exécution, B est premier en intention. Par exemple la maison achevée, qui s'anticipe idéellement dans l'esprit de l'architecte sous la forme d'un plan qui dirige la construction, est précédée par les travaux des maçons : ces travaux procèdent proleptiquement de la maison.

La conclusion du paragraphe précédent (relation réelle entre race et culture (cf. § 21-3-3) peut être étayée selon un raisonnement plus philosophique.

Il convient en premier lieu d'observer que les facultés proprement humaines de l'homme (intelligence et volonté) ne s'actualisent que par la médiation d'une culture qu'il reçoit de ses semblables : on peut douter de l'existence d'enfants sauvages au sens strict. Pour cette raison, la culture actualise en l'homme les caractères de son humanité, cependant qu'elle est elle-même un produit de la nature humaine, car il est définitionnel de cette nature raisonnable de s'expliciter dans une culture. Les fruits culturels de la nature humaine éduquée sont les déterminations en et par lesquelles cette même nature raisonnable prend acte, avec plus ou moins de bonheur, de sa propre spiritualité. On est ainsi fondé à reconnaître dans la culture une extra-position de la nature. D'autre part, chaque culture est l'expression, « *tota sed non totaliter* », de l'unique nature humaine. La nature se projette tout entière dans une culture qui en retour la féconde assez adéquatement pour prendre conscience d'elle-même et se reconnaître dans sa propre extériorisation, car autrement le petit d'homme devrait subir les effets de toutes les cultures pour que fût actualisée en lui la conscience de sa propre humanité. Mais elle s'y projette non totalement, puisqu'il existe de nombreuses cultures. Corrélativement, chaque race, à tout le moins chaque groupe humain dont le patrimoine biologique est relativement homogène, est l'expression « *tota sed non totaliter* » de l'unique nature humaine ; en termes scolastiques, la race, comme le sexe, relève de l'accident et non de l'essence, ils actualisent la substance entendue comme essence individuée. La nature ou essence humaine s'extra-pose tout entière et non totalement en chaque configuration accidentelle biologiquement transmissible. Elle s'y projette tout entière, sans quoi seul le métis absolu mériterait le nom d'homme. Elle ne s'y projette pas totalement, sans quoi il n'y aurait qu'une seule race. Cela dit, le caractère hylémorphique (unité de la matière : puissance à être un corps vivant, et de la forme, ou âme) du composé humain se distingue d'une réalité dont les composants seraient simplement coexistants ou juxtaposés. L'exister du composé humain est l'exister du corps lui-même en tant que subsistant par l'âme qui le lui communique en tant qu'elle est son acte. L'opération du composé humain, en tant qu'opération corporelle, **est** l'opération de l'âme elle-même puisque le corps et l'âme subsistent dans le même ***esse***. Aussi le processus d'actuation accidentelle du suppôt humain ou substance, ne se divise-t-il pas en deux lignes parallèles et comme indépendantes dont l'une serait imputable au corps et l'autre à l'âme. C'est pourquoi, de ce que la causalité d'une même nature humaine s'anticipe tout entière et non totalement dans chaque race et dans chaque culture — lesquelles constituent autant de déterminations intérieures au même composé hylémorphique et expressives de lui —, il résulte que le souci proprement humain de projeter les virtualités intègres de sa nature dans une culture s'anticipe dans un patrimoine biologique déterminé, pour trouver en lui les conditions matérielles adéquates de son éduction. On conçoit même, dans cette perspective, qu'un patrimoine biologique déterminé soit lui-même induit par les exigences d'une culture (elle-même effet de la pression causale de la nature humaine en son vœu d'extériorisation idéelle), puisqu'il en procède proleptiquement. Il y a donc quelque chose de vrai, mais par accident (car tel n'était pas le sens qu'il conférait à ses propres propos), dans l'enseignement de Claude Lévi-Strauss évoqué ici au § 21-3-1 : le patrimoine biologique est la fonction matérielle qu'au travers des croisements, des adaptations climatiques, des guerres sélectives et autres procédures historiques de formation se forge la culture (selon le rapport de la forme à la matière) quand cette dernière est excellemment expressive des virtualités spirituelles de la nature humaine. Et c'est un fait qu'il n'existe aucune race pure, bien qu'il existe — ce qui n'est pas le fait du hasard — des fréquences raciales bien déterminées corrélatives de cultures semblables.

Robert Brasillach dit quelque part que le Français est assez intelligent pour n'être guère préoccupé par un détail aussi superficiel que la couleur de la peau de son semblable. Et il est bien vrai que le patrimoine biologique ne constitue pas, en tant que tel, une valeur. Il est tout aussi vrai, quoique beaucoup moins reconnu, que le primat fasciste d'origine hégélienne de l'Idée de l'État (expression suprême de la culture dans sa forme politique de « divin » terrestre et seulement terrestre), que le primat national-socialiste de la causalité de la Nature et de la Providence (laquelle exclut qu'une telle Nature soit entendue en son acception spinoziste), autant que le primat monarchiste de l'origine divine du pouvoir (conféré par le Dieu créateur et entériné par l'Église), attestent tous la référence à une forme plus ou moins accusée de transcendance, laquelle se subordonne l'individu qui voit en cette subordination à la fois son plus grand bien et la marque de sa vraie dignité. Tous ces régimes sont anti-individualistes et à ce titre excluent que la subjectivité soit souveraine, ce qui revient à dire qu'elle est normée par des valeurs.

La race n'est que cause matérielle, non cause formelle ou finale. Elle n'a de valeur que par la genèse et la conservation des valeurs culturelles qu'elle rend possibles. Il reste que, même si un métissage limité et contrôlé peut s'avérer fécond (en tant que condition instrumentale du télescopage des cultures par exemple), on conçoit que l'intégrité relative du patrimoine biologique soit requise en vue de la promotion et de la pérennité des patrimoines spirituels. La différence réelle des races est scientifiquement fondée. Il n'en reste pas moins que « le monophylétisme de l'Homme est une quasi-certitude : les faits connus parlent en sa faveur. Les hommes, en dépit de la race, sont frères et non cousins » (P.P. Grassé, *op. cit.*, p. 134). Loin d'exclure l'ethno-différencialisme, le dogme catholique du monogénisme le confirme parce qu'il le fonde : l'unicité du premier couple humain confirme théologiquement l'affirmation philosophique de l'existence d'une nature humaine qui manifeste la richesse de sa causalité par l'explicitation d'elle-même en déterminations accidentelles biologiquement transmissibles, lesquelles induisent des tempéraments qui, confrontés aux conditions géographiques et historiques de leurs exercices respectifs, manifestent leur fécondité dans l'éclosion de cultures objectivement complémentaires.

21-5-1 – La raciation est dans l'« *intentio naturae* »

Note explicative :

• *« aséique », de aséité, caractère de ce qui existe par soi, et qui ne convient à ce titre qu'à Dieu.*

Résumé :

L'explicitation de l'unique nature humaine en races diverses n'est pas l'effet d'une catastrophe imputable à un péché d'origine, ou d'un hasard aveugle, mais de la Providence.

Certains catholiques tentés, par réaction contre le modernisme, par une démarche analogue à celle du fondamentalisme protestant, sont incités à comprendre, dans les épisodes bibliques de la condamnation par Noé de son fils Cham, et de la tour de Babel, que la plurification raciale de l'espèce humaine et la diversification des peuples seraient autant d'effets du péché originel, par là n'entreraient pas dans le plan divin opéré par la Nature. Nous ne le croyons pas, pour des raisons que nous tenterons d'exposer ci-après et dont certains développements (à partir du § 21-5-2) nous seront utiles lorsque nous aborderons le traitement des chapitres futurs.

Tout d'abord les mutations, qui expliquent l'harmonieuse diversité des races, ne sauraient s'expliquer par l'invocation du hasard et de la sélection naturelle sans faire référence en même temps à la notion de finalité. Ces mutations sont le fruit de l'« *intentio naturae* » : « Comment croire à la toute-puissance et à l'universalité de la sélection naturelle, quand on trouve vivant côte à côte, dans le même milieu, les espèces archaïques et les espèces évoluées auxquelles elles ont donné naissance ? (...) L'évolution coordonnée et simultanée de plusieurs caractères, imputables à des mutations distinctes, est tenue pour impossible par les théoriciens du hasard eux-mêmes, tant sa probabilité est infime. Mais ils <les néo-darwiniens> tentent de sauver leur doctrine, en imaginant qu'un même gène a des effets multiples et contrôle ainsi plusieurs caractères (ce qui est d'ailleurs vrai pour quelques mutations étudiées en laboratoire), ou que les différents caractères de la lignée ne varient pas synchroniquement, mais on constate sur maints fossiles que plusieurs caractères varient simultanément. Et comment s'ajusteraient les caractères apparaissant dans le désordre ? Nous en sommes à attendre une réponse » (P.P. Grassé, *ibid.* p. 38). Grassé admet (cf. *L'Évolution du vivant*, 1976, Albin Michel) que la théorie synthétique ou néo-mutationniste, c'est-à-dire néo-darwinienne, expliquerait convenablement les phénomènes de micro-évolution, telle l'apparition des races et différences de populations qui impliquent des variations de faible amplitude. Dans cette perspective, les mutations produiraient les variétés génétiques et la sélection naturelle s'exercerait ensuite sur celles-ci. Mais la thèse n'est nullement convaincante en ce qui concerne la macro-évolution, c'est-à-dire la formation des espèces. Au reste, et plus philosophiquement, si le hasard n'est qu'une cause accidentelle agissant dans un petit nombre de cas et seulement dans l'élément des réalités qui agissent en vue d'une fin (comme l'établit Aristote : *Physique*, livre II), s'il est le fait de la concomitance des causes « libres » non adéquatement intégrées par le projet de l'unique vraie cause efficiente qu'est la nature en sa détermination formelle, et converties à elle-même en tant que fin (de telle sorte que le hasard est à la fois la résultante d'une multiplicité de causes, à la fois le résultat d'une décompression de causalité dans l'ordre des conditions d'exercice de la cause efficiente), il est clair qu'on ne peut se passer de la notion de finalité, et qu'à ce titre les mutations hasardeuses ne sont pas raisons de l'évolution, mais effets proleptiques — contingents quant au mode historique de leur détermination singulière — de la pression nécessaire de la nature formelle de chaque chose. Ce sont, au vrai, un développement rigoureux sur la notion de hasard, et même l'exposé d'une doctrine générale de la causalité, qui seuls pourraient fonder les observations qui précèdent. Mais de telles entreprises sont exclues par la modestie du présent ouvrage. Remarquons néanmoins qu'il est rationnel — et c'est pourquoi le réel est rationnel — que le réel comprenne du contingent, comme son moment obligé en lequel il s'anticipe et se risque, dans le processus de son effectuation concrète. En vertu du principe de causalité (ici admis et présupposé)[5], si le contingent ne procède pas du nécessaire, c'est qu'il n'est pas contingent mais nécessaire en tant que, ne procédant de rien, il est raison de lui-même. Il en résulte que le contingent procède nécessairement du nécessaire, et qu'à ce titre le nécessaire le pré-contient, l'enveloppe comme contingent. On dira certes que le contingent ne procède nécessairement du néces-

[5] On peut obtenir quelques brefs éclaircissements sur la question en se référant aux ouvrages suivants : *La Vérité* et *Le Sens*, de Jérôme Decossas, publiés chez DMM, Bouère 53290, 1998.

saire que si le contingent existe, et que la relation nécessaire qui suspend le contingent au nécessaire est elle-même suspendue à la contingence du contingent, de telle sorte que le nécessaire ne semble pas devoir envelopper dans sa structure aséique une quelconque contingence comme son moment obligé. Mais s'il est contingent qu'il y ait du contingent à côté du nécessaire, c'est qu'il procède d'une décision contingente instruite par le nécessaire, et derechef le nécessaire contient en tant que tel du contingent, à savoir la liberté. Or le contingent s'oppose au nécessaire comme son contradictoire (les contraires deviennent des contradictoires quand ils n'admettent pas d'intermédiaire). C'est donc que le nécessaire s'oppose à lui-même dans lui-même, se pose comme concrètement nécessaire moyennant l'assomption d'un moment obligé de contingence intestine, laquelle se révèle être dans le sensible, comme hasard, ce que la liberté est dans l'intelligible. Et rien n'est à ce point contingent qui ne contienne une part (formelle) de nécessité (cf. saint Thomas, *Somme théologique*, I[a] q. 86 a. 3). C'est pourquoi le réel sans sa contingence est irrationnel, cependant qu'il contient d'autant plus de nécessité, de détermination et de fermeture ontologique sur soi, qu'il est habité par un moment de contingence plus radicale. Et si les créatures personnelles sont libres, elles ne sont pas libres à ce point que leur existence dépendrait de leur liberté (elles ne décident pas d'exister, ne maîtrisent pas leur acte d'exister auquel elles empruntent leurs puissances opératives jusque dans l'acte insurrectif de le renier dans le suicide et plus généralement dans le péché), de telle sorte qu'elles ne sont pas leur acte d'exister. En Dieu seul s'identifient l'essence et l'exister, mais corrélativement en Lui seul la liberté, c'est-à-dire la contingence, est absolue. Ainsi, partout où se trouve de la contingence (telles les mutations fortuites) se révèle aussi de la nécessité (de la finalité). Et si la finalité est requise pour expliquer les phénomènes de macro-évolution, elle l'est aussi pour expliquer, quand ils sont pérennes et non invalidés par les processus subséquents de sélection et d'adaptation au milieu, les phénomènes de micro-évolution intérieurs à chaque espèce.

21-5-2 – Identité et différence

Remarque : les paragraphes qui suivent (§ 21.5.2 à 21. 5. 8) sont des développements techniques un peu délicats que le lecteur pressé peut sauter.

Idée centrale :

L'Un est convertible avec l'être, une réalité est d'autant plus parfaite que son unité est plus grande et lui est plus intérieure, mais une unité ou identité à soi exclusive de la différence est différente de la différence et par là n'est pas véritablement identité. (De même l'infini qui ne contiendrait pas dans lui-même le fini comme posé et nié, i.e. sursumé, l'aurait à l'extérieur de soi, par là serait « finitisé » par le fini et ne serait pas véritablement infini ; l'intérieur exclusif de l'extérieur est extérieur à l'extérieur, etc.). C'est pourquoi l'identité concrète ou réelle a toujours la structure d'une différenciation interne surmontée, de même que la vraie paix n'est pas la chute de tension qui exclut tout conflit, mais la victoire sur un conflit intérieur qu'elle assume et surmonte, ou la résolution d'un drame possible dont la réalité mortifère n'est posée que par refus de l'assumer.

D'autre part, il est nécessaire de discerner, dans cette imputation de la diversité des races au péché originel (catastrophe morale transmissible responsable de dysfonctionnements physiquement repérables) l'idée d'une aversion métaphysique pour la différence, d'une conception de l'unité exclusive de la diversité, et qui ne nous paraît pas tenable. L'unique raison, de nécessité toute conditionnelle (suspendue au libre arbitre divin) qui puisse être évoquée à propos de l'Acte créateur du monde opéré par un Dieu transcendant, absolument parfait et bienheureux en Lui-même, est l'accroissement de Sa Gloire, laquelle consiste dans la diffusion *ad extra* de Ses perfections selon l'ampleur, mesurée par Lui, d'un certain degré de Son infinie communicabilité. Or cette communicabilité exige que tous les degrés de perfection inférieurs à celui qu'Il a fixé dans Sa Volonté créatrice soient réalisés, et chaque peuple est, à sa manière, premier dans l'ordre d'une certaine perfection attachée à cette perfection qu'est la manière humaine d'exister. L'identité ne saurait être exclusive de la différence car, différente de la différence, elle entretiendrait à l'égard de son autre une relation qui répugne à ce qu'elle est ; c'est pourquoi l'identité concrète, l'unité convertible avec l'être, est en vérité l'identité assomptive de la différence qu'elle pose et rédime, c'est-à-dire l'identité de l'identité et de la différence. Nous voudrions illustrer diversement ce théorème lourd de conséquences en philosophie morale et politique.

21-5-3 Identité et différence : La Vie Trinitaire

On vient de voir (cf. § 21-5-1) que la créature libre n'est pas libre de liberté absolue au sens où le jeu de cette liberté s'inscrit dans les limites d'un exister mesuré par une certaine essence, de telle sorte qu'une telle liberté n'est pas maîtresse de son exister qui corrélativement est réellement distinct de l'essence. La créature ne se donne pas son exister, car cela supposerait qu'elle **fût**, pour être donateur, tout en étant capable de n'être pas, pour être donataire. Dieu seul est son exister, corrélatif d'une liberté absolue : son essence est son exister parce qu'Il se le donne. Si, en effet, Il l'était sans l'avoir, alors cette identité de l'essence et de l'exister devrait se comprendre comme l'affirmation d'un *esse* pur sans essence : si ce à raison de quoi Il est quelque chose de déterminé plutôt que l'indifférencié de la pure puissance, est unilatéralement ce à raison de quoi Il est existant plutôt que non existant, c'est que l'acte d'exister de ce qu'Il est, est l'acte d'exister d'un néant d'être tout ce qui n'est pas l'acte d'exister (c'est-à-dire d'un néant d'être une essence), et Il se confond ainsi avec l'acte d'exister de rien, qui est un néant d'exister de quelque chose. On ne saurait exciper, pour nier que le néant d'être ce qui n'est pas l'acte d'exister se réduise à un néant d'essence, de l'impossibilité de saisir essentiellement, ou conceptuellement, l'*esse*, puisque le constat d'une telle impossibilité, conceptuel, suppose qu'on réfère essentiellement l'*esse* à l'essence pour affirmer leur irréductibilité. C'est pourquoi saint Thomas, dans son *Commentaire de la Métaphysique* d'Aristote (VIII 4) s'insurge contre Avicenne pour qui l'absolue simplicité de Dieu signifie qu'Il est être pur sans essence. Être pur Acte d'être n'est pas être sans essence, mais posséder virtuellement toutes les perfections dans l'ordre de l'essence. Si en effet ce dont l'être est d'exister n'est réductible à aucune essence sans exclure aucune perfection dans la ligne de l'essence, c'est qu'Il les assume toutes. Et dire qu'Il les possède virtuellement n'est pas dire qu'il y aurait en Lui de la puissance. C'est dire bien plutôt qu'elles subsistent en Lui comme le projet de l'édifice dans l'esprit de l'architecte, mais de telle sorte que le projet ait plus de réalité dans l'esprit de son auteur que dans la pierre, c'est-à-dire comme Idée créatrice. Que l'Idée ait plus de réalité, c'est-à-dire d'actualité, que la réalité dont elle est l'Idée, suppose que Dieu possède actuellement comme posées en Lui toutes les essences mais, pour que leur pluralité différentielle ne soit pas ablative de l'absolue simplicité de l'Acte pur, elles doivent être converties à l'identité de la Pensée de Lui-même qu'Il est. Il faut donc qu'elles soient posées dans leur différence d'avec Lui et converties à Son Identité : Le processus essentiel et subsistant d'assomption de tous les degrés d'être doit procéder comme s'en différenciant de l'Exister que pose en retour, comme sa Raison d'être qui est indifférenciation de Sa différence intestine réelle, l'Essence intégratrice de tous les degrés d'être. Dieu possède actuellement comme posées et rédimées toutes les manières de limiter l'Acte qu'Il est, jusques au néant d'essence qui à la fois maximise la limitation de l'Acte d'exister, à la fois pose l'Acte d'exister parce que l'actualité du néant d'être, ou capacité d'être sur le mode du n'être pas, est immédiatement, en tant que néant de toute chose, néant de lui-même en tant que néant. C'est pourquoi l'Exister de l'Essence divine est à la fois cette Essence intégratrice de toutes les essences se posant comme existante par négation souveraine du néant d'essence dont elle se fait provenir, à la fois cet Exister pur se mesurant comme Essence de lui-même, se donnant son contenu infini par négation souveraine du néant d'exister en lequel il se risque. L'Exister de l'Essence divine est l'Essence de l'Exister divin, non selon une identité abstraite exclusive de la différence, mais selon la différence posée par eux des deux termes qui s'identifient concrètement l'un à l'autre en la niant.

On voudra bien retenir, de ce développement métaphysique un peu incongru peut-être dans un ouvrage de ce genre, que Dieu, paradigme créateur de toute réalité qui en est l'image ou le vestige, assume, parce qu'Il est la simplicité pure parfaitement actuelle et immune de toute composition potentielle, la différence réelle. Le dogme catholique de la Trinité, qui désigne comme Personnes divines subsistantes les relations intérieures à la Vie divine et constitutives de sa différenciation réelle, le confirme. C'est pourquoi il existe des différences voulues dans la réalité finie, qui ne sont ni l'effet du péché ni la marque de cette imperfection ou finitude constitutive de toute créature. Que la matière, en tant qu'être en puissance, soit ou puisse être principe de divisibilité, de discorde, de haine et de désordre, ne signifie pas que tout principe potentiel, de soi facteur de différence, serait marque d'imperfection, parce qu'il faudrait alors exclure toute essence de la perfection divine d'exister. La réalité mondaine contient des divisions polémiques fécondes et conformes au vœu de la nature, ce qui suggère que l'ordre n'est pas tant ce que répugne à l'assomption des conflits, des guerres et du désordre, que ce qui, en tant que paix, a la structure d'un conflit rédimé ou surmonté. En termes littéraires, la sérénité de la vie bienheureuse est l'assomption victorieuse du tragique. S'il est des divisions mortifères et peccamineuses dans le monde, celles qui sont dans le vœu de la nature, c'est-à-dire de Dieu son Auteur, se reconnaissent à leur aptitude à promouvoir l'avènement concret, en même temps que la perpétuation de ce dernier, de l'identité dont elles procèdent. Ainsi par exemple l'unité de la nature humaine consent-elle à se diviser selon la dualité des sexes pour assurer sa propre pérennité dans l'engendrement d'un fruit qui la pose concrètement. Il fallait bien que le lion existât, et l'agneau, que leur complémentarité physique (l'un est la nourriture de l'autre) et idéelle (ils illustrent chacun des perfections essentielles superlativement assumées par la divine Essence) ne laisse pas de leur donner d'exister dans un rapport polémique, mais non violent en tant que naturel. Et la nature d'un être de la Nature n'est pas essentiellement changée par l'événement du péché originel : les animaux féroces étaient féroces au Paradis (cf. saint Thomas, *Somme théologique*, I[a] q. 96 a. 1).

L'historicité et la perfectibilité sont des caractères propres à la condition humaine, parce qu'il ne lui est pas accidentel, en tant qu'incarnée, de s'exercer dans le temps. Ces caractères exigent que l'identité naturelle de l'esprit humain se manifeste, dans la culture, sur le mode du devenir et du progrès, c'est-à-dire par l'assomption d'un moment de différence consécutif à toute forme d'identité. Progresser, c'est se rendre adéquat à son essence par des opérations de négation et de conservation — c'est-à-dire de sursomption — de son état originel. Dès lors, dans l'hypothèse où toute différence et tout processus historique seraient peccamineux, cependant que nécessaires au vœu de la nature et par là de son Auteur, il faudrait donner raison au gnosticisme maçonnique d'Oswald Wirth qui fait du Serpent et du Mal l'allié obligé de Dieu dans le déploiement ou l'actualisation des richesses potentielles de Son œuvre. Ce qui revient à professer un dualisme panthéistique. Si l'on veut, à bon droit, que le mal demeure contingent et non consubstantiel au bien, il faut que l'énergie, essentiellement négative et diviseuse, qui semble attachée à la « *felix culpa* », soit superlativement et intemporellement assumée par le Bien lui-même. Sous ce dernier rapport, une telle énergie négative devient positivement unitive, par réflexion sur elle-même, des différences qu'elle pose : s'il est définitionnel de A de s'anticiper — c'est-à-dire se nier —, dans B (ou non A) dont il se fait provenir en tant qu'il se médiatise avec soi-même en lui, alors A enveloppe, comme l'opération intestine obligée de sa propre concrétion, la négation de lui-même jusqu'en la position de soi-même en sa négativité, c'est-à-dire la négation de B, et se pose ainsi comme la négation de son propre envers.

21-5-4 – Identité et différence : le mal et la négativité du bien, préambule

Le même constat relatif à l'inclusion de la différence dans l'identité concrète peut être établi à partir d'une succincte analyse du mal. Selon la doctrine thomiste, le bien est un transcendantal, c'est-à-dire une propriété de l'être en tant qu'être, qui logiquement se prédique de ses inférieurs quant à ce qu'ils ont de commun (les genres et les espèces) **et** quant à ce qu'ils ont de propre (les différences) : « *unum, verum, bonum, convertuntur cum ente* ». En tant qu'il désigne l'être pris comme objet de l'appétit, le bien est coextensif à l'être. Par là la privation du bien, en quoi consiste le mal, est telle qu'elle exclut d'être absolue : un mal radical serait une privation absolue du bien, c'est-à-dire de l'être, et la privation, essentiellement relative à ce qu'elle conteste, se supprime en niant ce dont elle tient l'être. Dès lors, le mal est toujours un certain bien. Mais il n'est pas pour autant un bien qui seulement manquerait de bien. Il est un bien qui, si l'on peut dire, pousse de travers, qui n'est pas dans l'ordre, telle la recherche d'un bien (la béatitude) dans un élément dont il est absent (les plaisirs du ventre) : vouloir ce bien là où il n'est pas, c'est vouloir la représentation dévoyée de ce bien, c'est le vouloir comme désordonné, c'est vouloir le désordre auquel il est inhérent et qu'il implique, c'est donc vouloir le mal.

Tout cela est classique. Mais quelque chose n'a peut-être pas toujours été aussi clairement dégagé dans l'école thomiste, c'est que la négativité du mal (sa puissance de négation, en première approximation), loin d'être intrinsèque au mal en tant que mal, n'est qu'un emprunt illégitime à la puissance du bien dont elle est en tant que telle la modalité propre. Le concept de négativité, d'origine hégélienne, requiert une explication : « Dans le sens où Aristote détermine aussi la nature comme l'agir conforme à un but, le but est l'immédiat, le repos, l'immobile, lequel est lui-même moteur ; sa puissance motrice, prise abstraitement, est l'être pour soi ou la négativité pure. Le résultat est la même chose que le commencement, simplement parce que le commencement est but ; — ou encore : l'effectif est la même chose que son concept, seulement parce que l'immédiat en tant que but a en lui-même le soi ou la pure effectivité » (Hegel, Préface de la *Phénoménologie de l'Esprit*, § 22). Rappelant la leçon aristotélicienne selon laquelle la nature, en tant que cause efficiente ou principe immanent de la genèse et du devenir du réel, se dit à la fois de la forme (essence, idée ou concept), de la matière (pur « de quoi être **un** être ») et de la fin (l'engendré ou l'existant, la réalité, l'effectif), Hegel montre que le but concret, la réalité, se médiatise avec soi-même, c'est-à-dire s'anticipe réellement dans le « *terminus a quo* » de sa propre provenance, se confère par là la structure syllogise d'une identité à soi réflexive définitionnelle en droit, si la réflexion est absolue (ce qui n'a pas lieu dans le cas des réalités sensibles) d'une activité pensante, c'est-à-dire d'un sujet. Hegel précise que la puissance motrice du but, prise abstraitement — c'est-à-dire considérée comme séparée de l'élément dans lequel elle s'exerce — est la négativité pure, nommée « être pour soi » en tant que moment de réflexion dans elle-même, ou d'anticipation, de la nature ou idée. Et il convient de remarquer que l'hylémorphisme thomiste, héritier d'Aristote, ne dit pas autre chose à sa manière. L'hylémorphisme explique, comme on sait, le devenir et la diversité des êtres dans l'être par l'évocation des concepts, qui désignent des principes réels, de puissance et d'acte. Ces derniers, par exemple dans le cas du mouvement (« acte de ce qui est en puissance en tant qu'en puissance »), permettent de rendre raison de ce dernier, d'en saisir l'essence, en conjuguant l'identité et la différence, c'est-à-dire en dépassant — les modifiant par là intrinsèquement par conversion d'elles-mêmes à leur identité concrète — les déterminations contradictoires que sont la permanence et la substitution : ce qui change **nie** ce dont il procède (sans quoi il y a seulement permanence) ; ce qui procède **conserve** comme le niant ce dont il procède, ou encore ce qui va changer se **proroge** tout en se niant dans ce qui procède (sans quoi il y a seulement substitution). Mais cette « conservation-négation » et précisément ce que Hegel nomme « *Aufhebung* », laquelle, traduite par le néologisme « sursomption », est illustrée par exemple dans la conversion de la chrysalide en papillon : la chrysalide se nie dans le papillon qui l'achève, aux deux sens du terme ; il la supprime comme chrysalide en tant qu'il la conserve, puisqu'il révèle en l'actualisant ce qu'elle a pour vocation d'être et qu'elle est en vérité. Et ce processus d'autonégation n'est que la réflexion sur soi, ou négation, de la négation entendue comme anticipation de soi du papillon en chrysalide. On voit que la **réflexion, qui est ontologique** et non seulement logique (elle s'accomplit dans la chose avant que d'être l'opération de notre pensée de la chose productrice de l'idée de cette dernière), désigne ce double mouvement, expressif des vertus ontogéniques de la négativité, de négation de soi du but idéel positionnelle de la pure puissance dont il se fait provenir, et de négation — positionnelle du but concret — de cette négation. L'identité à soi du but est la négation de la négation de lui-même. En termes aristotéliciens, la puissance active à poser le but est la conversion, ou réflexion sur soi, de la puissance passive en laquelle ce dernier s'est anticipé. La puissance n'est pas la négation de l'acte, mais l'acte dans sa négativité. C'est ainsi qu'Aristote peut dire : « (...) la nature aussi rentre dans le même genre que la puissance, car elle est un principe producteur de mouvement tout en n'étant pas dans un autre être, mais bien dans le même être en tant que même » (*Métaphysique*, IX 8, trad. Tricot, Vrin, p. 507). Mais tout autant la nature se dit de la forme (cf. *Métaphysique*, IV 1, 1013 a 20) et de la fin (cf. *Physique*, II 9 200 a 34-35), et Aristote suggère que ces deux causes, en vérité, n'en font qu'une (cf. *Métaphysique*, VIII 4, 1044 b 1). La nature est donc bien ce principe formel positionnel dans lui-même de sa puissance à se faire provenir de lui-même. Il va de soi qu'il n'appartient de se poser concrètement, de contenir dans soi la raison de son existence ou effectivité (« *Wirklichkeit* », dans le vocabulaire de Hegel), qu'à une nature dont la réflexion dans soi-même, riche d'une négativité infinie et à ce titre seule capable de se sursumer ou rédempter, est absolue et achevée. Une telle réflexion, ontologico-**noétique** parce que complète, désigne son Auteur corrélativement comme Acte pur et comme Pensée de Pensée. Telle est la nature divine, et elle est seule dans ce cas. Toutes les autres lui empruntent, la présupposant par là, leur puissance ontogénique de négativité qui, finie en elles, induit une réflexion non absolue dont l'effet obligé est le reliquat d'être en puissance passive (la matière par rapport à la forme, l'essence par rapport à l'exister) dont leur concrétude est grevée et qui signe leur statut créaturel. L'erreur monumentale de Hegel en cela infidèle à la cohérence de son propre système, est d'avoir fait dépendre la pure actualité de la réalité divine de son acte créateur du monde. C'est pourquoi, en dépit des dénégations de ce génial auteur, son système bascule dans une vision du monde non exempte de relents panthéistes et gnostiques. Mais la légitime dénonciation de ses difficultés ne doit pas nous interdire de reconnaître dans sa pensée les éléments de vérité qui, d'origine aristotélicienne, n'ont pas toujours été également mis en valeur par l'école thomiste.

Du développement qui précède nous retenons que, loin de reculer d'effroi devant la différence (position de soi du but en la puissance à se produire lui-même), l'identité l'assume et l'exerce. Nous pouvons revenir à l'analyse du mal, qui corroborera ce résultat.

21-5-5 – Identité et différence : le mal et la négativité du bien, développement

Le bien d'un mal (lequel ne saurait être absolu car, s'il l'était, il ne serait plus du mal, n'étant plus), le bien que renferme encore le mal en tant qu'il est de l'être, est intrinsèquement, c'est-à-dire formellement, mauvais, en tant que **négation** d'un bien, tel ce bien des plaisirs charnels intrinsèquement mauvais lorsqu'il n'est pas conjugal. Comme tel il ne saurait être, en tant qu'il est un certain bien (matériellement), complété par le bien supérieur dont il était le refus. **Il est au contraire refusé par ce bien supérieur qui l'assume en le niant.** En effet, ce mal qui est un certain bien ne saurait être un bien selon une raison d'appétibilité vraiment distincte de ce par quoi il est un mal. On peut certes dire que le plaisir charnel est un bien en tant que conjugal, un mal en tant qu'adultère. Mais ces formalités (dont l'une est la privation de l'autre) sont constitutives du bien convoité, parce qu'il est voulu en tant que conjugal ou en tant qu'adultère : la raison d'appétibilité d'un bien dévoyé n'est pas extrinsèque à son dévoiement, parce qu'il est subjectivement d'autant plus désirable pour un désir dévoyé qu'il est plus désordonné, et telle est la perversité (c'est-à-dire le renversement), qui aime le mal en tant que mal, et non en tant qu'il est un certain bien, ou encore qui aime le mal qui est contenu dans ce bien, qui se complaît dans ce dont il manque, aime en lui ce qui précisément n'est pas bon. Et la condition ontologique de la perversité est que ce moindre bien qui gît dans le bien, ait lui-même raison de bien en tant que **moindre** bien, pour être aimé. Et c'est pourquoi ce à raison de quoi tel bien est en vérité un mal est aussi ce à raison de quoi il est un certain bien. La raison d'appétibilité du mal moral n'est pas seulement dans la proportion de bien que la privation mauvaise dont il est affecté a épargnée, elle est aussi dans cette privation même en tant que privation. Dès lors le mal, qui est un certain bien, n'est de fait un certain bien que comme **négation** d'un bien plus grand, et non seulement au titre de bien diminué en vertu d'une privation passive et innocente. Son refus du bien plus grand dont il est la privation est constitutif de lui-même en tant que ce bien désordonné. **Et si le mal est un bien en tant que négation d'un bien plus grand, c'est que l'essence du bien, qui l'assume en le niant, est en soi négation de sa propre négation** : le bien de degré supérieur assume en effet le moindre bien, le contient en lui-même superlativement puisqu'il en est la fin, mais, puisque le moindre bien est un bien non seulement en tant que moindre **bien** mais en tant que **moindre** bien, c'est-à-dire en tant que **négation** d'un bien plus grand, ce dernier assume celui-là, porte en lui-même celui-là comme sa négation de lui-même dans lui-même, et il ne le peut sans s'éclater qu'en tant qu'il est de soi négation de sa propre négation. En tant que **négation** de sa négation de lui-même, il est le bien supérieur et, ultimement, le bien absolu ; en tant que négation de la **négation** de lui-même, il contient suréminemment son bien de degré inférieur. Il n'est pas question de suggérer que le mal serait nécessaire au bien : l'essence du mal tient non dans le fait qu'il est un certain bien, ou qu'il n'est pas le bien absolu (car alors tout ce qui n'est pas divin, et qui peut certes être considéré comme une privation, serait intrinsèquement mauvais), mais dans le **refus** de sa propre sublimation, c'est-à-dire dans l'acte de se soustraire à la négativité qui l'habite. Et ce refus peut être tant celui de s'abîmer en son contraire que celui de rédimer son contraire (ou de se rédimer lui-même en tant qu'il est dans sa négativité). Le mal est le fait d'un certain bien crispé sur sa propre finitude ou insuffisance, tel un bouton de rose qui refuserait de devenir fleur, telle une fleur qui refuserait d'attester sa vocation à dépérir en consentant à se prolonger en ses rejetons qui l'épuisent. Dans les deux cas, un tel bien dévoyé refuse de s'accomplir dans ce qui le conteste. De même que le bouton procède de la fleur à laquelle il se restitue (spécifiquement et non numériquement, parce que la pauvreté ontologique de sa nature n'habilite pas cette dernière à se concrétiser en un seul individu) en s'éclatant en elle, mais se refuse à lui-même en refusant son entéléchie qui le supprime, de même le bien fini procède du bien infini et absolu auquel il a pour vocation de se rendre en se sublimant en lui, et n'est un certain mal, c'est-à-dire ne conteste sa propre bonté, qu'en refusant l'entéléchie qui le conteste. Le mal n'est donc pas l'assomption du négatif, mais le refus de l'assomption du négatif qui, se radicalisant (au sens propre) est immédiatement négation de lui-même en tant que négatif. On comprend alors pourquoi le bien absolu n'est pas le refus du négatif, mais l'assomption exhaustive de sa kénose interne constitutive de lui-même, qu'il rédime dans une « déhiscence comblée », selon la suggestive formule du philosophe contemporain Claude Bruaire. S'il est en effet de l'essence du bien de se nier dans lui-même en tant que bien, de ne se réaliser concrètement comme bien que comme intemporelle victoire sur la négation de lui-même en laquelle il ne se pose que pour la nier, s'il est donc de sa raison de se nier en tant que bien, c'est qu'il épouse la raison de sa bonté en se posant dans l'envers de lui-même et, conforme à sa raison dans son régime de négativité, il se **nie** comme **bien dans sa négativité**, et se constitue concrètement comme bien, loin de reculer d'effroi devant le négatif qui le travaille, l'épouse en le niant et se pose en le posant. Se poser dans sa négativité n'est pas le mal, lequel est refus tant de consentir à cette anticipation de soi-même (tel un arbre qui se refuserait à procéder d'une graine, à faire dépendre sa perfection de la préfiguration de lui-même dans ce qui est imparfait), que de se nier dans son régime de négativité (telle une graine qui refuserait de mourir à elle-même dans la production d'un nouvel arbre). Et le néant n'est pas autre chose que ce point focal extrême de l'être dans sa négativité, puisqu'il y a coextensivité entre le bien et l'être.

21-5-6 – Identité et différence : le mal et la négativité du bien, la solution gnostique

Note explicative :

« Carpocratique » vient du nom d'un gnostique alexandrin, Carpocrate, qui vivait au IIIe siècle. Selon sa doctrine, le monde est l'œuvre des anges inférieurs au Père inengendré. Jésus, fils de Joseph, n'est que l'idéal de l'homme juste, il a gardé en lui le souvenir du Père vers lequel il est remonté en pratiquant le mépris des créateurs du monde et de leurs lois. Les Carpocratiens devaient de même accomplir pour leur salut tous les actes moralement réprouvés, érigeant ainsi en morale supérieure le principe de la perversité. Ils refusaient la propriété, pratiquaient le système de la communauté des femmes et des enfants, soutenaient la thèse de la réincarnation pour les âmes ne s'étant pas insurgées contre toutes les lois naturelles du monde.

Les réflexions qui précèdent nous invitent à nous interroger sur le statut ontologique du néant. Si le bien absolu est la négation souveraine et absolue de la pénurie non moins absolue en laquelle il s'anticipe, alors, le bien et l'être étant coextensifs, Celui dont tout l'être est d'être doit contenir en Lui-même, en acte et de toute éternité, le néant.

En tant qu'unique Créateur, donateur de l'acte d'exister, Dieu produit ***ex nihilo***. Mais le rien existait-il avant la création ? S'il n'existait pas, c'est que Dieu l'a créé. S'Il l'a créé, l'a-t-Il créé à partir de rien ? Mais s'Il crée ce rien à partir duquel l'autre fut créé, on régresse à l'infini. Au reste, rien ne distingue un rien d'un autre rien, lesquels ne sauraient être vraiment autres en tant que tels : leur être de rien se spécifie par l'être dont ils sont le rien. Dès lors, (première hypothèse que nous allons bien sûr réfuter) **si Dieu a fait exister, ou a**

créé ce rien à partir duquel sont créées les créatures, c'est que Dieu l'a créé non à partir d'un rien (ainsi ne l'a-t-Il pas créé ***ex nihilo***), mais à partir de Lui-même, ce qui exige qu'Il ait été seulement une virtualité d'être en tant qu'Il n'était qu'une virtualité de rien. Il était certes plénitude en tant que Principe premier, mais plénitude potentielle. En supprimant sa plénitude, Il supprima sa potentialité, s'actua Lui-même en s'aliénant, se décompressa dans Lui-même afin de faire apparaître, dans son propre giron, le *nihil* dont sourd toute créature. Tel est l'enseignement du Zohar, développé par Rabbi Ben Jochaï. Philon d'Alexandrie enseignait déjà, dans le *De Somniis* : « Dieu est appelé *Ma Kom* (L'Endroit) parce qu'Il renferme tout l'univers. » Le Grand-Tout-Plérôme des Gnostiques, l'*En-Sof* de la Kabbale, le Non-limité ou le Chaos, se contracte pour laisser un vide à l'intérieur duquel vont apparaître, comme autant d'effets processuels de son auto-actuation, les formes des créatures, les Archontes ou Zephiroth. Le Dieu primitif est inconscient, prend conscience de soi et construit sa déité en l'homme qui rédime son aliénation kénotique, et plus particulièrement (voire exclusivement) dans le Juif, l'Élu seul possesseur (au rebours des Goïm, gratifiés seulement de la *Nephesch*, âme sensitive) de la *Neschama* (le *Pneuma* des Gnostiques, intelligence pure et divine emprisonnée dans le corps dont la matière, mauvaise, est elle-même l'œuvre d'un dieu inférieur). Sous le nom de Lucifer (Le Porteur de Lumière qui vainc l'obscurité de la matière à laquelle l'Absolu ne saurait condescendre, à laquelle il ne saurait être immanent et dont il ne saurait vouloir l'existence), de Prométhée, de Belzébuth, de Samaël ou d'Astaroth, et cela tant pour les Gnostiques anti-Juifs (dont la maçonnerie moderne est le résidu) que pour les Juifs antichrétiens — tant il est vrai que le balancier dialectique, qui ne se stabilisera qu'à la Fin de l'histoire, identifie les extrêmes qu'il met en conflit — le serpent est l'ami des hommes, victime de la jalousie du démiurge producteur de la matière et auteur du Déluge dont furent sauvés les Initiés.

Mais cette thèse délirante est absurde à la mesure de son impiété : Dieu aurait eu besoin de se changer pour être créateur, ce à quoi répugne Sa perfection d'Acte pur. Autant vaut dans cette perspective adopter la doctrine marxiste, vérité des aberrations précédentes qu'elle rationalise : le divin est la matière (plénitude potentielle) en devenir dialectique, l'homme générique est la conscience de soi du divin, le haut initié est le membre du Parti, non Dieu-Homme (le Christ) mais homme déifié par son propre travail, humanité christique dont le Christ et l'Église n'étaient, du point de vue de Feuerbach et de Marx, que la préfiguration mystifiante.

Force est d'en conclure que Dieu n'a pas créé le rien dont sourdent les créatures, et que, Créateur ou non, Dieu assume le néant de toute éternité. Ce résultat nous permet de comprendre que plus est élevé le degré de perfection d'une essence ou forme (laquelle, en tant qu'Idée créatrice, est la connaissance éternelle que Dieu a de Lui-même en tant que participable), plus est proche du néant le point focal de sa réflexion constituante. De tels propos sont implicitement corroborés par saint Thomas. S'interrogeant sur la connaissance du singulier chez les anges (cf. *Somme théologique*, I^a q. 57 a. 2), le saint docteur explique que par l'espèce qu'ils reçoivent ils ont la connaissance de l'acte créateur des choses qui leur sont inférieures (et par là les connaissent dans leur singularité), à savoir connaissance de ce qui découle de Dieu non seulement quant à ce qui tient à leur nature universelle mais encore quant au principe de leur individuation, à savoir la matière. De même, si l'homme connaît les choses par abstraction, « l'intellect divin connaît les choses par son essence, dans laquelle, comme dans son principe, sont virtuellement contenues non seulement la forme mais encore la matière ; et pour cette raison Dieu connaît non seulement les réalités universelles mais les réalités singulières » (*Compendium*, c. 133). Et nous avons vu au § 21-5-3 ce que signifie cette idée d'une préexistence virtuelle des perfections en Dieu : Dieu est, dans la connaissance éternelle qu'Il a de Lui-même et qu'Il est, le processus subsistant d'assomption de tous les degrés d'être. Même la matière préexiste en Dieu. Il existe en Dieu une ressemblance (créatrice) de toutes choses, aussi bien pour la matière que pour la forme : l'Absolu assume suréminemment dans l'identité concrète de l'identité et de la différence réelle de la connaissance qu'Il a de Lui-même en tant qu'Essence et de celle qu'Il a de Lui-même en tant que participable, tant les perfections intelligibles dont le monde est pétri que le processus positionnel du néant (absolu, ou relatif et telle est la matière) qui les habite et les habilite à être des substances créées entitativement distinctes de leur Cause.

Et c'est sous ce rapport que le néant, assumé par Dieu, peut être objet d'appétit pour la volonté perverse qui aime le mal en tant que mal : en tant que radicalisation de toute privation du bien en laquelle elle voit un bien parce qu'elle est assumée par Dieu. Mais il n'appartient qu'à Dieu d'assumer le néant sans s'y perdre, de s'y anticiper selon une négativité absolue porteuse de son redoublement réflexif victorieux d'une telle kénose intestine. En tendant carpocratiquement, c'est-à-dire avec perversité, vers le néant, la créature pécheresse entend s'approprier la négativité créatrice dont elle tient l'existence, se faire en tant que sujet libre le maître de sa nature, s'introniser créatrice d'elle-même, singer Dieu pour se faire Dieu. Le désir de Dieu, insufflé en elle par Dieu et ordonné à Dieu, n'est pas le désir d'être Dieu, dont on voit pourtant qu'il est suspendu à son Auteur jusque dans l'acte de s'y soustraire. À défaut du Dieu d'Amour, le damné, en choisissant le dam — lequel est précisément privation de Dieu — fait honneur au Dieu de justice.

21-5-7 – Identité et différence : le mal et la négativité du bien, réappropriation thomasienne du négatif

Puisque l'ordre du créé ressemble à son auteur, puisque Dieu est source de toute négativité, force est de reconnaître qu'il y a du négatif naturel et non peccamineux dans la Nature, dans l'âme, dans la conscience, dans la volonté, dans la société et dans l'histoire, du négatif conforme à la Volonté divine, analogue à sa structure interne, et le négatif faustien de celui qui toujours nie, enveloppé dans le « *non serviam* » de celui qui fut menteur et homicide dès le commencement, n'en est que **l'édulcoration** et la caricature. La négation originelle du Diviseur est en vérité refus du négatif, soit du négatif comme kénose soit du négatif comme « *Aufhebung* ». En cela le Dieu, ou plutôt la représentation réductrice du Dieu auquel le Judaïsme refuse d'être trinitaire, auquel il refuse le droit de s'incarner, est-elle l'envers, dialectiquement équivalent à lui, du Dieu gnostique (tel le « Dieu-non-être » de Basilide, intrinsèquement lié au monde imparfait qu'il engendre inconsciemment, tel encore le « Dieu-abîme » de Valentin), mauvais démiurge et en vérité pure puissance à exister d'une création mauvaise (qu'il suffit, au reste, de mépriser en esprit pour s'en accommoder — tels les Cathares — avec une douce complaisance) que sauverait par sa révolte l'homme carpocratien, l'initié ami de Lucifer-Prométhée, à la suite de l'ange déchu qui lui aussi refuse, selon la thèse de Bossuet, l'Incarnation ou Exinanition salvatrice. L'ontologie qui sous-tend ces deux positions unilatérales et complices dans leur opposition historique n'est pas tant le plébiscite du négatif (dont elles font pourtant leur drapeau) que son **refus**. En effet, interdisant à l'Absolu d'être une Réflexion achevée dans Lui-même, d'être la puissance motrice ou négativité absolue positionnelle dans Lui-même de Lui-même comme Verbe, elles posent hors de Lui la négativité qu'elles convoitent, l'identifiant à la liberté humaine (Bakounine, Marx, Sartre...) en lutte contre un ordre des choses qu'elles perçoivent comme aliénant, mais, oubliant que la liberté procède de la nature humaine, elles coupent la négativité, de soi créaturelle et finie, de son Origine fondatrice, la faisant ainsi dépérir : il n'est de nature humaine paradigmatique, mesure de l'existence et de la liberté, que parce qu'il est un Auteur Tout-Puissant pour la penser. La quintessence de cette ontologie commune aux Juifs et aux Gnostiques est exprimée par Marx dans la *Question juive* : les religions ne seraient que les divers degrés du développement de l'esprit humain, des « **peaux de serpent dépouillées par le serpent qu'est l'homme** ».

Lorsqu'il est affirmé qu'il existe de la négativité dans le monde, conforme à la Volonté divine et participant de Sa structure interne, il n'est peut-être pas vain de rappeler les informations suivantes :

- Pendant l'Exode, « le peuple des Hébreux était éprouvé par les morsures de serpents brûlants, et beaucoup en mouraient. Le peuple vint à Moïse et dit : "Prie le Seigneur pour qu'Il éloigne de nous les serpents." Et Moïse pria pour le peuple. Et le Seigneur lui dit : "Fais en airain l'image d'un serpent et l'exposes comme signe ; quiconque sera blessé, et le regardera, vivra." Et Moïse fit un serpent d'airain et l'exposa comme un signe, et lorsque ceux qui étaient blessés le regardaient, ils étaient guéris » (Livre des Nombres XXI, 6-9).

- « Comme Moïse a élevé le serpent dans le désert, de même faut-il que le Fils de l'Homme soit élevé, afin que tout homme qui croit en Lui ne périsse point, mais qu'il ait la vie pour l'éternité (Jn III, 14-15).

- « Quand je serai élevé de terre, j'attirerai tout à moi » (Jn XII, 32).

- « Les Écritures rendent témoignage de moi ; et vous ne voulez pas venir à moi, pour avoir la vie » (Jn V, 39-40).

- « Celui qui regardait le serpent d'airain n'était pas guéri par l'objet qu'il voyait, mais par Vous, le Sauveur des Hommes » (Sagesse XVI, 7).

Ainsi le Christ est-Il à l'endroit des âmes ce que le serpent d'airain fut au physique pour les Hébreux, à savoir le Sauveur de vie. Que Dieu, en Sa divine Providence, n'ait pas répugné pour Se manifester aux hommes à préfigurer Son Incarnation par la figure du serpent, révèle que le mal, dont le démon est seulement la cause exemplaire (cf. *Somme théologique*, III[a] q. 8 a. 7), n'est pas tant le négatif (ou assomption du fini comme moment obligé de concrétisation de l'Infini en son ontogénèse circulaire) que la confiscation du négatif par les méchants qui, comme créatures de surcroît dévoyées, ne se l'arrogent qu'en l'édulcorant : seul l'Infini peut aller jusqu'au bout du fini. Si l'infini, supposé par définition avoir une extension illimitée, avait le fini à l'extérieur de lui-même, il aurait un extérieur, il serait limité et comme « finitisé » par le fini, par là ne serait pas l'infini. Et c'est parce que l'infini concret exerce toute finitude, s'y niant, et la nie souverainement, qu'Il peut poser, c'est-à-dire créer, du fini réel et contingent à l'extérieur de Lui-même, sans que cette opération soit ablative de son absoluité. S'Il assume dans Lui-même et éternellement toute finitude, s'extériorisant ainsi à l'intérieur de Lui-même, alors la réalité effective du Monde en sa consistance ontologique — irréductible, contre Hegel, à un simple phénomène de l'Idée divine — ne Lui ajoute rien. La contingence réelle de la création suppose l'assomption par le Créateur de toute contingence en Sa Vie nécessaire.

On ne saurait voir dans l'image ophidienne du Pentateuque une initiative divine rédimant le diable en rédimant la manière d'être animale qu'il avait empruntée pour tenter l'homme, puisque la chute du diable est irrémissible. Il faut y voir plutôt ce fait que le diable est le singe de Dieu jusque dans l'assomption tératologique du négatif divin. D'où la constante équivoque : Kneph, dans le symbolisme de la Haute-Égypte, était figuré par le serpent et produisait l'œuf du Monde par sa bouche, symbole du Verbe ; l'œuf du Monde était pour les druides l'œuf du serpent représenté par l'oursin fossile à cinq branches, etc. Si Thor, le dieu nordique, trouve la mort dans le combat au cours duquel il tue le Jomurgand (le serpent du monde), le dieu égyptien Amon féconde le monde sous la forme d'un serpent. Si Héraclès tue deux serpents dès le berceau, si Échidna (mi-serpent et mi-nymphe) est le serpent-mère de tous les monstres de Chimère (de l'Hydre de Lerne, du Sphinx et de Cerbère après son accouplement avec le géant Typhon), la déesse chinoise Nu-Wa, flanquée d'un corps de reptilien, crée le premier être humain. Le serpent tue par ses anneaux et par son venin qui, tout autant, soigne et sauve. On peut toujours interpréter ces mythes tant comme une préfiguration de la connaissance de la Trinité et de l'Incarnation (ou reliquat édulcoré et toujours plus ou moins perverti de la Révélation primitive par suite du péché originel), que comme un culte implicite à Satan. Nous nous souviendrons de ces observations au moment d'aborder le chapitre V du présent ouvrage.

Puis donc que le mal n'est pas tant le négatif que son refus, il ne conviendrait pas, — à la manière d'un certain intégrisme catholique, apparitionniste et unilatéralement surnaturaliste, monarchiste théocratique à tendance millénariste, amateur de merveilleux, chimérique et traditionaliste au sens maistrien du terme, en attente d'un Grand Monarque thaumaturge tout de lumière (comme l'Antéchrist), incapable de discerner dans le passé qu'il enjolive et sacralise les prodromes de la modernité qu'il vomit, impuissant par là à discerner dans certains aspects (scientifiques, philosophiques, politiques) de la modernité les éléments de vérité qui corroborent les vrais fondements de la vision du monde qu'il se propose maladroitement de défendre — d'éprouver à l'égard du négatif le même effroi que celui qu'éprouvent, pour se le subordonner, le caricaturer, en faire leur chose selon la médiocre mesure de l'homme prétendant par lui-même à sa divinisation, les tenants du judaïsme et du gnosticisme, sous le prétexte qu'ils ont tenté de confisquer le négatif à leur profit. La dialectique de Hegel, restituée contre Hegel à sa véritable vocation, n'est ni celle de Marx, ni celle de Kojève (mondialisme maçonnique), ni celle des théologiens « spéculatifs » (œcuménisme progressiste des fils spirituels de Joachim de Flore). Ces derniers entendent pour conforter l'esprit non catholique de Vatican II discerner dans les demandes religieuses extérieures à l'Église autant de moments nécessaires de la manifestation de la Vérité absolue (qui n'en a aucun besoin, sinon par accident : *oportet haereses esse*). Les religions fausses, participant de manière déficiente à ce bien qu'est le vrai, ne sont pas un bien qui manque de bien, qui resterait un bien tout en étant tronqué, qui serait susceptible d'être amendé sans se nier radicalement, c'est-à-dire sans se **convertir**. Elles sont un bien intrinsèquement faussé par son incomplétude, à savoir un vrai mal. Contre tout œcuménisme moderniste, elles ne sauraient être visitées par l'Esprit-Saint, puisque leur identité, leur différence spécifique qui les distingue de la Sainte Église, consiste dans un refus de l'Esprit-Saint. Aucune dialectique autre que sophistique ne saurait sauver le « *subsistit in* » de *Lumen Gentium*.

21-5-8 – Identité et différence, le mal et la négativité du bien : équivalence dialectique du judaïsme et du néo-paganisme

Nous profiterons du traitement présentement opéré du concept de négativité pour évoquer la nature dialectique du rapport entre paganisme et judaïsme : ils se convertissent logiquement, cependant qu'exclusifs l'un de l'autre, l'un dans l'autre par leur commun refus de la vérité chrétienne qui les consomme. Cette évocation est éminemment opportune pour qui aborde, afin de révéler leur essentielle complémentarité, les conflits accidentels entre fascisme et monarchie, dans la mesure où, pour simplifier, bon nombre des tenants du fascisme (en vérité du fascisme de gauche) revendiquent la paternité du paganisme contre un christianisme réduit par eux à un judaïsme occidentalisé, quand bon nombre des tenants de la monarchie catholique durcissent l'origine juive de leur religion pour justifier, à tort, la forme toujours plus ou moins théocratique (parce qu'anti-organique) de leur idéal politique. Une telle opposition, dans l'histoire des Droites, est aujourd'hui illustrée par les membres du GRECE d'une part, par les monarchistes français judéophiles d'autre part (tel par exemple le « marquis » de La Franquerie).

Pour le catholique, la vision juive du monde et de Dieu, qui les oppose comme le fini et l'Infini, l'immanence et la transcendance ou la nature et la surnature, qui désacralise le cosmos païen et introduit la conscience du péché par l'érection de la Loi, n'est qu'un moment de préparation, une phase pédagogique du plan divin, qui instaure le moment nécessaire de la différence absolue entre le créé et l'Incréé mais qui, comme expression de la différence, appelle de soi la réconciliation des extrêmes qu'elle sépare : l'absolutisation unilatérale de la différence, abstraitement fixée, rendrait ses extrêmes à ce point différents, à ce point étrangers l'un pour l'autre qu'ils deviendraient semblables et convertibles faute d'une communauté divisible à partir de laquelle pourrait être attestée, précisément, leur différence. Dans et par le judaïsme, moment sublime de la séparation, le paganisme s'achève, s'accomplit et se supprime, et le christianisme les assume tous deux en les niant souverainement pour les convertir à son identité concrète. Pour paraphraser Marx, nous dirons que le judaïsme est la peau de serpent de ce serpent d'airain qu'est le christianisme.

Le premier homme fut créé en état gratuit de grâce. La perte de la grâce et de la justice originelle, conséquence du péché qui blesse la nature, laisse en elle la nostalgie de son intégrité première et, par la vertu (favorisée par les lambeaux conservés de révélation primitive) de la réminiscence de son état premier, la conscience humaine se pressent naturellement et surnaturellement programmée pour rejoindre son Principe. Comme blessée dans son ordre naturel, la conscience est impuissante à tendre adéquatement vers Dieu par les forces natives à elle dévolues par le Créateur : elle se fait idolâtre. Comme purement naturelle, elle est impuissante à se guérir et, le fût-elle, elle serait incapable de satisfaire par elle-même au vœu, induit en elle par la grâce qu'elle a perdue, de participer à la Vie divine : elle sait qu'elle est l'auteur de son idole et que le Grand Inconnu est infiniment lointain. C'est pourquoi la conscience non chrétienne est cette conscience malheureuse dont les extrêmes dialectiques sont le judaïsme et le paganisme que la Croix et la Résurrection réconciliatrices du christianisme réunissent en les sublimant dans l'Église catholique.

Le paganisme est la thèse de l'immanence abstraite de l'Absolu, c'est-à-dire d'une immanence unilatérale ou exclusive de sa transcendance, et qui par là se convertit dialectiquement en son contraire, mais il s'agit alors de la transcendance d'une réalité contingente — la subjectivité humaine finie — illégitimement absolutisée et substituée au véritable Absolu. En effet, la subjectivité selon le néo-paganisme d'un Nietzsche ou de certains Renaissants (tel Giordano Bruno), enivrée d'immanence, se pose elle-même comme l'Absolu, puisque c'est par son décret qu'il n'y a que de l'immanence : l'univers divinisé devient le lieu en lequel la subjectivité déifiée, s'y célébrant, déverse toutes ses complaisances comme en son verbe. Une telle **pensée** de l'immanence est incapable de reconnaître en elle-même l'immanence intériorisée et sublimée de l'extériorité sensible qu'elle divinise et en laquelle elle se veut immergée. En vérité, l'homme est vérité du monde extérieur, il est en lui comme sa raison d'être, comme le sens est dans la matière des signes : il le transgresse en tant qu'esprit, en tant qu'il en assume tous les degrés. Manilius, contemporain de Tibère et du christianisme naissant, disait déjà : « *Quid mirum noscere mundum si possunt homines ? Quibus est et mundus in ipsis, exemplumque Dei quisque est sub imagine parva* » (*Astronomiques*, IV 895 : Quoi d'étonnant si les hommes peuvent connaître le monde ? Le monde est en eux et chacun est une illustration de Dieu sous la forme d'une petite image). Et c'est parce qu'il comprend le monde en lui-même comme superlativement assumé, c'est-à-dire le contient, que l'homme le peut comprendre en tant qu'il le pense. Remarquons d'une part que l'Absolu est l'identité concrète de l'être et du savoir : en tant qu'Absolu ou indépendant, il fait reposer, s'y anticipant, sur le savoir qu'il a de lui-même, l'être dont procède en retour son savoir même ; en cela il est raison de lui-même. Observons d'autre part que l'univers est tout extérieur à lui-même, ne se contient ou comprend aucunement, en tant qu'il est « *partes extra partes* » : il n'a pas, dans lui-même, la « *ratio* » (tout à la fois cause et intelligence) ultime de son unité, à ce titre avortée. Remarquons enfin que nulle créature pensante n'est raison de cette intériorisation ontologique de l'univers, qui la constitue comme esprit : il faudrait qu'elle préexistât à elle-même en tant que projet d'elle-même dissocié de son être, pour se faire advenir en tant qu'**être** pensant (ou intériorité) de la **pensée** de son être ; il faudrait qu'elle commençât par se faire exister comme monde pour s'en faire sourdre, s'étant aliénée en lui, en le niant. Et il est par trop évident que le monde est toujours pour nous déjà là. Dès lors, ni l'objet ni le sujet finis ne sont raisons suffisantes de leurs efficiences respectives, dans le moment où leur unité, réalisée intentionnellement en tout acte d'intellection (comme acte commun de l'intellect et de l'intelligible), révèle analogiquement (sur le mode opératif) la nécessité d'une certaine forme d'immanence de l'Absolu (lequel est entitativement cette unité) : telle est la leçon de la doctrine augustinienne de l'illumination, reprise et transformée par saint Thomas qui, sans bien sûr enseigner que Dieu penserait en nous, montre néanmoins que les vertus noétiques de l'intellect humain tiennent à ce qu'il est un intellect dérivé de l'intellect divin ; l'intellection de la créature pensante, en tant qu'identité opérative du sujet et de l'objet, imite au mieux cette identité divine de l'être et du savoir dont elle est l'image, et qui opère au plus intime d'elle-même comme Intellection créatrice.

Il en résulte qu'une pensée de l'immanence capable de se reconnaître comme l'intériorisation sublimante de l'extériorité, est nécessairement une pensée qui fait l'aveu de la transcendance de l'Absolu, et qu'en retour l'affirmation réfléchie de la transcendance de l'Absolu est le corollaire obligé de son immanence. Puis donc que le paganisme panthéiste, au vrai le néo-paganisme (car l'ancien, de Xénophane à Proclus, affirma toujours le Dieu caché et transcendant dont il n'osait espérer l'irruption dans l'histoire), nie la transcendance de l'Absolu, il doit nier son immanence, s'enfermer dans un univers contingent et sans raison, c'est-à-dire absurde, par là se cantonner dans le relativisme et professer le scepticisme. Mais le scepticisme qui refuse de sombrer dans la contradiction s'interdit de se proclamer tel : on ne saurait affirmer qu'on ne peut rien affirmer. Pour persister dans le plébiscite de l'immanence unilatérale de l'Absolu, le néo-païen doit donc, comme il l'a été dit, absolutiser sa propre subjectivité : d'englobant souverainement intelligible, et mesure de la subjectivité, qu'il était pour les Anciens, le cosmos devient chaos livré à l'arbitraire des consciences terroristes, des libertés s'y taillant une nature en l'interprétant et en le transformant.

Nous ne pouvons, avant de passer à l'évocation du judaïsme, mieux illustrer ce qui vient d'être écrit qu'en faisant nôtres les propos de Monsieur l'abbé Alain Lorans (revue *Vu de haut*, n° 1, Éd. Fideliter, 1981) : « La présente condition du genre humain <l'état infralapsaire> renvoie à cet "épisode" de la faute originelle ("vous serez comme des dieux", Gen. III) qui explique non seulement comment on peut être païen, mais pourquoi on veut l'être » (p. 8). « (...) le paganisme actuel ne semble pas tant anti-chrétien qu'anti-intellectualiste, irrationnel, voir passionnel » (p. 8). « C'est ainsi qu'ils opposent "le *mythos* au *logos*", "l'image au concept" (...) » (p. 8). Et l'abbé Lorans de rappeler la conception tout bonnement existentialiste de l'homme que propose Alain de Benoist : il convient d'« opposer l'autonomie de l'homme <vocabulaire et idées kantiennes> à sa dépendance » (*Comment peut-on être païen ?*, Albin Michel, p. 280). « (...) pour l'homme, s'instituer en tant qu'homme, c'est se doter d'une sur-nature (...) c'est surtout se donner la possibilité de se dépasser et de se transformer constamment soi-même, c'est-à-dire de faire en sorte que chaque "sur-nature" acquise ne soit qu'une étape vers une autre "sur-nature". Or, ce projet équivaut à faire de l'homme une manière de dieu — à le faire participer à la Divinité — perspective que la Bible représente comme une "abomination" ! L'affirmation monothéiste est ainsi, d'abord, une interdiction solennelle faite à l'homme de s'instituer véritablement comme tel, puis, lorsque l'homme a passé outre (épisode de la "faute originelle"), de faire pleinement usage de son autonomie en se dotant d'une surhumanité qui l'atteste comme cause de lui-même » (*ibid.* p. 71). On ne saurait plus clairement associer l'existentialisme, le subjectivisme et la figure satanique du premier contestataire. Mais ces considérations prétentieuses et peu originales (beaucoup moins talentueuses que celles de

Marx, de Nietzsche ou de Sartre dont elles ne sont qu'une resucée laborieuse) n'ont rien de grec, rien de romain, rien de païen puisqu'elles chassent, avec la raison grecque, l'ordre politique romain et l'harmonieux cosmos païen.[6]

Le judaïsme, qui naît du refus de reconnaître sa consommation sublimante dans la déchirure du Voile du Temple, laquelle le désigne en vérité comme simple préfiguration du christianisme qui en est le véritable fondement, est la thèse de la transcendance abstraite de l'Absolu, exclusive de l'immanence, posée sur le mode de l'immanence en tant que seulement représentée sans être pensée conceptuellement. Pour le judaïsme, l'Acte créateur, en tant qu'Acte du Créateur, n'est pas une catégorie de la pensée, n'appartient pas à l'ordre intelligible de la causalité, mais au registre symbolique de l'image ; il n'y a pas de sagesse proprement humaine, la Révélation dévore la philosophie. L'Absolu, qui reste tout extérieur, passe avec un peuple artificiel une convention synallagmatique, sans habiter son cœur et sa pensée rationnelle : Dieu de la Loi et non de l'Amour, « *Deus Sabaoth* » et non Dieu du renoncement à soi, Dieu qui ordonne sans s'offrir à la connaissance béatifiante, qui ne Se manifeste pas, qui se désigne apophatiquement contre le Tout-Autre, n'annonce que la promesse d'un royaume terrestre dont Il demeure absent, imparticipé, et non de la fruition céleste ; Dieu qui pour manifester Sa transcendance absolue laisse éclater l'arbitraire souverain de Sa Volonté toute-puissante qui semble comme déliée, dans l'Ancien Testament, de tout ordre humainement pensable, de toute logique nécessitante, de toute totalité cosmique englobante. Et il convient de noter qu'accueillir **rationnellement** l'idée du Dieu créateur et Sa promesse de rédemption, L'identifier par là comme la seule nourriture congrue au désir proprement infini d'intellection, c'est L'accueillir sur un mode **universel**. À peine

---

[6] Loin d'être une redécouverte des grandeurs du monde antique oblitérées par l'obscurantisme supposé de la « *media aetas* », la Renaissance, tant célébrée par les néo-païens, n'en est que la subversion. Les Renaissances carolingiennes et médiévales ne furent nullement, comme le sera la « grande », des répétitions de l'antiquité. Elles furent autant de sursomptions européennes (germanique et celtique) du génie gréco-latin, au rebours de la Renaissance qui fut en fait, imitative quant à la forme, une rupture avec lui quant au contenu. L'art des Anciens était religieux par essence, et l'immanence de sa représentation du divin se voulait désigner désespérément, en l'attente de l'Incarnation qu'il ne savait attendre, la transcendance du divin. La *Naissance de Vénus* de Botticelli, comme resplendissement d'une beauté toute charnelle, illustre au contraire une prédilection intentionnelle pour l'immanence en tant que telle, pour le profane contre le sacré. Le néo-paganisme de la Renaissance — en émancipant la raison de la foi (début du subjectivisme), en brisant l'unité de la Chrétienté (Réforme), en relativisant sous l'influence de la chute de Constantinople (reviviscence gnostique, c'est-à-dire anti-païenne parce qu'anti-cosmiste, avec Bessarion, Argyropoulos, Demetrius Chalcochondyle, Jean Lascaris, Gémisthe Pléthon...) et des grandes découvertes les valeurs de l'Occident — fut beaucoup plus une réaction **contre** l'assomption chrétienne du paganisme qu'un plébiscite du paganisme en tant que tel.

d'exclure les autres peuples du genre humain, c'est-à-dire des animaux **raisonnables** (ce qu'osa parfois le judaïsme en certains de ses propugnateurs kabbalistes), le Juif post-chrétien ne saurait confirmer l'exclusivité ethnique, c'est-à-dire **particulière** de son élection, qu'en excluant l'**universalité**, c'est-à-dire la **rationalité**, du message rédempteur dont il se veut dépositaire. C'est pourquoi la thèse de la transcendance abstraite ou unilatérale de l'Absolu, irrationnelle, est une thèse qui relève de l'entendement (au sens hégélien), c'est-à-dire de la représentation, de la connaissance **transcendantale** (au sens kantien) ou **immanente**. Et derechef, la conscience s'intronisant source de la transcendance de l'Absolu qu'elle proclame, la subjectivité est divinisée. Au reste, à vouloir définir Dieu seulement par ce qu'Il n'est pas, non comme l'être qui est autrement (car savoir qu'Il est être est encore Le rendre commensurable, fût-ce analogiquement, à l'intellect fini qui ne s'exerce que sous la raison de l'être), mais comme « l'autrement qu'être » (pour reprendre le mot affreux d'Emmanuel Lévinas), on en vient à l'exténuer ontologiquement, à professer l'athéisme, à Le réduire à la conscience qu'on en a. Comme le remarque Luc Ferry (*L'Homme-Dieu ou le sens de la vie*, Grasset, 1996), la transcendance, enfermée dans la subjectivité transcendantale qui constitue tout être et tout sens (Husserl) n'est donnée au vécu subjectif que comme son « aval » (p. 52) ; « l'humanité divinisée a pris la place du sujet <Dieu> absolu » (p. 245).

En refusant l'Incarnation, les Juifs refusent la Trinité mais, par là, refusant à l'Absolu d'assumer tout finitude en Lui-même, ils Lui refusent, au moins implicitement et selon la logique qui fut évoquée plus haut (§ 21-5-7), de S'opposer un monde contingent réellement distinct de Lui-même, c'est-à-dire d'être Créateur. D'où leur tendance kabbaliste à se poser en tant que peuple comme le corps réel de Dieu qui se réduit au fond à la simple idée dont ils se font idéalement provenir (ainsi en est-il aussi du Grand Architecte de la maçonnerie spéculative), à se définir comme la conscience de soi de Dieu dans l'Histoire. En tant qu'habités par cette prétention de réalisation collective de Dieu, en tant qu'ils se posent comme le Pli de l'Être, comme *Dasein* heideggérien dans lequel, seul, l'Être divin accéderait au savoir de lui-même comme Parole, ils sont tourmentés par le désir d'être Dieu, insupportables à eux-mêmes devant l'impossibilité d'une telle tâche. D'où leur empressement frénétique à nier tout ce qui les entoure, à détruire selon la logique du nihilisme tout ce qui n'est pas le néant en lequel seul leur subjectivité sans nature se pourrait reconnaître : traditions, peuples enracinés, cultures séculaires...[7] D'où encore leur sympathie pour le

[7] « Le Pen affirme qu'en tout temps et en tout lieu, le lobby juif s'efforce de miner l'esprit national, il faut, certes, admettre que ce n'est pas suffisamment vrai. (...) De même lorsqu'il prétend que le lobby immigré n'a de cesse de souiller nos racines, nous devons reconnaître qu'il prend encore nos désirs pour des réalités » (journal *Libération*, Michel Feher, 5 juin 1990).

marxisme et toutes les formes d'existentialisme. Ces doctrines expriment leur être, leur être de non-être.

Le lecteur n'aura aucune peine à s'apercevoir que le néo-paganisme et le judaïsme disent au fond la même chose, et que seul le catholicisme conserve le meilleur de l'immanentisme païen. Le paganisme intègre encore contenu dans le néo-paganisme mérite l'attention des catholiques, et sous ce rapport ces derniers feraient bien parfois d'être plus attentifs à certaines critiques pertinentes de la Nouvelle Droite. Mais les catholiques lucides, plus authentiquement païens que les néo-païens, trouvent un peu dérisoires les attaques à eux seuls réservées des censeurs brouillons, éclectiques et confus de la Nouvelle Droite dont certains membres, en paltoquets peu glorieux, sont nourris par le système qu'ils ne dénoncent que pour le renforcer, et sont singulièrement enclins à s'amuïr quand leurs frères ennemis leur font les gros yeux. Poppée, la capiteuse prosélyte qui ensorcelait Néron, n'avait pas son pareil pour promouvoir les intérêts de ses coreligionnaires israélites en faisant servir les troupes païennes au massacre des premiers chrétiens. Pour décréter la fausseté des prédictions de Jésus relativement à la destruction du Temple (Math. XXIV, 1-2 ; Mc XIII, 1-2 ; Lc XXI, 5-6), Julien l'Apostat se fit l'allié des Juifs en leur accordant la permission de le rebâtir. Depuis vingt siècles, ce sont les mêmes alliances objectives qui se nouent. Faut-il rappeler que c'est aux Juifs que Celse, tant célébré par les néo-païens, emprunte l'essentiel de son argumentaire théologique dirigé contre les chrétiens ?

Deuxième section : Les prétentions hégémoniques du fascisme

22 – La légitimité de la guerre selon saint Thomas d'Aquin

Le problème qu'il convient de se poser ici n'est pas de savoir si les puissances de l'Axe ont eu tort ou raison de contribuer au déclenchement de la guerre. Tout le monde au reste s'accorde aujourd'hui pour reconnaître que les véritables responsables de la Seconde Guerre mondiale sont les auteurs du Traité de Versailles[8]. Le problème philosophique qui se pose est de savoir si la nature même des doctrines que revendiquaient les forces de l'Axe était porteuse de guerres injustes. Le fascisme enveloppe-t-il structurellement une conception de

[8] Au reste, Staline ne fut nullement surpris par l'attaque allemande du 22 juin 1941 : il s'était lui-même préparé à une offensive contre l'Allemagne (cf. Philipp W. Fabry, *Die Sowjetunion und das Dritte Reich*, Stuttgart, 1971, Éd. Seewald). Depuis au moins la publication de l'ouvrage *Le Brise-glace* (1989) de Viktor Souvorov, ancien agent soviétique du Renseignement (GRU) passé à l'Ouest, Staline fit de Hitler le « brise-glace » dirigé contre l'Europe occidentale (d'où le Pacte germano-soviétique), tout en prenant toutes les dispositions pour envahir ensuite l'Europe entière et en particulier l'Allemagne. Apprenant en 1940 l'existence des préparatifs soviétiques en cours, Hitler décida de lancer l'opération préventive « Barbarossa ».

la guerre qui répugne aux principes généraux de la justice et de la morale ? Le deuxième problème philosophique qu'il nous appartient de traiter est de savoir si la conception de l'Europe, et le plan de sa réorganisation contenus dans le fascisme (pris au sens large), étaient conformes aux exigences des vocations naturelle et surnaturelle de l'Europe. Il faut se demander si, au moins, ils étaient susceptibles de les favoriser, compte tenu du fait que l'état de l'Europe avant la réaction fasciste procédait en grande partie des principes de 1789, et portait virtuellement le mondialisme maçonnico-marxiste qui consacre aujourd'hui la décadence probablement irrémédiable de l'Europe chrétienne, à vue d'homme. Ce qui nous invite a) à rappeler les principes thomistes de la guerre juste ; b) à montrer que ces principes, pour impeccables qu'ils soient, ne nous aident guère dans notre souci de compréhension des enjeux des conflits modernes et de la logique qui les anime ; c) à proposer une réflexion sur l'existence d'un sens de l'histoire des hommes, laquelle se confond avec l'histoire des guerres et plus généralement des rapports internationaux de domination. Il nous sera alors possible de nous demander si, du point de vue des intérêts bien compris du catholicisme — lesquels enveloppent nécessairement les conditions de l'ordre naturel — une victoire de l'Axe eût été, ou non, un moindre mal.

Dans la *Somme Théologique* (II^{a} II^{ae} q. 40, a. 1), saint Thomas expose les conditions de la guerre juste. Cette dernière doit être menée par l'autorité du prince par ordre duquel elle doit être faite. De plus, ceux qui sont attaqués doivent l'avoir mérité pour s'être rendus coupables de quelque injustice : la guerre juste est celle qui venge les injures et qui rétablit l'ordre. L'intention poursuivie par le prince doit être droite : la guerre doit viser la paix, s'exercer en vue de réprimer les méchants et de secourir les bons, ne doit être faite ni par ambition ni par cruauté. Le bien commun des belligérants, tant de ceux que l'on combat que de ceux qui déclarent la guerre, exige parfois qu'on se fasse l'instrument de la colère de Dieu.

Ces principes généraux, quoique justes, sont susceptibles de maintes interprétations. Qui est le prince légitime pour un auteur qui, tel saint Thomas, admet à bon droit le principe de la licéité du régicide en cas d'incompétence mortelle pour la communauté, ou de tyrannie ? Et que penser des entreprises coloniales qui tissent pourtant l'essentiel de l'histoire des hommes ? Les conditions matérielles de diffusion de l'unique et sainte religion qu'est la religion catholique romaine exigent un principe naturel de légitimation réellement distinct de leur vocation surnaturelle, puisque la surnature présuppose comme son sujet la nature que par là elle ne saurait violenter. Le bien commun de la multitude mondiale exige souvent qu'un peuple, installé sur un territoire gorgé de matières premières qu'il ne sait exploiter mais qui seraient éminemment utiles à tous, soit dessaisi de sa souveraineté pour qu'un peuple plus capable les mette en valeur pour le bien de tous. Le droit, qui relève de la justice particulière en tant qu'il est son objet, et qui régit la répartition des biens divisibles, est le discernement de l'ordre, expressif du bien commun, dans lequel sont réparties les choses entre les personnes. Il ne tombe pas du ciel, et nulle autorité politique mondiale qui transcenderait les pouvoirs existants n'est là pour distribuer territoires et richesses aux peuples divers qui occupent la terre. Il n'est pas question de contester la légitimité du pouvoir temporel indirect de l'Église sur les pouvoirs naturels, mais ce pouvoir est indirect, et le pape en tant que chef temporel ne jouit d'aucune lumière particulière qui le rendrait plus lucide qu'un prince laïc dans l'organisation temporelle du monde. De plus, puisque l'Incarnation et la fondation divine de l'Église sont gratuites comme la grâce elle-même, puisque la Chute est accidentelle qui seule compromit les capacités de la nature humaine à organiser politiquement le monde selon l'ordre, puisque la grâce suppose la nature qu'elle ne mène au-delà d'elle-même qu'en la confortant dans ses puissances propres par la guérison qu'elle opère en elle, c'est que nécessairement un ordre naturel, norme idéale de la nature même blessée, est en droit possible sans l'Église et doit trouver dans la nature humaine elle-même les principes de son avènement. Puis donc qu'il n'existe aucune autorité politique universelle qui transcenderait les pouvoirs existants, c'est qu'il appartient chaque fois à un peuple particulier entendu comme instance vicariante et selon la vocation impériale qu'en cette perspective il se reconnaît, d'exercer, à tort ou à raison — on ne le sait que par le résultat — cette fonction de tribunal coercitif qui ordonne les peuples au bien commun universel. Et une telle fonction s'exerce essentiellement par la guerre. Certes, la guerre est, de soi, l'effet du péché. Mais la puissance négative de destruction qu'elle met en œuvre révèle une négativité dont elle n'est que la maladie et qui, de soi, n'est par peccamineuse[9]. Sans le péché, une instance de combativité se fût manifestée dans la vie privée et publique des hommes, mais elle se fût exercée sur un mode non belliqueux.

---

[9] C'est ce que sut avec brio établir le grand juriste — catholique, hégélien et national-socialiste — Carl Schmitt : « *Souverän ist, wer über den Ausnahmezustand entscheidet* » ; est souverain celui qui décide de la situation exceptionnelle (ou situation d'exception). Tel est celui qui fait la loi, qui la peut suspendre ou même casser (Jean Bodin), attestant par là qu'il ne lui est pas soumis (il est question de la loi positive, non de la loi naturelle) et qu'il s'en émancipe quand la situation anormale l'exige. Or la situation d'exception maximale est la déclaration de guerre, parce que le peuple et la nation risquent leur existence en elle ; aussi n'y a-t-il souveraineté que s'il y a possibilité de guerre, c'est-à-dire possibilité d'ennemi, ce qu'exclut l'État mondial (qui n'a pas d'extérieur, réduisant ses ennemis intérieurs à des délinquants passibles d'opérations répressives de police). Or l'État garant du bien commun n'existe que s'il y a souveraineté. Donc il n'y a bien commun que s'il y a possibilité politique de guerre ; en l'occurrence, l'État n'est possible que s'il y a *des* États, et des États capables de désigner leurs ennemis. Il en résulte que *la paix a la forme d'une sublimation de la guerre* dont l'éventualité est requise, ne le fût-elle que pour être conjurée.

23 – L'idée catholique d'un sens de l'histoire

Note explicative :

- *eschatologique : relatif à la fin des temps.*
- *téléologique : relatif à la finalité.*

Ce qui peut être mis en évidence par les considérations qui suivent. Si la guerre juste venge les injures et rétablit l'ordre, faut-il penser qu'il n'est que le rétablissement du « *statu quo ante* », qu'il est à l'origine et non à la fin de l'histoire ?

Il faut bien comprendre qu'un ordre politique mondial, plus ou moins adéquatement défini par chacun des peuples qui s'en veulent les interprètes, se cherche depuis la nuit des temps ; que la pression idéelle de cet ordre, qui n'est autre que celle de la nature humaine en ses exigences immanentes d'actuation de ses virtualités, s'anticipe en eux — dans leurs rêves, leurs passions, leurs méditations, leurs cultures qui se fécondent réciproquement en s'affrontant — et s'éduit en droit, sinon en fait (car tout dépend de la pertinence de ces représentations de l'ordre que se forgent les acteurs de l'histoire), de ce fracas universel de rapports de force qui constitue l'histoire mondiale. La téléonomie, ou l'idée d'un sens de l'histoire non ablatif de la liberté des hommes mais se dévoilant à travers les actes libres, n'est pas une pétition idéaliste de principe, à moins de faire du thomisme — et de toute doctrine invoquant la causalité d'une nature humaine univoque comme principe d'explication du devenir et du comportement des hommes — une pétition idéaliste de principe. On est toujours tenté, pour mieux insister sur l'efficience du libre arbitre et conjurer la loi en effet illusoire d'un quelconque déterminisme, d'affirmer que la seule causalité dans l'histoire est la liberté des hommes. On pense alors que les directions prises par l'histoire sont autant de résultats contingents et sans finalité de l'entrechoquement des libertés conflictuelles par les buts subjectifs que chacun poursuit, au point qu'on ne pourrait pas parler de sens — aux deux sens du terme (intelligibilité et direction) — de l'histoire. En d'autres termes, les détracteurs, par louable antimarxisme, de l'idée d'un sens de l'histoire, considèrent que s'il y a des règles morales universelles à respecter, s'il y a même un savoir eschatologique réel fondé sur la Révélation, il n'y a pas dans l'ordre naturel de tendance (qui peut être et qui est de fait compromise par le péché) inscrite dans les hommes et les peuples à se conformer à la ligne paradigmatique d'une histoire idéale récapitulée dans une finalité politique universelle et ultime. Mais alors l'histoire, entendue comme discipline (« *die Historie* », par opposition à « *die Geschichte* ») n'est plus dans cette perspective qu'un compte rendu d'événements contingents, et n'est présentée comme explication du passé que par des relations de causalité non du tout découvertes à même la réalité historique mais introduites en elle par la subjectivité de chaque historien : il n'y a plus que des interprétations. Au mieux peut-on invoquer les causes secondes (d'ordre économique par exemple) et les intentions subjectives avouées par les acteurs de l'histoire (ou supposées en eux) retenus par la mémoire commune. Mais cette mémoire commune, nécessairement sélective, est par là déjà une interprétation : le fait historique est indissociable, s'il ne s'inscrit pas dans une succession intelligible objective d'événements sous-tendus par une raison finaliste (ce qu'exclut l'hypothèse), de la décision intellectuelle qui le choisit et en fait l'élabore. Telle est bien la position des historicistes, qui insistent sur le fait que l'« *Historie* » elle-même est un événement historique constitutif de la « *Geschichte* », immergé en elle et à ce titre incapable de se l'objectiver, et qu'une recherche de la vérité objective en histoire (et au fond dans tous les domaines) est dépourvue de signification. Mais un tel relativisme s'achoppe, comme nous l'avons déjà dit, à la difficulté de tout scepticisme : on affirme qu'on ne peut rien affirmer. Si l'on croit en revanche à la possibilité de saisir des relations objectives de causalité dans la réalité historique, force est d'admettre que la raison dans l'histoire ne se réduit pas aux mobiles et aux décisions subjectives des acteurs de l'histoire, mais consiste en la recherche d'une fin poursuivie par l'histoire elle-même, finalité qui s'anticipe, jusque pour s'y trahir ou s'y compromettre, dans les mobiles des acteurs de l'histoire. En fait si l'on admet — et il faut bien l'admettre, à peine de verser dans le scepticisme ou l'irrationalisme nietzschéen — que l'histoire est intelligible (non tant pour nous donner des leçons — qu'elle nous donne quand même en dépit des assertions fameuses de Hegel — que pour nous faire comprendre ce que nous sommes et ce que nous avons à être), il faut admettre qu'en droit elle poursuit un ordre, c'est-à-dire une **fin**, auquel elle se soustrait de fait parce que les libertés ponctuelles innombrables de ceux qui la font ne se conforment pas, par déviation peccamineuse, à l'« *intentio naturae* » de leur volonté. Voilà bien ce qu'a toujours compris l'Église : « L'empire mondial a toujours figuré dans le programme du Vatican et je dirais même que l'idée d'un tel empire est de formation ecclésiastique plutôt que laïque » (Thomas Molnar, revue *Catholica*, été 1998, n° 60, p. 104). Quelque équivoque que soit la notion d'empire mondial, tératologiquement illustrée aujourd'hui par le projet babélien de l'ONU, elle connote l'idée d'un ordre universel recherché dans l'histoire. Ce serait, pour juger moralement les guerres antérieures, une erreur que de se donner les situations du passé comme coupées de ce qui les précédait. Ce serait une abstraction que d'imaginer les peuples en excluant qu'ils aient été habités, au moins inconsciemment, par le souci de s'intégrer dans un ordre politique mondial, lequel n'a certes jamais existé et se cherche encore. Il serait irénique de penser que de tels peuples coexistaient plus ou moins pacifiquement, mais en état de repos et sans une inquiétude latente qui dépasse la conscience de la plupart des faiseurs de l'histoire, et que seules les erreurs et passions de tel ou tel gouvernant venaient à troubler cette paix. En vérité un ordre mondial s'est toujours cherché à travers les guerres, et le processus n'est pas achevé. L'état historique du monde n'est pas un état de paix, ou d'indifférence aux aspirations d'ordre planétaire et de consommation eschatologique de cet ordre, comme si chacun pouvait transgresser verticalement, par la prière et la philosophie (ou encore l'art et le mythe),

sans avoir à assumer la téléologie de la temporalité même, le cours supposé linéaire ou cyclique d'une histoire qui de soi se pourrait prolonger indéfiniment. L'état historique du monde est en vérité une condition humaine processuelle, à structure **circulaire** de retour temporel à l'Origine intemporelle, d'enfantement douloureux de l'ordre politique universel qui se médiatise dans les appétits et les passions, lesquels sont ainsi habités par une rationalité immanente. C'est seulement par la présupposition spéculative, avouée ou inavouée, de la fin naturelle ultime de l'histoire que poursuit le travail multiséculaire d'organisation (non exempt de déviations et de rechutes) de la multitude mondiale à travers les guerres, les colonisations, les actes diplomatiques et le commerce, que l'on peut comprendre l'histoire.

Si l'homme est bien cet animal raisonnable habité, naturellement et surnaturellement, par le désir de Dieu qui se consomme dans une béatitude située en dehors de l'histoire, il est, en tant qu'animal (réalité sensible assujettie à la génération et à la corruption), une personne temporelle et par là historique qui, en tant que raisonnable, poursuit une fin anhistorique et un Bien intemporel ou non mondain. Son histoire, ainsi circulaire, est nécessairement finie, au sens grec, c'est-à-dire vouée à la complétude et à l'achèvement, et la mesure de son mouvement, qui est le temps, est nécessairement finie. Elle ne s'infinitise, c'est-à-dire ne se défait, que si l'homme refuse la sublimation eschatologique de sa condition temporelle et s'embourbe dans la recherche ruineuse d'une entéléchie temporelle de l'histoire qui n'est qu'un état sempiternel (ainsi en est-il de toutes les hallucinations millénaristes) — préfiguration de sa condition infernale de refus de sa vocation spirituelle. C'est pourquoi tout acte de guerre, qui n'est certes jamais dispensé de respecter le droit des gens, est en fait et ultimement légitimé par sa puissance d'actualisation, dans les peuples qui forment la communauté mondiale, de la vraie fin de l'histoire en tant que fin, ou sursomption, de l'historicité et de la temporalité mêmes. Nous faisions observer plus haut (§ 22) que la puissance négative de destruction de la guerre révèle une négativité dont elle n'est que la maladie, en fait l'édulcoration, et qui de soi n'est pas peccamineuse. Rappelons que la négativité n'est qu'un mot pour dire la puissance motrice du but s'anticipant dans la cause efficiente chargée de le concrétiser. Cette puissance motrice est nécessairement **révolutionnaire** (elle est l'inquiétude ontologique de toute réalité vivante, tels les peuples, les États, les dynasties, les empires) en tant qu'elle trouble et décompose toute fixation dans le temps de ce qui ne se consomme qu'en dehors du temps. Et elle est nécessairement polémique en tant même que révolutionnaire. La négation réciproque, par les peuples en conflit, des fixations unilatérales abstraites qui résulteraient de leur coexistence pacifique et comme indifférente (c'est-à-dire de leur juxtaposition passive, exclusive d'une intégration — nouvelle naissance et donc refondation d'eux-mêmes par là intrinsèquement transformés — de chacun dans la totalité organique d'un ordre mondial à venir), en laquelle ils risquent toujours de s'embourber, est le **processus polémique naturel** de leur conversion à l'identité dont ils procèdent proleptiquement et en laquelle ils se subliment. La vraie paix, qui est repos de l'ordre selon le mot de saint Augustin, a la structure d'un drame résolu, et cela eût été vrai même sans le péché originel. La Chute explique le caractère sanglant des guerres, la démesure des passions qui se soustraient au magistère de la raison. Mais il ne faudrait pas, avec le refus moral des guerres injustes, rejeter le principe de résolution ultime des différends politiques par la guerre. Surtout, il ne faudrait pas rejeter, avec les déterminations peccamineuses associées à la guerre, la puissance de négativité qui arrache l'homme à sa condition temporelle. C'est à l'aune de cette puissance de négativité qu'il nous appartiendra de porter sur le phénomène fasciste, dans ses dispositions belliqueuses et ses prétentions hégémoniques, un jugement équitable.

24 – Matière nationale et forme politique

Note explicative :

• *intussusceptionner : de « intus » (dedans) et « suscipere » (recevoir) ; recevoir à l'intérieur de soi quelque chose que l'on identifie à soi pour croître, et que l'on puise à l'extérieur.*

Résumé :

La nation est à l'État comme la puissance à l'acte ou la matière à la forme. Le concept de nation et la réalité dont il exprime l'essence ne procèdent pas de la Révolution française qui s'en est emparée pour les pervertir.

Le reproche d'hégémonie belliciste imputé au fascisme est presque toujours lié à l'accusation d'exacerbation nationaliste. Nous ne tiendrons même pas compte des critiques d'inspiration libérale et démocratique. Nous tenons pour acquis que ces visions de la vie et du monde sont autant d'avatars du millénarisme qui fut dénoncé plus haut. Il nous paraît plus opportun d'envisager les critiques d'inspiration monarchiste qui discernent dans tout nationalisme un produit vénéneux des principes de la Révolution française. Puisque nous prévoyons de revenir sur le concept de nation dans son rapport avec l'État, nous n'en dirons ici que quelques mots.

Si l'antiquité s'est tout entière organisée politiquement à partir du fait des réalités nationales (fussent-elles progressivement intégrées à des empires), c'est par un lent processus que, depuis l'avènement du christianisme, l'organisation des multitudes a pris la forme politique, dans l'Occident chrétien, d'entités nationales. Même un observateur non éclairé par la lumière divine de la foi est à même, par sa simple raison, de découvrir que le christianisme, en son essence catholique et à ce titre pleinement chrétienne, a trouvé dans les catégories gréco-latines de la pensée rationnelle, c'est-à-dire universelle ou catholique, les instruments adéquats de formulation de ses dogmes.[10] Cette disposition native et cette rencontre ne sont pas le fait du hasard. Si le christianisme trouve en une certaine culture les éléments de son explicitation, c'est que cette culture constitue le cadre naturel de sa diffusion et par là réalise, dans l'ordre naturel, le terreau idéal et la disponibilité potentielle qu'en tant que vérité surnaturelle le christianisme contient superlativement et actuellement tout en le dépassant : pas d'accès à la grâce sans une nature pour la recevoir, pas de foi sans raison, pas de christianisme sans une culture pour l'exprimer ; le christianisme contient analytiquement l'ordre naturel comme le « *terminus a quo* » dont il se fait provenir en tant qu'il le pose comme son sujet et comme l'instrument de son explicitation, et le sublime. C'est ce que n'ont compris ni le judaïsme ni le protestantisme, lequel n'en est que l'hystérèse en climat chrétien dévoyé : les travaux de Luther doivent tout, dit-on, à l'exégèse de cet élève des Juifs que fut Nicolas de Lyra, dont il fut dit : « *Si Lyra non lyrasset, Luthurus non saltasset.* » Puis donc que le paganisme gréco-latin est la préparation naturelle du christianisme qui en retour l'intussusceptionne, la diffusion du christianisme requiert la réassomption exhaustive, par les sociétés chrétiennes, des valeurs intègres à elles léguées par le paganisme qu'elles avaient commencé par combattre pour le convertir, comme malgré lui, à la vérité surnaturelle dont il n'était que l'anticipation naturelle incapable d'aller jusqu'au bout d'elle-même dans son ordre naturel, et par là infidèle à son propre concept. Or la vie nationale est une valeur païenne intègre, comme il le sera bientôt établi. Donc ce façonnement historique **national** des sociétés chrétiennes était conforme aux intérêts du christianisme. Une telle appropriation eut lieu bien avant la Révolution française et au travers même de l'exercice féodal et dynastique du pouvoir, accouchant ainsi de peuples prenant conscience d'eux-mêmes par la promotion, en chacun, d'une certaine idée de l'homme, d'une culture, d'une sensibilité, d'un corpus de valeurs et d'un destin.

Montrons que ce façonnement, congru au développement du christianisme, est conforme aux exigences de la nature humaine. L'esprit d'un peuple, le « *Volksgeist* » des Germains — eux-mêmes promoteurs de l'organisation féodale de l'Occident après la chute de l'Empire romain — n'est nullement, de soi, l'exaltation unilatéralement immanentiste, exclusive de la vérité transcendante et révélée dont les rois se voulaient les lieutenants, de divinités païennes. Le « *Volksgeist* » n'est pas à l'origine une complaisance subjectiviste des peuples célébrant leur propre déification collective. Comme il l'a été montré plus haut (§ 21-5-8), la transcendance ne saurait être exclusive de l'immanence ; la recon-

[10] « L'occident doit sa culture naturelle à l'hellénisme, comme il doit sa culture spirituelle au christianisme. (...) C'est d'abord sur cette culture, dont l'hellénisme est la racine, qu'est venue se greffer la religion chrétienne » (Pie XII, dans un message du 21/04/1948, cité dans le journal *Rivarol* n° 2414 du 1/01/1999, p. 9).

naissance et le plébiscite de l'origine divine du pouvoir appelle, comme sa condition de possibilité, l'appétit immanent de s'y conformer et de le dévoiler. L'organisation politique, dynastique et/ou étatique, d'une multitude donnée, n'est pas une disposition à laquelle elle souscrirait indépendamment de la culture en laquelle communient ses membres. Et cela pour la simple raison que la culture englobe des valeurs normatives définitionnelles de la morale. Analyse des mœurs, c'est-à-dire de ce à partir de quoi l'on **naît** — et telle est la réalité nationale — à la vie consciente, raisonnable et vraiment humaine, analyse donc qui dégage inductivement le droit du fait qu'en retour il mesure et rectifie, c'est-à-dire qui y lit ou intellige la finalité d'une conduite conforme au vœu de la nature humaine, la morale ne tombe pas d'en haut, sinon par accident (le Décalogue n'est qu'accidentellement positif). Si la morale est formellement la condition de la pérennité des mœurs intègres, en retour la pérennité des mœurs est condition, comme la matière dont elle est extraite, de la définition des règles de la vie morale. Et de telles mœurs doivent demeurer vivantes pour alimenter la morale et plus généralement la culture qui en sont éduites. Or la morale est assumée par la politique comme le bien particulier l'est par le bien commun qui trouve son unité formelle, c'est-à-dire son être, dans l'État. **Par conséquent la vie nationale est la puissance de l'État, qui est son acte.** Le bien particulier est assumé par le bien commun parce que le bien, qui est pour chaque chose la cause finale à laquelle la fait incliner son essence, est d'autant meilleur qu'il est plus commun : comme cause finale, il est voulu ou aimé pour lui-même, il n'a pas hors de lui-même la raison de son appétibilité, de telle sorte qu'il est d'autant plus lui-même qu'il est susceptible d'être aimé par un plus grand nombre ; il est, en tant que commun (puisque « la communicabilité est de la raison même de sa perfection » : Charles de Koninck, *De la primauté du bien commun contre les personnalistes*, Laval, 1943, p. 8), le meilleur bien du particulier, et le bien particulier se révèle telle une individuation du bien commun[11].

Mais dire de la vie nationale qu'elle est à l'État comme la puissance est à l'acte, c'est dire qu'elle est la matière qu'il requiert pour s'incarner, et que par là il n'est pas de vie politique sans une vie nationale à elle proportionnée : **la**

[11] Si le bien particulier de chaque membre d'une équipe sportive est de gagner gloire personnelle et mérites divers liés à l'excellence de son jeu, ce bien particulier enveloppe aussi, comme fin en droit de ses autres aspects, la victoire de l'équipe qui est le bien du tout en tant que tout. Mais le bien du tout n'est pas sans le bien des parties, il n'en est pas entitativement distinct, autrement il serait un bien particularisé par elles, et ne serait plus un bien commun qui doit par là, en retour, envelopper à sa manière les biens particuliers qu'il assume. En tant qu'il est le meilleur de chaque bien particulier, ainsi intérieur à lui, cependant qu'il contient tous les biens particuliers, le bien commun est en eux comme leur raison, et il les assume comme la cause universelle contient superlativement ses effets, ou encore comme le but contient virtuellement (en tant qu'il la conditionne) la procédure de sa propre effectuation. C'est pourquoi, comme moment obligé du processus de concrétisation du bien commun, le bien particulier en est l'individuation tout à la fois procédant de lui et ordonnée à lui.

nation est principe d'individuation de l'État qui, sans elle, demeurerait à l'état idéel. Elle désire l'État comme la femelle désire le mâle, selon l'expression d'Aristote (*Physique*, I). Il ne faut pas dire, à ce sujet, que l'État est régi par la morale comme si elle était transcendante au politique. Et cette mise en garde n'est nullement une profession de foi machiavélienne. Il faut dire que l'État n'est mesuré par la morale qu'en tant qu'il se mesure en elle comme en la discipline qu'il se donne nécessairement pour tendre vers sa fin qui est le bien commun, lequel, raison du bien particulier, est nécessairement respectueux, s'il est fidèle à son concept, de ce dont il est la fin en tant qu'ordre synthétique des biens particuliers qu'à ce titre il présuppose. S'il n'est nullement contradictoire que plusieurs matières nationales puissent être actualisées par une seule forme (tel un État à vocation impériale), il est contradictoire qu'une même matière nationale puisse demeurer divisée à long terme en plusieurs États, ou actualisée par plusieurs formes. En effet, en tant que principe d'individuation de l'État, la nation est le principe matériel de sa réalisation concrète, ainsi de la concrétude de l'unité qu'en retour l'État lui confère dans et par sa ligne formelle. La forme donne l'unité à la matière (qui sans elle serait pure décomposition dispersive), mais la matière donne individualité à la forme, sans laquelle cette dernière n'exercerait pas sa fonction unifiante. Et il est logique, quoique paradoxal, que la matière donne l'individualité à ce dont elle reçoit l'unité. En effet, la matière tient de la forme sa puissance individuante mais, puisqu'il s'agit d'une puissance, elle est autre que la forme en tant qu'acte qui ainsi ne se confère individualité que par la matière qu'elle actue ; la forme fait exister en tant qu'elle l'actualise ce à raison de quoi elle existe comme concrète ou en tant qu'individuelle. Il n'est d'unité que **comme unification d'un divers** (on sait depuis le *Parménide* de Platon que si l'Un est exclusif de l'Autre il est **autre** que l'Autre et par là n'est pas vraiment un), et la matière, qui est **toute** forme en puissance, est par là ce principe de la diversité **que suppose l'unité** ; c'est pourquoi elle est immédiatement **principe de l'individualité de la forme** : en actuant la matière, la forme actue la diversité qu'elle ne réduit à son unité qu'en la présupposant, de telle sorte que ce principe d'unité qu'est la forme trouve dans la matière la vertu individuante qu'elle lui communique. La forme possède bien sûr ce qu'elle communique mais doit s'en déposséder dans son autre (la matière) pour le réassumer non plus comme forme mais comme substance. Dès là que l'État requiert la vie nationale comme son principe d'individuation, la nation, prise comme cet ensemble de mœurs homogènes qui unissent empiriquement les hommes, les disposent et les préforment à prendre conscience de leur communauté de destin, est puissance en peine de trouver en l'État le principe politique de son unité. Ainsi, à la fois la nation ne saurait-elle pour demeurer vivante être éclatée en plusieurs États, à la fois l'État exclut-il d'être réalisé sans vie nationale.

25 – Toute culture se veut universelle

De plus, la nation requiert cette unité pour se savoir vraiment culturelle, c'est-à-dire pour être en mesure de s'exercer conformément à sa prétention à l'universel : ce qui est universel est un, parce que ce qui n'a pas d'unité se résout en un conglomérat de particularités disjointes se limitant réciproquement. Et cette prétention doit être mise en évidence, qui explique pourquoi tout État est de soi hégémonique.

« Le propre de la culture, de toute culture, est de projeter des valeurs qui constituent autant d'idéaux à partir desquels une société peut se juger » (Claude Rousseau, *Les Illusions de l'Occident*, Albin Michel, 1981, p. 192). Mais, pour être normatives et exercer adéquatement leurs rôles de paradigmes, ces valeurs doivent en droit être transcendantes, être reconnues comme telles et, par voie de conséquence, être universelles. Si de telles valeurs ne valaient *a priori* que pour quelques-uns ou pour un seul (comme si un système de valeurs pouvait être construit et non dévoilé, comme s'il pouvait sans contradiction être choisi ou posé par la liberté alors qu'il est censé la mesurer et lui donner son sens), elles seraient elles-mêmes particulières en tant qu'appropriées à leur particularité, elles se confondraient tendanciellement avec ceux dont elles devraient être les modèles, et elles ne seraient plus normatives. Il n'est pas de valeur qui n'instaure une distance obligée entre l'être contingent ou imparfait et son devoir-être nécessaire et parfait. Pour les membres d'un peuple donné, leur culture exprime non seulement ce qu'ils doivent être en tant que peuple, mais encore ce qu'ils doivent être en tant qu'hommes, et s'ils reconnaissent ailleurs que chez eux des éléments de culture et de progrès, c'est encore pour les intégrer à leur propre culture qui, loin d'être relativisée par l'étranger, ne saisit en lui que le catalyseur instrumental destiné à lui permettre d'actualiser ses propres virtualités : chaque culture se veut l'expression réfléchie de la nature (humaine) tout entière, elle est par là une vision totalitaire du monde. Même un penseur contemporain aussi peu suspect de sympathies fascistes que Claude Lévi-Strauss en convient à sa manière tout en édulcorant pieusement la portée de ses observations de bon sens :

> « On ne saurait ranger sous la même rubrique, ou imputer automatiquement au même préjugé l'attitude d'individus ou de groupes que leur fidélité à certaines valeurs rend particulièrement ou totalement insensibles à d'autres valeurs. Il n'est nullement coupable de placer une manière de vivre ou de penser au-dessus de toutes les autres, et d'éprouver peu d'attirance envers tels ou tels dont le genre de vie, respectable en lui-même, s'éloigne par trop de celui auquel on est traditionnellement attaché. Cette incommunicabilité relative n'autorise certes pas à opprimer ou détruire les valeurs qu'on rejette ou leurs représentants, mais maintenue dans ces limites, elle n'a rien de révoltant. Elle peut même représenter le prix à payer pour que

les systèmes de valeurs de chaque famille spirituelle ou de chaque communauté se conservent et retrouvent dans leur propre fonds les ressources nécessaires à leur renouvellement » (*Le Regard éloigné*, Plon, 1983).

Mais si chaque système culturel comporte constitutivement une prétention à l'universel, les cultures sont nécessairement antagoniques. Le simple fait d'une pluralité de cultures les fait se particulariser réciproquement, se relativiser, au rebours de leur exigence d'absoluité et d'universalité qui les constitue comme cultures. Il en résulte que l'aveu, par une culture, de sa relativité et de sa contingence, coïncide avec le début de son déclin.

26 – Culture et relations belliqueuses

On peut certes contester historiquement que les cultures, universelles, soient antagoniques au point d'induire nécessairement des comportements sociaux hégémoniques et guerriers. Mais elles ne peuvent se soustraire, dussent-elles tenter d'en prévenir l'exacerbation, à cet antagonisme de fait qui les somme de vérifier « *in concreto* », par la conquête et par les armes, l'universalité effective qu'en tant que seulement intentionnelle elles n'affirmaient qu'hypothétiquement. Les sociétés ne peuvent vérifier autrement que par la diffusion universelle de la culture dont elles sont porteuses l'authenticité de la représentation qu'elles se font d'elles-mêmes en tant que vraiment humaines. En existât-il une qui en fût capable et sans solliciter la reconnaissance (forcée ou non) des autres communautés (ce qui est en droit possible dans tous les domaines culturels qui traitent des choses nécessaires, comme les sciences exactes et d'abord comme la métaphysique), ce sont les autres sociétés — toutes celles qui ne jouissent pas de la sagesse grecque (le lecteur aura compris que nous nous plaçons pour le moment exclusivement sur le plan naturel) — qui souscrivent contre elle à la logique pragmatique de cette mise à l'épreuve de leur universalité seulement supposée. De plus, « *bonum est faciendum* » : le bien est à faire, il appelle de lui-même sa propre diffusibilité, il exige de ceux qui en jouissent d'être communiqué par eux ; il exclut d'être possédé par un seul comme si ce dernier en était la fin (c'est alors que le bien n'aurait plus raison de cause finale), puisqu'au contraire le meilleur bien est un bien commun auquel on tend non comme le rapportant à soi mais comme s'y rapportant. On voit par là que toute culture, et avec elle toute nation et tout État (chacun présupposant l'autre), est nécessairement, de gré ou de force, hégémonique. Le seul tort du fascisme est de l'avoir déclaré clairement avec plus de naïveté que les impérialismes capétien, russe, communiste, maçonnique, jacobin, juif ou libéral anglo-américain. **C'est pourquoi le fascisme n'enveloppe pas, ou pas plus qu'une autre vision du monde et de la vie, une conception de la guerre qui répugnerait aux principes généraux de la justice et de la morale.** Nous pensons avoir achevé de traiter le premier problème évoqué au § 22. Il nous reste à aborder le second : la conception de l'Europe Nouvelle développée par la doctrine fasciste était-elle conforme (ou les eût-elle objectivement favorisées en cas de victoire) aux exigences des vocations naturelle et surnaturelle de l'Europe ?

27 – L'apaisement religieux des conflits culturels

La prétention hégémonique constitutive de toute culture induit une relation virtuellement polémique à l'égard des autres communautés, qui ne prend pas nécessairement la forme d'une guerre militaire mais qui, quand la chose se produit, doit toujours pour le catholique être régie par les principes généraux de la guerre juste définis par saint Thomas d'Aquin. Cela dit, ces principes généraux sont susceptibles, « *in concreto* », d'adaptations jurisprudentielles si extensibles qu'il n'est d'autre critère, pour apprécier le bien-fondé d'une entreprise guerrière, que la valeur de son résultat et la supputation raisonnable des chances de l'obtenir : une entreprise coloniale peut être menée par ambition, par orgueil ou par convoitise, et servir objectivement le bien commun universel. Les historiens savent que les exemples abondent. La valeur du résultat est, pour le catholique, mesurée à l'aune de la capacité des sociétés dominées à approprier leurs cultures, déployant ainsi leurs richesses naturelles virtuelles (puisque la grâce perfectionne la nature) aux exigences de la vérité catholique qui en droit les couronne. C'est ce que nous voudrions établir dans les lignes qui suivent. La chose faite, nous montrerons dans quelle mesure le fascisme, tout particulièrement en sa version allemande national-socialiste, eût pu objectivement y contribuer.

27-1 – Conditions formelles

L'unique manière, en effet, de conserver les différences culturelles génératrices de richesse spirituelle, de complémentarité et de communication entre les hommes, tout en conjurant les effets polémiques attachés aux prétentions inévitablement universelles de ces différences, est que tous les peuples pensent et développent leurs spécificités particulières comme autant de particularisations d'un même universel, d'un idéal à la fois transcendant (pour ne se réduire à aucune) et immanent (pour être investi en chacune) qui dans un même acte fonde les différences et les rassemble en les convertissant à son unité. Un tel universel culturel est nécessairement possible, même s'il est vain de tenter *a priori* de le désigner dans l'histoire ou de se le figurer par anticipation autrement que de manière formelle, puisque la culture est par définition l'extra-position de la nature spirituelle de l'homme, laquelle est existante et univoque. Il en est d'un tel universel comme de la « *philosophia perennis* » qu'évoquait Leibniz, laquelle, bien que n'existant nulle part « *in concreto* », inspire en tant qu'idéal toute vraie philosophie.

27-2 – Développement

Il faudrait donc que chaque culture en vînt, à partir de son originalité déjà constituée, à extérioriser, du sein même de sa particularité, l'universalité réfléchie (à savoir sur un mode culturel) de la nature humaine (c'est-à-dire raisonnable) qui l'inspire, et que toutes les cultures allant jusqu'au bout d'elles-mêmes communiassent dans cet universel enfin extra-posé : parce que ce qui est premier en intention est ultime en exécution, cet universel ne serait le résultat opératif de l'auto-développement exhaustif des cultures qu'en tant qu'il serait reconnu comme leur fondement ontologique. Il faudrait ainsi que chacun des groupes culturels s'étant donné la forme politique de la souveraineté, ayant vocation à se la donner ou la revendiquant (à tort ou à raison), c'est-à-dire toutes les nations, parvînt à une intellection de la nature humaine qui fût le dévoilement, dans la nature humaine, de son pouvoir de susciter des cultures, c'est-à-dire de s'actualiser, en tant que nature spirituelle, dans les cultures qui l'explicitent. Telle serait la fin de l'Histoire qui supprimerait les tensions interculturelles non en s'y soustrayant mais en les maximisant. Et l'on est en droit de penser qu'un tel accomplissement des cultures, qui coïnciderait avec la civilisation, est impossible naturellement dans l'Histoire, sinon dans une Fin de l'histoire qui serait en même temps la Fin des Temps. En effet, déclarer d'un tel universel qu'il **convertit** à lui-même les différences qu'il **pose**, c'est en appeler à deux exigences.

27-3 – Première exigence

La première exigence consiste à reconnaître que les hommes, pris comme singularités agissantes, ne sont pas l'origine radicale des différentes cultures en lesquelles ils tentent de se reconnaître, laquelle Origine est bien plutôt, par leur nature raisonnable qu'ils ne se donnent pas et qui fait de chacun une « *imago Dei* », l'Auteur de leur nature dont ces cultures se veulent l'expression réfléchie (il est question des cultures dans ce qu'elles ont de conforme à la nature raisonnable et intègre de l'homme : de fait, aucune culture n'est depuis Adam naturellement exempte de caractères peccamineux). Sous ce rapport, un tel universel **pose** les différences. Or s'il est au pouvoir de l'intellect fini d'induire, ou de dégager les essences à partir de la réalité sensible, il n'est pas en son pouvoir, parce qu'il n'est pas divin, de saisir l'essence ou l'universel de telle sorte qu'il dévoile le secret du processus par lequel l'universel pose ou fait exister la réalité (particulière). Si nous savons induire, ou remonter du réel à l'idée, nous ne savons pas déduire la réalité de l'idée ainsi produite par nous (en devenant intentionnellement la réalité, l'intellect ainsi informé s'exprime à lui-même ce qu'il est devenu dans une réaction immanente productrice d'un verbe ou idée) : le statut noétique de l'idée, qui est celui d'un universel abstrait ou de prédication, désigne ou signifie — « signi-fie » ou « fait signe », sans « faire réalité », précisément — sans le produire, l'universel de causalité qui est l'essence en tant que cause à l'œuvre dans le réel. C'est parce que le monde existe qu'il est possible d'en dégager les essences dont il est pétri, ou de les connaître dans des idées. C'est parce que l'Idée divine est Pensée créatrice que le monde existe. Ainsi, c'est seulement dans la saisie, impossible ici-bas et par l'homme seul, de l'universel selon son mode divin d'exister, qu'est susceptible d'être dévoilé le développement idéal et complet du contenu spirituel — que les cultures explicitent inchoativement — de la nature humaine. En d'autres termes, c'est si et seulement si l'homme pouvait se reconnaître, dès ici-bas, en Dieu ou dans sa Cause, c'est-à-dire « *a tergo* », qu'il pourrait saisir le secret du processus à raison duquel la nature humaine est génératrice des cultures. L'esprit humain se connaît à travers les cultures, se reconnaît en elles, se découvre réflexivement dans ce dont il est l'auteur : « *operari sequitur esse* » ; la nature se connaît dans et par ses actes, elle n'a pas une connaissance préalable d'elle-même, *a priori*, qui serait antérieure à ses actes ; il faudrait qu'elle fût sa propre opération pour le faire, qu'elle fût divine, puisque la connaissance est elle-même un acte. Ce caractère de notre condition humaine qui souligne notre finitude en même temps que notre ouverture à l'infini est bien exprimé par Oswald Spengler : « Nous ne sommes pas des hommes "en soi". Cela appartient à une idéologie dépassée <en fait, elle ne l'est nullement ; elle triomphe au contraire aujourd'hui, effroyablement>. Le cosmopolitisme est un mot misérable et creux. Nous appartenons à un siècle, à une nation, à une culture, à un type. (...) Platon était athénien, César romain, Goethe allemand : il fallait qu'ils fussent cela, d'abord et totalement, pour pouvoir exercer l'influence universelle que l'on sait » (*Prussianité et socialisme*, chapitre XX).[12] Prétendre accéder à l'universel sans la médiation du particulier contingent en lequel, en tant que raison d'être, il consent à s'anticiper créaturellement, c'est au fond, implicitement, se mettre à la place de Dieu.

---

[12] Un homme politique français déclarait naguère dans le même esprit :
« La victoire de Franco ne fut possible que par le rassemblement unitaire de toutes les forces nationales d'Espagne. C'est là un exemple qu'il faut suivre pour assurer le succès de ces mêmes forces de l'Europe de demain dont le sort ne doit plus dépendre de la décision des deux grandes puissances, américaine et soviétique. Il faut que cesse la domination des idéologies internationalistes, communisme, socialisme ou libéralisme capitaliste, et que se fasse entendre enfin la voie nationale, grâce aux droites européennes. Nos adversaires pensaient que les idées nationalistes nous interdisaient de nous entendre. C'est ignorer qu'être national, ce n'est pas seulement être patriote, mais se rattacher aux valeurs communes de l'ordre national : patrie, amour de la famille, et aux valeurs qui prennent leur source dans le ciel. Cela, c'est l'héritage commun que toutes les nations d'Europe ont entre elles, une Europe qui, siècle après siècle, a écrit les pages les plus illustres de l'histoire de l'humanité (...). Être européen, ce n'est pas être contre les patries ; plus on est bon Espagnol, bon Italien ou bon Français, plus on est bon Européen » (Jean-Marie Le Pen, 2/04/1989, à l'occasion du *Troisième Congrès du Frente Nacional de Blas Piñar*, célébrant l'anniversaire de la victoire du général Franco du 30/03/1939).

27-4 – Deuxième exigence

La deuxième exigence consiste à admettre que les hommes se rapportent à un tel idéal comme à leur fin ultime ; en ce sens, il **convertit** à lui-même les différences qu'il pose. En effet, la fin ultime de l'homme, nommée bonheur, consiste dans la possession d'un bien qui actualise toutes les puissances de désirer, ou plus exactement qui comble l'appétit principiel et proprement humain, c'est-à-dire rationnel, dont les appétits innombrables sont autant de dérivations instrumentales. Si tout désir est manque, privation de ce dont nous avons besoin pour être pleinement nous-mêmes ou parfaitement adéquats à notre essence ou nature, si tout désir atteste ainsi en chacun un manque foncier de lui-même, si tout désir particulier révèle ainsi une aliénation (statut de ce qui est originairement étranger à soi-même) qui invite le sujet désirant à tendre vers lui-même en tant qu'autre (c'est-à-dire vers son essence), tout désir naturel en retour procède de notre essence : nous sommes maîtres de l'acte d'y souscrire ou non, mais non libres d'être ou non habités par lui. Ainsi, nous faisant tendre vers ce dont il procède, le désir en nous n'est notre désir qu'en tant que désir de soi-même de notre essence en nous, de telle sorte que, loin de rapporter à nous-mêmes notre essence, nous sommes rapportés et référés par lui à notre essence : l'essence est, comme leur cause finale, raison de l'existence et de la liberté. De plus, si l'essence humaine est bien désignée par le déterminant de notre différence spécifique, à savoir notre raison, le désir d'être nous-mêmes ou adéquats à notre essence se révèle comme un désir d'être notre connaître (à tout le moins de les faire coïncider), et ce désir prend en l'homme la forme du désir de connaître son être. Le « connais-toi toi-même » de Socrate ne dit pas autre chose. Mais c'est dans la culture, comme il l'a été montré plus haut, que s'accomplit, dans le moment mondain de l'expérience humaine, ce processus de connaissance de soi. Par là, la fin ultime de l'homme, en la forme temporelle du mouvement qui fait y tendre, consiste à déployer l'exhaustivité des virtualités de la nature humaine sur le mode d'un processus d'actualisation parfaite du **désir de se connaître en Dieu** puisque, comme il l'a aussi été établi, c'est en Dieu Seul que subsiste la nature humaine (comme la raison de toute chose) sur un mode si parfait que se découvre en elle le secret de la position en et par elle-même de la puissance de ce savoir. Par conséquent l'universel capable de convertir à lui-même les différences qu'il pose n'est pas moins que l'Idée divine de l'homme, ou Dieu même dans la connaissance intemporelle qu'Il a de Lui-même en tant que participable par l'homme créé. Remarquons d'autre part que cette vertu d'identification à soi de la différence qu'elle rédime, est le fait d'une Essence intégratrice de toutes les essences (dont chacune participe ainsi ladite vertu à sa mesure) et dotée de la structure trinitaire que la Révélation nous enseigne de Dieu.

27-5 – Bilans

Ayant ainsi reconnu dans cette double exigence (conversion à soi de la différence posée) l'affirmation catholique du Dieu Trinitaire, identité de l'identité et de la différence réalisée de toute éternité avant la création du monde et d'un esprit fini, à ce titre capable d'opérer *ad extra* selon ce qu'Il est *ad intra*, il est permis d'en déduire plusieurs bilans.

Tout d'abord, de ce que le Dieu Trinitaire n'est connu et connaissable, comme unité tri-**personnelle**, que par révélation, il n'y a possibilité d'apaiser **dans l'histoire** les tensions constitutives de toute culture que par la Révélation et dans l'Église. Même sans déviation peccamineuse, l'aspiration naturelle à l'unité du genre humain ne se fût consommée de manière complète, dans l'état de pure nature, qu'à la fin de l'histoire. Cette même aspiration naturelle à l'unité ne peut, si elle est temporelle ou mondaine, être satisfaite que par la surnature et sous forme ecclésiale, mais non politique. Puisqu'il n'y a, en effet, possibilité de véritable paix mondaine entre les hommes que s'ils reconnaissent le **même** Dieu (c'est-à-dire se réfèrent à la même **Révélation)**, Principe et fin de leur existence, seule une Communion des Saints, dont l'Église militante est la préfiguration et comme l'immanence historique, peut intégrer en les sublimant les différences naturelles dans l'unité de son Corps mystique : Dieu est hors du temps et hors de l'histoire puisqu'Il en est le Principe.

D'autre part, et par voie de conséquence, vouloir **dans** l'Histoire la réalisation exclusivement **politique** et laïque (et non ecclésiale) d'un tel idéal d'unité, n'est logiquement possible que si les hommes se reconnaissent orgueilleusement les inventeurs, les créateurs de cet idéal, c'est-à-dire les créateurs d'eux-mêmes puisque son fondement n'est autre que l'essence humaine dans sa manière originaire et divine de subsister en Dieu comme Idée créatrice. Dans cette perspective, les hommes se posent comme la conscience de soi du divin se réalisant dans l'Histoire. Et tel est l'homme-dieu du babélisme contemporain, qu'il soit marxiste ou libéral-maçonnique, prévu par l'auteur millénariste du *Traité de la paix perpétuelle* (Kant était très proche de la maçonnerie) et plus généralement par tous les rêveurs en peine de faire subsumer les États par une instance juridique internationale. Tel est l'homme des Droits de l'Homme, inversion satanique du Dieu-Homme fondateur de l'Église universelle, ou catholique. Entendre promouvoir une Fin de l'Histoire qui serait elle-même historique (Francis Fukuyama l'a encore évoquée récemment), déployant ses promesses de bonheur absolu dans l'élément de la temporalité, c'est au fond faire profession d'athéisme, c'est par là supprimer le Fondement ontologique premier des valeurs spirituelles, c'est réunir ainsi les hommes — derrière le paravent fallacieux d'une spiritualité laïque — dans le culte des valeurs matérielles. C'est promouvoir la paix entre les hommes au prix de l'humanité en chaque homme. Leconte de Lisle l'avait bien pressenti :

« Ces nobles récits qui se déroulaient à travers la vie d'un peuple, qui exprimaient son génie, sa destinée humaine et son idéal religieux, n'ont plus eu de raison d'être du jour où les races ont perdu toute existence propre, tout caractère spécial. Que sera-ce donc si elles en arrivent à ne plus former qu'une seule famille, comme se l'imagine partiellement la démocratie, qu'une seule agglomération parlant une langue identique, ayant des intérêts sociaux et politiques solidaires, et ne se préoccupant que de les sauvegarder ? » (Préface des *Poèmes et poésies*, 1855).

Et Nietzsche lui-même rendait involontairement hommage à la pensée catholique en déclarant : « La guerre de religion a été jusqu'ici le plus grand progrès de la masse : car elle prouve que la masse a commencé à traiter les idées avec respect » (*Le Gai Savoir*, § 144). Mieux vaut en effet un risque de violence perpétuelle, mais respectueux des aspirations proprement humaines, plutôt qu'une paix réduite à la vie digestive d'animaux engraissés. On remarquera que, là encore, la paix chrétienne ne dépasse l'impérialisme des nations païennes qu'en l'assumant, et que le néo-paganisme, en sa version cette fois démocratique et jacobine, n'est que l'édulcoration de l'instance polémique inhérente à cet esprit impérialiste.

27-6 – Rationalité de l'idée impériale

Fussent-ils tous devenus catholiques, les peuples de la terre ne pourraient parvenir, dans l'ordre politique et dans l'attente de la Parousie, qu'à une organisation étatique mondiale instable parce qu'historique, temporelle et, à ce titre, grevée de contingence. L'ordre politique lui-même ne consomme ses vœux de paix qu'en s'accomplissant dans la sphère religieuse qui, le sublimant, le supprime dans son propre élément ecclésial tout en le laissant subsister (parce que la surnature ne supprime pas la nature mais la requiert), mais nécessairement inachevé, en dehors d'elle.

S'il est dans l'ordre que les nations soient en compétition dans la mesure où chacune se veut l'incarnation de la civilisation, l'unique origine idéelle des cultures rivales, qui les inspire, est la nature humaine qui, cherchant en elles son expression réfléchie la plus adéquate, n'est le moteur de leurs dissensions que parce qu'elle vise en elles un effet de négations réciproques destiné à en faire surgir l'universel culturel qui les intègre et les conserve en les niant, c'est-à-dire qui les sursume. Il est ainsi dans l'ordre que s'éduise de leurs conflits un ordre supranational qui, parce que sa consommation supposerait que les cultures allassent puiser dans la Nature divine Elle-même l'énergie du développement exhaustif qui convertit les particularités exclusives en autant de particularisations complémentaires d'un même universel, ne peut être qu'ecclésial. Mais il n'est, sans Révélation ou libre intromission de Dieu dans l'Histoire, aucune culture qui soit capable de puiser à la Nature divine. Par conséquent aucune culture n'est en mesure de s'achever, aux deux sens du mot, par elle-même. Cela dit, livrées à leur seule dimension naturelle, les cultures sont travaillées par le vœu impossible de se sursumer dans l'Histoire. Il en résulte en elles la possibilité, **que n'abolit pas l'intervention de la Surnature**, de tendre asymptotiquement à ce substitut de sursomption qu'est une intégration subsumante des nations dans un ordre supranational politique, assumé par une nation à vocation impériale. Ce substitut de sursomption, en contexte chrétien, est l'effet obligé du processus d'appropriation de chaque culture païenne à la Vérité révélée qui la couronne.

On peut ainsi penser que si tous les peuples de la terre étaient rassemblés dans le giron de l'Église, il n'y aurait plus de ces guerres en lesquelles les nations risquent leur existence, plus d'États souverains en forme de Léviathans hostiles, mais un seul empire mondial intégrant des nations dans une structure politique en attente de sa sublimation eschatologique en forme de communion des saints. Et un tel empire, nécessairement constitué de manière inchoative, annoncerait l'imminence de la Fin des Temps. Sur le plan politique, l'histoire peut au mieux préfigurer, de manière asymptotique, la consommation de l'unité ecclésiale (il s'agit cette fois de l'Église triomphante) du genre humain.

Telle serait la vocation d'un Saint-Empire romain germanique respectueux (ce qu'il ne fut pas toujours) tant de l'intégrité des nations plébiscitant sa souveraineté que de la souveraineté politique indirecte de l'Église sur son propre pouvoir direct.

« Aux visées de l'hégémonisme impérial — du Xᵉ au XVIᵉ siècle — répondirent l'Église et les royaumes depuis la France jusqu'à la Hongrie (...) » nous rappelle Thomas Molnar (*L'Europe entre parenthèses*, Table Ronde, 1990, p. 78). Il ajoute : « Pourquoi donc sacrifier précisément le facteur-nation qui résiste aux divers gigantismes — dont l'un serait l'Europe unie ? » (*ibid.*). Il est vrai que Molnar vise là l'Europe du traité de Maastricht, libéralo-socialiste, économiste, qui n'est qu'un pas vers le gouvernement mondial babélien et athée dénoncé ici plus haut. Mais il faut se demander si l'ordre naturel n'appelle pas de lui-même une unité politique transcendant les nations sans les supprimer. Que cette aspiration conflictuelle à l'unité ne se consomme absolument qu'au-delà du politique (dans l'Église et ultimement hors du temps) ne la laisse pas d'être exercée, historiquement, dans l'élément du politique, et d'être naturellement enracinée en lui. L'appropriation des cultures naturelles et nationales à la vérité surnaturelle ne laisse pas ces cultures de demeurer conflictuelles, nonobstant leur possibilité de se référer à un même universel dont elles peuvent s'interpréter comme autant de particularisations devenues par lui des particularités non conflictuelles. En effet, cette appropriation de la nature à la surnature n'est elle-même pas capable de se consommer exhaustivement dans l'histoire, par suite de l'incommensurabilité entre nature et surnature. L'institution divine de l'Église par le Christ n'est pas la manifestation dans le monde du Dieu offert « *facie ad faciem* » dans la Vision béatifique. L'appropriation, sous l'injonction de la surnature, de la nature à la surnature, ne se consomme dans la Vision que par la substitution, au verbe de la connaissance naturelle (la « *species expressa* » des Scolastiques), du Verbe de la connaissance que Dieu a éternellement de Lui-même : « *Ad hoc igitur quod ipse Deus per essentiam cognoscatur, oportet quod ipse Deus fiat forma intellectus ipsum cognoscentis et coniungatur ei non ad unam naturam constituendam, sed sicut species intelligibilis intelligente* » (saint Thomas d'Aquin, *Compendium* c. 105 : pour que Dieu soit connu par essence, il faut que Dieu devienne forme de l'intellect qui Le connaît, et qu'Il lui soit uni non pour constituer une seule nature mais comme l'espèce intelligible est unie à celui qui connaît). Par conséquent cette appropriation du savoir naturel (par opposition à la surnature) culturel (que les peuples formulent relativement à la nature humaine et à travers elle relativement à Dieu) à la Vérité surnaturelle (de la foi) ne se consomme elle-même qu'hors de l'Histoire et, parce que tout peuple est tenté de se faire parfois inconsidérément le champion de la religion catholique qu'il sert, force est de convoquer l'instance d'un régulateur politique pour prévenir des conflits nationaux entre États catholiques.

Si l'instance polémique définitionnelle de toute culture naturelle ne pouvait, en droit, selon un processus asymptotique, naturellement s'apaiser — nous ne disons pas « se supprimer » — sans la médiation politique directe (perspective théocratique) de l'Église, dans une forme politique temporelle (tel l'Empire) capable de fédérer les nations chrétiennes en les hiérarchisant, alors il faudrait ou bien dire que la guerre **inflationniste** (violence d'autant plus radicale qu'est plus élevé le degré de conscience de soi des nations) est l'état naturel de l'homme jusqu'à la fin des temps, ou bien compromettre la gratuité de la grâce en convoquant l'Église et la nécessité de l'Incarnation pour lever les contradictions de la vie naturelle elle-même. Il faudrait insulter Dieu soit en dénigrant Sa création, soit en professant le modernisme. Une forme politique existe donc, qu'une Histoire vécue par des acteurs catholiques vertueux eût pu dégager en s'y soumettant, qui a pour office d'entériner en même temps que de diriger ce processus d'apaisement des conflits entre nations catholiques, et nous en discernons le projet, aujourd'hui rejeté par le mondialisme qui le caricature, dans ce que fut le Saint-Empire romain germanique anticipé dans l'œuvre de Charlemagne et de Clovis, matrice de toutes les monarchies d'Europe.

Une forme, au sens aristotélicien, ne se réalise exhaustivement, ou n'actualise absolument les virtualités dont elle est riche, qu'en excédant ou transgressant la matière dont elle est éduite. En effet, une telle matière ne lui confère réalité substantielle ou existence individuelle qu'en l'individuant, c'est-à-dire en la limitant. La forme ne se concrétise dans un sujet matériel que selon une manière particulière de se réaliser en lui, et ne subsiste comme universelle qu'en s'émancipant de la matière, comme idée. D'autre part dans l'ordre politique, une formalité nationale, c'est-à-dire une manière ethno-culturelle d'être homme, plus adéquatement expressive que d'autres de ce que l'homme a pour vocation d'être afin de manifester pleinement son humanité, peut prétendre au statut de moteur de sursomption de toutes les autres cultures en les inspirant par la part d'universalité qu'elle comporte. Elle ne saurait les intégrer à elle au point de les faire disparaître sans se supprimer elle-même, parce qu'elle doit demeurer particulière pour subsister et par là pour remplir son office de principe d'actualisation des autres cultures. Si sa causalité sur les autres la somme de s'investir en elles au point de ne rien garder (ainsi les aurait-elles intégrées à elle) par-devers elle qui la contre-divise aux autres, elle perd l'autonomie qu'exige sa fonction motrice. Elle peut néanmoins prétendre, sans les sublimer au point de les supprimer, au statut de vecteur sursumant des autres cultures. Mais cette puissance même limitée de sublimation ou de fécondation des autres cultures l'habilite à nourrir des prétentions hégémoniques, puisque la culture n'est pas sans une vie nationale elle-même en puissance à l'organisation de l'État. Or on vient de voir pourquoi elle ne les pourrait satisfaire politiquement qu'en excédant l'ordre culturel lui-même, ce qui est impossible. Si donc une fonction politique peut et doit être exercée qui subsume les nations selon une vocation impériale, ce ne peut être par elle. Nul doute que la Grèce ait été intellectuellement, de beaucoup, supérieure à Rome. C'est pourtant à l'*Urbs* qu'il appartint, après Alexandre, de fédérer le monde civilisé, tout en se faisant coloniser de l'intérieur par le génie de la pensée grecque. Par là, si l'on adopte la thèse maurrassienne selon laquelle la France réalise nationalement l'incarnation la moins inachevée de la civilisation universelle, ce n'est pas à la France qu'il appartient de fédérer **politiquement** le monde civilisé, mais au peuple catholique dépositaire de l'idée romaine impériale, à savoir le monde germanique. C'est ainsi que dès le XIIIe siècle le chanoine colonais Alexandre de Roes désigna comme papauté la vocation de l'Italie, comme magistère intellectuel (de l'Université de Paris) celle de la France, comme Empire celle de l'Allemagne.

Que le Saint-Empire n'ait pas toujours été fidèle à sa vocation, au point d'obliger l'Église à solliciter l'aide de la France pour se soustraire à son césarisme ; qu'il ait eu avec un Frédéric II Hohenstaufen (dont saint Louis soutint parfois les revendications temporelles contre le pape) des tentations millénaristes pour le moins regrettables (l'union de l'Orient et de l'Occident fondée sur un syncrétisme culturel impossible doublé d'un œcuménisme pré-moderniste), n'autorisait ni la France ni le Saint-Siège à se croire investis d'une mission impériale. Les légitimistes français accusent de démocratisme les sympathisants du IIIe Reich. Ces derniers sont peut-être en fait, s'ils voient en lui l'entreprise de réhabilitation du Saint-Empire, les seuls vrais légitimistes, « **légitimistes absolus** » si l'on veut, non inconditionnellement inféodés aux Capétiens dont la responsabilité, dans l'éviction en 987 de Charles de Basse-Lorraine (avec la complicité de Gerbert, futur Sylvestre II), pourtant prétendant carolingien légitime (il était l'oncle de Louis V), fut toujours controversée. Il fallait bien que d'une manière ou d'une autre le joug de l'Empire aux structures dynastiques et féodales fût sporadiquement secoué pour que les nations qu'il subsumait pussent se constituer ; il ne fallait pas qu'elles en allassent jusqu'à contester sa vocation de suzerain.

27-7 – France, fille aînée de l'Église ?

C'est encore par une confusion — comme par l'envers de leur indépendance trop accusée — entre ordre naturel et ordre surnaturel, que les catholiques maurrassiens excipent de l'adage : « France, fille aînée de l'Église », pour prétendre conférer à la France une vocation **politiquement** universelle. L'Histoire nous apprend pourtant que toute tentative d'hégémonie française sur l'Europe (et par là sur le monde) s'est toujours soldée par une défaite de la catholicité. Il ne gêne aucunement les catholiques français germanophobes que François Ier se soit provoluté auprès du Grand Turc pour faire couler du sang chrétien, que Richelieu ait financé la Réforme en terre d'Empire pour abaisser la Maison d'Autriche, que Louis XIV ait favorisé les entreprises criminelles du régicide Cromwell (les accords que Mazarin avait passés avec cet énergumène rejetèrent les Stuart vers l'Espagne qui était en guerre contre la France). À travers la mystique douteuse de Claire Ferchaud, le Cœur Sacré de Jésus fut même récupéré, dans l'entourage maçonnique de Raymond Poincaré, par les catholiques nationalistes, au service objectif de la chute définitive des Habsbourg, dernière monarchie catholique d'Europe.

Nous savons bien l'enseignement de saint Pie X relatif à la mission divine de la France :

> « Un jour viendra, et nous espérons qu'il n'est pas très éloigné <le pape en ces circonstances n'était guère prophète>, où la France, comme Saül sur le chemin de Damas, sera enveloppée d'une lumière céleste et entendra une voix qui lui répétera : "Ma fille, pourquoi me persécutes-tu ?" (...) va, fille bien-aimée de l'Église, **nation prédestinée**, vase d'élection, va porter, comme par le passé, mon Nom devant les peuples et tous les rois de la terre ! » (*Allocution consistoriale du 29 novembre 1911*).

Mais rien n'autorise à saisir dans ces propos l'annonce d'une mission politique et hégémonique de la France. Il s'agit bien plutôt d'une mission spirituelle, comme le révèle l'allocution suivante de Pie XII (17 août 1946, à des journalistes français) :

> « (...) si d'autres nations peuvent l'emporter et l'emportent tour à tour sur elle par la puissance des armes, par la puissance de l'organisation, la vraie force de la France est dans les valeurs spirituelles. Tant que celles-ci se maintiendront dans leur vigueur, aucun revers ne saurait définitivement l'abattre, et, de toutes les crises, elle pourra sortir purifiée, rajeunie, plus grande et apte à s'acquitter de sa mission. Mais si jamais — Dieu Nous garde d'accueillir un tel pressentiment — elle venait à y être infidèle, les dons merveilleux

qu'elle a reçus du Ciel à son baptême de Reims seraient désormais stériles ; son prestige moral resterait affaibli et le monde qui comptait et qui compte toujours sur une France forte et pleine de vie contemplant avec effroi son déclin, sentirait qu'elle lui manque ! »[13]

Dans un article remarquable et courageux (revue *Fideliter* n° 120, nov.-déc. 1997, p. 49 à 54), l'historien Jean Dumont rappela les méfaits de ce nationalisme capétien qui toujours détourna, par haine du monde germanique, la France de sa véritable vocation spirituelle :

La France fut absente de Lépante (1571), où se jouait le sort de la chrétienté, parce que le roi Charles IX était, contre le pape, l'allié actif des Islamiques et s'employait à saboter la décisive victoire catholique. Ce fut une constante française après saint Louis (que la primauté du Saint-Empire ne gênait nullement, à la différence de ses successeurs) que de cultiver son opposition à l'Église : attentats anti-pontificaux de Philippe le Bel (début du XIVe siècle), Pragmatique Sanction de Bourges (1438) qui retirait l'Église de France à l'obédience du Saint-Siège, refus royal, après 1563, des orientations du Concile de Trente, sempiternel concubinage avec la Réforme et l'Islam. C'est grâce à la collusion franco-islamique nouée dès François Ier que la Réforme ne fut pas écrasée. Le sacre des rois (Philippe le Bel, François Ier...) devint moins l'affirmation de la fidélité à l'Église que celle de son appropriation laïque et royale pouvant servir les visées temporelles les plus discordantes. Pellicier, évêque de Montpellier, renseigne l'Islam en 1541 sur les flottes catholiques. Monluc, évêque de Valence, fait de même en 1545 aux dépens des défenses catholiques de Vienne. Le Cardinal de Rambouillet et l'évêque de Dax, Noailles, sabotent la Sainte Ligue de Lépante entre 1570 et 1573. Le Cardinal de Richelieu offre la Crète chrétienne à l'Islam vers 1630. Le Cardinal de Fleury fait rendre à l'Islam en 1735 la Serbie, la Valachie et la Moldavie chrétiennes. Tout cela se fait dans la collusion avec le protestantisme. Pellicier est condamné par le Parlement de Toulouse pour ses connivences avec les protestants. Monluc et Noailles sont déchus par saint Pie V comme « hérétiques notoires » protestants. Richelieu, vers 1630, est l'inventeur de la néo-alliance massive avec les Protestants d'Allemagne, faisant suite au Cardinal Jean du Bellay qui avait noué cette alliance

---

[13] Les vertus des spéculatifs ne sont pas celles des « politiques », et elles ne peuvent être exercées par les mêmes. À la fois parce qu'autre chose est de méditer, autre chose est d'agir et d'organiser (la vertu de prudence qui perfectionne l'agir n'est pas la vertu de sagesse qui perfectionne l'activité théorétique), à la fois parce que le caractère inépuisable des objets de la contemplation induit une pluralité de discours dont la complémentarité, non immédiatement évidente, provoque par accident des controverses qui, dans l'ordre pratique, retardent les décisions qui ne souffrent pas d'être ajournées. Il n'appartient pas aux philosophes, ou aux « intellectuels » en tant que tels, de diriger un pays. Si tant est qu'il soit vrai que les Français sont « le peuple le plus intelligent de la terre », ils sont aux Allemands ce que les Grecs furent aux Romains, et il ne leur appartient pas de diriger politiquement l'Europe.

protestante dès 1535, en conjonction avec l'alliance islamique inaugurée dès 1524 par son frère aîné Guillaume du Bellay. Les conséquences en furent la République laïque, l'islamisation et la protestantisation de la France.

Avec un pareil bilan, il est bon de se souvenir que le dominicain sulfureux Tommaso Campanella « avait fini par voir dans la monarchie française l'instrument providentiel chargé de réaliser son utopie eschatologique, La Cité du Soleil » (*Louis XIV*, de Jean-Christian Petitfils, Perrin, 1995, p. 19). N'est-ce pas le seul délire en lequel pouvait tomber une monarchie toute gallicane en rupture de ban avec ses origines franques, c'est-à-dire germaniques ? En fait, si Louis XIV prétendit, par ses interventions brutales en Lorraine et en Allemagne, à l'hégémonie sur l'Europe, « il n'osa jamais porter sa querelle de suprématie à Vienne, où l'ambassadeur espagnol occupait le premier rang de toute éternité. (...) **À la cour de Rome il se garda également de contester sa préséance à l'ambassadeur de l'Empereur** » (*ibid.* p. 351), preuve qu'il reconnaissait tout en le bafouant le rôle dévolu à ce dernier par l'Église.

27-8 – L'Église et le Saint-Empire

L'Église reconnut toujours, comme condition d'une organisation vraiment catholique de l'Europe, la nécessité d'un Saint-Empire qui, sans prétendre se subordonner son magistère spirituel, sans même négliger l'autonomie des nations que leurs génies propres destinaient à des vocations différentes, eût eu la fonction d'exercer sur elles une suzeraineté débonnaire s'il avait été assez fort pour ne point succomber à leurs passions nationalistes. C'est ce que souligne l'historienne Annie Lacroix-Riz (très hostile à l'Église et à l'Allemagne) :

On est frappé, dit-elle, par la remarquable continuité de la politique européenne du Vatican (de la Première Guerre mondiale à la guerre froide), « par le rôle privilégié qu'y tient le Reich jusqu'au terme de la période choisie, en dépit des atteintes, plus graves après 1945 qu'après 1918, portées à sa puissance » (*Le Vatican, l'Europe et le Reich*, Armand Colin, p. 505). La réunion des droites en Allemagne, « réalisée par l'accession d'Hitler à la chancellerie, (...) impliquait la mise à mort du *Zentrum*, qui tomba sous les coups conjugués de son chef, Mgr Kaas, l'alter ego de Pacelli, de la Curie et des nazis » (*id.*). « Écrasés par Versailles et les traités, l'Allemagne et ses alliés purent compter sur le Vatican pour tenter d'adoucir les conditions des vainqueurs et préparer le futur retour en gloire via la revanche » (p. 505). « La stratégie vaticane se confondit avec celle du Reich — avec la promotion du germanisme contre le slavisme à l'Est et contre divers adversaires à l'Ouest » (*id.* p. 507), et cela même au détriment de la Pologne ou du roi Alexandre de Yougoslavie, qui n'avaient pas les moyens de leur ambition de constituer un rempart contre les Bolcheviques. « Le traité du Latran balaya l'héritage laïque de la réunification et renforça la puissance financière italienne du Vatican. L'idylle, réelle, demeurait cependant menacée par les tentations anti-allemandes récurrentes d'une Italie vacillante. La Rome pontificale s'engagea toute entière depuis 1918, affublée du masque de l'appui à l'Autriche "catholique et indépendante", en faveur de l'Anschluss. Le Quirinal hésita avant de se rallier définitivement, à l'été 1936, à cette solution qui condamnait à mort ses ambitions balkaniques — yougoslaves notamment — et menaçait sa frontière du Nord » (*ibid.* p. 508). Et l'historienne de rappeler que Mgr Hudal, partisan déclaré de la victoire du IIIe Reich, fut toujours le protégé de Pie XII qui fit sa carrière. Notons encore les réactions de la Franc-Maçonnerie : « Le gouvernement de Mussolini a détruit l'école laïque et réintroduit dans les écoles le crucifix et l'instruction religieuse — voilà le motif du combat entre le fascisme et la maçonnerie » (*Bulletin du bureau international des relations maçonniques*, n° d'avril-juin 1923, p. 127).

Autant de rappels qui nous disposent à penser que l'Église crut bon de pressentir, non sans discernement, dans le fascisme et le national-socialisme, les éléments imparfaits mais historiquement bienfaisants d'une promotion de l'idée impériale, expression politique de la conception catholique de l'Europe et, par elle, du monde.

Les maurrassiens et les démo-chrétiens feraient bien de se souvenir, à cet égard, que l'idée de Reich n'est pas une invention allemande. Idée germanique toute pétrie de latinité, elle fleurit dans l'esprit de Conrad roi des Francs (ainsi donc roi « français ») qui, n'ayant pas réussi à unifier son royaume, « désigna en mourant — en 918 — comme son successeur son ennemi le plus puissant, le duc Henri de Saxe, ce qui sauva l'unité du royaume tout en renforçant la Maison de Saxe. Othon Ier eut ainsi plus de facilité pour devenir le fondateur du Reich, et, en 962, ce roi allemand fut couronné empereur romain (...) » (Ivo Höllhuber, *L'Europe et les méfaits du mondialisme*, Éd. du Flambeau, 1994, p. 349-350).

Pour achever cette réflexion menée sur les accusations d'hégémonie fasciste, le lecteur est invité à apprécier le degré de lucidité d'un démo-chrétien notoire d'origine maurrassienne, pétri de la certitude que la France reste la fille aînée de l'Église, calomniateur de l'Allemagne (*dixit* justement Höllhuber) et auteur ébouriffant de la diarrhée verbale suivante (les soulignements sont de nous) :

> « **Les hommes de mauvaise volonté font la guerre aux hommes de bonne volonté**, et les obligent à **répondre** à la force par la force » (p. 105). « C'est une guerre de civilisation. C'est pour le salut temporel du monde et la mission de l'homme ici-bas qu'il faut aujourd'hui subir la mort et la torture en luttant contre la bestialité de l'empire païen » (p. 134). « Les Allemands ont voulu utiliser le Diable, ils ont jeté l'Europe dans l'enfer et l'enfer se vengera sur eux » (p. 518). « **Le crime que l'Allemagne a voulu perpétrer contre la France** a des proportions surhumaines ; avoir conçu un tel crime contre une nation appelle la colère de Dieu » (p. 160). Maritain évoque pour la bénir « ... la masse innombrable... et les armées françaises au milieu d'eux, pour porter le coup suprême à la bête qui piétine l'Europe, et que les armées

russes s'apprêtent aussi à poursuivre dans son repaire » (p. 810), de telle sorte que « **la Russie fait maintenant retour à la communauté occidentale** » (p. 194) (Jacques Maritain, *Messages, 1941-1944.* Cité par Höllhuber p. 129, *op. cit.*).

Outre que la guerre franco-allemande fut déclarée par les Français, outre qu'après Montoire la France bénéficia d'une grande indulgence de la part du vainqueur en dépit des tractations américanophiles du Maréchal Pétain, qui, des démocraties ou de Hitler, fut assez inconscient pour libérer l'énergie diabolique de l'atome à des fins militaires ? En octobre 1944, c'est-à-dire à un moment où la tentation devait être très forte d'user des procédés les plus barbares pour emporter une victoire plus que compromise, Hitler tint devant Otto Skorzeny les propos contenus dans le dialogue suivant :

> (H) — « Savez-vous bien que si l'énergie libérée par une radioactivité artificielle était utilisée comme arme, ce serait la fin de la planète ?
>
> (S) — Les effets pourraient être terrifiants...
>
> (H) — Ils le seraient ! Admettons que cette radioactivité puisse être contrôlée, puis employée comme arme : les effets seraient épouvantables. Lorsque le Docteur Todt était à mes côtés, j'ai lu qu'un seul engin de ce genre dont la radioactivité serait en principe contrôlée, dégagerait, en théorie, une puissance aux ravages comparables à ceux des grandes météorites tombées dans l'Arizona et en Sibérie, près du lac Baïkal. C'est-à-dire que toute espèce de vie, non seulement humaine, mais animale et végétale, serait anéantie dans un rayon d'une quarantaine de kilomètres. Ce serait l'Apocalypse. Et comment garder un tel secret ? Impossible. Non ! Aucune nation, aucun groupe d'hommes civilisés ne peut, en conscience, prendre de telles responsabilités. De riposte en représailles, ils disparaîtraient eux-mêmes fatalement. Seules, peut-être, des peuplades comme celles du haut Amazone ou des selves de Sumatra auraient quelque chance de survivre » (Otto Skorzeny, *La Guerre inconnue*, version française de Saint-Paulien, Albin Michel, 1975, p. 153-154).

27-9 – L'équivoque du devoir de piété nationale

Il est chez bien des catholiques traditionalistes (nommés « intégristes » par la Subversion) une fausse conception de la piété filiale à l'égard de la patrie, parallèle à cette fausse conception de l'obéissance que les mêmes catholiques surent à bon droit dénoncer, en tant que catholiques, face aux exigences de la Rome moderniste, mais qu'ils se refusent à dénoncer face à la France républicaine. C'est l'idée selon laquelle il serait du devoir de tout enfant de France de soutenir sa patrie charnelle, même intrinsèquement viciée par un régime maçonnique et marxiste, contre une autre puissance, fût-elle le propugnateur d'idées infiniment plus saines : « On ne fait pas de révolution devant l'ennemi. (...) La Patrie d'abord, la révolution ensuite ; le contraire s'apparente à la haute trahison » (Charles Maurras, cité par Y.M. Adeline, *L'Aube royale. Études sur la légitimité du pouvoir*, S.I.C.R.E., 1991, p. 102).

Si l'on consent à se souvenir de ce qui fut développé ici au § 24, on remarquera que la nation, manière d'être homme, est à l'État comme la matière est à la forme, et qu'elle est elle-même forme culturelle par rapport à cette matière qu'est la multitude charnelle. Et en vertu des principes thomistes, qui subordonnent la matière à la forme, la matière n'a d'être que par la forme qui l'actualise. Ce qui fait l'essence d'une nation, c'est la promotion d'une certaine idée de l'homme exprimée au travers de sa culture et de ses valeurs. La nation France n'est plus elle-même, aussi longtemps qu'elle est républicaine et maçonnique, c'est-à-dire antichrétienne et par là infidèle tant à la fin surnaturelle de sa constitution naturelle qu'à sa constitution naturelle elle-même : on a vu (§ 21-5-8) que même les vertus naturelles du paganisme ne conservent leur intégrité qu'en consentant à leur recréation gracieuse dans l'Église. La patrie charnelle n'a de valeur que par l'excellence des biens culturels qu'elle rend possibles, et c'est la soigner tout en protégeant le reste du monde que de la combattre même dans sa chair quand elle se fait par cette dernière le vecteur de poisons. Raisonner autrement revient à privilégier le bien commun restreint de la nation par rapport au bien plus commun de la chrétienté. Et ce n'est même pas défendre un **bien** commun, mais se rendre complice d'un mal. Ainsi en vient-on par une cécité non innocente à croire par exemple, comme Maritain, que l'URSS se sanctifiait en luttant aux côtés de la France : on a vu le résultat, non seulement en Russie et en France, mais encore en Europe et dans le reste du monde où la Subversion multiforme a exercé des ravages tels qu'une relève spirituelle de l'humanité semble pratiquement impossible aujourd'hui à vue d'homme. L'URSS était très logiquement du côté de la France révolutionnaire que les patriotes maurrassiens et catholiques en général servaient aveuglément au nom du précepte anglo-saxon nationaliste « *right or wrong, my country* ». Elle l'était logiquement parce que le subjectivisme foncier qui est la vraie racine du communisme ne faisait que relayer pour le faire parvenir à sa vérité marxiste le subjectivisme du nationalisme français (cf. ici les § 15 et 16). De Gaulle a déclaré un jour que la Russie boirait le communisme comme le buvard boit l'encre. Cet enseignement présente le même défaut que celui de toutes les « ontologies du soupçon » (pour reprendre l'heureuse formule forgée par Paul Ricœur, et reprise par Michel Foucault pour qualifier les pensées de Nietzsche, de Marx et de Freud) : la superstructure (art, religion, philosophie) ne serait que l'expression mystifiante (en tant qu'effet celant la nature de sa cause) d'une infrastructure agissante (Volonté de Puissance, lutte des classes, libido). Mais il est contradictoire, lorsqu'on adopte le principe d'une telle dichotomie, de se reconnaître le droit de dénoncer un tel hiatus entre infrastructure et superstructure, puisque cette dénonciation relève elle-même d'une doctrine qui, appartenant à la superstructure, devrait, si elle était fidèle à son concept, celer sa propre origine que pourtant elle prétend dévoiler.[14] La salubrité de l'idée nationale, voire nationaliste, consiste dans son aptitude à rappeler que l'universel s'incarne. Mais le défaut du nationalisme que nous qualifierons de nominaliste (c'est-à-dire coupé de sa référence à l'universel qui seul le légitime), même entendu comme devoir des peuples de rester eux-mêmes (par opposition au nationalitarisme qui proclame le droit des peuples à disposer d'eux-mêmes), consiste à établir entre nation et idéologie le même rapport qu'entre infrastructure et superstructure : croire qu'une nation demeurerait elle-même, comme contenant charnellement en ses flancs des ressources culturelles intactes, en dépit de l'idéologie internationaliste qu'elle adopte, revient à faire de cette dernière un simple manteau dont elle pourrait à loisir se débarrasser, une superstructure qui l'envelopperait et la masquerait sans l'actualiser. En réalité, parce que l'idéologie relève de l'ordre formel qui est principe d'actualisation de la nation prise en sa réalité charnelle ou ethnique, cette dernière se conforme nécessairement à la forme dont elle se fait affecter, se change **intrinsèquement** au point de perdre son statut de puissance immédiate et active aux valeurs qui faisaient son identité primitive, pour se retrouver seulement et au mieux puissance passive à de telles valeurs qu'à ce titre elle n'est plus capable de recouvrer par elle-même. La piété filiale s'exerce à l'égard des ancêtres en tant que personnes pour tout le bien qu'ils communiquent et dont ils sont dépositaires eux-mêmes. Elle ne s'exerce pas à l'égard de la nation tout entière en tant qu'elle corrompt le bien qu'elle avait le devoir de transmettre. Un catholique n'a nulle reconnaissance à manifester à l'égard des révolutionnaires jacobins en tant que tels. C'est malgré et non grâce à eux qu'il est catholique. Depuis l'exemple glorieux d'Aristote peu soucieux de la rhétorique de Démosthène, les « collabos » n'ont pas à rougir en tant que tels de leur engagement.

D'autre part, pour revenir sur les mots mêmes de Maurras, il convient de remarquer que la patrie ne saurait être défendue **contre** la révolution (fasciste et étrangère) si c'est d'aventure par la révolution que la patrie redevient française, c'est-à-dire redevient la patrie de Maurras. La souveraineté n'est pas une fin en

---

[14] Notons au passage que le même grief peut être formulé à l'encontre de la sociologie de Vilfredo Pareto dont le ralliement au fascisme, en 1923, ne doit pas faire oublier que sa philosophie est au fond celle d'un **libéral** : si l'homme est un être en soi déraisonnable et raisonneur, si les dérivations (systèmes intellectuels de justification des passions) sont aux résidus (racines irrationnelles des conduites) et aux sentiments qui les inspirent comme la superstructure à l'infrastructure ; si l'utile politique doit être — comme chez Machiavel dont il est un épigone — dissocié du vrai et du bien moral, alors Pareto, en se faisant le déchiffreur cynique du fonctionnement de la société, tombe dans une contradiction « *in actu exercito* ». Quel est le résidu de la dérivation parétienne elle-même, sinon le **préjugé** scientiste, métaphysiquement sceptique, qui veut que le critère de toute rationalité se loge dans les démarches logico-expérimentales ? Mosca, plus logique que Pareto qui s'en inspira, se reconnaissait comme un libéral rallié aux régimes ploutodémocratiques.

soi et la nation perd son droit à l'exercer qui déroge à sa vocation, parce qu'elle perd par là son identité qu'elle ne recouvre que par un moment obligé de servitude, reconstituant avec son identité la vocation qui l'habilite, éventuellement, à revendiquer le recouvrement de sa souveraineté.

Jean Dumont rappelle (*op. cit.*) qu'on trouvait au XVIe siècle, contre la politique du roi de France, maintes régions aujourd'hui françaises qui alors ne relevaient pas de Paris : la Bourgogne « survivante » (Artois, Flandre, Cambrésis, Hainaut, Franche-Comté, Charolais), la Lorraine, l'Alsace, la Savoie (avec la Bresse et le comté de Nice), le Roussillon. Aussi Bourgogne et Savoie furent-elles présentes à Lépante, contrairement à la France parisienne (c'est-à-dire capétienne). Mais surtout la Bretagne de la duchesse Anne, la Navarre de Marguerite de Valois, le Bourbonnais d'Anne de Beaujeu et du connétable de Bourbon prirent-elles le même parti catholique, **au point de désirer être agrégées à la Maison d'Autriche**. L'eussent-elles été, un catholique français d'aujourd'hui n'aurait pas eu à s'en plaindre si cette amputation avait prévenu le développement du protestantisme : elle eût par là prévenu la Révolution française elle-même, le communisme, le mondialisme. Nul n'ignore que bientôt, sous la pression des phénomènes migratoires favorisés par le libéralisme, bénis par le clergé moderniste et par les sectes maçonniques, exploités par le marxisme, la Bretagne, la Navarre et le Bourbonnais seront arabes et musulmans. S'agira-t-il de la même patrie ? Et les maurrassiens continueront-ils à se faire les apologistes de l'égoïsme national ?

C'est peut-être à un acte de foi autant que de raison qu'est convié l'observateur catholique s'efforçant à la philosophie politique appliquée à l'Histoire. Si la nature est pour la surnature, la politique est au service de la défense de la foi. Les deux ordres sont certes réellement distincts, mais ils ne sont pas indépendants à ce point que chacun pourrait poursuivre ses fins propres selon deux logiques antinomiques, parce que cela reviendrait à supposer que la grâce n'accomplit son œuvre de rédemption qu'au détriment de l'ordre naturel lui-même. Plutôt que de la conserver à tout prix, il vaut mieux couper sa main pour sauver la vie du corps, et cela surtout quand la vie de l'âme est en jeu, dont les soins spirituels supposent un temps de vie pour le corps avant le jugement individuel rédhibitoire qui fait immédiatement suite à la mort. Le salut spirituel de la France exigea peut-être, à plusieurs reprises, l'ablation de certains de ses membres. Et s'il était vraiment dans sa nature de nation française de requérir le recouvrement de tels membres pour retrouver la plénitude de son identité, le service national des intérêts de l'ordre surnaturel se fût accompagné d'une intervention providentielle chargée — parce que la surnature n'abolit pas la nature mais la parfait — de lui restituer ses membres amputés. C'est dans le rôle de propugnateur éclairé de la foi qu'un catholique défend l'ordre naturel et sert adéquatement sa patrie. La politique de l'Église fut souvent contestable, plus volontiers guidée par les intérêts temporels et à court terme du Saint-Siège que par la défense de la foi elle-même. Elle fut même parfois inspirée au nom de la défense de la foi par une conception erronée des intérêts mêmes de la catholicité (témoin le comportement du Vatican à l'égard des Cristeros du Mexique). Il n'est donc pas toujours aisé de se prononcer, et il ne convient pas de confondre service authentique de la catholicité et complicité pusillanime à l'égard des ambitions cléricales. Mais les choses sont claires quand la préservation immédiate du territoire national se paie, sans gain aucun pour la foi à l'intérieur du pays, d'une formidable victoire de l'hérésie à l'extérieur. Qui nous dit que les aléas de l'Histoire n'auraient pas permis à la France de récupérer, après l'érection d'un pouvoir impérial reconnu dans sa vocation européenne de fédérateur — érection à laquelle la France eût pu contribuer tout en se ménageant par là les conditions les plus avantageuses de sa propre intégration en lui —, les territoires plus ou moins germanisés (c'est-à-dire « francisés ») qu'elle aurait su céder temporairement dans les intérêts de la catholicité ? On ne refait pas l'Histoire, mais cette dernière révèle, corroborant la nécessité conceptuelle, qu'en faisant jouer la nature contre la surnature, on compromet l'intégrité des deux. Aujourd'hui, la France est religieusement moderniste et, politiquement, elle n'est que le vassal honteux des États-Unis. Et il n'est nulle puissance humaine dans le monde d'aujourd'hui qui puisse lui faire espérer d'en sortir, tant la pourriture est avancée à l'échelle planétaire dans les institutions, dans les âmes, dans l'Église elle-même.

Troisième section : Sur l'hypertrophie fasciste de l'État

28 – Rappel de l'essence réactionnaire du fascisme

L'un des plus fréquents reproches formulés contre le fascisme (en ses versions latine et germanique) est l'accusation de totalitarisme incompatible, dit-on, avec la dignité de la personne ordonnée inconditionnellement à Dieu seulement.

Avant de discuter le bien-fondé de ce reproche, commençons par remarquer que le mouvement fasciste fut protéiforme et que, les nécessités de l'action précédant l'élaboration de la théorie, la psyché fasciste attend encore sa doctrine adéquate :

> « Le fascisme ne fut pas le fruit d'une doctrine déjà élaborée en chambre : il naquit d'un besoin d'action et fut une action ; ce ne fut pas un parti, mais, pendant les deux premières années, un antiparti et un mouvement » (Mussolini, *La Doctrine du Fascisme*, *op. cit.*, p. 24-25). « Le fascisme est, d'abord, une médecine empirique qui naît de la crise elle-même ou de la menace de la crise. C'est ainsi qu'il a surgi dans tous les pays du monde et c'est pourquoi il a des visages si divers. (...) Tout fascisme est réaction par rapport au présent et toute réaction fasciste est résurrection. (...) L'évolution du fascisme pendant la guerre a échappé à presque tous les observateurs,

pressés de condamner et peu soucieux d'une histoire exacte » (Maurice Bardèche, *Qu'est-ce que le fascisme ?*, Les Sept Couleurs, p. 175-176). « Puis par le caractère gigantesque de la guerre, l'apparition des deux pôles formidables des temps modernes émergeant de la brume dans laquelle on les discernait à peine ont amené les fascistes à prendre conscience de la fragilité du fascisme et de sa signification. Le gouvernement d'Hitler parle de l'Europe, alors : il la montre comme un avenir, comme une récompense, comme une réhabilitation » (*ibid.* p. 176-177).

Quelque maladroit qu'il ait été, quelque mal défendu qu'il puisse être par ses équivoques laudateurs contemporains plus fringants dans les salons que face au feu de la Subversion, le grand mouvement des années trente s'est voulu l'entreprise de réfection théorique et pratique de l'ordre politique naturel appelé par les Européens après la boucherie suicidaire de la Grande Guerre qui signait la mort de la civilisation occidentale. Cette dernière s'était épuisée tant par les dysfonctionnements chroniques et structurels des monarchies décadentes que par le fléau des Principes de 89.

Immense, selon le mot de Brasillach, comme la profusion de vitalité de sa jeunesse joyeuse, rouge comme l'oriflamme des chevaliers de saint Louis, le fascisme crut à la possibilité d'actualiser l'ordre européen que l'Ancien Régime, laïcs et clercs, s'était tout à tour épuisé à tenter de faire naître et à compromettre. Un fascisme bien compris, un fascisme de droite, s'approprie aisément aux exigences de la vérité catholique :

> « L'État n'a pas une théologie, mais il a une morale. Dans l'État fasciste, la religion est considérée comme une des manifestations les plus profondes de l'esprit et, en conséquence, elle est non seulement respectée mais défendue et protégée. L'État fasciste ne se crée pas un "Dieu particulier" comme Robespierre a voulu le faire, un jour, dans l'extrême délire de la Convention (...) » (Mussolini, *La Doctrine du Fascisme*, II § 12, *op. cit.*).

Un fascisme dégagé des excès réactifs pratiques et verbaux que les circonstances historiques de sa genèse avaient suscités dans l'esprit et induits dans le comportement de ses promoteurs, se reconnaît lui-même volontiers comme la procédure de transition vers les eaux apaisées d'une monarchie. Mais une telle monarchie ne contiendrait plus dans ses flancs les prodromes de la démocratie délétère en laquelle, l'Histoire le révèle, la monarchie se résout dramatiquement chaque fois qu'elle court-circuite, en se faisant théocratique, les exigences immanentes du meilleur du paganisme par une représentation dévoyée de la transcendance.

« Les rois sont seigneurs absolus et ont naturellement la disposition pleine et libre de tous les biens, tant des séculiers que des ecclésiastiques pour en user comme sages économes, c'est-à-dire selon les besoins de leur État », écrivait Louis XIV (J. Longnon, *Mémoires de Louis XIV*, Paris, 1927, p. 197). Absolus, c'est-à-dire souverainement déliés ou indépendants, les rois seraient ainsi désignés immédiatement par Dieu, sans condition de subordination de leur pouvoir au bien commun naturel de la multitude d'une part, à l'autorité politique indirecte et surnaturelle de l'Église d'autre part. Gallicane comme on le voit, la monarchie française s'est cependant voulue à bon droit nationale, et ce bien avant Bossuet, d'où le souci royal de subordonner à l'État — dont la couronne se voulait l'hypostase — toutes les ressources naturelles, matérielles et humaines, du royaume. Mais ne se voulant telle qu'au détriment de son intrinsèque subordination à l'Église, elle s'y substitua indûment. Celle des Habsbourg ne sut maintenir (quand elle le fit) la subordination du temporel au spirituel (il vaudrait mieux dire : du spirituel naturel au spirituel surnaturel, parce que le politique naturel à l'homme ne se limite pas à la gestion des affaires d'intendance) qu'en oblitérant les exigences naturelles immanentes, c'est-à-dire nationales, de sa politique.[15] Les ravages de 1789, accoucheurs d'une conception dévoyée (nominaliste, individualiste, unilatéralement juridique) de la nation, n'eussent pas été possibles si la nation, qui est à l'État comme la puissance est à l'acte (ou la matière à la forme qui en est éduite), avait vu satisfaites ses exigences d'organicité incompatibles avec la stratification de la société en classes. Et cette stratification fut induite par les durcissements dynastiques consécutifs à la quasi-divinisation de la fonction royale. Nous développerons plus loin cette remarque (chapitre III).

---

[15] Certes, François-Ferdinand prit en compte, sur le tard, l'enseignement de J.W. Burgess, professeur à l'Université de Columbia de New York, qui rêvait d'une Grande Autriche germanique sur le modèle du Reich allemand, et refusait le concept de double monarchie, multiraciale et multiculturelle, jetée, après Sadowa, dans une vocation cosmopolite contraire à sa nature. Burgess, comme le rappelle F. Heer (*op. cit.*, p. 91 à 94), se préparait à rendre visite de nouveau à François-Ferdinand lorsque ce dernier fut assassiné à Sarajevo, par suite des manœuvres franco-panslavistes qui cherchaient la guerre à tout prix. C'est ainsi que de nombreux officiers autrichiens partisans de la Grande Allemagne se rallièrent plus tard à Adolf Hitler avec Carl von Bardolff, aide de camp de François-Ferdinand et chef de son cabinet. Il reste que la politique de François-Ferdinand fut longtemps unilatéralement favorable aux Tchèques, au point de faire dire à Hitler que le but de la politique des Habsbourg avait été de créer (par les moyens du choix des fonctionnaires d'État et des nominations de prêtres tchèques nationalistes dans des paroisses purement allemandes) un État slave dans l'Europe centrale, fondé sur des principes catholiques et destiné à affaiblir l'influence de la Russie orthodoxe. « La religion, comme cela s'est vu bien des fois chez les Habsbourg, était de nouveau exploitée dans l'intérêt d'une idée purement politique, et par surcroît, d'une idée néfaste, du moins du point de vue allemand. (...) Ni la maison de Habsbourg, ni l'Église catholique ne reçurent la récompense attendue. Habsbourg perdit son trône, Rome perdit un grand État. Car la couronne, en mettant des considérations religieuses au service de ses buts politiques, éveilla un esprit qu'elle n'avait certes jamais tenu pour existant. La tentative d'extirper par tous les moyens le germanisme dans la vieille monarchie eut pour réplique la croissance d'un mouvement pangermaniste en Autriche » (Hitler, *Mein Kampf*, *op. cit.*, p. 98 et suiv.).

Il est néanmoins un point qui, pour le catholique, ne saurait être contesté : « *Beatitudo non tollit naturam, cum sit perfectio ejus* (saint Thomas, *Somme théologique*, I^{a} q. 62 a. 7). « *Natura non tollitur per gloriam, sed perficitur* » (*id.* II^{a} II^{ae} q. 26 a. 13). Plus généralement la grâce ne détruit pas la nature mais elle la perfectionne. Si donc, en ce statut infralapsaire, la nature humaine, tant sur le plan individuel que sur le plan collectif (ou politique), n'a de chances de réaliser ses virtualités que par la grâce, en retour la surnature n'a de chances de se subordonner adéquatement la nature qu'elle rédime qu'en invitant cette dernière à actualiser au mieux ses virtualités immanentes. Il est même dans l'intérêt de la foi, de son intégrité, que la nature aille jusqu'au bout de la recherche de son bien propre, qu'à tout le moins elle ne soit pas entravée dans ce souci : en la frustrant au nom de la surnature, on risque soit de la lui faire refuser, soit de l'incliner à se subordonner la surnature pour parvenir à son entéléchie ; tout autant, en frustrant la nature on risque de lui faire ignorer sa fin propre qui est aussi sa **limite**, de telle sorte que, devenue ignorante d'elle-même, la nature court le danger de prendre ses désirs contingents pour autant d'effets de l'injonction de la surnature, exigitifs à ce titre de leur satisfaction. Quand Laurent Scupoli, maître spirituel de saint François de Sales, nous invite, cependant que la vengeance est naturelle en tant que vertu qui perfectionne l'appétit irascible, à aimer les opprobres douloureux, il ne prescrit rien de contre nature mais nous convie par la grâce à redresser la nature en posant des actes vertueux directement contraires aux vices, par là des actes éloignés — **mais par accident** — de la juste mesure qu'induirait une nature intègre : « (...) il faut plus d'actes bons pour former en nous l'habitude de la vertu que d'actes mauvais pour y créer l'habitude du vice, par la raison que la corruption de notre nature favorise cette dernière habitude, et va à l'encontre de la première » (*Le Combat spirituel*, Éd. Clovis, 1996, p. 65-66).

Il fallait bien que, transfigurée par la Révélation et par la grâce, soignée, sauvée mais aussi surélevée et comme distendue (« *per accidens* ») par elles en tant que menée au-delà d'elle-même, la nature prît la mesure de ses ressources propres et apprît à tendre vers son entéléchie immanente, pour que ce couple providentiel de la nature et de la grâce n'en vînt pas à vivre son union sur un mode conflictuel. Ne restaurant la nature qu'en la faisant se transgresser elle-même en direction de plus qu'elle-même, la révélant ainsi à elle-même dans un acte qui tout autant la rendait opaque à elle-même, il fallait bien que la surnature invitât, comme moment obligé de son efficace rédemptrice, la nature à se distinguer d'elle (*i.e.* à se vouloir comme nature en tant que nature, mais dans la ligne de la grâce), pour que cette nature n'en vînt pas à se subordonner le principe — qui est aussi sa fin — de sa propre réfection, ou à s'indifférencier en lui. D'un point de vue historique, telle était la vocation de la Renaissance — d'une Renaissance réussie ! — que de clore la « *media aetas* » en consacrant l'opération, par et en vue de la surnature, selon laquelle la nature humaine était vouée à se réapproprier — se distinguant de la grâce pour la mieux servir — les ressources propres qu'elle avait déployées de manière inachevée dans l'antiquité. Il n'était certes pas dans la vocation de la Chrétienté de se nier dans une Renaissance néo-païenne et pré-moderniste. Mais il était dans le plan de la Providence de faire assumer à la Chrétienté une crise de croissance obligée dont la Renaissance historique fut l'entreprise dévoyée.

Et le problème est pour nous de savoir si les exigences d'organicité de la Cité, qui enveloppent une certaine conception totalitaire de l'État, sont effectivement conformes à la nature d'une cité. Est organique ce qui, parce qu'il est vivant et contient en soi le principe de sa structuration, fait système en tant qu'il repose sur soi ; ce qui fait totalité en tant que, posant les parties qu'il rassemble, il possède la mesure **intérieure** de sa croissance et par là ne renvoie ses parties qu'à lui-même ; ce qui n'ordonne ses parties, avec soi-même pris comme tout, à une fin extérieure que moyennant leur subordination vitale à soi. Rappelons, pour la mieux discuter, la position fasciste :

> « Le principe essentiel de la doctrine fasciste est la conception de l'État, de son essence, de son rôle, de ses fins. Pour le fascisme, l'État est l'absolu devant lequel les individus et les groupes ne sont que le relatif. Individus et groupes ne sont concevables que dans l'État. L'État libéral ne dirige pas le jeu et le développement matériel et spirituel des collectivités, mais se limite à enregistrer les résultats. L'État fasciste est conscient, il a une volonté et c'est pourquoi il est qualifié d'État "éthique". (...) L'État, tel que le fascisme le conçoit et le réalise, est un fait spirituel et moral, car il concrétise l'organisation politique, juridique et économique de la nation, et cette organisation, dans sa genèse et dans son développement, est une manifestation de l'esprit. L'État est le garant de la sécurité intérieure et extérieure, mais il est aussi le gardien et le transmetteur de l'esprit du peuple, tel qu'il s'est formé au cours des siècles dans la langue, dans les coutumes et dans la foi. (...) C'est l'État qui, dépassant les étroites limites des vies individuelles, représente la conscience immanente de la nation. (...) Quand le sens de l'État s'affaiblit et que prévalent les tendances dissolvantes et centrifuges des individus ou des groupes, les nations marchent à leur déclin » (Mussolini, *La Doctrine du Fascisme*, *op. cit.*, p. 41-42).

29 – Nécessité de l'organicité

Notes explicatives :

• *autarcique : qui se suffit économiquement en constituant un tout autonome.*

• *théorétique : relatif à la contemplation (par opposition à l'ordre du faire et à celui de l'agir), qui exerce pour elle-même l'activité contemplative ou spéculative ; du grec « theoria », contemplation, ou acte de l'intellect (perfectionné par la vertu intellectuelle de sagesse) dans la considération des causes premières.*

En s'appuyant sur le *De Regno* (L. I, c. 1) qui semble faire du Prince la cause efficiente *stricto sensu* de la Cité (comme si le principe politique d'unité de la multitude n'était la nature humaine elle-même immanente à chaque homme), on voit trop souvent, dans la philosophie politique de saint Thomas, la plate description de la société médiévale, c'est-à-dire la conception, à notre sens unilatérale, d'une société ordonnée selon une cascade de relations hiérarchiques subordonnées où le supérieur dirige l'inférieur dans une chaîne dont le premier maillon est Dieu. Une telle société est architectonique sans être organique. Elle canalise le désir humain dans une transcendance qui lui fait déserter l'ordre immanent des choses, lui fait déprécier la valeur du bien commun politique, conférant à ce dernier le statut de simple cause instrumentale extrinsèquement ordonnée à la promotion de la sainteté individuelle. Par là, elle invite tendanciellement le désir humain à **opposer**, de manière à vrai dire intenable, Cité de Dieu et cité des hommes. Cette opposition est intenable tant du point de vue de l'expérience historique que du point de vue logique. Historiquement, parce que l'histoire de la monarchie française par exemple — mais on en pourrait dire probablement autant de toutes les monarchies européennes — n'a été que l'effort souvent compromis par les Grands — catalyseurs malgré eux mais parfois sciemment de la Révolution française — d'émanciper le pouvoir royal des féodalités pour tendre vers une conception organique de l'État. Logiquement, (comme nous l'allons établir ci-après) parce qu'on ne voit pas vraiment comment l'on pourrait promouvoir la vie surnaturelle **contre** les exigences de la vie naturelle quand cette dernière est le suppôt obligé de la première. Et en parlant d'organicité, nous ne voulons pas parler seulement de complémentarité et de hiérarchie — toutes choses auxquelles nous souscrivons bien sûr — mais de position des parties, génératrices du tout concret en tant qu'elles s'y intègrent, par le tout idéel et potentiel s'anticipant, c'est-à-dire se niant en elles sur le mode de désir du bien commun défini comme le meilleur bien du bien particulier. L'organicité est exigitive du primat ontologique de la forme de la cité, ou de l'État dont le principe d'individuation est la nation, sur le détenteur, fût-il royal, de l'autorité, laquelle est en fait la conscience de soi de la forme de la cité.

À ce sujet saint Thomas, remarquant (*Somme théologique*, $I^{a}\,II^{ae}$ q. 105 a. 1) que l'ancienne loi avait convenablement réglé l'état et le devoir des princes — de telle sorte que ce qu'il dit du meilleur gouvernement en s'appuyant sur l'enseignement d'Aristote (*Pol.* III, 5, 6 et suiv.) vaut comme principe et donc pour toute époque —, ajoute qu'il ne convient pas de prendre des rois parmi les étrangers : « (...) *tales reges solent parum affici ad gentem cui praeficiuntur et per consequens non curare de ea* » (de tels rois entrent peu dans les intérêts de la nation qu'ils ont vocation à gouverner, et n'en ont pas d'ordinaire un véritable soin). À toute distance d'une étroite revendication nationaliste qui, dans son refus de prise en compte du bien commun universel, pèche par nominalisme et anticipe l'individualisme strict générateur d'égalitarisme démocratique, nous retenons de cette observation qu'une dynastie ne saurait être considérée, « *simpliciter* », comme la cause efficiente de la cité. Tout au plus est-elle l'instrument que la **nature** politique de la multitude, en puissance active dans tout homme, se donne pour réaliser en acte l'unité de la multitude dont elle est le principe.

En d'autres termes, la cause finale de la cité est le bien commun. Sa cause formelle est l'État. Sa cause matérielle est l'existence d'une multitude nationale, c'est-à-dire d'une multitude exerçant d'une manière particulière, et irréductible à toute autre, la nature humaine, d'une multitude ayant communauté de destin forgée à travers les accidents de l'histoire et constituée comme communauté ethnique. Mais la cause efficiente de la cité n'est pas tant la personne du Prince ou la dynastie que la nature politique de l'homme, immanente à tout homme. Et seule l'organicité ainsi entendue, définissant le désir du bien commun immanent comme l'anticipation de soi **obligée** du désir du Souverain Bien, qui est transcendant, conjugue sans les opposer immanence et extaticité du désir humain. L'État n'assume sa vocation extatique de lieutenance du Christ que par assomption de son organicité qui le boucle sur lui-même. Rappelons que la cité organique est la réalisation en acte de toutes les virtualités de la nature humaine (toutes les vocations personnelles, tous les talents, tous les métiers y sont déployés qui donnent à la cité d'être autarcique en tant qu'en elle, ainsi circonscrite ou limitée, les hommes y trouvent tout ce dont ils ont besoin pour vivre humainement), ce qui fait de cette réalisation, en droit, le meilleur bien vers quoi puisse tendre le désir humain : un tel désir, **procédant**, en tant que faculté, de l'essence humaine, n'appète les biens divers extérieurs que comme visant à travers eux l'adéquation à cette même essence du sujet substantiel qu'il habite ; tout désir part de l'essence et retourne à elle ; si la cité réalise en acte toutes les virtualités de l'essence humaine, elle est, comme tout d'ordre incluant les personnes, le déploiement de l'essence qui a raison de fin pour la personne elle-même. Ainsi, une communauté finalisée par le bien commun est bien et par définition cette cité dotée d'une structure organique et totalitaire. Et seule la cité en tant qu'organique, comme essence humaine développée, constitue dans l'expérience mondaine de l'individu ce principe d'actualisation de ses propres ressources latentes. C'est seulement en se bouclant sur elle-même, en actualisant excellemment les ressources de l'essence, qu'elle actue par là dans les personnes un désir de se restituer à l'essence envisagée selon un mode d'exister plus parfait que celui qu'elle exerce en tant que forme politique. Pour cette raison, **il n'est pas de bien naturel mondain supérieur au bien politique**. Même la vertu de religion (que transfigure la Religion révélée) est naturelle en tant qu'elle relève de la justice. La « *theoria* » elle-même s'exerce à plusieurs, sa diffusibilité lui est intrinsèque : l'indépendance caractérise la vie contemplative, mais « sans doute le sage le ferait-il d'une façon supérieure encore, s'il associait d'autres personnes à sa contemplation » (Aristote, *Éthique à Nicomaque*, X 7). Il est de l'essence de la vie contemplative, selon la leçon d'Aristote, de se communiquer dans la cité, qui n'est pas simple condition de possibilité mais dimension constitutive de la vie contemplative. La cité, qui résume le cosmos dont elle est le fruit le plus parfait, lequel est l'objet immédiat de l'activité théorétique, est idéellement dans la vie contemplative qui la requiert (au point que Dieu, qui est la Contemplation même comme identité concrète de l'être et du savoir, est dans Lui-même une Société), et la vie contemplative est diffusivement dans la cité qui s'accomplit, parvient à son acmé et à ce titre se résume en elle.

Assurément la cité est pour l'homme, mais pour l'homme en acte, non pour l'individu, pour l'homme actualisé dans sa dimension politique, pour l'homme pris avec les relations politiques qu'il entretient à l'égard d'autrui. Mais les hommes pris avec leurs relations réelles ne sont pas autre chose que la cité concrète. Ce qui revient à dire qu'en dehors de la manière dont elle subsiste superlativement en Dieu sur le mode de l'Idée divine, la manière la plus parfaite dont l'essence humaine se pose dans l'existence n'est pas tant la forme en tant qu'âme individuelle dépouillée de ses relations avec autrui, que la forme de la Cité, non comme être de raison, c'est-à-dire en dehors des individus qu'elle intègre, mais avec eux : « *multitudo praeter multis non est, sine in ratione* ; *multitudo tamen in multis est in rerum natura* » (saint Thomas, *de Pot.* III, 16 ad 16^{m}).

30 – Levée d'une équivoque

C'est le moment d'évoquer la formule quelque peu équivoque de Pie XI : « *Civitas homini, non homo civitati existit* » (*Divini Redemptoris*, Acta Apost. Sedis, 31 mars 1937, p. 79 : La société existe pour l'homme, non l'homme pour la société). On sait avec quelle absence de sobriété elle fut utilisée par les catholiques antifascistes. Prise à la lettre, elle contredit la philosophie d'Aristote : « (...) toute cité est un fait de nature, s'il est vrai que les premières communautés le sont elles-mêmes. Car la cité est la fin de celles-ci, et la nature d'une chose est sa fin (...) » (*Pol.* I 2). Elle contredit tout autant l'enseignement de saint Thomas d'Aquin :

> « *Totus homo ordinatur ut ad finem ad totam communitatem cujus est pars* » (*Somme théologique*, II^{a} II^{ae} q. 65 a. 1 : l'homme tout entier est ordonné comme à sa fin à la communauté tout entière dont il est la partie). « *Bonum commune est melius et divinius quam bonum unius* » » (*Pol.* I, lect. 1 : le bien commun est meilleur et plus divin que le bien d'un seul). « *Imperfectum ordinatur ad perfectum. Omnis autem pars ordinatur ad totum sicut imperfectum ad perfectum. Et ideo omnis pars est* ***naturaliter*** *propter totum* (...). *Quaelibet autem* ***persona singularis*** *comparatur ad totam communitatem sicut pars ad totum* » (*Somme théologique*, II^{a} II^{ae} q. 64 a. 2 : l'imparfait est ordonné au parfait ; mais toute partie est ordonnée au tout comme l'imparfait au parfait ; c'est

pourquoi toute partie est naturellement pour le tout (...) ; toute personne singulière entretient à l'égard de la communauté tout entière le même rapport que celui de la partie à l'égard du tout).

Aussi, bien comprise, la formule de Pie XI doit signifier :

La société est l'instrument de l'acte par lequel l'homme parvient à sa fin ultime. Mais précisément cet acte suppose que l'homme tende comme vers sa fin à la réalisation en acte de toutes les virtualités de sa nature qu'est le bien commun, ou bien propre de la cité en tant que tout. Elle est donc pour l'homme en tant que, l'homme se subordonnant à elle, il prépare en cette subordination la subordination de lui-même à Dieu. Contre les jongleries verbales et personnalistes du démo-chrétien Maritain (subordonnant l'individu au bien commun de la cité pour faire de la cité l'instrument de la dignité de la personne), ou de la secte d'Emmanuel Mounier, la société est fin de l'homme en tant que personne, parce que la personne est indissociable tant de son individualité sociale que de sa nature spécifique.[16]

[16] A été évoquée, au § 21. 5. 4, la notion de « réflexion ontologique » œuvrant au cœur de tout être en tant qu'être ; cette notion est présente, de manière implicite, dans l'œuvre de l'Aquinate : « *Quanto forma magis vincit materiam, tanto ex ea et materia magis efficitur unum* » (*C. G.* II 68) ; l'unité de la matière et de la forme est d'autant plus parfaite (unité en laquelle la matière trouve son bien et sa perfection qui l'achève dans son ordre de matière) que la matière est plus parfaitement vaincue, ainsi niée, par la forme même ; ce qui revient à dire que l'acte à raison duquel la puissance est niée, est l'acte selon lequel elle est confirmée dans l'excellence de son statut de puissance. De même que l'acte s'anticipe dans la puissance dont il se fait provenir en la niant, mais en la confirmant par l'acte à raison duquel il la nie, de même l'exister s'anticipe dans l'essence dont il est l'acte et qu'il confirme dans le moment où il l'actue ; et de la même façon, s'il est vrai que le sujet est puissance de l'essence qu'il exerce, il est confirmé dans son statut de sujet d'exercice de l'essence par l'acte d'être actualisé par elle qui se le subordonne ; or la formalité de personne a raison de sujet de l'essence ou nature ; donc la personne est achevée dans son ordre de personne dans et par l'acte d'être subordonnée à l'essence qu'elle individue, qui se réalise en elle et qui la donne à elle-même dans l'acte de se la subordonner, de telle sorte que la personne trouve son bien le meilleur et son autonomie dans le fait de s'ordonner librement à l'essence dont elle est l'individuation. Or la cité, considérée avec les individus ou personnes qu'elle rassemble, réalise plus parfaitement l'essence humaine que chacun des individus qu'elle intègre ; donc la personne humaine trouve son bien le meilleur dans l'acte de se subordonner au bien commun. Et c'est dans le consentement à cette subordination que la personne s'habilite, au terme de la vie terrestre, à contracter le pouvoir de poursuivre sa vocation oblative, qui la parfait, en tendant vers un mode de réalisation communautaire de son essence plus intégrateur encore que le mode communautaire de réalisation politique de l'essence humaine ; il s'agit alors de la communion des saints, ou plus précisément de cette communauté humaine des âmes en quoi eût consisté le destin définitif de l'homme s'il avait été créé en état de pure nature, et que transfigure la grâce. **Il en résulte que la personne ne se donne les moyens de transgresser sa vocation à se subordonner à la cité qu'en commençant par plébisciter**

Ce qui vient d'être dit est corroboré par l'enseignement de Pie XII qui condamna l'éthique personnaliste en ces termes :

> « Seul existe cet homme concret. Et cependant, la structure de ce moi personnel obéit dans le moindre détail aux lois ontologiques et métaphysiques de la nature humaine (...). La raison en est que l'homme "existentiel" s'identifie dans sa structure intime avec l'homme "essentiel". La structure essentielle de l'homme ne disparaît pas quand s'y ajoutent les notes individuelles ; elle ne se transforme pas non plus en une autre nature humaine... » (*Allocution au congrès de psychothérapie et de psychologie clinique* du 15 avril 1953).

Et que la société soit fin de l'homme en tant que personne n'exclut en rien qu'elle soit, en même temps, l'instrument de la fin suprême de l'homme. Que la société n'ait qu'un statut de fin intermédiaire ne lui ôte pas son statut de fin. Au reste, Pie XI précise : « La cité existe pour l'homme, l'homme n'existe pas pour la cité. Ce qui ne veut point dire, comme le comprend le libéralisme individualiste, que la société est subordonnée à l'utilité égoïste de l'individu. » La société est pour l'homme et l'homme est pour Dieu, mais elle est pour l'homme en tant que fin intermédiaire qu'il doit poursuivre à ce titre pour s'ordonner à Dieu en se rendant adéquat à son essence et en se subordonnant à l'injonction de cette dernière qui veut se voir réalisée dans toutes ses virtualités, c'est-à-dire dans ce tout d'ordre concret en quoi consiste la société prise avec les personnes qu'elle rassemble selon des relations réelles qui la perfectionnent. L'essence est mesure de la personne parce que la personne est l'individuation de la nature et non son heccéité[17]. Loin d'être finalisée par la personne, la nature ou essence se la subordonne en tant que, s'individuant en elle, elle la ramène à elle : « (...) *ultima naturae intentio est ad speciem, non autem ad individuum, neque ad genus* ; *quia forma est finis generationis, materia vero est propter formam* » (saint Thomas, *Somme théologique*, I^{a} q. 85 a. 3 ad 4 : l'ordination ultime de la nature — tension vers ou « intention » — est dirigée vers l'espèce, mais non vers l'individu non plus que vers le genre ; parce que la forme est la fin de la génération, alors qu'en revanche la matière est pour la forme). Or : « (...) *suppositum significatur ut totum, habens naturam sicut partem formalem et* ***perfectivam sui*** » (*ibid.* II^{a} II^{ae} q. 106 a. 3 : la personne est entendue comme un tout, ayant une nature

---

radicalement cette subordination. *A contrario*, en freinant, au nom d'une conception erronée (personnaliste) de la dignité de la personne, sa vocation à se subordonner radicalement au bien commun politique, on détruit le pouvoir, en la personne, de transgresser l'excellence du bien politique, on la rive à sa finitude temporelle en croyant exalter sa dignité intemporelle. Il y a coextensivité, et non conflit, entre l'exigence *totalitaire* d'organicité de la cité, et la vocation extra ou supra-politique de la personne.

[17] Terme scotiste désignant une détermination formelle individuelle extrinsèquement surajoutée à la nature générique et spécifique, de telle sorte que le déterminant de la personnalité (*i.e.* de la subjectivité ineffable et insubstituable) est extérieur à la nature humaine : le Moi échappe à la causalité de l'essence.

comprise comme sa partie formelle qui la perfectionne). Et on ne voit pas qu'un principe de perfection soit subordonné à ce qu'il perfectionne puisque « *omnis effectus naturaliter ad suam causam convertitur* » (*ibid.* : tout effet se retourne naturellement vers sa cause). Même l'« *actus essendi* » (l'acte d'exister qui est ce qu'il y a de plus intime dans le réel) « *sequitur formam rei* » (*ibid.*, *Compendium* c. 74 : il fait suite à la forme de la chose), de telle sorte que l'homme n'a pas une nature pour exister ; il existe pour réaliser les perfections d'une nature : « *Finis generationis uniuscujusque rei generatae est forma ejusdem, hac enim adepta generatio quiescit* » (*ibid.*, *Compendium* c. 101 : la fin de la génération de n'importe quelle chose engendrée est sa forme ; en effet, une fois celle-ci obtenue, la génération se repose).

Dès lors la réalisation, par la personne et en elle, des exigences de son essence, n'est pas un bien qu'elle rapporte à soi mais un bien auquel elle est rapportée, ce qui, tout en appelant paradoxalement de la personne qu'elle ne se repose en son bien que dans un acte d'abnégation, ne laisse pas ce bien d'être **son** bien. Or cette réalisation est plus parfaite, comme on l'a vu, dans la cité concrète, qui intègre la personne, que dans la personne abstraite du tout vivant (la cité) qui la fait naître (comme cause seconde) et la voit mourir. Par conséquent la personne se rapporte à la cité concrète comme à sa fin, laquelle a le statut de moyen par rapport à la Communion des Saints. La société politique est pour l'homme en tant qu'elle n'est pas divine, c'est-à-dire en tant qu'elle n'est pas la plus parfaite des sociétés, la Société subsistante des Personnes divines que se subordonne en tant qu'expression de Son infinie fécondité la **Nature** divine.

Remarquons donc que c'est en quelque sorte lui-même que l'homme sert en servant la cité, en ce sens que l'accomplissement du moi consiste dans l'abnégation de lui-même en vue de l'actuation des virtualités de son essence. Le vœu objectif le plus profond du moi qui se sait tel qu'il est en vérité, à savoir l'individuation de la nature qui se concrétise en lui, dont il tient l'être et qui constitue sa fin, est précisément le service de cette fin. Si la cité terrestre n'est pas sa fin ultime, ce n'est pas tant parce que le moi serait ontologiquement supérieur à elle, que parce que ce mode de concrétion de la nature humaine qu'est la Cité, est impuissant à exiger du moi la radicale abnégation de lui-même qu'il désire : on ne peut crucifier pour la cité terrestre que sa propre existence temporelle.

Il est vrai que même une Communion des Saints, pourtant intemporelle, ne saurait, de soi, exiger l'abnégation totale du moi au tout, en ce sens que Seul Dieu, cause finale et première de Ses créatures (dont la bonté intrinsèque n'est qu'une bonté participée) a raison totale de fin ultime. Mais c'est parce que Dieu est suréminemment toute chose, *interior intimo meo*, plus présent à la créature qu'elle n'est présente à elle-même, c'est parce qu'Il est plus totalement la richesse ontologique de toute créature que n'en pourrait constituer la somme organisée de toutes les richesses créaturelles — qu'Il a raison de fin pour la personne créée : l'essence humaine est plus parfaitement réalisée en Dieu (dont elle est une Idée) qu'en la Communion des Saints, en la Communion des Saints qu'en la Cité terrestre, en la Cité terrestre qu'en l'individu personnel. « *Unumquodque suo modo naturaliter diligit Deum plus quam seipsum* » (*Somme théologique*, I[a] q. 60, a. 5 ad 1) ; tout être aime naturellement Dieu même sans Le connaître positivement, puisque Dieu réalise superlativement toutes les perfections qu'appètent les créatures (cf. *C. G.* III 17-21 et 24). C'est pourquoi le vœu d'accomplissement abnégatif du moi ne se satisfait que dans la reddition de lui-même tout entier à son Principe subsistant, de telle sorte que se rendre à son Principe en crucifiant son indépendance exclusive, et se subordonner à la cité comme à une imitation du Principe, sont pour la personne humaine deux actes dont le second préfigure et prépare le premier qui l'induit. Dès lors, si la cité terrestre n'est pas la fin ultime de la personne, c'est bien plutôt parce que la finitude du bien de la cité, pourtant supérieur à la bonté intrinsèque de la personne singulière (mais inférieur à la bonté que peut appéter la personne) exclut que la personne trouve en cette subordination l'exinanition exhaustive d'elle-même qu'elle convoite. En d'autres termes, si la personne est en droit de s'insurger contre la cité, ce n'est pas parce qu'elle lui serait de soi supérieure, c'est bien plutôt parce qu'elle ne trouve pas en elle l'occasion ou la raison suffisante de s'y subordonner totalement, bien qu'elle y puisse se subordonner tout entière. « L'homme n'existe que pour la société, écrivait Louis de Bonald (*Bonald*, de M. Toda, Éd. Clovis, 1997, p. 23), et la société ne le forme que pour elle : il doit donc employer au service de la société tout ce qu'il a reçu de la nature et tout ce qu'il a reçu de la société, tout ce qu'il est et tout ce qu'il a. »

« (...) *homo non ordinatur ad societatem politicam secundum se totum, et secundum omnia sua* (...) » (saint Thomas, *Somme théologique*, I[a] II[ae] q. 21 a. 4 ad 3 : l'homme n'est pas ordonné à la société politique selon tout lui-même et selon tout ce qu'il a). Mais, comme le fait remarquer Charles de Koninck (*De la primauté...*, *op. cit.*, p. 66), on ne saurait conclure de ce texte isolé que la société politique serait « en dernière instance subordonnée à la personne singulière prise comme telle ». Le commentateur antipersonnaliste explique brillamment que la formule signifie seulement que l'homme n'est pas ordonné à la seule société politique. S'il n'est pas selon tout lui-même partie de la société politique, c'est au sens où, **lui étant ordonné selon le tout de lui-même en tant que citoyen**, il ne se réduit pas au statut de citoyen de la cité terrestre. Mais il faut remarquer qu'il n'est pas, comme s'il était morcelable, citoyen par une part de lui-même cependant qu'une autre part de lui-même serait soustraite à une telle détermination. Il est en tant qu'homme tout entier mais non totalement citoyen de la cité terrestre, et tout entier et totalement (mais en puissance ici-bas) citoyen de la Cité céleste. C'est pourquoi, en dépit de ce qui fut souvent enseigné par des auteurs catholiques bien-pensants, la société civile n'est pas l'instrument de la santé physique et morale de la famille, dont le statut de première société ne lui confère pas pour autant le statut de cause finale :

> « (...) *sicut homo est pars domus, ita domus est pars civitatis* ; *civitas autem est communitas perfecta, ut dicitur in I. Polit. (cap. 1 et 2). Et ideo sicut bonum unius hominis non est* ***ultimus finis, sed ad commune bonum ordinatur****, ita etiam bonum unius domus ordinatur ad bonum unius civitatis, quae est communitas perfecta* » (saint Thomas, *Somme théologique*, I^a II^{ae} q. 90 a. 3 : de même que l'homme est partie de la famille, ainsi la famille est partie de l'État ; mais l'État est la communauté parfaite, comme le dit Aristote dans la Politique. Et donc de même que le bien d'un seul homme n'est pas la fin ultime mais est ordonné au bien commun, de même le bien d'une seule famille est ordonné au bien d'une seule cité, laquelle est la communauté parfaite).

L'interprétation ici proposée du texte de saint Thomas ci-dessus évoqué (*Somme théologique*, I^a II^{ae} q. 21 a. 4 ad 3) est confirmée par la suite immédiate de ce texte et par les commentaires qu'il appelle : « (...) *et ideo non oportet quod quilibet actus eius sit meritorius vel demeritorius per ordinem ad communitatem politicam* » (Pour cette raison il n'importe pas que tout acte humain soit méritoire ou non par référence à la communauté politique). En fait, saint Thomas veut établir dans cette question que tout acte humain comporte mérite ou démérite devant Dieu. L'objection était que l'acte humain emporte mérite ou démérite si et seulement s'il est rapporté à autrui, et que tous les actes humains ne sont pas rapportés à Dieu. Faut-il comprendre dans la réponse de saint Thomas que certains actes humains, par leur éminente dignité, devraient être soustraits au souci du bien commun naturel ? Cette lecture s'accorderait peu avec les formules suivantes : « (...) la piété filiale s'étend à la patrie selon qu'elle est en nous un certain principe d'être » (***quoddam essendi principium*** : II^a II^{ae} q. 101 a. 3 ad 3) ; « (...) le **bien** et le salut de la multitude assemblée en société est dans la conservation de son **unité**, qu'on appelle paix (...) » (*De Regno*, I c. 2), de telle sorte que, puisque le bien commun a raison de fin, l'unité même de la cité a raison de fin, et non de moyen destiné à permettre à la personne de poser dans l'ordre naturel des actes immédiatement référés à Dieu et sans référence à la cité. En fait, saint Thomas ne veut nullement dire que certains actes humains, dans l'ordre naturel, transcenderaient en vertu de leur éminente qualité toute référence au bien commun politique. Il veut dire que ce dernier n'est pas assez commun, ou universel, dans l'ordre de causalité, pour se subordonner en les déterminant ou en les conditionnant tous les actes humains jusqu'aux plus humbles. Même nos actes les plus humbles, les plus privés, même ceux qui n'ont pas de rapport direct à autrui, emportent mérite ou démérite devant Dieu, parce que nous dépendons de Lui en tout, étant Ses débiteurs en toute chose. Aristote enseignait :

> « Mais il en est de l'univers comme dans une famille où il est le moins loisible aux hommes libres d'agir par caprice, mais où toutes leurs actions,

ou la plus grande partie, sont réglées ; pour les esclaves ou les bêtes, au contraire, peu de leurs actions ont rapport au bien commun, et la plupart d'entre elles sont laissées au hasard » (*Métaphysique*, XII, 10, 1075 a 18-23).

Ce qui relève du privé n'est « libre » du bien commun qu'en vertu de sa débilité. Le pinceau est tout entier ordonné au tableau (tout comme l'homme à la cité), mais la causalité du tableau appartient à l'ordre de la finalité sans appartenir à l'ordre de l'efficience, et c'est pourquoi certains attributs du pinceau, les moins importants (telle la couleur du manche) sont soustraits à la fin du pinceau ou ne la concernent pas. De ce que la cité n'est pas le premier principe d'existence de l'homme, certains actes humains privés ne lui sont pas référés. Corrélativement, la cité n'est pas fin ultime de l'homme, et même les actes privés de ce dernier emportent mérite ou démérite devant Dieu. Quant aux actes humains, dans l'ordre naturel, les plus élevés en dignité, ils emportent aussi bien entendu mérite ou démérite devant Dieu, mais en tant qu'ils sont ordonnés à la cité elle-même ordonnée à Dieu.

31 – Totalitarisme fasciste et totalitarisme démocratique

Ce n'est pas parce que le diable est monarque en tant que Prince des Ténèbres qu'il faudrait répudier toute monarchie. De même, ce n'est pas parce que l'esprit démocratique est totalitaire (« tyrannie de tous sur tous », selon l'heureuse expression du Professeur Claude Polin) qu'il faudrait répudier tout totalitarisme. Monarchistes légitimistes ou orléanistes, théocrates maistriens, absolutistes louis-quatorziens (et gallicans...), conservateurs libéraux et démo-chrétiens, tous conspuent le totalitarisme, au nom de leur spiritualisme généralement d'origine catholique. Ils ne tolèrent l'organicité politique que si elle est incomplète, afin d'en faire l'instrument de sanctification de la personne. Et faire d'une certaine forme de totalitarisme révolutionnaire — le fascisme — la condition d'une intromission réussie du catholicisme intégraliste dans la Chose politique, ou d'une subordination réussie du Politique, en sa forme monoarchique rationnelle, à l'Église, est une entreprise qui relèvera pour eux de la gageure délirante ou de la provocation aussi insolente que dérisoire.

Pourtant la Nature, l'ensemble total du créé mondain — dont l'ordre culmine dans la forme qui le sublime de l'« *optima respublica* » —, est un système, puisqu'elle est, comme participation à Dieu vouée à L'imiter, idéellement et superlativement assumée en l'essence divine qui, en tant qu'identité concrète de l'identité et de la différence, est **Totalité absolue**. Cette perfection qu'est la cité, dont le paradigme est le Dieu Trinitaire, est aussi comprise comme Idée en Dieu, au sens où Il la pense en Se pensant comme participable, et au sens où elle est constitutive de Sa perfection. L'existence contingente de la cité est posée par Dieu, ou créée, en tant qu'Il la pense en Se pensant et de plus la veut comme créature. Par là, de totalité absolue qu'elle était (et qu'elle continue à être en tant que créatrice, intemporellement) dans la Pensée divine avec laquelle elle s'identifie en tant qu'Idée, la cité perd, en tant que créée — donc intrinsèquement dépendante ou **relative** — son absoluité. C'est donc, pour conserver la vertu d'imiter son Modèle, la **forme totalitaire** de son Origine qu'elle préserve dans le vœu de se restituer à Elle, et non Son absoluité. La penser comme procédant de Dieu, dans sa contingence, c'est la penser sur le mode totalitaire qui lui convient.

D'autre part, ce n'est pas parce que le communisme est totalitaire qu'il est le paradigme de l'irréligion et l'horizon de toute décadence. La tyrannie communiste est effroyable en tant que démocratie accomplie : une société est d'autant plus totalitaire, au sens péjoratif du mot (tyrannie de tous sur tous qui éclipse en l'homme toute ouverture à la transcendance), que l'immanence de l'impulsion, en chaque homme, à se subordonner à un tout, est moins reconnue : lorsque la causalité du tout est extirpée de la partie (au nom de la dignité de la personne qui, dit-on, répugne à se reconnaître comme partie d'un tout), alors le tout, contractant dans les instances coercitives et mécaniques d'un État administratif inflationniste (en fait un État qui dépérit, qui n'est plus politique) le statut de partie, arraisonne les parties de l'extérieur pour les faire tenir ensemble. Un tel tout monstrueux n'en est pas moins passionnément souhaité par la psyché démocratique qui reconnaît en lui d'instinct, jusque dans les mécanismes qui la broient, l'expression de sa souveraineté. Il est, pourrait-elle dire, heureux que le tout m'écrase, puisque ce tout n'existe que parce que j'y consens, dans le moment où il écrase les autres et par là nous égalise. Et l'égalité est la seule relation possible entre des petits dieux qui ne se veulent infiniment égaux que parce qu'ils se veulent infiniment libres et souverains : « Les hommes veulent d'abord la liberté des corps, puis celle des âmes, c'est-à-dire la liberté de pensée, et l'égalité avec les autres ; ils veulent ensuite dépasser leurs égaux ; et finalement, placer leurs supérieurs au-dessous d'eux » (Vico, *Scienza nuova*, II 23). C'est dans le totalitarisme démocratique que cette passion contradictoire (faire coexister des tyrans qui n'ont même plus l'énergique et franche cruauté de s'entre-tuer) trouve sa dramatique résolution. Mais le refus de l'immanence, en chacun, d'une impulsion à se subordonner au tout comme au meilleur de lui-même, procède d'une absolutisation de la valeur de la personne individuelle en tant que telle, excluant qu'elle puisse sans déchoir obéir à un homme, à une autre personne et, avec elle, à un bien commun auquel elle serait rapportée. La tyrannie communiste, démocratie consommée, est l'anti-totalité des subjectivités haineuses, exclusives les unes des autres. Elle est une totalité si l'on veut, mais celle de subjectivités pures déliées de toute nature humaine normative, de subjectivités se réduisant au rien de leur pur acte de nier la totalité essentielle, dont chacune est en vérité l'individuation, en quoi consiste cette projection exhaustive de l'essence de l'âme humaine qu'est l'ordre politique du monde. Aussi la cité déchue, dont **tous** les régimes contemporains sont autant de préfigurations, n'est-elle qu'une totalité indifférenciée — dotée, telle la matière prime (dont tout l'être est de n'être pas les formes qu'elle particularise et dont elle tient l'existence en tant que « *materia signata* »), d'une pure identité négative avec soi, pure extériorité à soi s'échappant d'elle-même par tout elle-même — de subjectivités fusionnant par suite de leur frénésie nominaliste de différenciation pure, exclusive de l'identité totalisante d'une nature commune : « Je ne suis fait comme aucun de ceux que j'ai vus ; j'ose croire n'être fait comme aucun de ceux qui existent. Si je ne vaux pas mieux, au moins je suis autre » (J.J. Rousseau, *Confessions*, L. I). Le totalitarisme communiste n'a de totalitaire que le **refus** total, fondateur d'individualités non totalisables — et c'est pourquoi elles ne font totalité que par négation de leur véritable individualité, dans une libre aliénation de leur liberté —, de toute totalité fondatrice.

Et user d'un même vocable pour désigner la majesté de l'État et son dépérissement, nous paraît inopportun, parce que l'équivoque sémantique cèle mal ce que nous pensons être une erreur de jugement. Notons encore que la substantialité analogique de la cité, en tant que totalité organique ou identité de l'identité et de la différence, comprend, comme le moment nécessaire de sa concrétion, la différence réelle du privé et du public : le privé est l'individuation du public qui se dessaisit réellement de lui-même dans la famille et dans l'individu qui en retour s'ordonnent à lui. Il en résulte que le caractère légitimement totalitaire de la cité, parce que totalitaire d'une totalité concrète, est à ce titre même respectueux des personnes en leur dignité de substances spirituelles incommensurables à toute grandeur impériale historique, même si la grandeur de toute personne humaine se manifeste dans sa subordination à elle : invitant la personne — **parce qu'elle s'est, en tant qu'intériorité privée, ordonnée tout entière à l'État** — à se ressourcer dans une intériorité plus profonde que celle qu'il se subordonnait, l'État confère à la personne ainsi et par lui émancipée de sa singularité exclusive, la dynamique lui donnant de se subordonner, totalement cette fois, à une totalité supra-politique de type ecclésial ; c'est dans l'exercice de sa subordination totale à la cité par là bouclée sur soi, que la personne actualise en elle-même la puissance à transgresser la finitude du bien commun politique, mais pour s'intégrer dans une Totalité si organique — l'union à Dieu qui se diffuse dans la Communion des Saints — que la personne trouve en Elle, parce que Cause première, jusqu'à la racine de son intériorité.

Fruit de ce monde moderne radicalement matérialiste, subjectiviste, individualiste, l'homme contemporain, produit du christianisme dévoyé en personnalisme, a décidé de s'identifier à son libre arbitre. Répugnant à reconnaître sa liberté comme mesurée à l'aune de l'essence ou nature humaine, il ne sait plus reconnaître sa conscience comme cette intériorité **posée** — loin de s'en émanciper — par l'identité à soi réflexive de l'essence qui la finalise. Pour se réduire à la pure indétermination qui équivaut au néant d'essence, sans cependant perdre l'existence, la conscience doit s'appréhender comme puissance de nier toute relative à ce qu'elle conteste. Devenu celui qui toujours nie, tel Méphisto, parce que tel est l'être de son néant d'être, l'homme moderne ne se peut donner consistance ontologique autrement que par l'homogénéisation et l'interdépendance sociales en quoi consistent tant la figure (en sommeil) du communisme que le triomphe momentané du consumérisme libéral. En se réduisant à n'être que l'ensemble de ses relations sociales, alors l'homme révolté peut **être**, sans être quelque chose de déterminé, sans subir la fixité d'une nature dont sa liberté devenue terroriste refuse le magistère. Et en effet, posant son humanité comme totalité **sociale**, l'homme moderne réalise ce substitut de la vraie nature humaine récusée par sa liberté pure de nihiliste. À la fois évolutive et produite par les hommes, la société moderne est telle que l'homme qui s'y réduit peut se rêver comme cause de soi en devenir, comme opération indéfinie de se faire Dieu.

En cet univers incertain qui nous prépare une tyrannie démocratique anti-totalitaire en tant qu'anti-organique et dont nous ne savons pas encore si elle sera celle que décrivait Tocqueville (Deuxième partie de *La Démocratie en Amérique*), ou la société radieuse de Marx, si elle sera celle du mondialisme bancaire ou celle du bolchevisme planétaire — mais il s'agit probablement du même monde envisagé selon des phases différentes —, celui qui croit encore à la possibilité d'un salut politique est invité à choisir entre deux maximes pour guider son action. La première est celle de Joseph de Maistre, celui-là même qui ne regardait pas d'un œil hostile, avant la Grande Cassure, les turbulences déjà décadentes des Grands opposés au trône : « Le rétablissement de la monarchie, qu'on appelle contre-révolution, ne sera point une révolution contraire, mais le contraire de la révolution » (dernière phrase des *Considérations sur la France*). La seconde est celle dont nous emprunterons la formulation à Robert Aron : « Quand l'ordre n'est plus dans l'ordre, il faut qu'il soit dans la révolution. Et la seule révolution que nous envisageons est la révolution de l'ordre » (Robert Aron et Arnaud Dandieu, *La Révolution nécessaire*, Grasset, 1933).

Et si le présent ouvrage mérite de retenir l'attention des lecteurs monarchistes, ils comprendront que c'est la deuxième maxime qu'ils sont invités à faire leur.

32-1 – Critique de la position maistrienne

Avec saint Ambroise qui voyait dans le pouvoir la sanction du péché, saint Augustin, comme on sait, avait une tout autre conception du pouvoir politique que celle qui vient d'être développée :

> « L'être raisonnable fait à Son image <Dieu>, Il ne veut pas qu'il domine sur d'autres que sur les êtres irraisonnables ; Il ne veut pas que l'homme domine sur l'homme, mais l'homme sur la bête. Aussi les premiers justes furent établis plutôt pasteurs de troupeaux que rois des hommes, Dieu voulant ainsi nous apprendre ce que demande l'ordre de la création, et ce qu'exige la justice due au péché. Car, on le comprend, c'est avec justice que

la condition de l'esclavage a été imposée au pécheur » (*Cité de Dieu*, livre XIX c. 15).

Dans la même perspective, non sans contradiction (compte tenu d'un autre aspect de son enseignement ici rappelé dans notre § 30), Louis de Bonald déclarait :

> « Si Dieu est bon, si l'homme est enclin au mal (car Dieu lui-même ne pouvait pas faire l'ouvrage aussi parfait que l'ouvrier), c'est une nécessité que Dieu ait donné à l'homme des moyens de se préserver de l'effet de sa malice, et j'aperçois le motif des lois et la raison de la société » (cf. Toda, *op. cit.*, p. 24).

Substantiellement identique à celles de Joseph de Maistre et de Donoso Cortès, cette position est aujourd'hui soutenue par Monsieur le Professeur Claude Polin, pourtant agnostique. Quelque admirative reconnaissance que nous puissions éprouver à l'égard de cet auteur pour ses remarquables travaux consacrés à l'essence du communisme, nous ne pouvons souscrire à ses positions de principe relatives à la finalité de la cité :

> « Une société de saints serait-elle une société politique ? Sans doute pas. Il n'y a politique que parce que les hommes sont sinon méchants, du moins faillibles » (*Les Illusions républicaines*, PSR Éd., 1993, p. 204). « (...) l'essence du politique, c'est sa propre subordination, en tant qu'il est un pouvoir temporel, à une incarnation elle-même temporelle de l'Idée, c'est-à-dire à un pouvoir spirituel (...). On ne répétera jamais assez que la seule manière d'éviter que les hommes obéissent à des hommes, ce qui semble être la grande préoccupation de nos contemporains, c'est qu'ils n'obéissent qu'à Dieu » (*ibid.* p. 208). « (...) ce n'est pas véritablement à un homme que l'on obéira, mais au devoir d'obéissance : on n'obéit qu'à Dieu, mais la condition humaine fait que cette obéissance passe par une subordination temporelle » (*ibid.* p. 52).

Il s'agit bien d'une reprise du paradoxe maistrien :

> « Les rois abdiquent le pouvoir de juger par eux-mêmes, et les peuples, en retour, déclarent les rois infaillibles et inviolables (...), merveille inouïe, contraire à la nature de l'homme naturel (...) » (*du Pape*, l. III c. 4).

Or faire du politique un pur instrument résultant du péché originel et limité à une fonction castigatrice, c'est au fond dire que la nature humaine, de soi, n'invite pas l'homme à se subordonner à une totalité immanente. Mais cette vue est corrélative de cette autre selon laquelle l'homme, en tant que personne, est au-dessus de toute chose fors la divinité : on ne consent à obéir à l'homme que parce qu'il exerce un pouvoir dépourvu de toute autorité, laquelle lui est conférée par l'Église ; le pouvoir de l'homme sur l'homme est non naturel, effet d'une justice à la fois vindicative et médicinale. Les termes en lesquels Claude

Polin pose l'équation fondamentale de la question politique ressemblent singulièrement à ceux de Jean-Jacques Rousseau : trouver une forme d'association par laquelle chacun soit soumis à la loi du groupe tout en n'obéissant qu'à lui-même. Mais dire de l'homme qu'il est au-dessus de toute chose, fors la divinité, c'est dire qu'il est, en particulier, au-dessus de cette réalisation en acte de toutes les virtualités de la nature humaine qu'est l'État. Il est donc au-dessus de sa propre nature en tant qu'il est une personne, et le constitutif formel de la personnalité contracte alors le statut d'une heccéité, ce qui induit, via Duns Scot et Marsile de Padoue, le nominalisme dont l'expression politique obligée est la démocratie. Il en résulte que, si le bien commun immanent (celui de la Cité) n'a d'autre consistance que celle d'un instrument accidentel destiné à promouvoir la dignité de la personne, l'homme ne conjure l'individualisme subjectiviste et les horreurs politiques qui l'accompagnent, que par l'intercession de la surnature. Seules la Révélation, l'Église et la grâce permettraient l'adoption d'une forme politique mono-archique conjurant le matérialisme en quoi se résout logiquement le nominalisme. Mais alors on compromet la gratuité de la grâce.

On dira que si l'homme n'était pas pécheur, alors la démocratie, loin d'être cette épouvantable pétaudière consacrant la tyrannie de tous sur tous, serait vertueuse. C'est bien déjà ce que suggérait Platon (que christianise saint Augustin) qui faisait de la démocratie en droit le meilleur régime (cf. *Le Politique*, 302 e sq). C'est aussi ce que lui reprochait Aristote (*La Politique*, IV, 2, 1289 b5 et suiv.), rétorquant que la démocratie est un régime complètement vicié, au moins aussi pervers que l'oligarchie ou la tyrannie. Mais si la démocratie est un régime intrinsèquement bon qui ne devient diabolique que par l'effet du péché (selon l'adage : *corruptio optimi pessima*), c'est d'une démocratie chrétienne que devrait accoucher la réfection par la grâce de la nature humaine corrompue... D'autre part, si l'homme n'est pas par nature un animal politique, la cité est contre nature, et on ne voit pas qu'un artifice contre nature puisse être l'instrument de la grâce qui rédempte la nature. Dès lors, dans la perspective de cet auteur monarchiste, la grâce n'exerce son effet salvateur qu'en répudiant, avec sa corruption, jusqu'aux exigences intestines même non corrompues de la nature humaine. Mais comment la grâce pourrait-elle faire de la nature son sujet d'inhérence si elle la doit détruire pour l'habiter ?

On voit par là que l'idée monarchique ne saurait se dispenser de l'exigence politique d'organicité (la cité est naturelle à l'homme, elle a en elle-même le principe de sa structuration immanente, l'autorité procède de Dieu **par la médiation de la nature humaine**) que les défenseurs du trône croient trop souvent consubstantielle à l'idée démocratique. On voit aussi que le totalitarisme bien compris, dont la démocratie n'est que la décompression mécanique, n'est rien d'autre que l'idée d'organicité elle-même : « L'État ne contient pas en lui-même et ne réunit pas mécaniquement dans un territoire donné une agglomération amorphe d'individus. Il est, **et doit être en réalité, l'unité organique et**

organisatrice d'un vrai peuple » (Pie XII, radio-message *Benignitas et Humanitas* du 24 décembre 1944).

32-2 – Le statut de l'individu chez Platon et Aristote

L'opposition, évoquée au paragraphe précédent, entre saint Augustin et saint Thomas, trouve bien sûr sa source dans le différend qui sépara Platon d'Aristote.

Il est remarquable de constater que ce qu'Aristote reproche aux Platoniciens, c'est de « dériver les Idées des éléments » et d'admettre que « en dehors des substances ayant la même forme, il existe aussi des Idées, chacune d'elles étant une individualité une et séparée » (*Métaphysique*, M10, 1087 a 5). C'est le caractère séparé de l'Idée qu'il conteste, non le fait qu'elle soit cause de la réalité même. Si, pour Platon, l'Idée est séparée du sensible, constitutive d'un monde intelligible, de soi singulière et seulement cause exemplaire, elle est pour Aristote (tout en conservant son statut de cause finale et de cause formelle) d'abord **immanente** au sensible, universelle dans l'ordre de causalité en tant qu'efficience ou « *phusis* » (cf. *Physique*, livre II). Au fond, ce qu'Aristote reproche à Platon, c'est de confondre la divisibilité de la matière et la participabilité de la forme, en tant qu'il prend la forme pour un élément de telle sorte que, pour Aristote, la pensée platonicienne aboutit soit à la négation pure et simple de l'existence du sensible, soit paradoxalement mais logiquement à un **nominalisme radical** : « Les Platoniciens posent, d'ailleurs, que la Réalité en soi est une en chaque cas » (*Métaphysique*, M10, 1086 b 27).

Remarquons ici, avant d'aller plus loin, qu'un modèle qui ne vaut que pour un seul être n'est pas un modèle et que le propre de tout paradigme est de valoir pour une multitude : le propre de tout modèle est d'être autre que ce qu'il mesure. S'il ne mesure qu'un être, c'est que cet être exclut de lui-même et à raison de lui-même tout ce qui n'est pas susceptible d'être exhaussé à la perfection dont il est capable. Mais cela revient à dire qu'il est déjà parfait, qu'il n'a pas besoin de modèle et qu'il **est** son propre modèle. Un être étant en effet posé, l'unique manière possible pour que cette position empêche de soi tout autre être **possible** de participer à la perfection qui est le bien propre du premier, c'est que celui-ci soit son bien propre et l'épuise en le participant au point de se confondre avec lui. À moins qu'un tel être soit lui-même tous les possibles mais, s'il les assume tous en acte, c'est qu'il est l'« *omnitudo realitatis* » divine qui est évidemment à elle-même son propre bien. On ne saurait invoquer Leibniz pour suggérer que chaque réalité singulière a son modèle propre ne valant que pour elle : ce qui arrive à une monade n'est que le déploiement tout **intérieur** à elle de sa notion ; elle ne saurait être mesurée par son essence puisqu'elle l'est ; elle est immédiatement parfaite, immédiatement tout ce qu'elle peut être, elle n'a pas à ressembler à l'Absolu en tentant de s'y conformer progressivement puisqu'elle est elle-même l'Absolu considéré d'un certain point de vue.

Ce qu'Aristote reproche à Platon, c'est d'avoir fait sortir de la Dyade, ou « matière plastique (...) une multiplicité de choses tandis que, suivant eux, la Forme n'engendre qu'une seule fois ; mais, au contraire il est manifeste que d'une seule matière on ne tire qu'une seule table, tandis que l'artiste, qui applique la forme, fabrique, tout en étant un, plusieurs tables. Il en est de même <et l'on sait que pour Aristote l'art est la forme de la maison comme la nature est forme des choses naturelles> du mâle par rapport à la femelle : celle-ci est fécondée par un seul accouplement, mais le mâle féconde plusieurs femelles ; c'est là pourtant une image du rôle que jouent ces principes » (*Métaphysique*, M6, 988 a 1). Ce qu'Aristote reproche donc à son maître de la dernière période est d'avoir été acculé, pour sauver l'existence du sensible (réduit par Leibniz à de l'intelligible confus ou à un « phénomène bien fondé ») sans renoncer à la doctrine de la participation (qui exclut l'immanence de l'intelligible au sensible), au nominalisme. Plus brutalement, **Aristote reproche à Platon sa thèse de l'individuation par la Forme**. Puis donc qu'il y aura pour Platon autant d'Idées que d'hommes (et Plotin reprendra la thèse en enseignant qu'« il y a Là-Haut **une** Idée de Socrate »), la morale aura pour vocation de faire ressembler chaque homme à son Idée. Ce projet, non communautaire, est une dépréciation du Politique — voire, à long terme, son exténuation — puisqu'au Politique ne sera dévolu qu'un projet accidentellement commun. L'unitarisme moral de la République platonicienne, tout comme la transcendance unilatérale du Monde intelligible, masquent un anti-organicisme de principe. Il est remarquable de constater qu'Aristote décrit la philosophie de Speusippe (le successeur autorisé de Platon) comme Leibniz décrira sa propre conception de la substance : « dans ce système, une substance n'exerce aucune influence sur une autre, par son existence ou sa non-existence » (*Métaphysique*, L10, 1076 a 2). On croirait lire Leibniz selon lequel rien ne serait changé pour lui s'il était seul avec Dieu. C'est bien du nominalisme qu'Aristote fait le procès. Il est aisé de saisir dans cette « exacerbation de la transcendance » (selon la formule suggestive de Claude Polin, pourtant platonicien) une justification métaphysique anticipée de l'individualisme en politique. Et fût-il spiritualiste, un tel individualisme ne peut pas ne pas se convertir tôt ou tard en matérialisme, comme il le sera établi dans les lignes qui suivent.

Tout intérêt exclusivement individuel est nécessairement matériel. En effet, pour ne pouvoir être possédé que par un seul, un bien doit être tel qu'il répugne à appartenir à un autre en même temps. Aussi doit-il être tel qu'il perde son intégrité, son unité, lorsqu'on le somme de combler l'appétit de plusieurs. Il doit donc être divisible et localisable et, par là, matériel. Notons que le désordre des sociétés libérales tient dans le fait que le travail et la production des biens y sont mesurés par une rentabilité elle-même normée par le seul appétit inflationniste de consommer. Les méfaits du libéralisme économique ne sont pas liés au fait de l'inégalité des revenus, mais au fait qu'une société libérale est une société dans laquelle chacun est supposé n'être mû que par la recherche de son intérêt exclusivement personnel et privé. Une société libérale, animée par le dogme de la main invisible d'Adam Smith, substitue, au concept de bien commun fondateur du bien particulier, celui d'intérêt général, qui désigne à la fois la somme des biens particuliers, à la fois la condition instrumentale de leur coexistence. Or il n'est pas, comme on vient de le voir, d'intérêt exclusivement individuel qui ne soit matériel, dût-il prendre la forme pudique d'un bien culturel. Donc une société libérale est toujours au fond matérialiste. Or une société matérialiste est une société dans laquelle tous les hommes sont virtuellement ennemis les uns des autres, puisque les biens matériels qu'elle propose, divisibles et imparticipables, excluent — au rebours d'un bien spirituel — d'être à tous sans perdre leur unité qui fait leur intégrité et leur valeur : la vérité et la vertu peuvent être tout entières en tous, mais non un plat de lentilles ou une somme d'argent. Donc une société libérale est une société dans laquelle la possession, par l'un de ses membres, d'un quelconque pouvoir, est perçue par les autres comme un danger. Mais l'unique manière de conjurer les effets supposés tyranniques d'un pouvoir dont nul n'entendrait, même si la chose était possible, se départir, est qu'il soit indéfiniment diffusé et également partagé. Par conséquent il est dans la logique d'une société libérale d'être démocratique.

Une certaine conception, platonisante et augustinienne, de la morale catholique, induit une conception de la société et du pouvoir qui répudie le primat du bien commun immanent (donc politique et totalitaire) au nom du bien particulier transcendant (le Salut individuel). Et l'on comprend par ce qui précède qu'une société stratifiée en classes, anti-organique, a pour destin de se convertir tôt ou tard en société libérale. Ses membres seront alors sommés ou bien de renier leur foi, ou bien d'accepter — ce qui est encore trahir la foi catholique d'une autre façon — d'être écartelés entre une fin naturelle immanente et une fin surnaturelle transcendante. En fait, un certain catholicisme d'inspiration augustinienne condamne le souci du bien commun immanent, de ce « *bonum commune* » intrinsèquement commun en tant que sa communicabilité à d'autres que soi-même est constitutive de la délectation de chacun. Il le condamne au nom du bien commun transcendant, à savoir Dieu, mais, n'ayant pas voulu reconnaître dans la diffusibilité à autrui du bien en général une détermination si constitutive du bien privé qu'elle en forme comme la racine, il ne peut concevoir ce bien commun transcendant que comme doté d'une communauté accidentelle : il est le bien et la béatitude tout privés de chacun, et ne se révèle bien **commun** qu'entendu comme répétition ou concomitance des biens privés. Car si pour chaque créature spirituelle la communication à d'autres qu'elle du Bien Parfait était saisie comme intrinsèque à Son éminence souveraine, alors cette diffusibilité, reconnue comme la loi de la bonté de tout bien (le bien n'est tel que dans et par l'acte de se poser comme communicable) dont le Premier est le paradigme et la source, devrait se retrouver jusque dans le bien politique qui par là serait organique.

Aussi nous paraît-il singulier que l'organicisme et l'idée nationale puissent être dénoncés comme autant de préfigurations de l'esprit démocratique par les tenants de l'augustinisme politique, parce que ce dernier nous paraît en être la véritable origine.

33 – France et Allemagne

À titre tant d'illustration des réflexions qui précèdent que de transition en direction du chapitre III, il n'est pas superflu de comparer les destins respectifs de la France et de l'Allemagne. Toutes deux ont en commun de n'avoir pas su convertir à leur identité concrète le principe monarchique et dynastique du pouvoir et le principe national de ce même pouvoir. Et puisqu'une même réalité ne saurait avoir deux principes formels à peine d'exister deux fois, c'est que ces deux principes n'en sont qu'un selon les deux moments de son efficience. Ce point sera développé pour lui-même dans le prochain chapitre, mais nous nous permettrons d'en dire quelques mots ici relativement à la difficulté, en politique, comme ailleurs, d'harmoniser les exigences de la nature et la surnature.

> « Le droit divin de la royauté sur ses sujets n'est pas autrement divin que celui d'un père sur ses enfants, d'un maître sur ses domestiques, de tout chef d'un gouvernement ou d'une société sur ses subordonnés (...). Ce droit divin est le droit naturel (car naturel et divin sont la même chose), c'est-à-dire le moyen d'ordre établi dans la société pour sa conservation par l'Auteur de la nature » (Louis de Bonald, *De l'Esprit de Corps*, dans *Bonald, textes et études* par P. Bourget et M. Salomon, Paris, 1905, p. 213).

Si l'autorité procède de Dieu par la nature humaine, c'est qu'elle n'est transcendante quant à son origine que moyennant le mode immanent de son surgissement à partir — comme de sa matière — de la multitude sur laquelle elle s'applique. Il s'agit bien d'unifier immanence et transcendance. Le pouvoir pris dans son origine transcendante et ordonné à l'ordre surnaturel incarné par l'Église, c'est l'idée du politique pris comme hiérarchie, ou comme organisation architectonique de la cité. Le principe à la fois antique et moderne propre à la réalité nationale qui dans cette perspective enveloppe le prince lui-même comme opérateur de sa fonction rectrice immanente ordonnée au bien commun, c'est l'idée du politique pris comme totalité, ou comme disposition organique de la cité. De soi, ou pris à part l'un de l'autre, ces deux principes sont des abstractions, incapables de ne pas dégénérer. L'histoire antique le révèle *a posteriori* : de monarchique en tant que familiale et religieuse au départ, c'est-à-dire, selon ces deux derniers caractères, non encore pleinement politique, l'organisation de la cité, en Grèce comme à Rome, passe, en éclipsant son fondement monarchique, à une forme organique non dégagée de tendances démocratiques et compromise par elles mais dont elle s'émancipe (négation de négation) dans une reviviscence du principe monarchique (César à Rome, Alexandre en Grèce) cette fois pleinement politique. Aussi ces deux principes sont-ils, comme principes subordonnés, les résidus conceptuels d'un même principe originaire qui au fond, à partir du Midi de l'Histoire mondiale qu'est l'avènement du christianisme, ne fut jamais adéquatement réalisé, qui demeure ainsi en droit à penser au futur et dont les deux autres procèdent proleptiquement. Ils ne s'harmonisaient qu'en puissance dans l'Ancien Régime qui ne fit s'exercer en acte que le premier. La violence constitutive de l'unilatéralité de ce premier principe en peine du second avec lequel il ne sut jamais composer, se manifesta sur le mode d'une succession brutale et révolutionnaire en France (Ancien Régime et République), sur le mode moins brutal mais non moins violent d'une division géographique en Allemagne (Saint-Empire ensourcé en Autriche, et Prusse). Dans les deux cas, l'idée nationale ne fut invoquée que par rejet du catholicisme (au profit du laïcisme français et du luthérianisme prussien, tous deux liés au gnosticisme maçonnique) auquel l'idée monarchique anti-organique se trouvait historiquement liée.

Une telle unité sans réalité encore historique de ces deux principes révèle, plus profondément, la difficulté pour le monde chrétien de réassumer jusqu'au bout le meilleur de la réalité antique sur le corps épuisé de laquelle il avait pris souche, et qu'il avait commencé pour s'implanter en lui par fouailler, par bouleverser même dans la mesure exacte où la surnature ne conteste les déviations accidentelles de la nature que pour mieux l'investir et la parfaire en la transfigurant. Et de ce que la grâce ou vie surnaturelle ne saurait évacuer la nature pour prendre sa place puisqu'elle la présuppose comme son sujet, le christianisme ne saurait évacuer la sagesse antique. Dans l'ordre politique, la structure monarchique de la cité, induite par le service de l'Église, doit ainsi réassumer la structure organique de la cité qu'en droit, prise dans sa dimension naturelle que cèle sa référence à la surnature (au point de prétendre à l'oblitérer), cette même hiérarchie présuppose elle-même. C'est parce que la chose ne s'est pas faite — aussi bien en France qu'en Allemagne, ces deux piliers de l'Europe et par là du monde — que le monde entier est en train de périr spirituellement, avant de se détruire physiquement.

Pour dissiper une équivoque, observons qu'il est question de conversion à leur identité concrète de deux principes politiques, et non de synthèse. Un exemple, typique de synthèse irrationnelle de fausse surnature à relents sentimentaux et d'exigences naturelles corrompues, est bien illustré par la suggestion de Jacques Maritain :

> « Quand, à la fin du XVIIIe siècle, les Droits de l'Homme ont été proclamés en Amérique et en France, et les peuples conviés à l'idéal de liberté, d'égalité et de fraternité, c'est le grand défi du peuple, des hommes de rien, de l'esprit d'enfance et de foi, et tout ensemble un idéal de générosité universelle qui passait dans l'ordre politique lui-même à l'égard des puissants de ce monde et de leur scepticisme expérimenté. La poussée évangélique qui faisait ainsi irruption portait la marque d'un christianisme laïcisé » (*Christianisme et Démocratie*, Éd. de la Maison Française, New York, 1945, p. 19).

« La nation ne sera vraiment unie que lorsqu'un idéal assez puissant l'entraînera vers une grande œuvre commune où les deux traditions de la France de Jeanne d'Arc et de la France des Droits de l'Homme seront réconciliées » (« L'Unité d'un peuple libre », *Le Figaro*, 7 décembre 1944). Il s'agit de « réconcilier la vision d'un Joseph de Maistre et celle d'un Lamennais dans l'unité supérieure de la grande sagesse dont saint Thomas est le héraut » (*Du Régime temporel de la liberté*, p. 147).

Et l'idée de réconcilier sainte Jeanne d'Arc et le Jacobinisme, prototype de la démocratie chrétienne et plus généralement du modernisme en politique, est évidemment une aberration : autre chose est la Patrie des Anciens, autre chose la « nation » des Modernes nationalitaires ; autre chose l'assomption chrétienne du paganisme, autre chose la laïcisation du christianisme — c'est-à-dire la déification de l'homme — au nom d'une conception subjectiviste et naturaliste, néo-païenne et pour tout dire existentialiste, de la personne humaine. On ne peut faire la synthèse de deux termes ayant vocation à être convertis à leur identité concrète qu'en commençant par les pervertir. En effet la substance convertit la forme et la matière à leur identité concrète en tant qu'elle est cette forme individuelle, ou forme qui se fait individuer ou intrinsèquement modifier par la matière qu'elle pose. La substance n'est pas la « synthèse », le mélange de la forme universelle et de la matière prime. L'hylémorphisme aristotélicien n'est pas la « synthèse » du mobilisme héraclitéen et de l'acosmisme parménidien. La rationalité de la monarchie organique n'est pas la « synthèse » de la théocratie et de la démocratie : elle est ce qui les conjure en tant qu'elle convertit à leur identité concrète les principes (architectonique et organicité) dont elles sont la perversion.

Mais nous remarquerons que les néo-païens, les monarchistes antifascistes et les démo-chrétiens communient dans le même refus, à tout le moins dans la même incapacité de conjuguer harmonieusement nature et surnature, c'est-à-dire de faire réassumer à la nature, saisie par la grâce et invitée à aller au-delà d'elle-même, le chemin la menant jusqu'au bout d'elle-même dans son ordre propre. Les démo-chrétiens veulent la surnature au détriment de la nature, le « christianisme » de la personne contre le paganisme de la nature humaine. Les monarchistes veulent la conjugaison seulement inchoative des deux, ou leur juxtaposition par frustration et de l'ordre naturel et de l'ordre surnaturel : les légitimistes veulent l'architectonique sans l'organicité pour en venir ultimement à compromettre la gratuité de la grâce (cf. ici notre § 32) ; les maurrassiens veulent l'organicité nationale sans l'empire qui réconcilie les nations (telle est leur « politique d'équilibres », état de guerres latentes illustré par les Traités de Westphalie et de Versailles), pour en venir au gallicanisme qui violente la souveraineté de l'Église. Les néo-païens veulent la nature sans la grâce et, se refusant à reconnaître dans l'entéléchie idéale de la nature droite le « *terminus a quo* » possible d'une vie surnaturelle et gratuite, que la grâce a de fait révélé en investissant pour la sauver la nature blessée, ils se refusent ainsi même aux exigences de la nature intègre. On obtient comme résultat les situations suivantes : les monarchistes se réfugient dans le rêve d'un passé mythique projeté dans un avenir eschatologique qui prend par là la forme non catholique du millénarisme juif ; les démo-chrétiens naturalisent la surnature ; les néo-païens surnaturalisent la nature en se faisant subjectivistes et existentialistes.

En conclusion de ce chapitre, il nous reste à faire observer qu'aucune mise en œuvre efficace des idées et des références disparates de cette nébuleuse qu'est la vraie droite ne sera possible si l'on ne parvient pas à sublimer, à l'intérieur du catholicisme, l'organicité fasciste et l'architectonique monarchiste. Toute tentative organiciste droitière opérée en dehors du catholicisme et contre lui se solde par un échec. Ainsi en fut-il des entreprises de Bismarck. Mais toute tentative chrétienne de refouler les vertus du vrai paganisme se résoudra dans les ruisseaux folkloriques des cercles légitimistes. De même, toute tentative de faire se juxtaposer catholicisme et nationalisme (comme si les fins naturelle et surnaturelle étaient parallèles et comme indépendantes) produira au mieux une Action Française dont la fonction politique réelle aura été de torpiller, pour le plus grand intérêt de la Subversion, les efforts de redressement, à elle contemporains, qui pouvaient lui faire de l'ombre.[18]

[18] « L'Action Française, qui avait toujours eu parmi ses principaux caractères le dogmatisme et l'anachronisme, ne voyait dans une conjoncture si démesurée <la constitution fasciste de l'Europe> que l'occasion de remporter indirectement, en politique intérieure, l'avantage qu'elle n'avait pas pu s'assurer par ses seules forces, tout en continuant d'arborer le nationalisme de Déroulède » (Abel Bonnard, Madrid, 31 mai 1968, *Berlin, Hitler et moi*, Avalon, 1987, p. 87). On peut se demander aujourd'hui quel est le destin de l'Action française, quand on prend acte de la récente décision de ses dirigeants (2011) d'expulser Michel Fromentoux, collaborateur dévoué du mouvement maurrassien depuis plus de quarante ans, sous le prétexte qu'il osa dire sa fidélité à Xavier Vallat, successeur, au micro de Radio-Paris, de Philippe Henriot en 1944. Le plus inquiétant dans cette affaire n'est pas tellement l'ingratitude doublée de cynisme des dirigeants de l'AF, c'est leur sincérité.

CHAPITRE III

Les tensions intérieures à la pensée monarchiste

34 – Problèmes de vocabulaire

Il est temps pour nous d'aborder pour lui-même, armé des acquis précédents, le traitement de ce que nous annoncions au terme de notre § 28 : le problème de la conciliation nécessaire entre absolutisme et organicité. La chose faite, il nous sera possible de traiter ce que nous évoquions au terme de notre § 10, à savoir le problème des causes psychologiques et peut-être théologiques de l'aversion d'un certain traditionalisme catholique pour l'esprit du fascisme.

Appelons **volonté objective** (par opposition à la volonté subjective de l'individu en tant qu'individu) ce que la nature intègre (à tout le moins, la nature droite) de la volonté de chaque homme lui enjoint de vouloir, et qu'il ne ratifie que rarement parce que **l'individuation** de cette nature commune à tous, qu'il **est**, est blessée. Puisque « *actio et passio sunt idem* » (l'agir de l'un étant le pâtir de l'autre), l'*imperium* du prince et l'obéissance des sujets vertueux communient dans un même acte. Le soldat vertueux obéit amoureusement à l'ordre de l'officier et reconnaît en cette injonction ce qu'il se sait devoir vouloir, ce qu'il veut effectivement, sans que cette souscription signifie que l'autorité du supérieur serait l'émanation de la souveraineté de l'inférieur. Parler en ce sens d'une volonté objective de et immanente à la multitude n'est aucunement évoquer un quelconque processus d'élection démocratique. Et l'immanence d'une telle volonté objective de la multitude politique à tous les particuliers qui la constituent est la condition de possibilité de la reconnaissance du bien commun entendu comme cause finale de la Cité, c'est-à-dire compris comme *ratio* du bien particulier, meilleur bien du bien particulier. En effet, le bien commun, ordre de la Cité, réalisation en acte de toutes les virtualités de la nature humaine, commun d'une communauté de causalité (et non de prédication) qui n'en fait pas tant l'englobant des biens particuliers que la raison de chacun d'eux, immanent à eux qui n'en sont que la particularisation concrétisante, n'a de chances d'être reconnu comme tel, comme intrinsèquement supérieur au bien particulier, que s'il est reconnu non comme un bien que le particulier rapporte à soi, mais comme un bien auquel il est rapporté. Et l'on ne peut aimer quelque chose comme s'y rapportant qu'en tant qu'on trouve en lui sa raison d'être, l'origine intime (fût-elle non ultime) de sa propre vie. En servant sa raison d'être, l'homme sert ce qui lui donne d'être, c'est-à-dire se confirme dans son être, plébiscite ce qui l'alimente ontologiquement dans un acte paradoxal mais logique d'abnégation. Ainsi, pour se savoir intrinsèquement subordonné au bien commun, l'homme doit se savoir vitalement, c'est-à-dire intérieurement mobilisé par lui qui n'en peut être fin qu'en tant qu'il en est cause immanente.

Ces précisions données, appelons **conscience de soi** de la volonté objective la réduction à l'acte de cette dernière. Montrons qu'en refusant de se reconnaître comme **la conscience de soi de la volonté objective de la Nation**, entérinée par l'Église en sa vocation de lieutenance du Christ, la monarchie française, anti-organique parce que devenue constructiviste, s'est appuyée sur la classe bourgeoise (suscitant ainsi des conflits de classes) en même temps qu'elle se faisait gallicane, c'est-à-dire hérétique. Ces deux perversions sont logiquement solidaires, comme il le sera établi ci-après.

Rappelons au préalable que l'office organique de la Nation est d'être cause matérielle de la Cité dont la forme (l'État) est éduite. En effet la Justice, tant générale que particulière, est une analyse des mœurs (nationales) visant à discerner les fins auxquelles il est naturel que tendent les conduites des hommes. Or il n'est qu'une nature humaine. Donc il n'est qu'une justice. Or l'État est fondement et opérateur de la justice politique, laquelle réalise l'ordre de la cité et intègre les deux formes de justice. Donc il n'est idéellement qu'un seul État, pris comme forme. Mais il existe maintes espèces nationales de mœurs. Donc la Nation est principe d'individuation de l'État.

Rappelons d'autre part que le vocable hégélien d'« *Aufhebung* », dont nous userons bientôt, désigne un acte de sublimation, c'est-à-dire un acte d'accomplissement qui supprime ce qu'il conserve, telle l'éduction de la forme du papillon qui consomme les vœux de la chrysalide en la niant.

35 – Unité seulement mécanique de la monarchie française historique

C'est à bon droit que la monarchie française s'est émancipée de la **féodalité** qui, contractualiste et génératrice de frondes, oblitérait la vocation **publique** de la souveraineté (au sens de Bodin), laquelle est le constitutif formel d'un ordre proprement politique. C'est donc à bon droit qu'elle se fit **absolue** vis-à-vis des instances inférieures qu'elle subsumait. Mais, se refusant à en être l'« *Aufhebung* » dans une unité devenue réellement **nationale**, la monarchie se fit absolue (autrement dit déliée ou indépendante) vis-à-vis de l'Église et, prétendant contracter une légitimité quasi théologique qui la rendait extérieure à la multitude et comme extrinsèquement plaquée sur elle, elle induisit une société de classes, virtuellement conflictuelle parce que suscitant l'hostilité entre les trois Ordres et entre les classes intérieures à chaque Ordre. **Précisons** :

Il n'appartient qu'à la volonté **du tout**, réalisée en acte dans cette prise de conscience de soi de la volonté objective de la multitude qu'est le prince, d'être au principe de la différenciation interne de ce tout, positionnelle de parties qui ne se subordonnent à lui — œuvrant pour son bien propre qui est le bien commun — qu'en tant qu'il les pose : on ne tend comme vers sa *ratio* que vers ce dont on procède. Mais donnons-nous un prince se représentant son autorité comme une autorité que non seulement il tiendrait directement de Dieu (ce qui est vrai), mais encore qui se surajouterait extrinsèquement, sans être leur vérité immanente (ce qui est faux), aux volontés particulières qu'il prétend diriger. Alors un tel prince s'est déconnecté de la volonté objective de la multitude qu'il régit. Il n'est plus la conscience de soi du tout et, par voie de conséquence, il n'est plus la concrétion personnelle de la nature politique des hommes dont il est la tête. Il n'est plus la conscience de soi de l'efficience de la différenciation du tout en ses parties. Ces dernières, contractant une indépendance politique par rapport au tout, ne s'intègrent plus en lui qu'au nom de leurs fins particulières et ne reconnaissent en lui qu'un fédérateur de parties mécaniquement emboîtées, un arbitre des conflits tempérant tant bien que mal les dissensions. Tel est le propre d'une société bourgeoise de classes dont chacune vise à se tailler la plus grosse part du gâteau collectif. Il en résulte que pour asseoir, en fondant sa transcendance, une autorité qu'il ne tient plus de Dieu **par l'organicité de la Cité** (ou justifiée par le service d'un bien commun organique), le prince doit prétendre à une autorité qu'il tient de Dieu directement au titre de **cause efficiente** de la Cité, et dont le signe est à ses yeux la pérennité dynastique à système de fonctionnement transnational. Le corollaire de cette légitimité dynastique qui se croit, au nom de la Providence, transcendante aux nations, est que le prince se définit comme **prélat** (ainsi que l'enseignait Juvénal des Ursins), **mais sans la médiation de l'Église** dont il reçoit le sacre sans reconnaître son autorité indirecte en matière politique. D'où ses prétentions gallicanes.[19] Telle est la paradoxale logique de l'absolutisme des Bourbons dont on interprète habituellement le gallicanisme comme un réflexe nationaliste, alors qu'il est fondé sur le refus de l'organicité nationale. Telle est en retour la logique nationale qui veut qu'une nation chrétienne se soustrayant à l'autorité politique indirecte de l'Église se convertisse, perdant son organicité, à un conglomérat cosmopolite d'égoïsmes haineux. C'est ce que nous avons tenté d'établir dans

[19] Absolu, absous des lois, « *solutus legibus* » dira Bodin (*Rép.* I, VIII), le Prince n'en est pas moins soumis au pouvoir indirect de l'Église qui s'exerce négativement, condamnant les décisions politiques qui s'opposent aux exigences de l'ordre surnaturel en levant les peuples de leur devoir d'obéissance à l'égard des Princes. C'est pourquoi un catholique ne peut souscrire inconditionnellement à la formule suivante de Jean Bodin : « (...) il n'y a rien plus grand en terre après Dieu que les princes souverains de Lui établis comme Ses lieutenants pour commander aux autres hommes » (*Rép.* I, X).

notre § 27-5. Si toute culture, dont chaque nation est le héraut, se veut constitutivement être une prétention à l'universel ; si l'empire qui fédère les nations n'actualise qu'inchoativement, dans l'histoire, l'éduction naturelle d'une civilisation vraiment universelle (§ 26-6), alors seule l'Église, parce qu'elle est supra-politique en tant même que surnaturelle (car rien n'est supérieur au politique dans l'ordre naturel, cf. notre § 29), est capable **dans l'histoire** de proposer aux hommes de toutes nations une représentation de leur essence commune assez universelle pour convertir les particularités exclusives en particularisations complémentaires d'un même universel. L'Église, de fait, invite à beaucoup plus puisqu'elle propose non seulement une représentation adéquate de l'essence humaine (elle parfait la nature) mais encore une recréation par la grâce de cette dernière (elle la mène au-delà d'elle-même). D'autre part, en état de pure nature et sans avoir été marquée par le péché, la communauté mondiale ne fût parvenue à une telle représentation adéquate de son essence qu'à la fin de l'histoire. Il reste qu'en vertu de ce qui précède, et en cet état post-lapsaire qui est le nôtre, si une nation conteste le magistère de l'Église, elle est objectivement sur le chemin qui l'oblige à s'introniser elle-même, monstrueusement, communauté ecclésiale rédemptrice, mais par là elle perd son statut national : elle s'identifie au monde lui-même, comme Nouvelle Jérusalem millénariste ; ainsi en est-il de l'Union des Républiques Soviétiques ou de l'ONU. Mais, parce qu'elle n'est que la caricature de l'Église, elle n'est pas dotée de la vertu de se constituer comme **corps** mystique, comme totalité **organique** habitée par un Principe substantiel d'unité, de telle sorte que l'impossible substantialité divine dont elle requiert la communication ou participation n'est plus à chercher que dans la substantialité toute naturelle de chacun de ses membres qui se veut alors petit dieu, petit christ sans Dieu, fondement de lui-même et de la société par là contractualiste. Ce processus était déjà en germe dans le programme pourtant monarchiste de l'Assemblée Constituante :

> « L'Assemblée Constituante, considérant que le droit d'aubaine est contraire aux principes de fraternité qui doivent lier tous les hommes, quels que soient leur pays et leur gouvernement ; que ce droit, établi dans des temps barbares doit être proscrit chez un peuple qui a fondé sa constitution sur les Droits de l'Homme et du Citoyen, **et que la France doit ouvrir son sein à tous les peuples de la terre, en les invitant à jouir sous un gouvernement libre des droits sacrés et inviolables de l'humanité**, a décrété et décrète ce qui suit : "le droit d'aubaine et celui de la détraction sont abolis pour toujours" » (*Décret du 6 août 1790*)[20].

[20] Michel Fromentoux, évoqué plus haut, rappelait (cf. *Rivarol* n° 3304 du 8 novembre 2017, p. 5) que la Déclaration des droits de l'Homme n'est pas la déclaration des droits de l'homme en tant que citoyen, mais la déclaration des droits du citoyen en tant qu'homme, et que cette ruineuse conception du droit et du citoyen appelle d'elle-même

Est ainsi à nos yeux l'illustration probante du bien-fondé de notre propos le fait que la Révolution française accoucha d'un concept pervers de nation parce que la monarchie fut incapable, par accident, d'en produire un qui eût été conforme à sa nature : afin de se soustraire aux exigences par trop frondeuses des grandes familles princières, Louis XIV, s'appuyant sur une grande bourgeoisie avide de prendre leur place, transforma les membres de la noblesse en valets prébendés, onéreux et vains, sans reconstituer une aristocratie populaire fondée sur le courage, le mérite, la compétence, et surtout le sens organique du bien commun. Ainsi devenait-il l'arbitre des égoïsmes de classes que l'aisance matérielle, loin de les apaiser, exacerba jusqu'à la catastrophe que l'on sait. Il est vrai que le désastreux système de la « paulette » (vénalité des charges du Parlement) et le ressentiment des Guise, à plusieurs titres compréhensible (non certes quant à la philosophie politique qui les inspirait, l'esprit des Monarchomaques), avaient précédé cette situation.

36 – Le principe de la souveraineté

L'ordre historique contingent de genèse d'une société, où les parties précèdent le tout, n'est pas l'ordre ontologique de causalité qui pose ses parties intestines, parce que la fin est ultime en exécution en tant qu'elle est première en intention. C'est avec saint Louis que la fonction royale commence à s'émanciper de la pyramide des relations féodales qui jusqu'à lui fondaient la légitimité de cette fonction, dans le moment où cette émancipation a pour sens de consacrer la fonction royale comme *ratio*, dans l'ordre de causalité qu'explicite l'ordre hiérarchique, des relations féodales : ce qui était origine historique se révèle ontologiquement fondé. C'est l'État, entendu comme forme de la Nation, qui se cherchait depuis le début dans l'acte où il la construisait. Plus généralement, la matière est chronologiquement antérieure à la forme qui s'éduit d'elle, bien que la forme soit à la fois fin et acte — c'est-à-dire *ratio* — de la matière qu'elle présuppose. C'est ainsi que le souverain doit être, dans la conscience plénière de son statut, au-dessus des lois (dont le système détermine les parties de la cité) en tant qu'il les pose. (Il est question bien entendu des lois civiles, non des lois naturelles, les premières n'étant que l'interprétation jurisprudentielle des secondes). Et dire qu'il est au-dessus des lois revient à reconnaître qu'il les peut casser, ce qui est bien le constitutif formel de la souveraineté tel que défini par Jean Bodin : « Il faut que ceux-là qui sont souverains ne soient aucunement sujets aux commandements d'autrui et qu'ils puissent donner loi aux sujets et casser ou anéantir les lois inutiles, pour en faire d'autres : ce que ne peut faire celui qui est sujet aux lois et à ceux qui ont commandement sur lui » (*Rép.* I,

l'identification de la nation et de l'humanité, par là le mondialisme. La France républicaine, c'est, dans son essence, la préfiguration et le moteur d'avènement de l'État mondial.

VIII). Beaucoup plus qu'un père, le prince de l'État rationnel est un **dictateur**.[21] Sous ce rapport, les Bourbons n'étaient même pas dépositaires de la souveraineté pleinement politique. Le P. Bole, confesseur du Comte de Chambord, écrivait : « Est-ce à dire qu'il est absolument impossible à un Prince de sang de renoncer à la couronne ? Évidemment non. Mais il faut que l'État **intervienne** à cet acte ou ratifie l'abdication précédemment faite » (*Lettre du 28 août 1873* au P. Boylesvre). Ce qui revient à dire que le Prince n'était pas la conscience de soi de l'État dont la véritable incarnation était le corps judiciaire.

En revanche le prince d'un État rationnel ne saurait, en tant que législateur, entrer en conflit avec lui-même ou (sinon par accident) avec ceux auxquels il succède : en tant qu'instance où la volonté objective de la multitude se donne la forme personnelle de son efficience et du principe d'unité de la multitude, qu'elle est, toute contradiction intérieure, indice de tyrannie (laquelle contrevient aux exigences du bien commun, et par là de la loi naturelle et divine), la condamne à se dissoudre et à disperser la multitude qu'elle est supposée rassembler. C'est alors que la nature politique de l'homme est vouée à susciter derechef, dans le corps social, l'initiative révolutionnaire (au sens de Polybe : « *anakuklosis* ») d'un nouveau souverain personnel s'intronisant tel par l'acte fondateur du juste régicide. S'il n'est pas d'instance législative supérieure au monarque, à l'aune de laquelle on pourrait mesurer la valeur de ses actes, on ne saurait sanctionner ses fautes autrement que par l'acte insurrectionnel de la force. Prétendre faire l'économie d'une Révolution en dépossédant le roi du droit à poser les règles d'exercice de sa souveraineté (cristallisées dans une constitution, écrite ou non), revient à le déposséder de sa souveraineté en niant qu'il soit le principe personnel d'actuation de l'État, pour le réduire à une fonction de l'État. C'est faire de l'instance gardienne de l'intégrité de la constitution et de son application (Sénat, peuple, Assemblée des Pairs, aristocratie, etc.) le vrai sujet du pouvoir. C'est adopter le dogme démocratique de la souveraineté populaire, mais confisquée par une classe.

37 – Le défaut du principe monarchique de la souveraineté

On pourrait certes objecter à notre interprétation des propos du P. Bole ci-dessus évoqués le contenu fameux du discours de Louis XV, dit de la « Flagellation », du 3 mars 1766 :

> « Ce qui s'est passé dans mes Parlements de Pau et de Rennes ne regarde pas mes autres Parlements (...). Je ne souffrirai pas qu'il se forme en mon royaume une association. (...) La magistrature ne forme point un corps ni

[21] Tel était d'ailleurs l'avis du très monarchiste et très catholique Donoso Cortès, dont le « décisionnisme » politique, ou *Führerprinzip* avant la lettre, que nous partageons, lui fit refuser jusqu'à la règle légitimiste de succession héréditaire ou dynastique du pouvoir.

un ordre séparé (...). C'est en ma personne seule que réside la puissance souveraine (...) c'est à moi seul qu'appartient le pouvoir législatif sans dépendance et sans partage ; c'est par ma seule autorité que les officiers de mes Cours procèdent, non à la formation, mais à l'enregistrement, à la publication, à l'exécution de la loi (...) » (Cité par Hubert Méthivier, *L'Ancien Régime*, PUF, 1974, p. 110).

À cette objection, nous rappellerons que, selon la doctrine légitimiste de la monarchie, la couronne n'appartient pas au roi mais au corps social, lequel, selon le mot de Mirabeau, n'était avant 1789 qu'un « agrégat inconstitué de peuples désunis » ; que cette couronne doit être confiée à celui que désigne la loi salique, « en vertu du **contrat** synallagmatique qui existe de fait depuis tant de siècles entre la France et la Maison de Bourbon, loi obligatoire pour les deux parties contractantes (...) » (P. Bole, *lettre du 7 avril 1885*) ; qu'ainsi « les enfants du Souverain ne viennent pas à la couronne par un droit qu'ils tiennent de Lui, mais par un sacré fidéicommis de la **loi de l'État** qui les appelle après leur Père, par un **droit indépendant de la volonté du défunt** » (P. Bole, *lettre du 28 août 1873* au P. de Boylesvre) ; que cette loi salique, disait Louis XV dans son édit de 1717, « nous met dans l'heureuse impuissance d'aliéner le domaine de notre couronne, <que cette couronne> n'est à nous que pour le bien et le salut de l'État et que par conséquent l'État **seul** aurait le droit d'en disposer dans un triste événement (...) » ; qu'après Pavie, le Parlement de Paris refusa en 1525 d'entériner l'abdication de François Ier, au motif que le roi est « confisqué au profit de la chose publique ».

Il est difficile, au travers de ces considérations, de ne pas faire sienne la thèse de la subordination de la personne royale au bien commun du corps politique, cause finale du pouvoir. On doit aussi saluer celle, en droit organiciste, de l'antériorité ontologique du corps politique par rapport à l'efficience singulière de pouvoir royal. Mais on reste perplexe face à deux thèses. D'une part celle de la distinction réelle majeure entre État et prince, comme si l'État pouvait exister en acte autrement que dans et par un monarque détenteur du pouvoir personnel. D'autre part celle du contrat entendu comme fondement de la légitimité. On pourrait dire que l'acte contractuel désigne seulement une cause dispositive, et non principale, de la désignation du prince, et que par là l'origine contractualiste de la monarchie ne présuppose par l'affirmation de la souveraineté populaire. Mais alors, comme toute cause dispositive — laquelle précède chronologiquement la cause principale qui s'anticipe en elle —, elle est en droit abolie par l'efficace de la cause principale en son ultime effet. Or, si la cause principale est la nature politique de l'homme, en retour son ultime effet, raison de son efficace, est le prince. Donc le contrat (à supposer que telle ait bien été la cause instrumentale de genèse de la souveraineté, car il se pourrait bien qu'un tel contrat n'ait été qu'une fiction juridique, forgée après coup pour servir de justification *ad hoc*) est aboli par l'exercice du pouvoir royal, et ne saurait le légitimer. La légitimité du pouvoir tient dans le service effectif du bien commun, non dans le respect d'un contrat synallagmatique entre le corps social et une famille. Quant à la première thèse problématique ci-dessus évoquée, nous dirons, contre tout théocratisme, que le pouvoir est bien en puissance **dans** la multitude. Elle ne le subit pas comme une force l'arraisonnant **de l'extérieur**. Mais, contre toute tentation démocratique, nous dirons qu'il est en puissance **passive** dans la multitude en tant que multitude, et en puissance active seulement dans la volonté de celui qui l'exerce en l'ordonnant au bien commun. Ce qui est en puissance active dans la multitude est le désir de société, l'efficience de la nature politique de l'homme immanente à tout homme. On ne saurait nier que la causalité d'une telle nature ne fût capable, de soi, de susciter les initiatives de quelques-uns, voire de tous, en vue de la réalisation en acte de leur vœu politique commun. Mais ces initiatives ne relèvent pas de l'exercice de la souveraineté. Elles ne sont qu'autant de causes dispositives de son éduction, premières en exécution, secondes en intention et par là subordonnées à cette « *intentio* » ou causalité de la nature politique de l'homme, qui vise l'éduction du prince comme le lieu de sa réalisation plénière en tant que personnelle.[22] La nature politique de l'homme pose les conditions instrumentales de son exercice en vue de son actuation plénière en la personne du prince. On ne saurait en aucun cas faire d'une quelconque instance collégiale le sujet de la souveraineté qui, dans cette perspective, déléguerait son pouvoir à un gouvernement, fût-il exercé par une personne (dictateur romain ou roi).

38-1 – Monarchie organique

Mais, dira-t-on, pourquoi la forme étatique de la Cité devrait-elle n'être réduite à son acte complet que dans et par une personne singulière ? Peut-on soutenir sans contradiction la thèse absolutiste selon laquelle le roi est seul détenteur de la souveraineté, sans faire de lui la cause efficiente du corps politique lui-même ? Si la cause matérielle de la Cité (multitude nationale) ne tient pas son unité formelle de l'exclusive volonté singulière du prince mais d'une nature politique immanente à tous ses membres (thèse organiciste), pourquoi cette unité formelle devrait-elle contracter son efficience dans un monarque ? Si la nation produit son monarque par une spontanéité intestine naturelle, si donc

[22] Nous ne voulons nullement signifier que la légitimité consisterait dans l'aptitude à incarner la volonté même objective du peuple. Cette légitimité consiste dans le service du bien commun et ultimement de Dieu, mais un tel service suppose que le prince se fasse conscience de soi de l'unité de destin de la multitude qu'il régit. L'origine nationale du prince, de soi, importe peu : Philippe V sut se fait espagnol, il sut pour les incarner s'approprier, bien que français, aux exigences du tempérament ibérique, de son austérité, de sa noble et sombre grandeur. Il reste que « s'il y a dans l'être humain une aspiration à l'harmonie, elle doit être codifiée, guidée, grâce à l'autorité de l'État », et cela parce que « **l'État national incarne la communauté populaire organisée pour accomplir sa destinée. Il a un contenu éthique : il est le gardien de l'âme populaire** » (Jean-Marie Le Pen, journal *Le Monde* du 21 septembre 1991).

elle lui est, sous un certain rapport (en tant que volonté objective) ontologiquement antérieure, n'est-elle pas en possession préalable de l'autorité qu'elle lui reconnaît ? En retour, si le monarque est absolu, n'est-il pas le véritable constructeur et instituteur de l'unité de la multitude, selon l'optique antinationale du légitimisme d'inspiration augustinienne ? Ce qui suit entend conjuguer le primat, qui seul préserve le souci d'un bien commun proprement politique, ou immanent, de la nature politique de l'homme par rapport à l'efficace de l'*imperium* princier, **et** l'absolue souveraineté du monarque qui seule conjure tout glissement démocratique. C'est ici (§ 38 à 40) que se joue au fond la pertinence de notre projet théorique d'intégration de l'organicité fasciste dans l'architectonique monarchiste.[23]

C'est l'occasion pour nous de proposer l'esquisse du traitement d'une aporie politique intérieure au corpus thomiste. Dans le *De Regno*, saint Thomas semble plus augustinien qu'aristotélicien :

> « (...) comme les hommes sont en grand nombre et que chacun pourvoit à ce qui lui est approprié, la multitude serait éparpillée en divers sens, s'il ne se trouvait aussi quelqu'un qui prenne soin de ce qui regarde le bien de la multitude, de même que le corps de l'homme ou de n'importe quel animal se désagrégerait, s'il n'y avait dans le corps une certaine force directrice commune, visant au bien commun de tous les membres. C'est ce que considère Salomon quand il dit (Prov. XI, 14) : "Là où il n'y a point de guide, le peuple se dispersera." Ceci se produit logiquement, car il n'y a pas identité entre le bien propre et le bien commun. Les êtres sont divisés sous l'angle de leurs biens propres ; ils sont unis sous l'angle du bien commun. Or, des effets différents ont des causes différentes. Il faut donc, outre ce qui meut au bien propre de chacun, quelque chose qui meuve au bien commun du nombre. C'est pourquoi dans toutes les choses qui sont ordonnées en un tout, on trouvera un principe directeur » (livre I, chap. 1).

Ainsi le prince est-il cause efficiente d'une multitude dépourvue de principe immanent d'unité. Telle est la thèse qui justifie aux yeux des légistes gallicans leur conception de l'origine divine du pouvoir : le sujet individuel de l'autorité serait directement désigné par Dieu, comme le furent Saül et David. Il est dans

---

[23] Toute la difficulté de la chose politique peut selon nous être formulée dans les termes suivants : Reconnaître à la multitude une capacité d'organisation architectonique d'elle-même, c'est-à-dire d'autodifférenciation interne, en vue d'une fin transcendante qui est par là l'Origine de l'autorité qui s'exerce en elle, mais à partir d'initiatives et de pouvoirs immanents à la société elle-même. Si ces pouvoirs ne sont pas immanents, alors seule l'Église est supposée détentrice de l'autorité qu'elle délègue à la société politique, et la Surnature est convoquée, perdant par là sa gratuité, dans l'économie de l'ordre naturel. D'autre part, si la cité n'a pas en elle-même le principe de sa différenciation interne, alors l'ordre de la cité n'est pas éduit de la multitude et cette dernière, dépourvue d'appétit naturel pour lui, exclut que le bien propre contienne comme sa raison le bien commun.

la logique de ce point de vue que le régicide (entendu comme tyrannicide), que justifie par ailleurs saint Thomas (*De Regno*, livre I, chap. 6, mais il lie, à tort selon nous, le droit de destituer le roi devenu tyran, au pouvoir et au « droit d'une multitude de se donner un roi »), soit toujours considéré comme un crime abominable, puisque dans l'hypothèse les rois n'ont de compte à rendre qu'à Dieu seul : « Les souverains ne rendent qu'à Dieu seul compte de leur sceptre » (Henri IV, *Lettres missives*, publiées par Berger de Xivrey, coll. de doc. inédite, Paris, 1843-1876, t. 2, p. 170) ; « Dieu est le souverain des rois et des puissances suprêmes ; il est leur juge spécial parce que lui seul peut les juger » (Bossuet, *Œuvres*, Éd. Desrez, Paris, 1837, t. X, p. 420) ; « Celui qui a donné des rois aux hommes a voulu qu'on les respectât comme ses lieutenants, se réservant à lui seul le droit d'examiner leur conduite » (Louis XIV, *Œuvres*, 6 vol., Éd. 1806, t. II, p. 336). Paradoxalement (et même, osons-le dire, contradictoirement) c'est sur un fondement bibliste, providentialiste et par là surnaturaliste que la monarchie française s'est soustraite, en tant que gallicane, au magistère de l'Église, et s'est dispensée corrélativement d'intégrer à sa légitimité, comme condition obligée de cette dernière, la puissance d'actualiser l'esprit du peuple, au sens allemand du terme (le « *Volksgeist* »).

Mais dans la *Somme théologi*que et dans le *Commentaire sur la Politique d'Aristote*, l'homme est défini, selon la leçon d'Aristote, un animal politique par nature, de telle sorte que le principe immanent d'unité de la multitude, ou sa vraie cause efficiente, est la nature politique de l'homme. **Comment donc une même nature humaine peut-elle, en tant que principe qui en chacun mène en droit au bien propre, engendrer la discorde qu'elle conjure en tant que nature *politique*, c'est-à-dire en tant que principe qui mène au bien commun ?**

Rappelons que, selon la leçon de Platon (*Rép.* IV), la forme de la Cité, ou État, est une extra-position de l'âme. Il y a réciprocation de causalité entre l'homme et la cité : l'individu n'est pas viable sans la cité qui, à travers ses géniteurs qu'elle a préalablement éduqués, lui communique tout ce qu'il requiert pour prendre conscience de son humanité ; mais la cité, qui n'est pas substance mais tout d'ordre, n'est rien sans les individus qu'elle intègre. Or toute causalité réciproque dit équivalence : toute relation de dépendance connote la présence virtuelle de l'effet dans sa cause ; si la dépendance est réciproque, les termes de la relation se contiennent l'un l'autre virtuellement. Mais toute équivalence dit identité « *secundum quid* ». Puisque l'homme et la Cité ne sauraient être identiques sous le rapport de leurs matières (corps humain et corps politique), il faut qu'ils le soient analogiquement sous le rapport de leur forme : ce qui est en l'homme principe subsistant de croissance et d'être (âme) a la même structure que ce qui est dans la cité principe accidentel d'organisation (État). C'est pourquoi l'homme est « chez lui » dans la cité, en tant qu'il s'inscrit dans l'élément développé de la projection subsistante de son intériorité.

Rappelons aussi, contre Platon et avec Aristote, que la forme de la cité est mesure de la vie morale, ou que la Politique est « *ratio essendi* » (et non seulement « *ratio cognoscendi* ») de la Morale, puisque le bien commun est raison du bien particulier. En effet si, selon la leçon de saint Thomas, le bien est ce que toute chose désire en tant qu'elle désire sa perfection, alors il a raison de cause finale, il est cause première à ce titre, contient en lui-même la raison de sa diffusibilité, de telle sorte que la communicabilité est constitutive de sa perfection : il est d'autant meilleur qu'il est plus commun. Il est par essence commun. Il en résulte que les biens particuliers sont autant d'individuations du bien commun. Or si la morale détermine le bien particulier, la politique mène au bien commun. Donc la politique assume superlativement les vertus de la morale. Mais alors comment la recherche du bien particulier pourrait-elle diviser les hommes que rassemble la poursuite du bien commun ?

Il faut répondre que la forme de la cité, entendue comme nature politique de l'homme extériorisée, s'anticipe, c'est-à-dire s'aliène ou **se nie** (tel est le procès de position des biens particuliers qui sont autant de particularisations du Bien), dans l'Océan de dissimilitude de la multitude (matière de la Cité) et que la négation de cette négation (car ce dont l'être comprend analytiquement le moment de sa propre négation ne peut pas, en termes hégéliens, ne pas nier la mise en régime de négativité en laquelle il se pose) est l'éduction du Prince « *a parte multitudinis* », entendu comme la conscience de soi de la volonté objective de la multitude, ou de la volonté de la nature de la multitude. Soit : **l'État**, en tant qu'objet de la nature politique de l'homme, s'anticipe ou se nie dans la multitude qui forge les conditions instrumentales de son éduction (luttes pour le pouvoir, conflits des intérêts, négations les uns par les autres d'appétits que leur particularité révèle comme autant de particularisations de l'universel dont ils procèdent, donc négation de négation), et s'identifie réflexivement à soi dans l'*imperium* du Prince[24]. Ainsi que le suggère Taparelli d'Azeglio (*Essai théorique de droit naturel*, Paris, 1807), le pouvoir appartient à celui qui le prend, et l'unique critère de sa légitimité est qu'il l'ordonne au bien commun. L'adhésion

[24] Rappelons que, pour l'hylémorphisme (voir le *de Principiis Naturae* de saint Thomas d'Aquin), trois principes sont requis pour expliquer la genèse de la réalité naturelle : la matière (*ens in potentia*), la forme (*id per quod fit actu*), et la privation (*non esse actu*) ; mais la privation et la matière qu'elle affecte ne diffèrent que selon la raison, et non « *in re* ». Ainsi, si recevoir la forme revient à nier la privation (et tel est bien le cas puisque la privation, qui est privation de forme, est une espèce de négation), être informé revient bien à nier la matérialité elle-même qui, comme sujet de la forme, est perfectionnée dans son ordre de matière par cette négation même, est ainsi confirmée dans et par l'acte d'être niée. Or ce qui est posé par l'acte d'être nié, ou ce qui s'attire par l'acte de se repousser de soi-même, est ce qui se réfléchit. Si la matière se révèle, de ce fait, réflexivement identifiée à soi par la médiation de la forme, en retour la forme, à laquelle la matière est suspendue, est réflexivement posée par la médiation de la matière dont elle se fait éduire parce qu'elle s'anticipe en elle.

tacite de la multitude, ou reconnaissance, est le signe du bien-fondé de cette ordination, et non sa cause. Dieu est plus honoré par un monde créaturel possédant en lui-même la logique immanente de sa douloureuse structuration, que par un monde qu'Il devrait, tel le Dieu de Descartes, structurer à chaque instant. Et cette autonomie ontologique n'exclut ni l'efficience de la Providence, ni l'effectivité des libertés finies en lesquelles se médiatise une telle logique. L'ordre naturel n'est ni la chute de tension qui refuserait les conflits, ni le repliement sur soi qui, les ignorant, les laisse proliférer au dehors, ni la maximisation des conflits qui les prendrait pour fin. Il a la structure d'un conflit assumé et surmonté.

C'est, semble-t-il, le concept proclien de **réflexion ontologique** (« *ousiôdes épistrophé* ») qui résout l'aporie en quoi consiste la coexistence d'une conception monarchique platonicienne et d'une conception organiciste et « républicaine » de la cité (l'explicitation d'un tel concept sera proposée au § 39). En tant qu'il est éduit de la multitude, le prince ne saurait être extrinsèquement désigné par une autorité ecclésiale ou selon une logique dynastique supra-nationale (peu importe la nationalité d'origine du prince, mais ce dernier doit se faire gardien de l'âme populaire, c'est-à-dire hypostase rectrice du « *Volksgeist* » ; de plus, l'intégrité humaine et territoriale des nations ne doit pas risquer à chaque génération d'être déchirée par des revendications dynastiques dépendantes des hasards des mariages princiers). Si l'autorité dogmatique de l'Église est immédiate sur ses fidèles, son pouvoir politique sur les princes n'est qu'indirect. Elle peut à juste titre relever les fidèles de leur devoir d'obéissance à l'égard du prince indigne, mais la surnature ne saurait se substituer à la nature, ou la court-circuiter, puisqu'elle la présuppose : l'Église n'a pas la loi d'éduction de la forme (l'État incarné dans le prince) à partir de la matière (la nation).

Mais si le prince sourd de la multitude (à tout le moins se fait la conscience immanente de l'État qui en sourd), la singularité de sa volonté est nécessaire à l'actuation de la nature proprement politique de l'homme. Il y a chez saint Thomas, il faut bien l'avouer, des éléments de philosophie politique qui plaident en faveur d'une conception démocratique de la cité, et qui s'opposent à l'exigence qui vient ici d'être formulée. L'idée de l'Aquinate sera reprise par Suárez (*De Legibus*, III, c. 1-4) et par le C^al^ Bellarmin (*De Laïc.* I, III, 6) : l'autorité serait conférée par Dieu au corps social tout entier qui ensuite la remettrait aux rois, de telle sorte que le corps social devrait être considéré comme une multitude **politique** en acte indépendamment de la tête supposée le gouverner. Saint Thomas enseigne ainsi que, si le peuple est vertueux, il est juste qu'il élise lui-même ses magistrats (*Somme théologique*, I^a^ II^ae^ q. 90 a. 3). De même : « *Est intelligendum quod per se semper melius est assumi regem* ***per electionem*** *quam per successionem* ; *sed per successionem melius est per accidens* » (*Politic.* 1 III, lect. 14 : il faut comprendre que, en soi, il est meilleur que le pouvoir royal soit conféré par élection plutôt que selon la loi de succession, qui n'est meilleure que par accident). Cajetan enseignera dans le même sens : « *Electio regiminis non est pars regiminis, sed praevium ad omnem speciem regiminis* : ***ad electionem siquidem***

populi spectat, *secundum naturale jus, an populare, an optitum, an regale sit futurum regimen* » (*Somme théologique*, II^{a} II^{ae} q. 50 a. 1, comment. : choisir le gouvernement n'est pas prendre part au gouvernement, mais consiste en une préparation antérieure à toute espèce de gouvernement, attendu que, selon le droit naturel, c'est au choix du peuple qu'il revient de déterminer si le gouvernement sera démocratique, aristocratique ou royal). Saint Thomas dit encore (I^{a} II^{ae} q. 90 a. 3) que c'est au peuple ou à celui qui en tient lieu (ou qui le remplace) qu'il appartient de faire des lois : « *Ordinare autem aliquid in bonum commune est* ***vel totius multitudinis***, *vel* ***alicujus gerentis vicem totius multitudinis***. » Il précise (I^{a} II^{ae} q. 105 a. 1) que tous les membres de la cité doivent avoir part au gouvernement afin de maintenir le peuple en paix et de lui faire aimer et défendre sa constitution ; mieux : « *talis principatus* <il s'agit de la royauté> *ad omnes pertinet, tum quia ex omnibus eligi possunt, tum quia etiam* ***ab omnibus eliguntur*** » (*ibid.* : un tel pouvoir appartient à tous les membres de la cité, soit parce que tous peuvent y être élevés, soit parce que tous élisent leurs chefs).

Si cependant la volonté singulière du prince est nécessaire à l'actuation de la nature proprement politique de l'homme, alors le prince ne saurait être élu, car il faudrait alors — le pouvoir appartenant, comme chez Suárez et, comme on vient de le voir chez saint Thomas lui-même, à la multitude avant que d'être délégué au prince — que la nature politique de l'homme fût en acte complet et achevé **avant** l'éduction du prince. Et cela est impossible puisque le prince est principe d'actuation de cette nature. En effet, conformément à ce qui fut ici rappelé au § 35, il n'appartient qu'à la « volonté » du Tout, à sa puissance intestine ou à son appétit, d'être au principe de sa différenciation interne. Un tout vivant et substantiel possède en soi, en tant que vivant, le principe de sa genèse et de sa structuration organique : la doctrine aristotélo-thomiste (mais aussi hégélienne) de la causalité se définit comme communication d'actualité (par opposition à l'être en puissance), comme acte du moteur dans le mobile, lequel ne vient à l'existence en tant que transformé (au sens primitif du terme) par assimilation de lui-même à son acte immanent, que par communication à lui-même — et telle est la forme (nommée âme après son individuation dans le cas d'un vivant) — de l'acte du moteur. C'est parce que l'âme est déjà dans l'embryon (aussi l'avortement est-il un crime *stricto sensu*) qu'il est donné à celui-ci de se développer, de se différencier en parties qu'il rassemble. Un tout **analogiquement** vivant, par là non substantiel, telle la cité, a aussi en lui-même le principe de sa structuration, mais ce principe n'est pas l'âme de la totalité elle-même, sinon par analogie (voire par métaphore). Aussi ce principe n'est-il et ne peut-il être que l'âme intellective et volitive de celui qui, comme partie matérielle de la cité, sait se faire — par son talent, par la pression des circonstances, par position historique, par transformation d'un pouvoir originairement domestique, ou par la force — le sujet d'une volonté singulière en acte capable de se communiquer à la multitude qui avant lui n'est que somme d'individus ou citoyens seulement en puissance. Il en résulte ainsi que le prince ne saurait se contenter de représenter un pouvoir qui aurait été délégué d'en bas, puis exercé d'en haut (par système généralisé des relations contractuelles de suzerain à vassal ou de patron à client). L'immanence de la volonté objective de la multitude à tous les particuliers n'implique aucunement celle de l'autorité, entendue comme la conscience de soi active de la volonté objective en acte, apte à ce titre à se subordonner les moyens adéquats de son autoréalisation. C'est l'unité du Tout qui **se** différencie par la médiation des lois qu'il instaure et peut casser, en tant que souverain. Soumettre le souverain aux lois reviendrait à soumettre l'identité à l'aune de la différence, c'est-à-dire à exclure la différence comme différenciation **de l'identité**. Loin de s'opposer, l'organicité aristotélicienne (redécouverte à sa manière par Giovanni Gentile) et l'absolutisme monarchique s'appellent. L'Ancien Régime n'était que le mouvement inchoatif d'accouchement de l'État moderne rationnel catholique qui ne vit jamais le jour, faute d'avoir adéquatement conjugué en son sein les exigences immanentistes de l'organicité promotrice du bien commun, et les exigences transcendantes de l'Église dispensatrice du Souverain Bien. Au rebours des replâtrages honnêtes mais maladroits d'Henri V, et contre toute entreprise monarchienne de concessions à l'esprit démocratique, la monarchie eût prévenu sa chute en se faisant fasciste : « Lorsqu'on veut empêcher les horreurs d'une révolution, il faut la vouloir et la faire soi-même ; elle était trop nécessaire en France pour ne pas être inévitable... » (Rivarol, cité par Hubert Méthivier, *L'Ancien Régime*, PUF, 1974, p. 122).

38-2 – Le contre-exemple du centralisme louis-quatorzien

Bernard Basse (*La Constitution de l'ancienne France*, DMM, 1986), dénonçant les deux vices qui selon lui expliquent la Révolution (absolutisme et gallicanisme), adopte la thèse de Suárez en affirmant que la vraie doctrine du droit divin laisse à la nation le choix du chef et le mode d'exercice du pouvoir. Nous venons de discuter cette position. Mais il nous apprend, ce qui illustre involontairement notre propos, que le rôle centralisateur et l'abaissement des Parlements (que Louis XVI rappela pour son malheur) fit de ces derniers des ennemis irréductibles de la Couronne au nom des libertés traditionnelles dont ils se firent les champions aux yeux du peuple qui, abusé par eux, les renversa avec la royauté elle-même. Notons au passage que l'essentiel de la doctrine gallicane avait l'appui inconditionnel du Parlement, qui ne concevait ainsi les libertés traditionnelles contre le roi que dans la mesure où elles pouvaient se subordonner le roi, feignant ainsi de souscrire à son absolutisme politique, contre l'Église : « Colbert fut le véritable auteur des quatre propositions (...). Ces maximes n'étaient au fond que les maximes du Parlement » (Joseph de Maistre, *De l'Église gallicane*, 1817, Éd. Pélagaud, Lyon, 1857, p. 128 et 135). Et ce double refus bourgeois et aristocratique d'un absolutisme exercé tant à l'égard de l'Église (injuste sous ce rapport) que de la multitude (légitime ici : quand la multitude revendique une participation active au pouvoir — et tels étaient les

Intendants — au point de se faire le vrai sujet d'une autorité déléguée par elle au roi, on est en fait en démocratie) nous permet d'interpréter la conception bourgeoise et aristocratique des libertés traditionnelles comme un avatar de l'esprit du libéralisme, et plutôt même peut-être comme la première forme d'un tel esprit. **En d'autres termes, la monarchie incline d'elle-même au libéralisme si, n'étant pas théocratique, elle n'est pas nationale au sens d'organique.** La « nation » qu'invoquaient les Parlementaires et les aristocrates anti-absolutistes (tel Boulainvilliers) ne représentait qu'eux-mêmes, et ils entendaient bien confisquer à leur profit, comme plus tard les membres de la bourgeoisie censitaire, le libéralisme démocratique dont ils se faisaient les défenseurs. Autant dire que leur « nation » n'avait rien d'organique. Selon cette figure du politique inaugurée par eux, en fait l'oligarchie, le tout n'est nullement positionnel des parties qu'il rassemble ; il n'est que l'effet en la personne du roi supposé incarner ce tout, des œuvres d'une partie (bourgeoise et aristocratique frondeuse) qui prétend s'y soustraire : cette dernière soutient le roi quand il l'émancipe de l'Église et la distingue du peuple qu'elle exècre, elle rejette le roi quand il lui demande des comptes et prétend la mettre au pas. Aussi, ne s'étant faite ni libérale ni organique, la monarchie absolutiste a objectivement jeté le peuple dans les bras des Parlements qui l'excitaient, et accouché d'un concept dévoyé de nation, anti-organique parce que démocratique. Le très libéral Renan fait observer non sans pertinence, mais pour en tirer des conclusions opposées aux nôtres : « La Restauration oublia que, n'étant pas nationale, elle était obligée d'être libérale (...) » (*Philosophie de l'Histoire contemporaine*, 1859, Œuvres complètes, t. I, Calmann-Lévy, 1947, p. 144). En fait, pour n'avoir pas à être libérale, il fallait que la monarchie se fît nationale, non au sens démocratique du terme, mais en tant qu'organisation architectonique du « *Volksgeist* », c'est-à-dire comme conception organique de la cité culminant dans un absolutisme politique indirectement soumis à l'Église. Il n'est pas étonnant que cet autre grand libéral, Alexis de Tocqueville, ait pu interpréter la centralisation (louable dans son principe, à nos yeux) opérée par Louis XIV comme le commencement de la Révolution (cf. *L'Ancien Régime et la Révolution*, chapitre V), en même temps qu'il se plaignait de la mise au pas des Parlements.

38-3 – Absolutisme anti-organique et libéralisme

La philosophie du libéralisme, née en climat monarchique, est expressive d'un triple refus. Le premier est le refus de l'absolutisme politique, du pouvoir royal souverain ou indépendant des pouvoirs intérieurs à la cité en tant qu'il est leur origine. Le deuxième est le refus du magistère de l'Église (tout comme le gallicanisme qui était conciliariste), ou subordination du politique à la religion. Le troisième est celui de l'organicisme national selon lequel le tout pose les parties qu'il rassemble, ou encore selon lequel la forme de l'État est éduite de la matière de la nation, et est le gardien de l'âme populaire en tant qu'hypostase de la volonté objective de la multitude nationale. Cette philosophie du libéralisme est bien illustrée par la doctrine de Montesquieu, que critique à bon droit Hegel :

Il est conforme au concept de l'État qu'il y ait séparation des pouvoirs, mais non indépendance de ces derniers les uns par rapport aux autres, comme s'ils devaient se limiter réciproquement.

> « Selon cette vue <celle de Montesquieu>, il y a une hostilité, une crainte que chaque pouvoir ressent à l'égard de l'autre comme à l'égard du mal, si bien que les pouvoirs s'opposent les uns aux autres et se font mutuellement contrepoids. Ce qui a pour effet de produire un équilibre général, mais pas une **unité vivante** <c'est-à-dire organique>. Ce n'est que l'autodétermination du concept en soi et non quelque autre fin ou utilité qui contient l'origine des différents pouvoirs. Ce n'est que par elle que l'organisation de l'État est ce qui est rationnel en soi et constitue **l'image de la raison éternelle**. (...) Prendre, en général, le négatif comme point de départ, mettre en premier la volonté du mal et la défiance à son égard et, à partir de ces présupposés, imaginer des obstacles avec beaucoup de raffinement, concevoir l'unité comme résultat de ces obstacles s'opposant réciproquement, c'est ce qui du point de vue de la pensée, caractérise l'entendement négatif et du point de vue de la disposition d'esprit, **l'attitude de la populace** » (*Principes de la Philosophie du Droit*, § 272).

Une telle conception, déjà démocratique (le tout résulte des parties les plus importantes, pour en finir par se réduire à un conglomérat d'atomes), est évidemment la ruine de l'État en tant que principe d'unité de la cité. Une conception organique de l'État exige au contraire que les différents pouvoirs soient distingués comme des « moments de concept » <de l'État> (*ibid.*, Addition au § 272).

La noblesse internationale cosmopolite, classe aristocratique européenne ou ensemble de familles cousines qui régnaient sur les peuples d'Europe, était en fait coupée de l'État (puisqu'elle prétendait ne pas tenir de lui son statut) qui pourtant lui donne en vérité son sens et sa vocation à le représenter. Cette classe ne saurait être considérée comme une nation d'espèce en quelque sorte supranationale, vouée à diriger les multitudes nationales, parce que ses membres n'ont pas même communauté de destin en tant qu'ils ne sont pas éduits des mêmes multitudes. Ils n'eussent constitué une nation que si les multitudes n'en avaient été qu'une, et la chose n'était vraie alors, de fait et de droit, que sur le plan surnaturel de l'Église dont les « aristocrates », si l'on veut, sont les membres du clergé.

Hegel (*À propos du Reformbill anglais*) a évoqué cette curieuse et fréquente conjonction d'un féodalisme des Grands opposé au centralisme royal (ou à l'État), et d'un libéralisme économique déchaîné. Régine Pernoud fit de même plus récemment à propos de la situation française à la fin du XVIIIe siècle, et en vint à déclarer que, pour « mettre fin à cet enchevêtrement de traditions mortes, de privilèges sans contrepartie, d'exemptions injustifiées, d'usages immémoriaux et d'abus plus ou moins récents (...) », il eût fallu, pour que le roi n'y risquât pas sa tête, « une monarchie plus absolutiste encore, l'équivalent des dictatures modernes » (*Histoire de la bourgeoisie en France*, Seuil, 1962 et 1981, t. II, p. 227). Selon cette conjonction intenable, on obéit à son roi non comme à une personne mais comme à un principe abstrait, on répugne à obéir à quelqu'un, on ne consent à l'obéissance que comme à un mal nécessaire. Nous voyons là encore, concrètement, que seule l'intégration du fascisme dans la monarchie absolutiste eût prévenu la Révolution.

39 – Précisions métaphysiques sur les rapports entre matière et forme

Note :

Le lecteur pressé pourra sauter les § 39, 40.1 et 40.2, techniquement délicats.

Idée centrale :

Le tout ne procède chronologiquement de la partie que parce qu'il la pose ontologiquement (« ontologique » : relatif à l'être en tant qu'il est être, du grec « to on », l'étant, ce qui a ou exerce l'être comme la puissance exerce son acte). Si l'acte de vivre est le propre de ce qui se meut soi-même, si le mouvement du vivre est spontané quant à son origine et immanent quant à son terme, si le plus haut degré du vivre correspond au plus haut degré d'immanence, si l'immanence n'est absolue que dans l'acte d'intellection, si enfin « vivere enim est esse viventis » (l'acte de vivre est en effet l'acte même d'exister du vivant : saint Thomas, C. G. II 57), alors le suprême degré du vivre, qui est le degré suprême de l'être, est un acte d'intellection. La pensée ou connaissance n'est pas une modalité dans l'être qui serait expliquée par lui (expliquer, c'est déjà penser), elle est l'être en vérité. Et puisqu'il n'est pas de pensée qui ne soit pensée qu'on pense (autrement la pensée, inconsciente, ne serait qu'une pensée en puissance et non un acte de penser), c'est-à-dire une ***réflexion****, alors, en tout être en tant qu'il est être, s'exerce une réflexion, nommée* ***réflexion ontologique*** *(l'essence d'un tel être se réfléchissant dans soi-même comme puissance à son propre exister, ou posant en soi-même le sujet — matériel pour les réalités mondaines — dont elle se fait provenir en tant qu'existence individuée, dont l'inachèvement fait que cet être peut être sans être pensant. Pour cette raison, Antoine de la Mère de Dieu (Carme de Salamanque, XVIIe siècle) et Jean de Saint-Thomas définirent le constitutif formel de la déité (ce dont l'essence est d'exister) comme l'Intelliger subsistant. La circularité propre à toute réflexion se retrouvant en tout être, elle s'exerce aussi dans la cité, par* *elle organique, sans que cette structure implique en droit une procédure démocratique de genèse et de gouvernement de la cité.*

Ainsi qu'on l'a vu, la puissance active à l'unité (désir induit par la nature politique de l'homme au sein d'une multitude en peine de sa forme étatique) se pose concomitamment d'une part comme puissance passive (dans la multitude dirigée) où elle s'anticipe, d'autre part comme puissance active au pouvoir politique dans le prince qui actue la première. Ce processus n'est qu'un cas particulier des rapports généraux entre matière et forme qu'il nous paraît opportun d'exposer succinctement, tels que nous les comprenons, pour éclairer ce qui précède.

Causer, c'est être à l'origine de la communication de quelque chose qu'on doit n'être pas pour le pouvoir communiquer sans cesser d'être soi-même : si la « *datio esse* », donation de l'être, est donation de soi-même en tant qu'être, alors la cause ne garde rien par devers elle qui la ferait subsister en tant que cause distincte de son effet. Mais causer, c'est être à l'origine de la communication d'une actualité qu'on doit être, pour la pouvoir communiquer tout en étant son origine : si la cause se contente d'avoir ce qu'elle communique sans l'être, c'est qu'elle l'a reçu, c'est donc qu'elle n'en est pas vraiment l'origine, ce qui revient à dire qu'elle n'est pas vraiment cause.

Or, pour donner ce qu'elle est comme ne l'étant pas, pour avoir ce qu'elle n'est pas comme étant ce qu'elle donne, pour être ce qu'elle a comme donnant ce qu'elle est, la cause en tant que cause doit être une **réflexion ontologique**, un principe qui n'est identique à soi que par assomption intérieure réflexive de son propre envers. C'est paradoxalement l'altérité de la cause et de l'effet qui, en contexte « épistrophique », révélant l'essence ou la causalité de la cause comme altérité dans soi-même rédimée, rend possible l'immanence de la cause à l'effet, rend donc raison de la causalité entendue comme communication de l'actualité de la cause, non ablative de la différence subjectale qu'elle entretient à l'égard du causé.

En d'autres termes, la forme ne saurait donner l'être à la matière dont elle est l'acte, la matière ne saurait être intérieure à l'acte qu'elle conteste, la forme ne saurait être éduite de la potentialité qui lui est ontologiquement suspendue, si la forme n'était positionnelle de la matière, laquelle se révèle alors comme le moindre-être immanent de la forme, ou, en termes hégéliens, comme la forme dans sa négativité.[25]

---

[25] De ce que l'*esse* (l'*actus essendi*, ou exister) de la matière est celui-là même de la forme (puisque la matière est simple puissance à être **un** être, intérieure à l'acte qu'elle conteste), la matière est ontologiquement suspendue à ce qu'elle reçoit. En tant qu'elle y est suspendue, elle est **posée** par ce qu'elle reçoit. Mais en tant que la forme a la matière pour **sujet**, la forme est éduite de la matière (l'éduction de la forme étant l'actuation progressive, suscitée par une autre substance en acte, d'une virtualité qui y préexiste), ce

Si les principes d'être **un** être — et tels sont la puissance et l'acte, la matière et la forme, la substance et les accidents, l'essence et l'existence — ne sont êtres, c'est-à-dire ne **sont**, **que** par l'être dont ils sont en retour les **principes**, c'est qu'ils assurent la réalité de ce qui les rend possibles. Et cette exigence logique de réciprocation de causalité ne peut être tenue que pour autant que du côté de l'être lui-même s'opère un tel retour : les principes d'être **un** être à la fois tiennent leur être de l'être dont ils sont les principes, à la fois ne sont véritablement **principes**, que parce qu'ils posent l'être dont ils sont les principes ; ils doivent par là, nécessairement, **se** poser eux-mêmes en posant l'être dont ils sont les principes. Ce qui revient à dire que le processus chronologique de l'éduction de la forme à partir de la matière présuppose le processus ontologique inverse, donc réflexif, de position de soi de la forme comme position par la forme de la matière. Tout autant, le procès de position de l'essence par l'existence est l'envers du procès de position de l'existence par l'essence, ce qui revient à dire que l'*esse* est **activement** exercé par l'essence avant que d'être reçu par elle. Tout autant, la substance ne tient sa substantialité, ou suppositė, que de son procès immanent d'extra-position d'elle-même en accident qui, pour n'être pas **un** être, n'en est pas moins acte. Bref, pour que les principes d'être **un** être tiennent leur être de l'être dont ils sont les principes, il faut et il suffit que l'être se médiatise avec lui-même dans lui-même, et ne soit ce qu'il est, à savoir être, que par cette médiation. Telle est la structure logico-ontologique de tout ce qui procède de, et par là ressemble à Celui dont tout l'être est d'être, l'« *Ipsum Esse per se subsistens* », dont la Révélation nous dévoile les moments comme des Personnes, ce à quoi la raison naturelle ne saurait par elle-même parvenir. Dans cette perspective, la matière est en son essence le moindre-être corrélatif d'une réflexion ontologique inachevée et, à ce titre, paradoxalement, le principe réifiant de la forme, lui conférant subjectité ou séparation d'avec son principe. C'est pourquoi **l'être-absolument** est esprit. L'homme et l'ange achèvent cette réflexion, dont ils ne sont pas l'origine, sur le mode noétique, l'un par la médiation de l'extériorité, l'autre dans la connaissance immédiate de lui-même. Dieu seul **est**

---

qui revient à dire qu'elle **procède** (en tant qu'elle en sourd) de ce qu'elle pose. Ces considérations valent même pour l'âme spirituelle qui n'est certes pas éduite de la matière en tant qu'elle en serait tirée, mais qui en est éduite en tant qu'elle sourd du « *terminus a quo* » de la matière elle-même, de cette pénurie ontologique radicale qui est le néant absolu à partir duquel l'âme est créée mais dont elle ne procède qu'en se faisant affecter, ou individuer, par les notes individuantes de la matière qu'elle transit. Si donc la forme procède de ce qu'elle pose, elle se pose en posant la matière. Mais en tant que récepteur-**limitateur**, la matière est principe d'individuation de la forme. Ainsi, en tant qu'elle réduit l'« *universale in causando* » de la forme, la matière limite la forme tout en tenant de la forme sa vertu limitatrice. Par conséquent la forme **se** limite en investissant la matière. Or elle s'y pose. Donc elle s'y pose en s'y limitant, c'est-à-dire en s'y niant (puisque l'universel qu'elle est s'y particularise). En termes hégéliens, elle s'y pose dans sa négativité. Dès lors, la matière n'est pas le contraire ou la négation de la forme, mais la forme et toute forme dans sa négativité.

cette Réflexion ontologique parce qu'Il en est, comme « *noêsis noêseos* », à la fois l'origine, l'initiative et le terme. Il en résulte que chaque être est d'un degré d'être d'autant plus élevé qu'il assume, dans sa réflexion constituante, un non-être plus radical : « *non coerceri maximo, contineri tamen a minimo, divinum est* » (Hölderlin).

40-1 – Application à la réalité politique du résultat précédent

Nous pensons avoir montré en quoi le concept de réflexion ontologique adéquatement intégré à l'hylémorphisme réconcilie transcendance et immanence, architectonique et totalité, mono-archie et organicité : le tout s'anticipe en ses parties qu'il rassemble, se fait provenir de ce qu'il pose, se fait dépendre de ce dont il est la raison. Voilà pourquoi la nature politique de l'homme, puissance active à l'unité, peut se poser comme s'y anticipant à la fois comme puissance passive dans la multitude, à la fois comme puissance active (qui actue la première) au pouvoir dans le prince. En tant que puissance active à l'unité, ou désir de société immanent à tout homme, la nature politique de ce dernier lui enjoint de tendre vers le bien commun comme vers le meilleur bien de son bien propre. En tant que puissance seulement passive au pouvoir, cette même nature politique dans la multitude n'appelle nullement une quelconque procédure démocratique d'actuation.

La difficulté exposée ici au § 38-1 (premier alinéa) se retrouve néanmoins dans la philosophie d'Aristote, précisément parce qu'il n'a pas selon nous exploité les vertus du concept de réflexion ontologique, dont il eut pourtant l'intuition. Commençons par établir qu'un tel concept est bien d'origine aristotélicienne. Nous traiterons ensuite le problème que nous venons d'évoquer.

Au livre IV (chapitre 3) de sa *Physique* (trad. Carteron, Belles Lettres, 1931), Aristote s'interroge sur les diverses significations de l'expression « être dans ». Une chose est dans une autre comme le doigt dans la main, comme la partie dans le tout, comme le tout dans les parties, comme l'homme dans l'animal (espèce incluse dans le genre), comme le genre dans l'espèce, comme la santé dans les choses chaudes (comme la forme dans la matière), comme les affaires grecques dans les mains du roi de Macédoine (ou dans le premier moteur), comme dans le bien et dans la fin (ce en vue de quoi on agit), et enfin, dans son sens le plus obvie, comme dans le lieu. Puis Aristote précise : « Assurément, l'amphore ne sera pas à l'intérieur d'elle-même, ni le vin, mais l'amphore de vin ; car le contenant et le contenu sont l'un et l'autre parties du même tout » (*ibid.* 210 a 30-33). Il ajoute enfin la remarque suivante, riche de conséquences cruciales : « **On voit donc qu'il est impossible qu'une chose soit immédiatement à l'intérieur d'elle-même** » (*ibid.* 210 b 21-22). On comprend en effet que l'opération consistant à courber les bords de l'orifice de l'amphore pour les introduire à l'intérieur d'elle, ou à introduire le goulot d'une bouteille dans la bouteille, opération qui prolongée reviendrait à tenter de lui faire contenir ses flancs jusqu'à elle-même tout entière, est une opération qui en viendrait à intérioriser l'extérieur au point de supprimer la spatialité même du contenant, c'est-à-dire sa matérialité. Et ce qui est incapable de se contenir ou de se posséder est extérieur à soi, s'échappe de soi-même, n'est pas vraiment soi, ne coïncide pas avec son essence. La matière se révèle ainsi comme le déterminant à raison duquel une réalité n'est pas en plénitude son concept ou essence, dans le moment où elle est la condition obligée, en tant qu'altérité à soi de l'essence, de la « subjectalité » de cette dernière, c'est-à-dire de sa concrétion ou existence. Voilà pourquoi la matière, et plus généralement l'être en puissance, peut se définir comme la décompression consécutive au caractère inachevé de la réflexion constituante ou ontologique. Car enfin, si le terme asymptotique d'une réflexion opérative est l'exténuation de la matérialité de l'étant au point de lui donner de s'identifier à son concept, forme ou Idée, quand toute opération de l'étant est conditionnée par son essence, c'est que la réflexion opérative est l'envers obligé d'une réflexion ontologique par laquelle l'essence pose la matière subjectale dont elle sourd et que par là elle rédime en tant que sujet. Si la doctrine hylémorphiste de la causalité explique bien le passage de la puissance à l'acte, elle n'explique pas le passage de l'acte à la puissance, de l'existence à l'essence, de la substance à ses facultés ou puissances, de l'Idée à la réalité. C'est pourquoi, chez Aristote, la matière est éternelle et incréée, toujours déjà là, tel le Chaos du Timée dont le démiurge n'est que l'organisateur sans que les Idées qu'il contemple n'en soient non plus l'origine. La réflexion ontologique n'est au fond qu'un mot pour dire l'acte créateur entendu comme racine immanente à la causalité finie, ou comme sa maximisation. Elle désigne le travail de l'acte créateur œuvrant, en tant qu'« *emanatio totius esse* » (cf. saint Thomas, *Somme théologique*, I[a] q. 45), au plus intime des choses.

La réflexion ontologique, ou conversion substantielle, deviendra un principe métaphysique d'explication du réel chez les Néo-platoniciens. Ainsi Proclus enseignera-t-il :

> « Tout ce qui a le pouvoir de se convertir vers soi-même est incorporel. Aucun corps n'est capable par constitution de se convertir vers soi-même. Car si ce qui se convertit coïncide avec le terme de sa conversion, il est évident que toutes les parties d'un corps qui se convertirait vers soi-même coïncideraient avec toutes. Il y a, en effet, conversion vers soi-même quand on devient un de deux qu'on était, à savoir ce qui se convertit et ce vers quoi il se convertit. Or, cela est impossible à un corps et en général à tous les êtres divisibles. Car le divisible ne coïncide jamais tout entier avec lui-même tout entier en raison de l'extra-position de ses parties. Aucun corps ne peut donc pas constitution se convertir vers lui-même au point de se convertir tout entier vers lui-même tout entier. Il en résulte qu'un être qui a le pouvoir de se convertir vers soi-même est incorporel et indivisible » (*Éléments de théologie* § 15, trad. Trouillard, Aubier-Montaigne, 1965).

Le défaut du néo-platonisme (qui explique la réticence de saint Thomas, visible dans son commentaire du *De Causis*, à l'égard du concept de réflexion) est en retour de n'avoir pas voulu introduire dans l'Un la réflexion noético-ontologique qui l'eût défini comme l'identité de l'être et du savoir de lui-même. Le néo-platonisme n'est pas fidèle à la logique de son propre projet. L'Un de Proclus répugne à être différent de lui-même dans lui-même, à être l'identité de l'identité et de la différence, à ce titre l'unité (par opposition à l'altérité) ou identité vraiment concrète (car l'identité exclusive de la différence est **différente** de la différence et par là n'est pas l'identité même) qui, le posant comme l'identité de l'être (essence) et du savoir (en tant qu'identité à soi **réflexive**, ou Sujet), le poserait comme l'*Esse* même. Cette exigence fut pourtant pressentie par les philosophes de l'Un : « L'Un, qui est au-delà de la substance (ou de l'essence) et de l'étant, n'est ni étant ni substance ni acte, mais plutôt il agit et il est lui-même l'agir pur, en sorte qu'il est l'Être, l'Être qui est avant l'étant et comme l'Idée de l'étant » (Porphyre, *In Parmenidem*, XII 25-35). Un tel discours serait même issu de l'enseignement de Platon destiné aux seuls initiés et relatif au Dieu transcendant (cf. Pierre Magnard, *Le Dieu des Philosophes*, Mame, 1992, p. 106). Et en effet, ce dont l'être est son savoir est ce qui, comme tout savoir, produit dans soi-même un verbe, mais qui, en tant que son essence est son connaître, produit un verbe qui est son essence même. Et ce qui est producteur de ce à raison de quoi il est, est producteur de son être, ou est « *causa sui* ». Mais en tant qu'il est l'identité de son être et de son avoir par là qu'il est **cause** (cf. le début de notre § 39), il n'a son existence (puisqu'il se la donne) que comme étant son exister. Et ce dont l'être est d'exister est l'Exister même, non reçu ou limité. Mais ce qui est producteur de sa « *ratio* » essentielle d'exister commence par n'être pas ce qu'il se donne (puisque le donateur est réellement distinct de son don), ce qui le révèle comme identité réflexive à soi. Étant l'Être comme identité à soi, Il est **non-être pur** dans Sa Réflexion. Ainsi les Néo-platoniciens auraient-ils pu dire que la cause est l'identité concrète de son identité à soi et de sa différence d'avec soi, que par là la Cause suprême agit par et en tant que l'altérité à soi foncière immanente aux créatures et constitutive de ces dernières comme le **néant** de leur « *terminus a quo* » (ainsi l'action causale est-elle créatrice), laquelle altérité, étant **altérité** à soi, explique que la Cause agisse par ce qu'elle n'est pas, reste donc immobile mais, étant altérité **à soi**, c'est-à-dire altérité **dans** soi-même intrinsèque à son identité, agisse par ce qu'elle est et, se révélant ainsi comme vraiment cause, conjure le statut autocréateur des hypostases dérivées : les créatures sont causes « *in fieri* », non « *in esse* ».

Cette dernière assertion s'oppose évidemment aux thèses des Néo-platoniciens qui croient nécessaire pour sauver la transcendance de l'Un d'exclure son immanence causale à l'effet, mais qui par là dépossèdent l'Un de toute puissance créatrice. L'Un donne ce qu'il n'a pas, car la simplicité abstraite de l'Un, non cogitive, exclut la dualité de son être et de son avoir, il ne saurait être objet pour lui-même. L'Un donne ce qu'il n'est pas, puisqu'il est au-delà de l'être qui n'en est, en tant qu'unité de l'intelligence et du monde intelligible, que la deuxième hypostase. De l'Un n'émane que ce qui n'est pas l'Un, de telle sorte que, impersonnel parce qu'exclusif de la différence intestine qui le poserait comme Pensée, l'Un, privé de toute réflexion noético-ontologique (l'activité de la déité est la déité même), ne peut communiquer l'être, qu'il n'est pas, à la créature. Cette dernière se voit alors sommée, par une réflexion substantielle dont l'Un n'est ni l'origine ni l'exemplaire, de s'auto-constituer dans l'être. La transcendance unilatérale du Premier Principe, exclusive de son immanence, revient paradoxalement, et contradictoirement, à gratifier la créature d'un pouvoir auto-fondateur qui en vérité n'appartient qu'à Dieu. Et c'est pourquoi il est nécessaire d'intégrer à l'Un, qui par là se révèle l'« *Ipsum esse per se subsistens* » en tant même que Pensée de Pensée, la réflexion ontologique, afin de rendre raison de la causalité en son acception thomiste, c'est-à-dire d'une communication d'actualité non ablative de l'immobilité de l'Acte pur non plus que du privilège exclusivement divin de la vertu de créer.

Abordons à présent le problème, discerné dans la philosophie politique d'Aristote, dont nous avons plus haut annoncé le traitement.

La difficulté exposée au § 38-1 (premier alinéa) du présent ouvrage se retrouve en effet dans la philosophie d'Aristote. On a cru voir dans cette philosophie des prodromes de totalitarisme (entendu comme tyrannie de tous sur tous) liés, dit-on, à son immanentisme organiciste, et on a volontiers opposé au « monarchisme » de Platon une « lecture » de la Politique du Stagirite infléchissant cette dernière dans le sens d'une justification de l'idée démocratique. Nous nous autoriserons à proposer l'explication qui suit.

Aristote, il est vrai, ne semble pas tenir la monarchie pour un régime vraiment **politique**. « Ceux donc qui croient que chef politique, chef royal, chef de famille et maître d'esclaves sont une seule et même notion s'expriment d'une manière inexacte (...) » (*Pol.* I 1). Et il semble bien que ce qu'il nomme république, politie ou régime idéal doive être identifié comme une certaine forme de démocratie vertueuse : « (...) dans notre État, tous les citoyens ont part au gouvernement » (*Pol.* VII 13). En revanche, il définit tyrannie et **démocratie** comme les pires des régimes (*Pol.* II 6), et la démocratie comme une espèce de tyrannie divisée entre plusieurs têtes (*Pol.* V 10). De plus, il suggère non sans contradiction (*Pol.* IV 2) que l'étude de la constitution idéale coïncide avec celle de la monarchie et de l'aristocratie, et que la forme politique qui est première et la plus divine est la monarchie. Il précise (*Pol.* III 13) que l'homme exceptionnel par sa vertu doit être au-dessus des lois, et qu'il est dans la nature des choses que tous lui obéissent de bonne grâce, de telle sorte que ceux qui lui ressemblent soient à jamais rois dans leurs cités. En *Meta.* XII 10, il évoque d'ailleurs Homère en faveur de la monarchie. Aristote entend, semble-t-il, obéir à deux exigences liées aux deux aspects, intrinsèque et extrinsèque, du bien commun.

D'une part, la Cité doit **imiter** Dieu dans Son Essence, parce que toute chose contingente participe à l'éternel et au divin autant que possible. Sous ce rapport, en tant que la cité doit être autarcique comme l'est son Modèle, en tant qu'elle doit trouver dans elle-même son principe et sa fin dont l'immanence la pose comme vivant parfait, le chef est **éduit** de la multitude, il assure la pérennité de la cité dont la nature le produit, il garantit l'intégrité de ce dont il **procède** : la cité est d'abord organique, totalité, et tend à l'autarcie ontologique ; la vraie cause efficiente de la cité, qui est République et dont les membres sont citoyens, n'est pas le chef mais la **nature** de la cité, qui est en son fond la nature humaine elle-même. Autrement, l'homme ne serait animal politique que par accident, ne tenant sa dimension politique que de l'initiative extérieure d'une personne singulière, tel le roi. Et qu'on l'appelle roi, prince, général ou dictateur, ce dernier n'est ici chef de la cité qu'en tant que conscience de soi de l'ordre de la cité.

D'autre part, la cité doit imiter dans sa structure interne — et précisément parce qu'elle **imite** en tant que totalité l'Absolu dont la souveraineté à l'égard d'un monde possible est définitionnelle de Lui-même (Dieu n'est pas nécessairement Créateur, peut-on dire en climat chrétien, mais il est de Son Essence de pouvoir l'être) — la relation qu'elle entretient à l'égard de Dieu, à Qui elle est, comme toute chose, suspendue selon un rapport de dépendance absolue. Si, en effet, la nature de la cité, immanente à chacun de ses membres, son **principe**, se subordonne le détenteur de l'autorité politique en vue de sa concrétion, en retour ce détenteur ne subsiste pas **dans** la cité comme principe seulement, mais comme partie **de** la cité. Selon cette partition, il **s'oppose**, selon une césure entre dirigeants et dirigés constitutive de toute réalité politique, au reste de la cité, puisqu'il en est entitativement distinct en tant que suppôt, ou singulier. Il contracte alors, analogiquement, le statut de général par rapport à l'armée, et réalise analogiquement, à l'égard de la cité, le rapport d'autorité que Dieu entretient à l'égard du monde. Dans une perspective chrétienne, la Cité humaine réalise en sa structure interne la relation qu'elle entretient à l'égard de Dieu en se reconnaissant comme l'anticipation de la Cité de Dieu, qui est historiquement l'Église, en laquelle elle a pour vocation de s'achever (aux deux sens du mot). Dieu est à la fois une Royauté dans Lui-même dont l'*imperium* est la Paternité, **et** une totalité organique, en tant qu'Essence qui se subordonne les Personnes, qui se constitue comme Sujet par réflexion ontologique absolue. La philosophie non explicitement créationniste d'Aristote, son ignorance probable de l'immortalité de l'âme individuelle et de son ordination personnelle à Dieu, et son ignorance certaine de la Révélation, l'ont empêché de thématiser clairement l'exigence de différenciation dans soi de la cité en laquelle se réalise (et s'annoncent tout à la fois les prémisses de sublimation de) son organicité. Sous ce rapport, la cité prend nécessairement la forme d'une monarchie, dont les membres sont sujets.

L'unité des deux exigences est, pour Aristote, une sorte d'aristocratie où les plus excellents gouvernent tour à tour (*Pol.* III 16 et VII 3) et selon un rythme fixé par la loi. C'est dans la notion de régime mixte (qu'à notre sens Jean Bodin critiquera non sans raison) que saint Thomas élaborera cette unité.

Avant de conclure cette réflexion consacrée à Aristote, nous nous permettrons de faire deux remarques.

a) « À peine Dieu lui-même et le monde entier seraient-ils heureux si, outre leurs actions internes, ils ne se répandaient au-dehors par leurs bienfaits », dit Aristote (*Pol.* II 5) : le bien est à faire, le bien est diffusif de soi, le bien est fécond. Mais nous savons qu'en Dieu seul la pénurie absolue d'être qui manifeste l'amour (lequel atteste un manque, telle la « Pénia » du Banquet de Platon) coïncide avec la surabondance absolue d'être en tant que « *diffusivum sui* » ***ad intra*** : l'Amour ou Esprit **procède** du Fruit ou Fils qu'en retour Il pose, puisque le Père confirme par Amour le Fils dans Sa différence réelle. S'exprimant tout entier dans un Verbe qui dit en retour l'Acte qui l'engendre, Dieu se communique tout entier et totalement à Lui-même comme Fils qui par là restitue au Père l'Amour dans lequel Il L'engendre. Au reste, s'il est définitionnel du Père de faire procéder de Lui-même l'Esprit d'Amour pour le Verbe, quand le Verbe est dire **exhaustif** du Père, il est définitionnel de cet Amour de procéder concomitamment du Fils. De telle sorte que la diffusibilité « *ad extra* » de Dieu, toute créaturelle, est toute contingente. Cette ignorance chez Aristote de l'existence en Dieu d'une Vie trinitaire (à tout le moins d'une réflexion ontologique expliquant la différence dans l'identité sans toutefois rendre raison de la Trinité des Personnes : la raison finie ne saurait en percer le mystère) qui accomplit ***ad intra*** sa puissance absolue de diffusion intrinsèquement constitutive de sa Bonté et de son Être, compromet dans l'aristotélisme la contingence de la création, la séparation absolue de Dieu et du monde, et par là compromet — puisque la Cité imite Dieu jusqu'en Sa différence réelle d'avec le monde — la différence réelle du roi et de la multitude. Mais il ne conviendrait pas d'abandonner, au profit d'un mono-archisme platonicien, l'organicisme d'Aristote sous prétexte que, non accompli exhaustivement dans son ordre propre, ce dernier favorise la légitimation au nom du bien commun de la démocratie : c'est par **défaut** et non par excès d'organicisme que la « politie » n'est pas mono-archique ; et une monarchie sans organicité, exclusive du primat d'un bien commun **immanent**, se convertit en individualisme (cf. ici § 32-2).

b) À propos de la notion thomiste de gouvernement mixte, il faut remarquer qu'autre chose est de promouvoir la participation vitale de tous au bien commun et d'affirmer l'immanence de ce dernier à la cité, autre chose est de plébisciter la démocratie sous prétexte qu'elle propose une participation de tous à la vie politique en visant un bien immanent : la démocratie privatise le bien commun, même si elle est dissociée de la doctrine contractualiste de la souveraineté populaire (même vertueux, l'homme médiocre choisit comme son chef celui qui lui ressemble, conformément à l'idée qu'il se fait du bien commun et, parce que seuls la vérité et le meilleur dans l'ordre du bien sont unitifs de soi, une pluralité de choix erronés produit au mieux une résultante de conceptions **privées** du bien commun qui par là n'est plus tel), elle lui fait perdre sa communauté et, par voie de conséquence, elle corrompt l'idée même de participation ; elle fait dégénérer l'organicité en mécanisme. Tout ce qui compromet l'unité de la cité blesse le bien commun. Or la démocratie et l'aristocratie (prise comme régime) sont diviseuses. Donc elles blessent le bien commun, et on ne voit pas ce qu'une monarchie aurait à gagner en subsumant des micro-régimes qui l'excluent. La monarchie rationnelle les assume, non en les additionnant ou composant dans un mixte, mais en les changeant intrinsèquement. Tous ont part à la vie politique (l'aristocratie prise comme ordre dans le service du fonctionnariat, la multitude dans les diverses corporations), mais chacun selon sa fonction, ses compétences, et en vertu d'un pouvoir à lui **délégué** par l'État.

On voudra bien simplement observer que, compte tenu de ce qui précède, l'organicité de la Nation, dont les membres sont pairs (en tant qu'assumant une identique manière irréductible d'être homme, mais selon une identité qui s'explicite en des vocations et aptitudes individuelles inégales), loin d'exclure la monarchie, l'appelle, mais dans une totalité concrète, ou différenciée. Au reste, si le vœu de la société est d'extra-poser au mieux toutes les virtualités de la nature humaine, elle doit être elle-même, analogiquement, une personne, qui n'est réelle que dans la subjectivité singulière du prince en et par laquelle s'opère la réduction à son acte ultime de la volonté objective de la multitude.

S'il est permis de modifier respectueusement la lettre du discours thomiste, nous ajouterons que, selon notre mise au point, la vocation du prince n'est pas tant de **ramener** à l'unité des biens particuliers **qui de soi s'excluraient** (saint Thomas enseigne que les êtres sont **divisés** sous l'angle dans leurs biens propres), que de faire concourir au bien commun des biens particuliers qui ne savent pas qu'ils le visent objectivement, et qui se révèlent conflictuels entre eux en vertu de cette ignorance même.

Il est vrai que seule la singularité d'une conscience peut réfléchir idéellement, sur le mode d'un projet directeur, l'unité d'une multitude et l'actualiser par l'*imperium* d'une volonté. En effet l'âme de l'animal n'exige pas la conscience pour habiter son corps, mais l'animal est substance, non la cité. Surtout, la matière politique à ordonner est elle-même composée de subjectivités : si la forme n'habite la matière que pour autant que l'appétit d'une matière se repose dans son acte qui la parfait, l'appétit de la matière politique de la cité ne peut être perfectionné que par un acte qui est lui-même, constitutivement, subjectivité. Il reste que si la vraie cause efficiente première de la cité repose dans la nature politique de l'homme, l'office du prince est de **révéler** l'unité que convoitent, du sein même de leurs relations qui peuvent être conflictuelles, les tendances particulières aux biens sociaux. Il convertit à leur identité concrète, à cet universel de causalité qu'est le bien commun, les biens particuliers qui ne l'anticipent chronologiquement que parce qu'ils en procèdent ontologiquement. Et dire qu'une subjectivité en acte parfait la matière de la cité qui, contenant en elle-même des subjectivités, **se repose** en son acte, c'est dire que la multitude **se reconnaît** dans l'*imperium* du prince qui, devant que de les contredire par accident, réalise la conscience de soi de la volonté objective de la multitude. Comme le remarque Bossuet, que nous suivons sur ce point :

> « La volonté de tout le peuple est enfermée dans la sienne. Comme en Dieu est réunie toute perfection et toute vertu, ainsi toute la puissance des particuliers est réunie en la personne du prince » (*Politique tirée des propres paroles de l'Écriture Sainte*, Paris, 1709, Livre IV article Ier).

40-2 – Levée d'une équivoque à propos de Hegel

Résumé :

L'hégélianisme est une philosophie d'une extraordinaire richesse ; il contient des intuitions de génie que la philosophie réaliste aurait tort de ne pas intégrer à elle. Mais, probablement parce qu'il est infidèle à son propre projet rationnel et systématique faute de s'être suffisamment dégagé de ses présupposés luthériens et théosophiques, il doit être révoqué dans ses conclusions panthéistes et gnostiques.

Le lecteur n'aura aucune peine à discerner dans les développements qui précèdent (en particulier des § 38-1 à 40-1) une influence hégélienne que nous ne cherchons nullement à dissimuler, et qui pourrait légitimement l'inquiéter. C'est seulement comme auteur de la redécouverte du concept central du néoplatonisme, la réflexion ontologique, que Hegel est pour nous une source d'inspiration. Hegel a critiqué très durement, et à bon droit, le contractualisme de J.J. Rousseau, de Kant et de Fichte :

> « Contre le principe de la volonté individuelle, il faut rappeler ce principe fondamental que, d'une part, la volonté objective est ce qui est rationnel en soi dans son concept — que cette rationalité soit reconnue ou non, acceptée ou non par les individus — et que, d'autre part, le terme opposé, c'est-à-dire le vouloir et le savoir individuels, la subjectivité de la liberté (...) ne constituent qu'un moment, donc un moment incomplet, de l'Idée de la Volonté rationnelle » (*Principes de la Philosophie du Droit*, § 258, trad. Derathé).

Dans cette œuvre de jeunesse qu'est l'opuscule consacré au Droit Naturel, Hegel avait déjà critiqué (dernière page) avec la même fermeté les principes de la morale kantienne et plus généralement du formalisme en éthique :

> « Il y a toujours un désaccord de l'esprit absolu et de sa figure. Mais pour atteindre cette figure absolue, la philosophie ne peut pas se réfugier dans l'informel du cosmopolitisme, ni dans le vide des droits de l'homme ou dans le vide tout aussi grand d'une fédération des peuples et d'une république

universelle. Ces abstractions formelles contiennent exactement le contraire de la vie éthique et eu égard à l'individualité, elles sont protestantes et révolutionnaires. »

Il reste que, luthérien en religion, Hegel, en dépit de son monarchisme organiciste et de son antidémocratisme fonciers (que nous retenons tous deux), est demeuré libéral en politique : il refuse tant la causalité du patrimoine biologique dans la constitution de l'âme d'une nation, que le magistère de l'État sur la vie proprement spirituelle de l'homme en tant que personne individuelle. Et c'est sur ces deux points que nous nous permettrons d'évoquer succinctement les raisons pour lesquelles nous ne le suivons pas.

Lorsque Hegel affirme (§ 324 des *Principes de la Philosophie du Droit*) que l'État trouve dans les guerres au dehors la solution de ses dissensions internes, il ne veut pas dire que l'homme ne serait pas naturellement un animal politique. Il n'anticipe en aucune façon certaines lectures erronées de la doctrine de Carl Schmitt (reprise en France par Julien Freund) selon lesquelles la stabilité et même l'existence de l'État, fondées pour Schmitt sur le couple ami-ennemi, révéleraient que l'État selon Carl Schmitt n'a pas d'unité interne mais s'en forgerait une, toute résiduelle, par négation de l'extérieur ; si telle était la doctrine de Schmitt, ablative de l'idée de bien commun entendu tel le principe de l'unité de la communauté politique, alors ce penseur serait, en effet, un libéral ; mais il n'en est rien : Schmitt est fidèle à Hegel. Ce dernier entend bien plutôt montrer que la dimension politique de l'homme, immanente à tel État particulier, et exigitive de l'État rationnel (ou véritablement monarchique **et** organique), travaille de l'intérieur cet État particulier : ce n'est pas l'homme qui est inadéquat à la cité (comme si l'État ne le réalisait pas tout entier en tant qu'homme), c'est la cité (particulière) qui est inadéquate à l'État rationnel à venir qui cependant s'anticipe idéellement dans l'homme. L'erreur de Hegel est de ne pas croire à la possibilité de l'avènement **historique**, fût-il seulement eschatologique (et il n'y a pas de « Fin des Temps » pour Hegel), du développement de toutes les ressources incluses dans l'État rationnel, c'est-à-dire dans l'État impérial mondial[26]. Pour lui, l'État ne saurait actualiser la rationalité systématique dont il est

[26] Ce qui est ici nommé « État impérial mondial » ne renvoie aucunement au projet contemporain, maçonnique, intrinsèquement mauvais, d'État mondial. Cela dit, si le bien commun est d'autant meilleur qu'il est plus commun ; si l'un et le bien sont convertibles, si donc il n'est pas de bien commun sans unité elle-même fondée par un principe efficient d'unité qui ne peut être que de nature politique aussi longtemps qu'il est question de bien commun *terrestre*, force est de convenir qu'une réalisation achevée du politique est nécessairement de nature planétaire. On peut avoir de bonnes raisons — et l'auteur du présent travail n'en manque pas, pour le moins — de critiquer les prétentions théocratiques d'un Boniface VIII ; on doit néanmoins se rendre à la pertinence de l'enseignement suivant : « Quant à l'empire, il est vrai qu'au début de 1303, Boniface VIII reconnut Albert d'Autriche qu'il avait toujours combattu et le détacha de l'alliance française, déliant le serment de fidélité à l'égard de Philippe <le Bel> tous ceux qui, de la Lorraine

---

et de la Franche-Comté à la Provence, avaient admis sa suzeraineté ; coup redoutable porté à la puissance française et aggravé par cette déclaration, la plus sensible au roi et à son peuple : "**Que les Français en rabattent de leur superbe, eux qui prétendent ne pas reconnaître de supérieur ; ils mentent car, de droit, ils sont et doivent être subordonnés au Roi des Romains** ***et à l'Empereur, sub rege romano et imperatore***" (Monseigneur Alfred Baudrillart, *Vocation de la France*, Flammarion, 1934, p. 32). Providentiellement désigné tel le principe politique d'unité des Terres de Chrétienté, le Saint-Empire romain germanique avait vocation à exercer une légitime suzeraineté sur tous les rois chrétiens. Saint Louis en acceptait au reste le principe sans difficulté. Et si la Chrétienté, c'est-à-dire le catholicisme, a bien vocation à s'étendre au monde entier, il est logique que cette suzeraineté du Saint-Empire soit planétaire. Il ne s'agit pas d'un État qui se substitue aux autres États nationaux, et c'est pourquoi on ne saurait parler d'État mondial au sens moderne. Il s'agit d'un suzerain fédérateur de royautés suzeraines dans leurs affaires politiques intérieures respectives, mais ordonnées, par lui, à un bien commun international qui n'en est pas moins politique. Qu'il soit dans la vocation de la France d'être assez puissante pour protéger la papauté des abus d'autorité exercés par l'Empire ne remet pas en cause la vocation politique de l'Empire, non plus que les limites politiques du royaume des Lys.
Il reste que Philippe le Bel était fondé à considérer qu'il ne tenait pas son autorité politique du pape ; que le pape était fondé à lui rappeler que l'ordre politique est ordonné au salut des âmes dont l'Église seule dispense les moyens surnaturels ; que le bien commun de la chrétienté l'emporte sur celui des nations, et qu'à ce titre le roi de France était en demeure de reconnaître la suzeraineté de l'Empire : la France et l'Allemagne sont nées de la division de l'empire de Charlemagne s'explicitant dans ce dont il demeurait en droit le principe d'unité, qui se prolongea dans le Saint-Empire. Et il est vrai encore que le Saint-Empire ne sut pas faire leur place aux exigences identitaires des nations naissantes. Le drame de la chrétienté, la tragédie de l'Europe dont nous subissons aujourd'hui probablement les ultimes soubresauts, est qu'aucun acteur historique d'envergure n'ait jamais été capable de comprendre ces quatre vérités en même temps. Les défenseurs catholiques de l'ordre national sont maurrassiens, et si le mérite leur revient de n'être pas surnaturalistes (frustrer l'ordre naturel au nom de la grâce), ils ne retiennent que le droit de Philippe le Bel et refusent absolument l'idée même de Saint-Empire. Les légitimistes, surnaturalistes, balancent entre une position théocratique ultramontaine et un mysticisme des « *Gesta Dei per Francos* » identifiant la souveraineté royale française à un quasi-sacerdoce dont ils s'autorisent pour faire prévaloir les prétentions hégémoniques de la France au détriment de l'empire des Habsbourg. Les néo-païens voient bien la pertinence de l'Idée impériale, mais ils ne comprennent pas qu'elle est catholique par essence. Et la conversion à leur identité concrète de ces trois abstractions est le fascisme stabilisé en monarchie *organique* subsumée par une suzeraineté national-socialiste apaisée en Saint-Empire catholique dont l'Europe dite de Bruxelles, judéo-maçonnique et ploutocratique, est la misérable contrefaçon négativement porteuse, à ce titre même, de la vérité qu'elle trahit. C'est à la lumière de ces considérations navrées qu'il est possible de comprendre sereinement le véritable sens de la vocation de la France. Par la suscitation de sainte Jeanne d'Arc destinée à défendre la foi et la patrie, Dieu « *non fecit taliter omni nationi* », en effet. Mais précisément, si le rôle de la France est d'être assez forte pour prévenir les propensions de l'Empire à l'hubris politique ablative de l'indépendance

riche dans son propre élément politique, de sorte que l'exigence de concrétion de soi du rationnel de l'État se sursume en art, en religion, en philosophie, c'est-à-dire dans la sphère de l'« Esprit absolu » qui succède à l'« Esprit objectif » comme la vérité de ce dernier en tant qu'identité concrète de l'Esprit objectif (droit, moralité, État) et de l'Esprit subjectif (âme, conscience, esprit). L'État de Hegel est moins « divin », et à ce titre moins « totalitaire » (quoique plus systématique quant à l'intention, et c'est sous le rapport de cette organicité en droit pleinement rationnelle que nous nous en inspirons) que celui de saint Thomas d'Aquin et d'Aristote, puisqu'il invite les personnes à s'en émanciper, **dans l'Histoire et dès leur vie mondaine** (et il n'est pas de vie individuelle post-mortem pour Hegel), au profit du service individuel de la rationalité dans l'Art, la Religion et la Philosophie (spéculative de Hegel). Mais l'erreur de Hegel procède de ce qu'il est **convaincu** que l'État rationnel réalise en droit les exigences de la religion **révélée** en tant qu'Église. Ce qui est vrai, pour le catholique, c'est que l'État assume ou réalise les exigences de la religion naturelle, non de la religion révélée mais de ce culte qui eût été rendu à Dieu par l'homme intègre s'il avait été créé en état de pure nature. Cependant, Hegel ne saurait se résoudre, purement et simplement, à faire se réaliser par le Politique les exigences de l'Église, en vertu même de la transcendance — par là de l'intemporalité et anhistoricité (au rebours des États existants) — de l'Idée (la « substance » de la Nature et de l'Esprit) par rapport à la Nature et à l'esprit fini, c'est-à-dire de cette Idée divine à quoi l'esprit fini doit se restituer comme Esprit absolu ou Esprit dans sa communauté (religieuse luthérienne). Et voilà pourquoi, selon Hegel, le rationnel de l'Idée fait en dernier ressort se sursumer l'État dans la communauté des personnes croyantes. Et c'est bien, malgré que Hegel en ait, un point de vue libéral, puisque dans cette perspective l'État est en dernier ressort subordonné à la société civile : l'esprit absolu en lequel se sublime l'esprit objectif (ainsi l'État) est exercé par les membres de la société civile qui contracte de ce fait le statut irrationnel — selon l'hégélianisme lui-même — de vérité — ainsi de raison d'être — de l'État lui-même par là destitué de son statut pourtant en droit constitutif de « divin terrestre ».

Et cette communauté des personnes croyantes dont il fut question plus haut, qu'on peut bien nommer Église, n'est pas, comme pour le catholique, le Corps mystique du Christ, par là l'institution divine ontologiquement antérieure à la foi des membres qui s'y agrègent, elle n'est que le résultat de leur foi privée réduite, parce que luthérienne, au sentiment subjectif ou à l'intuition affective de l'Absolu. Récusant certes toute lecture anthropologique de son système,

---

du pape et de sa souveraineté spirituelle, *c'est qu'il n'appartient pas à la France de se substituer à l'empire.* Il en est de la France par rapport à l'Allemagne comme il en est de l'irascible à l'égard du concupiscible. L'irascible, qui fait se détourner l'animal d'un bien pour affronter un mal, est plus proche que le concupiscible de la dignité de la volonté, et cette affinité qui signe sa dignité ne l'empêche pas de demeurer subordonné au concupiscible puisque la vocation de celui-là est de rendre possible l'actuation de celui-ci.

Hegel déclare : « Une religion n'est pas (...) une invention de l'homme ; c'est une production de l'agir divin en celui-ci » (Introduction à la *Philosophie de la religion*). De même : « C'est un point essentiel du concept de religion véritable, c'est-à-dire de celle dont le contenu est l'esprit absolu, d'être révélée et de l'être par Dieu » (*Encyclop.* § 564). Il reste que pour lui l'État concrétise la tendance à l'unité ecclésiale du genre humain, parce que cette tendance se serait fourvoyée dans l'extériorité institutionnelle de l'Église catholique supposée impuissante à intégrer l'intériorité vécue du croyant. Aussi l'Église incarnant l'« Esprit dans sa communauté » est-elle évidemment pour lui l'Église luthérienne, religion non institutionnelle de l'intériorité et du sentiment mais dont le contenu, qui est l'Esprit absolu, transgresse celui de l'Esprit objectif qu'est l'État. Aussi l'État n'est-il pas pour Hegel la plus haute forme terrestre de communauté humaine et de concrétisation temporelle de la raison : l'individu, au nom des exigences de sa simple raison **naturelle** (« naturelle » au sens non hégélien d'antonyme de la grâce que Hegel méconnaît en la réduisant à la raison se faisant spéculative), se ressaisit à partir de l'État dont il demeure ultimement la vérité. Et la conséquence est cohérente si l'on admet ses prémisses erronées : « Dieu n'est Dieu qu'en tant qu'il se connaît ; sa connaissance de lui-même est de plus la conscience qu'il a de lui-même dans l'homme et la connaissance que les hommes ont de Dieu, connaissance qui progresse jusqu'à la connaissance que l'homme a de lui-même en Dieu » (*Encycl.* § 564). Ainsi, la conscience que Dieu a de lui-même est celle-là même de l'homme qui, moment de l'autoconstitution de Dieu, se révèle être le sémaphore de l'automanifestation de Dieu qui ne serait pas Dieu sans la religion qu'il inspire.

Quant à cette **conviction** selon laquelle le concept de l'État réaliserait les promesses de la communauté ecclésiale induite par la religion révélée, elle procède semble-t-il de sa conception luthérienne de la foi, subjectiviste et irrationnelle (de fait non conforme au vœu hégélien). Cette conception, réfléchie (et le pieux luthérien s'interdit de la réfléchir, ne la vivant pas comme une conception mais comme un sentiment), induit une anthropologie qui fait de l'homme un être vide, sans libre arbitre, que Dieu doit en quelque sorte remplir. Par là, elle induit corrélativement la conception d'un Dieu incapable de créer un être ontologiquement consistant et réellement distinct de sa Cause. Hegel, soucieux de préserver la puissance créatrice de Dieu (pris comme « l'Idée »), renverse cette anthropologie mais, demeurant à tort dans l'élément du luthérianisme, il convoque au fond une ontologie de type zwinglien : « *Omnium esse numinis Esse* » (l'être de Dieu est l'être de toute chose) ; « *Creata virtus dicitur, eo quod in novo subjecto et nova specie universalis aut generalis ista virtus exhibitur* » (une force est dite créée en cela qu'elle est la force universelle s'exprimant dans un nouveau sujet ou sous une nouvelle forme) (Zwingli, 1530, *Traité de la Providence*, cité par Étienne Couvert : *La Gnose contre la foi*, 1989, Chiré, p. 91). Pour Hegel, Dieu est vraiment Créateur, et de quelque chose qui n'est pas Lui, mais Il s'investit dans sa création pour lui donner consistance. Tout ce qu'il y a d'être, de vraie réalité, de « *Wirklichkeit* » dans le monde, est divin. De soi, la création est pur phénomène, non seulement pour nous mais en soi. Comme le remarque Henri Niel (*De la médiation dans la philosophie de Hegel*, Aubier-Montaigne, 1945, p. 342) : « Bien que la vie intérieure de Dieu lui <Hegel> apparaisse comme quelque chose d'absolument transcendant, il a le sentiment que l'histoire doit être introduite et assumée par Lui <Dieu>. Prise entre ces deux exigences apparemment contradictoires, la pensée de Hegel a oscillé, incapable de trouver la conciliation qu'il cherchait autrement que dans cette extériorisation du processus trinitaire. » Dès lors, la Révélation chrétienne est pour lui un moment obligé de la vie naturelle (par opposition sémantique à la surnature) et historique des hommes, tout comme leur vie est un moment obligé, temporel pour qui l'appréhende abstraitement ou comme phénomène, de la Vie intemporelle de Dieu. C'est pourquoi Hegel hésite entre un acosmisme où l'homme n'existe pas (telle est sa vraie position : seul Dieu est, qui comme Idée s'aliène dans la Nature qu'il nie en se reconduisant à lui-même comme l'Esprit Absolu dont l'humanité individuelle n'est qu'un moment phénoménal), et un athéisme où l'homme matériel se fait idéalement provenir d'une idée divine toute transcendantale (au sens kantien) qu'il se charge de réaliser dans l'histoire par la praxis (Marx). Et il est probablement superflu, au moins l'espérons-nous, de faire observer que nous ne faisons pas nôtres ces résultats monstrueux dont les prémisses religieuses hérétiques invalident par ailleurs — mais ce n'est pas le lieu de l'établir — le projet hégélien d'élaboration d'un discours systématique réussi. L'intérêt qu'un catholique peut porter à la philosophie de Hegel tient dans le fait qu'aux yeux de cet auteur de génie, la Trinité n'est pas un ornement contingent dont Dieu Se parerait pour épaissir le mystère de Son Essence. Elle en est constitutive en tant que l'expression de Sa fécondité infinie et de Son aséité absolue. Et puisque toute créature est une participation analogique de l'Essence divine, toute créature, en particulier l'État, contracte selon son mode propre et fini d'exister la structure trinitaire spéculativement formulée dans le concept (qui laisse échapper le mystère des Personnes) d'identité concrète ou identité de l'identité et de la différence.

Ces considérations générales étant rappelées au lecteur, nous pouvons préciser les deux points de philosophie politique évoqués plus haut (causalité du patrimoine biologique et prétentions totalitaires de l'État).

Hegel qui, selon le mot du Père Gaston Fessard (*Hegel, le christianisme et l'Histoire*, PUF, 1990, p. 174), s'est voulu être le Christ des philosophes et la vérité du Christ historique, identifiait au fond esprit humain spéculatif (ou hégélien) et Esprit-Saint (*op. cit.*, p. 83). En divinisant l'homme, Hegel est obligé, par la primauté logique — c'est-à-dire pour lui ontologique — qu'il confère à l'Idée dont l'Esprit est le savoir de soi, d'opposer l'homme à la Nature tout comme un catholique oppose Dieu à l'homme. C'est pourquoi, pour Hegel, l'esprit (de l'homme) n'est pas l'âme « naturelle » ou, à ses yeux, **animale** : l'âme humaine est tout entière esprit puisque la Nature n'est qu'un moment de l'ontogenèse de l'Esprit, le négatif de ce dernier, la contradiction non résolue, appelant sa négation — qui est négation de la première — et qui révèle l'esprit comme **négation** de la nature. Voilà pourquoi Hegel refuse de prendre en compte, dans sa philosophie politique et dans sa philosophie de l'Histoire, tant la causalité (certes seulement dispositive) du patrimoine biologique que la catégorie conceptuelle de nation : l'État est vérité de la société civile et non de la nation. Pour Hegel, « le changement d'**élément** qui confère aux déterminations naturelles de l'homme un tout autre aspect et un tout autre statut qu'aux "mêmes" déterminations naturelles de l'animal est essentiellement le passage du contexte fondamentalement **spatial** de la nature au contexte fondamentalement **temporel** de l'esprit (...) » (Bernard Bourgeois, *Études hégéliennes, Raison et Décision*, PUF, 1992). Aussi, tout naturalisme raciste est-il condamné en tant que le patrimoine biologique ne conditionnerait pas l'éduction de l'esprit par des déterminations proprement physiques supposées irréductibles, puisqu'un tel patrimoine biologique ne serait que la simple réflexion ou intériorisation — c'est-à-dire négation de soi — de la nature extérieure ou **géographique**. Hegel consent ainsi à reconnaître que l'âme est individuée par la matière qu'elle pose, mais non à admettre que l'esprit est individué par le corps. De même admet-il que la société civile est individuée par les particularités nationales, mais non que l'État l'est par la nation. L'esprit n'est vérité de l'âme qu'en tant qu'il la nie. On voudra bien remarquer ici que cette réduction de toute détermination animale ou encore naturelle à l'effet immédiat de l'intériorisation de l'extérieur, ou conversion de la spatialité à la temporalité, est le corollaire nécessaire de la thèse qui identifie l'esprit humain en son absoluité spéculative, et l'Esprit-Saint.

En effet, pour Aristote et saint Thomas, la forme s'oppose d'une certaine manière à la matière : « *quanto forma magis **vincit** materiam, tanto ex ea et materia magis efficitur unum* » (*C. G.* II 68 : plus la forme **triomphe de** la matière, plus forte est l'unité du composé). La forme s'oppose à la matière, elle la « vainc », puisque la matière prise comme « *potentia* » est suspendue à l'acte formel qu'elle conteste en tant qu'elle réduit à la **particularité** naturelle existante le principe d'existence ou « ***universale** in causando* » qu'est la forme prise comme essence. Pour eux, la forme s'oppose à la matière en ce sens qu'elle ne tend à se poser (elle y tend seulement dans le cas de l'homme qui, à la différence de l'ange, n'est pas son espèce), au terme de son éduction (à partir du néant) et par l'opération propre qu'elle induit (la pensée), comme l'universel de causalité qu'elle est en tant que nature spécifique, que par suppression progressive de la « *materia signata* » (cette matière-ci) qu'elle transit : l'homme est par nature mortel (dissolution du corps). L'esprit humain **est** l'âme considérée dans la potentialité intellective qu'elle pose en elle-même, et qui par là, loin de lui être extérieure, la présuppose et se trouve intrinsèquement dépendante des conditions de son individuation : l'esprit ne transgresse les potentialités de la matière qu'en les assumant et en les dépassant ; il ne serait pas possible à Dieu (parce que l'impossible connote l'absurde, le non-être, et non la plénitude de la puissance créatrice) de créer une âme humaine qui ne commençât à exister comme l'acte d'un certain corps. L'esprit humain est l'âme elle-même, qui n'est « vérité » du corps qu'en tant qu'elle a vocation à le nier (mais seulement **dans la mort**, et sans indifférencier ses déterminations individuantes, lesquelles sont génériquement communicables pendant toute la vie terrestre), à s'en émanciper en tant que principe de contingence et de corruption, mais en tant qu'elle tient de sa référence à lui sa propre singularité qu'elle conserve après lui. La forme ne s'oppose pas, pour Aristote et saint Thomas, à la matière en se posant **à côté d'elle**.

Pour Hegel au contraire, l'esprit humain s'oppose à la Nature, dont l'âme dite « naturelle », mais il est en vérité l'Esprit divin : il ne s'en distingue en sa singularité que « pour nous », en tant que moment temporel et effet momentané de la pulsation de négativité réflexive exercée par l'Idée aliénée dans la Nature. Outre que l'Esprit est pour lui « la vraie réalité de l'Idée » (*Encyclopédie* § 251), il précise (au § 386) que la qualité propre de l'Esprit est la véritable infinité qui contient le fini comme un moment. De sorte que « c'est (...) une expression vide que de dire : il y a des esprits finis. L'esprit en tant qu'esprit n'est pas fini, il a la finité en lui-même, mais seulement comme une finité à supprimer et supprimée. » L'esprit humain, dans sa puissance spéculative, est bien selon lui l'Esprit divin. Or l'Esprit divin, par définition réflexion absolue accomplie, intemporel en tant que pris comme principe idéel (universel concret) de la temporalité encore naturelle, ne saurait, s'il est identifié à l'esprit humain temporel, s'opposer à la Nature en laquelle il s'anticipe, que s'il se pose **à côté d'elle**, ou en elle mais comme s'y **juxtaposant**, dans un au-delà du Monde qui est encore mondain. On retrouve bien là, en dépit de ses dénégations, une certaine transposition de l'abstraction **cartésienne** qui juxtapose les substances pensante et étendue. Au fond, si l'esprit n'est tel que par négation — radicale en tant qu'il est divin — de la nature, il ne saurait rien conserver de son origine naturelle. En revanche, si la conversion de l'extériorité spatiale en intériorité temporelle n'est pas absolue — et tel est le cas d'une spiritualité humaine qui ne serait pas identifiée à l'Absolu dont elle n'est que l'image —, alors l'effet de cette intériorisation, qui ne sursume pas absolument la Nature en tant qu'elle ne la transgresse qu'opérativement, ou plutôt comme faculté intellective et volitive, et non comme si elle était de soi substance spirituelle complète et non l'acte d'un corps, est encore naturel jusqu'en l'exercice spirituel de ses virtualités : l'esprit humain est une individuation de la **nature** humaine qu'il ne transgresse pas, contre l'existentialisme inchoatif que rend possible l'hégélianisme selon lequel « l'homme, en tant qu'être spirituel, est le maître de l'existence de la nature, **et de sa nature** » (c'est nous qui soulignons, Bernard Bourgeois, *op. cit.*, p. 262)[27].

[27] On peut toutefois se demander si Bernard Bourgeois n'exagère pas le refus hégélien de prendre en compte le conditionnement des aptitudes spirituelles par les déterminations

En tendant à réaliser l'Absolu dans le monde (ou comme son monde), Hegel ôte à l'intelligibilité du monde d'être une anticipation **concrète** (qui exclut la juxtaposition), assumée de toute éternité par Lui avant la création **contingente** du monde et d'un esprit fini, de l'Absolu qu'en vérité Hegel naturalise par négation unilatérale de tout naturalisme. Le monde n'en est que le cadavre subsistant.

Il résulte, de ces trop brèves considérations sur la philosophie du Grand Systématique, l'autre conséquence irrecevable que nous avons évoquée plus haut à propos du refus hégélien de l'État totalitaire. Hegel refuse à l'Esprit objectif qu'est l'État, extériorisation de soi de l'Esprit subjectif, d'être déjà, dans l'histoire, le mode d'actuation le plus élevé de la rationalité exercée par la réalité humaine. « Divin », mais divin « **terrestre** », l'État hégélien est moins « divin » que l'esprit humain individuel. Comme simple moment du processus d'autoconcrétion du divin se médiatisant dans la finitude toute phénoménale de l'esprit humain encore non spéculatif, l'État n'est pas le dernier mot de la perfection terrestre de l'homme en tant qu'homme, c'est-à-dire pour Hegel de l'homme se déifiant en se reconnaissant, en tant qu'esprit spéculatif ou infini, participant du divin. Et voilà pourquoi Hegel est au fond un **libéral**. Si l'État réalise selon lui les vœux d'unité catholique de la communauté ecclésiale que par là il rend obsolète, la sphère religieuse échappe en retour à l'Église institutionnelle. Et si la subjectivité humaine, en son activité spéculative, est supposée divine, alors la communauté ecclésiale est sa manifestation et non sa mesure, tout comme l'État en est l'anticipation objectale et non la cause finale.

Pour le thomiste, l'État est ordonné à l'Église qui, institution surnaturelle, n'existe qu'en vertu de la décision divine, toute gratuite, d'avoir créé l'homme en état de grâce, et de l'avoir voulu sauver après la Chute par l'Incarnation et la Rédemption. La gratuité de la grâce oblige à poser qu'un état de pure nature eût été possible, qui n'eût inclus ni Église ni résurrection de la chair, de sorte que, l'homme étant par nature mortel (l'immortalité d'Adam en état de grâce était le fait de dons préternaturels), ce dernier n'eût été promis qu'à la béatitude naturelle, après la mort du corps, d'une âme séparée. Et si de fait la grâce transfigure

---

corporelles, et de conférer au concept de nation la dignité d'une catégorie politique : dans sa *Propédeutique philosophique* (Premier cours, chapitre II, § 23 et 24), Hegel, après avoir rappelé que la famille est une société naturelle, que les rapports des personnes, au sein d'une même famille, sont nécessaires et rationnels bien qu'il leur manque la forme du discernement conscient, il précise que « la famille ne constitue qu'une seule et unique personne (**nation**) ». Il ajoute : « L'État est la société d'hommes soumis à des rapports de droit, à l'intérieur de laquelle ils n'ont valeur réciproque qu'à titre de personnes, non en vertu d'un rapport naturel particulier dépendant des inclinations et des sentiments naturels, et où cette personnalité d'un chacun soit affirmée de façon médiate. **Lorsqu'une famille s'est élargie en nation et que l'État coïncide avec la nation, c'est là une grande chance.** »

une telle béatitude, cette dernière n'en demeure pas moins naturellement appétible. Il en résulte, dans une perspective thomiste, plusieurs conséquences importantes. Tout d'abord l'appétit demeure, naturel (*i.e.* non surnaturel), d'un État absolument rationnel dont le « *bonum commune* » réalise les virtualités de l'essence humaine plus parfaitement qu'elles ne se peuvent actualiser dans l'individu : cause finale intermédiaire au regard de la béatitude naturelle ultime et *a fortiori* de sa transfiguration surnaturelle dans la Communion des Saints (c'est-à-dire d'une béatitude **communautaire** dont l'État est pour l'homme la préfiguration obligée), l'État n'en garde pas moins, ici-bas, le statut de cause finale pour la personne elle-même. D'autre part, s'il est vrai que « *omnis intellectus **naturaliter** desiderat divinae essentiae visionem* » (tout intellect désire naturellement la vision de l'essence divine, enseigne saint Thomas dans la *Somme contre les Gentils* : III 57), alors l'appétit demeure, naturel (*i.e.* non surnaturel), d'une béatitude spéculative que l'homme pourrait en droit (supposé non pécheur) atteindre par ses propres forces. Le bien que constitue une telle béatitude transgresse évidemment celui du politique, mais il ne transcende le bien commun terrestre qu'en tant qu'il se réalise au-delà de la vie terrestre, dans la mort. On peut bien, en usant d'un vocable hégélien mais pour le retourner contre Hegel, nommer « savoir absolu » une telle béatitude. C'était la seule à laquelle pouvait aspirer Aristote : si le bien propre d'un être est celui qui est induit par sa différence spécifique, si la différence spécifique de l'homme est la raison, le bien propre de l'homme est le bien de sa raison, c'est-à-dire l'acte pour l'intellect de se reposer dans la connaissance de la Cause première en laquelle se résout tout le connaissable. Ce que Hegel nomme « savoir absolu » est le dépassement de la dualité conscientielle qui oppose l'objet au sujet comme un objet dont le contenu, identifié comme chose en soi, ne serait pas épuisé par la connaissance que le sujet en a. Excluant l'opacité ou étrangeté de l'objet connu, le savoir absolu est le savoir de tout objet entendu comme objectivation de soi du sujet qui le sait. Le savoir absolu est un savoir qui se sait identique à ce qu'il sait. Il est donc un **savoir** de l'être qui est identiquement savoir (de soi) **de l'être** en lui. L'acte par lequel le sujet connaît l'être est l'acte par lequel le sujet **se** connaît. Cela ne signifie pas que le sujet fini serait identique à l'être même, au sens où la réalité, dans la perspective fichtéenne d'un idéalisme unilatéralement subjectif, ne serait qu'une position phénoménale du sujet fini. Cela signifie que la véritable subjectivité du sujet fini est le Sujet infini qu'est l'Idée divine créatrice. Le thomiste ne saurait souscrire à cette conception « panenthéiste » du rapport entre Dieu et l'homme. Toutefois, si un désir naturel de Dieu travaille effectivement l'homme, c'est que ce dernier est en droit capable d'une certaine connaissance naturelle de Dieu tel qu'en Lui-même, comme le suggérait jadis le savant P. Descoqs (cf. *Le Mystère de notre élévation surnaturelle*, 1938, p. 125 à 133) qui parlait de vision naturelle immédiate dont l'objet serait non la Trinité des Personnes mais l'Essence divine. C'est pourquoi nous sommes fondé à parler d'un savoir absolu correspondant à une béatitude naturelle. Il s'agit du savoir auquel l'esprit créé eût pu prétendre sans le drame du péché originel : savoir, par l'âme, de son essence rationnelle, mais de telle sorte qu'elle se comprend si parfaitement qu'elle saisit en elle jusqu'à la pulsation causale dont l'âme singulière elle-même est l'individuation, ainsi de telle sorte que l'âme séparée (le corps seul est principe d'inconscience et d'inintelligibilité), se connaissant dans la racine de son surgissement dans l'être, saisit par là l'acte créateur qui l'habite. Mais cet acte créateur, intrinsèque à la créature, se trouve être, par un paradoxe unique, l'acte **du** Créateur et le Créateur même. Dans l'acte ultime où l'homme, réflexivement, comme âme transparente à soi en tant que délestée du corps, consent à se savoir lui-même absolument, en plébiscitant sa finitude par là qu'il ne se fuit pas, il saisit la puissance créatrice de Dieu, ou Dieu en Sa puissance créatrice. En se sachant exhaustivement, l'homme accède au savoir du Savoir qui le fait exister, il vit sa propre finitude selon le mode à raison duquel Dieu s'approprie à elle pour la poser *ad extra*, c'est-à-dire pour la créer, en la pensant : l'infini concret assume superlativement dans lui-même toute finitude avant la création contingente du monde, l'infini actuel est le fini assumé et nié, car un infini qui supporterait à l'extérieur de soi un fini qu'il n'eût pas préalablement exercé et rédimé serait un infini **finitisé** par le fini. Dans l'acte ultime de la béatitude « *in puris naturalibus* », l'homme vit sa propre finitude extérieure à Dieu comme la finitisation de soi de l'Infini — auquel par là il accède « *secundum quid* » — intérieurement opérée en lui par Dieu pour le créer. Au vrai, la divine Essence ne se fût offerte, en état non historique de pure nature, à connaître par l'homme, au mieux que comme acte créateur opérant en elle qui se saisit « *a tergo* », dans le « *terminus a quo* » (*nihil*) de sa propre existence contingente, de telle sorte que la divine Essence, en sa détermination positive et plénière, demeure naturellement inaccessible, sinon par analogie. Et nous avons vu plus haut qu'une béatitude naturelle, ultime dans son ordre propre, n'excède le politique qu'en excédant la vie terrestre. Mais il n'en est rien pour Hegel selon lequel l'État ne saurait être une forme — **la** forme historique (et donc certes seulement mondaine et naturelle, non surnaturelle) privilégiée (selon la logique du thomisme qui fait du bien commun immanent la raison du bien particulier) — anticipant immédiatement l'absolu non mondain de l'esprit humain, mais par là mesurant en sa totalité la vie terrestre de l'homme en tant que citoyen. Hegel s'y refuse parce qu'il identifie l'absolu de l'esprit humain à l'Absolu divin lui-même, c'est-à-dire à cette subjectivité transcendante à la Nature et à l'Histoire (transcendante au sens où elle ne les assume qu'en les supprimant, ne leur est immanente et ne s'accomplit en elles que moyennant leur sursomption qu'elle présuppose en tant qu'Idée pour les poser en s'aliénant en elles, selon une réversibilité qui rend problématique l'intelligibilité du troisième syllogisme de *l'Encyclopédie*, et avec lui celle de tout le système), **de telle sorte que l'esprit humain en devenir ne trouve son entéléchie d'esprit qu'au-delà de la vie communautaire historique et politique, quoique dans le monde et dans le temps** : dans l'art, dans la religion (luthérienne ou culte de l'intériorité : divinisation romantique du sentiment), dans la philosophie (de Hegel). Et ces sphères, loin d'être les moments de la vie analogiquement divine de l'État (ce qui est la position thomiste si l'on fait abstraction de la Révélation, si donc la religion est désignée comme naturelle et la philosophie identifiée comme « *theoria* » aristotélicienne), transgressent selon Hegel la sphère communautaire en direction d'une béatitude spéculative mondaine individuelle : saisir la rose dans la croix du présent et se réjouir d'elle, discerner — pour se réconcilier avec la réalité — la Raison nécessaire à l'œuvre dans la contingence et l'irrationalité de l'Histoire.

Sur tous ces points — refus de la causalité du patrimoine biologique en psychologie, de la catégorie conceptuelle de nation en philosophie politique, de l'État comme *ratio essendi* (sur le plan naturel, par opposition à l'ordre surnaturel) de la personne humaine, du magistère indirect politiquement et direct théologiquement de l'Église sur l'État — on voudra bien noter, par ce qui précède, que ces refus sont liés à la déification de l'esprit humain. Pour qui est fondé à ne pas faire sienne cette dernière thèse, les refus hégéliens tombent.

40-3 – Réflexion sur la notion de peine

Résumé :

Seule la conception organique de la cité, qui veut que le prince obtienne (de gré ou de force) de ses sujets la reconnaissance de son autorité, légitime la peine de mort.

En dépit des errements récents de Jean-Paul II sur la question — qui contribuent encore un peu plus à fragiliser l'Occident — les lecteurs auxquels nous nous adressons sont pour la plupart, et à bon droit, de vigoureux défenseurs de la peine de mort. Il nous paraît opportun de rappeler ici les vraies raisons de sa légitimité, qui supposent d'abord que soit justifiée la notion même de peine, et qui plaident en faveur d'une conception organique et non seulement hiérarchique de la société.

À propos de la notion de peine en général, il faut tout d'abord se demander en quoi la peine rétablit un ordre. Si la peine est elle-même un mal en tant qu'elle est, prise matériellement, un acte contre nature (infliger une souffrance à l'auteur d'une souffrance), comment un désordre peut-il être amendé par un autre désordre ? N'est-ce pas, plutôt que de retrancher un mal, ajouter un mal au mal ?

La première réponse est que la peine est médicinale : « La peine en effet est appliquée comme remède pour une faute commise et elle en est comme son redressement. C'est un remède en ce que l'homme évite la faute à cause de la peine ; et pour ne pas devoir subir ce qui contrarie sa volonté il abandonne un acte désordonné qui plaisait à sa volonté » (saint Thomas, *Compendium* c. 121, trad. Kreit). Et Platon faisait déjà remarquer dans le *Gorgias* que l'homme coupable mais soucieux de ses vrais intérêts devrait aller chez le juge comme on va chez le médecin, pour recevoir la peine qui le soigne. Saint Thomas précise : « Les peines infligées d'après les lois humaines ne sont pas toujours médicinales pour celui qui les subit, mais pour ceux qui en sont les témoins » (*Somme théologique*, I^a^ II^ae^ q. 87 a. 3 ad 2). Ainsi la peine est-elle médicinale pour l'individu qui la subit (elle le corrige et lui permet de se tourner vers le bien), et par sa vertu d'exemplarité. Mais la peine vaut aussi et d'abord, semble-t-il, pour elle-même, ou plutôt, par l'égalité qu'elle instaure entre biens illégitimement possédés et maux, au nom de la justice : « Dieu ne se réjouit pas dans les peines mêmes, mais dans l'ordre qu'exige la justice » (*Somme théologique*, I^{a} II^{ae} q. 87 a. 3 ad 3). « La peine se rapporte accidentellement à la nature de celui qui la subit, mais elle a des rapports essentiels avec la privation de l'ordre et avec la justice divine » (I^{a} II^{ae} q. 87 a. 3 ad 4). Une telle peine semble fondée sur la vertu de vengeance, et sa mesure est la loi du talion : la vengeance est une vertu spéciale perfectionnant l'intention naturelle de l'irascible (II^{a} II^{ae} q. 108 a. 2 resp. 1) et tenant le juste milieu entre la cruauté et l'indulgence coupable (*id.* resp. 3). Au livre IX des *Lois* (870 d) Platon déclare que la pénalité juste est de subir ce que précisément on a fait soi-même. Substantiellement identique au contenu de la Bible (Exode 21-12, 21-25 ; Lévitique 24-17 à 20, Deuter. 19-21), mais aussi au Code d'Hammourabi, le talion est un principe rappelé par Hegel et justifié ainsi : « La suppression du crime est la loi du talion, en ce sens que, d'après son concept, celle-ci est violation d'une violation. (...) Cette détermination du concept est précisément cette connexion nécessaire entre le crime et la peine : selon cette connexion, le crime, en tant que volonté qui s'annule elle-même, contient en soi sa suppression qui apparaît comme peine » (*Principes de la Philosophie du Droit* § 101 trad. Derathé). Hegel va jusqu'à voir un honneur pour le criminel, en tant qu'être raisonnable et responsable, dans le fait d'être passible de la peine de mort (*ibid.* § 100).

On peut dès lors se poser les questions suivantes : À quoi bon tuer le criminel si d'aventure le repentir peut être obtenu par la douleur ou par tout autre moyen ? À quoi bon le tuer si la société est vertueuse et n'a pas besoin d'exemples, ou si le châtiment supposé exemplaire n'est pas dissuasif ? À quoi bon le punir même, si la peine est susceptible de le rendre plus mauvais qu'avant ?

On pourrait certes faire observer que la justice, qui vaut pour elle-même en tant qu'expressive de l'ordre qui honore Dieu, a besoin de la peine pour être rétablie. Mais en quoi une souffrance ajoutée à une autre souffrance supprime-t-elle cette dernière ? L'équilibre des maux ne saurait, de soi, constituer une raison suffisante. Crever l'œil de celui qui s'est rendu coupable d'avoir crevé l'œil d'un innocent ne restitue pas son œil à la victime. La peine doit être justifiée par une fin, c'est-à-dire par la recherche d'un bien. L'égalité convoquée par la justice (distributive ou commutative) n'est pas l'essence de la justice, mais l'expression quantitative (en ce qui concerne les biens et les maux) de l'ordre (disposition des choses en vue d'une **fin**) qu'elle instaure. Quelle est donc la fin — qui la rend juste — de la peine ?

Selon nous, toute peine est médicinale. Mais elle n'est pas seulement, et pas tant médicinale pour celui qui la subit, que pour celui qui l'applique, et c'est à ce titre qu'elle concerne la privation de l'ordre et la justice divine. Tout crime est une forme atténuée de régicide parce que le criminel, en se soustrayant à la loi, se pose comme l'auteur de sa loi et à ce titre s'intronise principe d'unité, c'est-à-dire souverain. Et il ne saurait y avoir deux souverains indépendants car, comme principes opératifs d'unité d'une même communauté, ils induiraient deux cités. C'est pourquoi le détenteur de l'autorité légitime a vitalement besoin de châtier, afin de reconstituer son autorité dans la souffrance infligée au criminel. En imposant à la volonté du coupable une détermination qui la contraint en tant qu'insurgée, l'autorité brise cette insurrection et oblige contre lui-même le coupable à **reconnaître** l'autorité comme telle. La peine n'est l'ordre du crime que comme moyen de rétablissement de la souveraineté. Il est vrai qu'elle est aussi l'ordre du crime en tant qu'effet immanent obligé, dans le criminel, de la blessure qu'il inflige à sa nature qui, comme loi interne de son être, lui fait subir l'effet pervers de sa causalité déviée et l'éloigne du bien auquel, en tant que nous déviée, elle le devait vouer. Mais cet ordre ne se consomme que dans la damnation et, comme tel, il n'a aucun besoin de l'initiative d'un tiers (instance pénale) pour s'exercer. De plus, la faute du criminel, si ce dernier est mis hors d'état de nuire (emprisonné par exemple), ne semble pas compromettre, matériellement, la souveraineté du prince. On peut encore faire remarquer que l'ordre exige que soit repris au criminel, par la peine, le surcroît illégitime de satisfaction qu'il s'est octroyé par son crime. Mais le propre d'un bien dévoyé est d'avoir en lui-même son châtiment, en tant qu'il est un certain bien qui, comme privation d'un bien plus grand, enferme en sa finitude celui qui s'y livre et lui fait compromettre la poursuite de sa fin bienheureuse.

D'où vient alors que cette guerre de rétablissement de la souveraineté requière tout de même l'acte du châtiment ? Nous avons parlé de reconnaissance. Et c'est en elle que nous discernons la raison de cette nécessité de châtier pour reconstituer ontologiquement, ou formellement, la souveraineté bafouée. Il n'est qu'une manière de justifier la peine appliquée par un tiers, c'est de faire observer que la reconnaissance (obtenue de force par la peine), par le criminel, de l'autorité du souverain, est constitutive de sa souveraineté. Ce qui sera établi dans les lignes qui suivent.

Rappelons encore une fois que la cité, comme toute chose, peut se définir par ses causes. La cause matérielle est la multitude elle-même préformée par l'histoire, par les habitudes, par le patrimoine biologique, la langue et la mémoire communes ; telle est la nation, entendue comme manière paradigmatique d'être homme et comme communauté de destin. La cause formelle de la cité est l'État qui, comme régime, prend conscience de soi dans un gouvernement. La cause finale est le bien commun. La cause efficiente est l'ensemble des actes humains politiques posés par les membres de la cité : commander et obéir. Mais il existe une réciprocation de causalité entre l'individu et la cité, qui exige par là, comme l'établit Platon (*République* IV), que la forme de la Cité soit une extra-position de l'âme humaine. Or l'âme est principe de vie. Donc la cité est analogiquement vivante. Or la vie est le propre d'un mouvement ontogénique, spontané quant à son origine (le vivant a dans soi le principe de sa croissance) et immanent quant à son terme (le vivant achève dans soi le mouvement de sa croissance). Donc la cause motrice ou efficiente, comme « *phusis* » politique, est anticipation de soi du but, à savoir de la forme elle-même, car le bien commun n'est autre que l'ordre de la cité entendu comme cette forme concrète qui actualise excellemment les virtualités de l'essence humaine elle-même raison des appétits individuels qui en procèdent. Dès lors que la cause efficiente est anticipation de soi du but, les différences dans le vivant et dans la cité sont autant de différenciations de l'universel, ou de son concept : la cité n'est pas fondée sur un contrat. D'autre part, la forme est éduite de la matière **qu'elle pose**, ce qui signifie que la forme n'est pas le résultat d'une décision que prendrait la matière de consentir à produire sa forme. C'est pourquoi l'élection n'est pas la « *ratio* » de l'éduction de la forme. Elle n'est qu'un mode instrumental possible de cette éduction, et non le meilleur. Dire que le régime est éduit de la multitude n'est pas fonder la société sur le contrat social et sur la souveraineté populaire : c'est la nature politique de l'homme, et non le libre arbitre, qui est fondement de la cité. « (...) L'État est cette réalité plus haute qui a des droits sur cette vie et sur cette propriété des individus et peut en exiger le sacrifice » (Hegel, *Principes de la Philosophie du Droit*, § 100, trad. Derathé). Dès lors, puisque la cause efficiente procède proleptiquement de la cause formelle, alors l'autorité, conscience de soi de la forme de la cité, n'est pas extrinsèque à la cause efficiente mais s'anticipe en elle. Elle ne s'y anticipe pas comme autorité en acte, mais en puissance et sur le mode de cet appétit naturel du bien commun, ou de désir de société lui-même plurifié en puissance passive (dans la multitude) et en puissance active (dans le prince). Puisque la forme est éduite de la multitude ; puisqu'elle requiert, pour être, de s'anticiper dans les volontés particulières et les actes humains, alors l'autorité qui s'y attache doit être **reconnue, de gré ou de force**, par ces mêmes volontés, comme l'incarnation de la forme de la cité. Dire qu'elle est **reconnue**, tacitement au moins, par la subjectivité des citoyens ou des sujets en la volonté **objective** (cf. ici notre § 34) desquels elle s'anticipe, c'est dire qu'elle est plébiscitée par eux, en droit sinon en fait, de gré ou de force. Aussi est-il de l'essence de l'autorité, et de la forme dont elle est la conscience de soi, d'être reconnue : le souverain n'est plus souverain dès que contesté. Et voilà pourquoi la peine est absolument requise, et surtout l'« *ultima castigatio* » qu'est la peine de mort, dont la première signification est qu'il est des choses pour lesquelles on meurt. La peine de mort est l'expression, essentielle pour la survie d'une société, du primat du bien commun sur le bien particulier, parce que le meilleur bien des biens particuliers demeure, pour le particulier, sa vie même. C'est pourquoi le châtiment ne vise en premier lieu aucune de ces fins particulières qu'on invoque en général : correction, rachat, satisfaction des victimes privées, ou dissuasion. Il vise l'honneur de l'État, la reconstitution ontologique de sa souveraineté. Ainsi comprend-on la rationalité de la vertu de vengeance, c'est-à-dire cette idée selon laquelle existe une connexion nécessaire entre crime et peine : « le crime, en tant que volonté qui s'annule elle-même, contient en soi sa suppression qui apparaît comme peine » (Hegel, déjà cité ici). En effet la volonté objective, l'essence du vouloir, est commune au criminel et à la victime (laquelle est à la fois le particulier lésé et l'État). La volonté objective redresse sa propre particularisation déviée dans le criminel en se subordonnant la volonté vengeresse du lésé à laquelle elle est aussi immanente. **Et nous pensons que si la volonté du prince ne requérait pas de s'anticiper, au sens où nous l'avons expliqué, dans celle de ses sujets — ce qui est la définition de l'organicité — la peine perdrait le principe premier de sa légitimité.**

Afin de prévenir certaines objections, nous compléterons cette courte réflexion par les remarques qui suivent.

a) Le prince, pourrait-on dire, appelle par la peine la reconnaissance de ses sujets rétifs, parce qu'il n'est pas cause efficiente absolue de la cité, laquelle est la nature politique de l'homme, ou encore parce qu'il est éduit de la cité qu'il présuppose par là. Dieu est au contraire cause efficiente absolue de Ses créatures, et pourtant Il exige en Son infinie Justice la satisfaction par la peine des pécheurs. Donc la reconnaissance n'est pas le principe de légitimation de la peine.

Il faut répondre qu'il est essentiel à l'autorité du prince en tant que conscience de soi de la forme de la cité de s'anticiper dans ses sujets, en leur volonté objective (commune avec la sienne) individuée en eux comme autant de volontés subjectives ou personnelles. Mais il est tout aussi essentiel à l'autorité de Dieu, en tant que conscience de soi de l'acte créateur, d'être immanente à Ses créatures. En désobéissant à Dieu entendu comme le Possesseur de l'*imperium* absolu sur Ses créatures, le pécheur en quelque sorte refuse l'acte créateur qui le pose dans l'existence, car cet *imperium* se médiatise dans l'acte créateur. C'est pourquoi en la punissant Dieu conforte la créature dans son être, dans un acte de souveraine justice vindicative qui est en même temps un acte d'amour : il est faux d'imaginer que Dieu serait plus miséricordieux qu'Il ne l'est en soustrayant les damnés à l'enfer pour les rejeter dans le néant. Lorsque les hommes refusent l'autorité divine et pèchent, ils agissent contre nature. Ils s'écartent de leur fin, sous ce rapport s'écartent de leur essence et s'aliènent. Entendue comme activité de faire croître et comme pouvoir souverain de commander, l'autorité divine Elle-même a besoin (mais ce besoin est suspendu à la décision libre et contingente de créer) d'être reconnue, de gré ou de force, car la manière dont Dieu ordonne à Lui-même des créatures raisonnables est de susciter en elles l'appétit naturel, puis rationnel et sponsal, de Le servir. En les jetant en enfer, Dieu donne aux damnés de consommer la logique de leur liberté, c'est-à-dire de **reconnaître** qu'ils ont agi contre l'injonction de leur nature. Mais cela même est reconnaître l'autorité divine. Dieu agit sur Ses créatures (libres ou non) par la nature qu'Il a mise en chacune d'elles. De même que la volonté du prince s'anticipe dans la volonté objective de ses sujets, de même la Volonté divine se médiatise dans la nature de Ses créatures.

b) On entend souvent dire : comment justifier la peine de mort et condamner l'avortement ? Il faut répondre que c'est pour la même raison dans les deux cas. De ce que l'homme n'est pas à lui-même sa propre origine, il résulte qu'il n'est pas à lui-même sa propre fin. L'homme n'est pas propriétaire de sa vie puisqu'il n'est pas cause de sa nature. C'est pourquoi le suicide et l'avortement (deux crimes) sont des injustices, vis-à-vis de Dieu d'abord, vis-à-vis de la cité ensuite. En tant que l'homme n'est pas sa propre origine, ses géniteurs ne sont que les instruments de sa genèse dont la cause principale est la création de son âme. Il est promis à une fin qu'ils ne sauraient contrarier. Mais en tant qu'il n'est pas à lui-même sa propre fin, laquelle est la Gloire de Dieu dans la fidélité de Ses créatures à Ses propres Idées, l'homme ne saurait se soustraire à l'ordre naturel — donc divin — qui justifie son existence et qui veut que l'individu s'ordonne à la réalisation en acte des virtualités de son essence telle qu'elle est illustrée dans la cité.

c) Si le châtiment est ontologiquement nécessaire à la souveraineté, par là à l'ordre que prescrit la justice, le pardon est-il irrationnel et peccamineux ?

Le pardon sollicité par l'offenseur rétablit l'offensé dans sa souveraineté, puisqu'il le reconnaît. Aussi l'offensé n'est-il pas tenu d'exiger la satisfaction de sa vengeance, qui serait le signe effectif du repentir du condamné. Mais il existe de plus, pour le chrétien, une logique de la miséricorde. En pardonnant jusqu'à celui qui ne sollicite pas son pardon, le chrétien, par la charité, capable surnaturellement d'un amour d'amitié envers Dieu qui aime Ses créatures et les invite à s'aimer entre elles en Son Nom, participe jusqu'à l'acte par lequel Dieu donne aux pécheurs la grâce de demander pardon. Il en résulte que le chrétien qui ne sait pas pardonner refuse au fond le pardon de Dieu à l'égard de ses propres fautes : « *et dimitte nobis debita nostra, sicut et nos dimittimus debitoribus nostris* ». La charité peut se concevoir comme une **sursomption** de la justice : « *misericordia non tollit justitiam, sed est quaedam justitiae plenitudo* » (*Somme théologique*, I[a] q. 21 a. 3). Assumant superlativement la justice, la miséricorde accordée est suivie après la mort, comme son moment et son effet, des peines du Purgatoire. Contre les humeurs peu rationnelles et peu glorieuses d'un Nietzsche, il faut rappeler que les Chrétiens assument superlativement la juste violence. Ils n'aiment pas les claques qu'ils seraient tout à fait capables de rendre. De plus, aimer autrui consiste à vouloir Dieu en lui, et cette volonté peut user de moyens aussi fermes que le bûcher.

d) D'un point de vue privé, chaque homme est en quelque sorte souverain, en tant que confié à lui-même ou libre, non seulement sur lui-même mais encore sur autrui : il a le devoir de faire respecter par autrui son être qui lui est donné, son statut d'*imago Dei*. L'homme est certes souverain subordonné puisque Dieu est Premier Souverain Absolu : Bossuet enseignait que nous naissons tous sujets. Mais l'homme est naturellement souverain sur tout homme sous le rapport formel exclusif de sa dignité d'être raisonnable et libre. Cela n'exclut nullement, mais appelle au contraire, qu'il soit sujet sous d'autres rapports à l'égard des autorités humaines. Et c'est pourquoi il est naturel à l'homme de se venger qui par la réplique tend à effacer la tache consécutive à l'offense. Mais l'exercice de cette vengeance doit être assumé en temps normal par l'autorité politique, parce que cette dernière est seule compétente pour viser directement, en cas de conflits particuliers, le bien commun comme commun. Et l'on remarquera encore une fois ici que la loi universelle de la **réflexion ontologique** se vérifie jusque dans la logique des actes humains, qui veut que la nature surmonte en le niant ce en quoi elle s'est légitimement investie pour s'exercer selon les exigences de son concept : la loi d'amour (car la grâce et la charité ne violentent pas la nature) se médiatise en son contraire (la juste vengeance) qu'elle rédime et sublime.

e) Toujours d'un point de vue privé, puisque chaque homme, en tant que lieutenant — ou « tenant lieu » — de l'honneur de Dieu, est souverain sur lui-même et sur autrui, alors chacun a le désir, après qu'il s'est abîmé dans et par le péché, de rétablir sur lui-même sa propre souveraineté, ou d'être reconnu par lui-même. Sous ce rapport, le châtiment qui lui est infligé, qui annule le crime par la peine selon la connexion rappelée par Hegel, est encore une œuvre de bienveillance et même de miséricorde. Et en effet, le pécheur se fait à lui-même du mal, s'affecte en péchant d'un mal qui procède de ce qu'il a fait de sa propre volonté, la souillant ainsi, en la violentant par un mauvais usage de son libre arbitre qui n'en ratifiait pas la tendance. Mais faire l'épreuve des conséquences, logiques mais douloureuses, de sa liberté, c'est-à-dire vivre comme douloureuse la tache dont on s'est affecté, est encore tendre à rétablir sur soi-même sa propre souveraineté. Un acte libre peccamineux qui ne se sursume pas, c'est-à-dire qui ne se nie pas en vertu de la dynamique même qui a présidé à la position de cet acte, est un acte dans lequel la volonté demeure objectivement investie : la tache subsiste, d'où la nécessité de l'expiation, de ce mourir à soi en tant que pécheur qu'est la mortification. Ayant fait d'elle-même un usage contre nature, la volonté déchue est en état de distorsion par rapport à elle-même, et elle aspire objectivement à être redressée. Ce qui est tordu doit être redressé mais, quand celui qui est tordu est aussi celui qui tord, l'acte de redresser ne peut pas ne pas engager d'une certaine manière l'initiative de celui qui tord et qui doit par là s'appliquer à lui-même en tant que tordu l'envers de la torsion qu'il s'est infligée. Et c'est pourquoi les damnés se précipitent d'eux-mêmes en enfer, assumant ainsi jusqu'au bout leur liberté. Sainte Catherine de Gênes faisait observer que, trouvant là l'ordre qui procède de la justice de Dieu, l'âme du damné se trouverait en dehors de l'enfer dans un abîme encore plus profond, et c'est pourquoi Dante (*Enfer*, chant III, vers 124-126) voit dans la création de l'enfer une œuvre de miséricorde. En choisissant le châtiment attaché à l'enfer, le damné se châtie, vise à rétablir une certaine forme de souveraineté sur lui-même, cherche à se reconnaître. Mais ce bien qu'il vise en enfer est aussi douleur éternelle, parce que si ce qu'il vise comme bien est d'appliquer à soi-même en tant qu'auteur de sa blessure la blessure qu'il s'est infligée en tant que patient, cette souffrance n'est nullement rédemptrice dès là qu'il décide en même temps, pour l'éternité, d'aimer le mal. Et il aime le mal en tant qu'il entend — par lui-même et non par la grâce de Dieu, pour lui-même et non par regret d'avoir offensé Dieu — se guérir en la rongeant d'une blessure naturellement inguérissable. La condition infernale, libre, est le choix à vocation rédemptrice d'une peine rendue inefficace par le plébiscite maintenu du mal dont elle se veut pourtant le remède. Telle est la différence entre le remords et la contrition.

f) Quant à l'argument tiré de l'exemple de Caïphe (mieux vaut qu'un homme meure plutôt que toute la communauté), destiné à invalider la pertinence de la peine de mort et à relativiser le bien commun au profit d'un bien particulier supposé le transcender, il faut tout simplement remarquer qu'il était, pour le catholique, dans la logique du judaïsme de se sublimer en Église. Et cela n'est nullement relativiser le bien commun : le bien commun de la communauté juive est inférieur au Bien Commun de l'Église et de la Rédemption universelle.

CHAPITRE IV

Origines subjectivistes de l'antifascisme traditionaliste

41 – Introduction

Nous étant efforcé d'établir, dans les précédents chapitres, en quoi une certaine forme de fascisme était appelée par la logique même du monarchisme catholique, il nous reste à nous interroger sur les causes psychologiques de l'aversion cléricale éprouvée par le traditionalisme contemporain à l'égard de l'idée même de fascisme. Le ton plus polémique que nous nous permettrons d'adopter ne doit pas suggérer que nous éprouverions une quelconque réticence à l'égard du pouvoir clérical. Cette réticence serait peu compatible avec le plébiscite, ici formulé, de la non-séparation de l'Église et de l'État. C'est bien plutôt le cléricalisme que nous entendons dénoncer, l'esprit théocratique : leur refus de toute organicité politique (au sens où nous l'entendons) les conduit comme malgré eux vers la démocratie. Le traditionalisme antifasciste est objectivement (au sens marxiste) le fourrier de la démocratie chrétienne. Telle est la thèse que nous entendons soutenir ici.

Pourquoi donc une bonne partie de l'Église, ainsi que ses fidèles attitrés dûment enrégimentés dans les associations catholiques de l'époque, ne consentirent-ils pas à discerner, dans la croisade des fascismes, leur meilleur appui face aux nouvelles formes de subversion ? Ces dernières étaient dès les années trente autrement plus redoutables pour l'Occident chrétien que ne le furent les Alamans, Burgondes ou Wisigoths pour l'Église du Ve siècle. Et Clovis était plus profondément païen que ne l'étaient Hitler ou Mussolini. D'où vient cette haine cléricale pour le fascisme, qui lui fait rouler des yeux de Chimène pour les oligarchies louis-philippardes ? Reconnaissons que les princes de l'Église ne firent pas tant la fine bouche à propos des rejetons empoisonnés de 89 : catéchisme de Napoléon, Ralliement, condamnation de l'Action Française, etc. Ce mouvement était certes « *damnabilis* », « *sed non damnandus* » : fallait-il le condamner au profit d'une Action Catholique démocrate-chrétienne infestée de modernistes, de Bergsoniens, de ces « affreux petits curés démocrates, jaunes de toute l'envie des parvenus de l'intelligence » (Bernanos, *Les Grands Cimetières sous la lune*) ?

Osons dire, qu'il s'agit d'un reliquat non digéré de **pessimisme janséniste** et, plus profondément, de l'adhésion au principe d'une hostilité foncière entre les exigences de la nature et celles de la Surnature. Tout ce qui fait plaisir, tout ce qui peut offrir quelque sujet de satisfaction, tout ce qui suggère l'idée d'une perfection naturelle dans son ordre propre est d'emblée frappé de suspicion. N'est-ce pas, dit-on, faire trop confiance au monde ? N'est-ce pas se laisser ensorceler par les mirages d'une nature perverse ?

On peut se demander si le goût intempestif, à tout le moins l'indulgence complaisante des ecclésiastiques pour la démocratie dite chrétienne ou pour les oligarchies bourgeoises (on en trouve beaucoup même chez les catholiques dits intégristes) ne vient pas de ce que pareils régimes ne réalisent pas l'idéal du politique et, interdisant à ce dernier de se boucler sur lui-même, laissent une faille par où, pensent-ils, pourrait s'engouffrer la Surnature. Ainsi les religieux pourraient-ils mieux, pense-t-on, travailler de l'intérieur la société civile et par elle s'opposer à l'absolutisme naturaliste des princes. Il vaudrait mieux avoir affaire aux familles chrétiennes qu'aux dirigeants politiques ivres de puissance et jaloux de leurs prérogatives, etc. C'est au fond toujours la même antienne, le même faux conflit ruineux tant pour le spirituel que pour le temporel qui est ici en question : la surnature devrait s'accomplir « sur le dos » de la nature, selon une interprétation contestable de l'opposition augustinienne entre « *civitas Dei* » et « *civitas diaboli* ».

Nous répondrons qu'il n'appartient pas à l'homme de se substituer à la Providence, de provoquer (ou même de permettre) le mal pour en tirer un plus grand bien, mais à Dieu seul. L'accomplissement d'un vœu de la nature (selon une intention droite, évidemment) ne peut compromettre l'intromission de la grâce que si ce vœu fixe la nature dans une fin qui n'est pas sa fin ultime naturelle. On conçoit alors qu'une déconstruction de la nature donne par accident à la grâce de l'habiter. Mais la grâce mène toujours la nature au-delà d'elle-même en la faisant passer par le point cordial de son entéléchie ultime propre, qui reste toujours désirable. Tendre vers une fin intermédiaire qui bloquerait le mouvement vers une entéléchie suprême, c'est en vérité tendre vers une corruption de cette entéléchie intermédiaire, puisqu'elle procède proleptiquement de la fin naturelle ultime. Dieu dans Sa divine Providence peut nous faire rater une fin intermédiaire parce qu'Il sait que le désir qui nous mène vers elle risque de s'y embourber, de s'y complaire, de la corrompre et par là de faire rater la fin ultime. Quant à nous, nous ne pouvons savoir quel usage nous ferons de la possession d'un bien intermédiaire. Il ne nous appartient pas de singer la Providence. Enlaidir une femme parce qu'elle risquerait de faire un mauvais usage de sa beauté, c'est risquer, si la décision ne revient pas à Dieu, de la plonger dans le désespoir et dans l'aigreur. Quoi d'étonnant dans le fait que pareils procédés déclenchent dans l'esprit de leurs victimes un sentiment de révolte qui leur fait rejoindre le camp du naturalisme ?

On a beaucoup glosé, dans les milieux catholiques, sur l'antichristianisme des fascismes, ou plutôt des fascistes. Cette distinction nous paraît nécessaire qui autorise à imputer à des raisons non tant doctrinales que psychologiques et circonstancielles l'hostilité supposée des fascistes à l'égard de l'Église. Il n'est pas question d'innocenter les doctrines fascistes de tout travers antireligieux, mais il serait abusif et même très injuste, de ne jamais tenir compte des circonstances, de soi contingentes, qui ont favorisé l'anticléricalisme de droite. Depuis Lamennais, et par l'imprudence de Léon XIII, le catholicisme s'est identifié à la démocratie chrétienne, c'est-à-dire, comme l'avouera plus tard Paul VI, au culte de l'homme. Les incohérences métaphysiques du concept de démocratie chrétienne sont à la fois, sous des rapports différents, le résultat et la cause d'une déviation de la sensibilité, elle-même suscitée par le subjectivisme qui enjoint à l'homme d'adorer l'homme tel qu'il est, avec ses vices, ses prétentions, ses misères, ses petitesses innombrables. La charité chrétienne devient justification des travers consécutifs à la Chute. Là contre, pour tout esprit lucide encore porté par la conscience d'une authentique transcendance et le souci d'un vrai dépassement de soi, c'est-à-dire encore capable d'aversion pour le moi haïssable et d'admiration pour ce qui le dépasse (et telle est la véritable dignité de la personne créée que de consentir au crucifiement du moi dans le service d'une cause), l'homme tel qu'il est n'est pas bon, précisément parce qu'il est enclin, par perversité native, à rapporter à lui-même tout ce qui n'est pas soi. Il n'est de soi que puanteur, duplicité, égotisme, vanité, pourriture moite. Rien n'est plus corrupteur que la laïcisation de l'impératif de charité. L'homme tel qu'il est n'est naturellement aimable, et même seulement supportable, que s'il fouaille avec la dernière énergie, s'ordonnant à un idéal — fût-il de grandeur tout humaine — en lequel il s'oublie, toute complaisance à l'égard de lui-même. L'humanisme est un péché. Il est même le péché. En dehors de ce qui lui reste d'aptitude à s'épuiser pour une grande œuvre mondaine — esthétique, politique, guerrière ou spéculative — l'homme tel qu'il est n'est aimable qu'en vertu de la condescendance gracieuse, salvatrice et toute surnaturelle, de Dieu qui ne sauve le pécheur que par la Croix, la mortification, le mourir à soi de l'âme embourbée dans ses propres déjections. Pourquoi, si l'on n'est chrétien, faudrait-il aimer les médiocres, supporter les ratés, aduler les faibles, honorer les petits ? Où est la dignité des gens ordinaires pour ceux qui, ignorants de l'amour miséricordieux de Dieu pour Ses créatures indignes, s'aperçoit qu'ils ne sont même plus capables, repliés qu'ils sont sur leur intériorité vénéneuse de « belles âmes » en vérité sordidement égoïstes, et gonflées d'envie et de ressentiment, de s'ordonner à une cause qui les justifie en faisant d'eux ses esclaves ? On comprend qu'un Maurras, oublieux certes de la portée toute surnaturelle du message chrétien, ait parlé de « venin du Magnificat ». Et c'est sous ce rapport qu'on peut comprendre sans le justifier le mépris de la personne humaine, le culte de la force et de la dureté, l'apologie de la violence professés par des chrétiens redevenus païens par suite de l'équivoque de l'enseignement des clercs inchoativement modernistes. Sans vouloir cultiver le paradoxe, il paraît opportun de rappeler ici que le plus indigent naturellement ne dépasse les forts, les bien nés, les beaux et bons, que par la grâce qui seule le rend semblable à Dieu. L'antichristianisme des fascistes (et, au reste, seulement de certains fascistes), impensable dans le contexte viril du catholicisme médiéval, ne fut peut-être qu'une insurrection non éclairée contre le modernisme. Ainsi s'explique aussi, au moins en partie, l'hostilité déplorable entre fascistes et Église : par les conflits électoraux entre les résidus des partis démo-chrétiens (tel le *Zentrum*), tous contaminés par le tour d'esprit cléricaliste de l'Action catholique, et partis fascistes. Qu'on songe, pour relativiser ces différends, au fait qu'il devient impossible aujourd'hui, en France, de solliciter le baptême quand on est membre d'un Front National pourtant bien peu comparable au fascisme. Que dirait un dirigeant politique issu de cette mouvance si, parvenu au pouvoir, il lui fallait affronter le travail de sape des évêques et des prêtres, pour la plupart socialo-marxistes et tiers-mondistes ? Les dirigeants allemands et italiens pouvaient-ils laisser leur jeunesse se faire endoctriner par des religieux qui, loin de se borner à enseigner la parole de Dieu, la montaient contre les autorités de l'État et du Reich ?

42 – Nature et grâce

Selon nous, il existe une erreur commune aux Modernistes et aux intégristes cléricalistes tentés par un esprit théocratique honteux en tant qu'inavoué. On peut la formuler comme suit : de ce que dans l'état infralapsaire la nature est blessée ; de ce que la grâce en l'habitant restaure la nature et la mène au-delà d'elle-même, ils en déduisent que la grâce serait mesure intrinsèque de la nature. Il n'est qu'à considérer pour s'en rendre compte leur commune aversion (personnaliste pour les uns, sulpicienne pour les autres) à l'égard des vertus héroïques de la Cité antique et du meilleur du paganisme. Pour l'école du P. de Lubac par exemple, la grâce serait mesure intrinsèque de la nature même non déchue, parce que cette dernière l'appellerait en vertu même de sa structure créaturelle. La belle totalité de la Cité grecque devrait laisser la place à l'exaltation de la personne qui transcende selon eux le bien commun du Politique. Cette naturalisation du Surnaturel aboutit logiquement à la quasi-divinisation de la vie temporelle. Toutes les exigences de la nature étant d'emblée surnaturalisées (puisque proportionnées de soi, dans l'hypothèse, à la grâce), il devient problématique de parler de nature blessée.

Quant aux théocrates — avoués ou non, conscients ou non mais tendant assurément, selon le mot du défunt P. Calmel, à faire du Corps mystique du Christ le corps mystique du pape — ils s'inspirent pour la plupart du néothomisme du Cardinal Cajetan. Selon cette doctrine, la grâce serait la mesure intrinsèque de la nature déchue parce que la nature non déchue, de soi et sans la grâce, ne viserait aucunement Dieu directement et serait exhaustivement satisfaite par la contemplation des beautés du monde créé. La nature serait par là intrinsèquement changée — par l'actuation gracieuse de ce morceau d'elle-même nommé puissance obédientielle, dont elle eût ignoré l'existence en régime de pure nature — en une autre nature pour y pouvoir aspirer. Le pouvoir politique, affaissant ses exigences d'organicité dans un quiétisme de l'impuissance, devrait se limiter au service de l'intendance économique et de la répression des fraudes, en ce sens que la fin spirituelle naturelle de l'homme devrait être laissée en jachère au profit d'une fin surnaturelle abstraitement surajoutée et comme en conflit avec la première. Cette surnaturalisation de la nature conduit logiquement au dépérissement de ses ressources spirituelles. Peu leur importe que l'ordre naturel strict, en ses aspirations à la perfection de son couronnement politique, soit à jamais inachevé, puisque seule compte cette partie surnaturalisée de la nature, qui trouvera sa récompense hors du Politique. En vérité, si le sujet de la grâce est une puissance obédientielle non actuable par un agent naturel et distincte des autres puissances, l'actuation d'une telle puissance, qui ordonne l'homme à une fin transcendante, ne supprime pas dans l'hypothèse son ordination à la fin immanente qu'appètent ses puissances proprement naturelles. C'est alors que l'homme est écartelé entre deux fins contraires si elles sont parallèles ou simplement contiguës. C'est par violence que l'homme devrait quitter les biens naturels même non dévoyés, pour tendre vers sa fin surnaturelle.

Pour nous, au contraire, la mesure intrinsèque de la nature déchue est la nature non déchue, dont les conditions historiques de l'économie du Salut ne disent mot, et qu'il convient de définir philosophiquement. Par là, ni la théologie n'est mesure intrinsèque de la philosophie (contre Gilson, le thomisme est en droit une philosophie, non une théologie révélée s'explicitant philosophiquement), ni l'Église n'est mesure intrinsèque du Politique. Elles n'en sont que la mesure extrinsèque, la « *stella rectrix* », et n'ont pas vocation à s'y substituer. En tant qu'elle la **restaure** (pour la mener au-delà d'elle-même) la grâce est par accident instrument de la nature. En tant qu'elle la mène au-delà d'elle-même, la grâce en est par essence la fin, et elle lui devient intrinsèque sans en être la mesure parce qu'elles sont incommensurables. Il s'ensuit comme nous l'avons dit (§ 41) que la grâce ne mène la nature au-delà d'elle-même qu'en lui faisant rencontrer son entéléchie ultime propre, dont la recherche est toujours légitime, avec ou sans la grâce, en régime d'innocence ou en régime de chute.

De même que la grâce ne se substitue pas à la nature (autrement elle ne se distinguerait pas de l'acte créateur), de même l'Église ne se substitue pas au Politique. Après l'erreur de Léon XIII à propos du Ralliement en France, c'est grâce à la fermeté « anticléricale » du gouvernement portugais que la politique du Ralliement prônée par Benoît XV ne produisit pas dans ce pays, à l'époque du moins, les effets pervers qu'une telle opération avait suscités en France. La grâce guérit la nature **et** la mène au-delà d'elle-même. Mais l'Église en tant que dispensatrice de grâces n'a pas le secret (autrement elle serait positionnelle de la nature même) de la loi de réfection par la grâce de la nature blessée. Elle dispense les grâces à la nature en attendant de la nature graciée qu'elle se subordonne à elle. Elle n'exerce sa souveraineté sur la nature que comme principe directeur extrinsèque guidant négativement la nature sur les plans philosophique, politique, moral. C'est pourquoi l'Église est fin du Politique sans en être la mesure intrinsèque. L'Église n'est fondée à faire de la politique directement qu'en tant qu'elle a besoin pour son propre compte de l'assise matérielle requise pour exercer son ministère en toute indépendance. Sa tendance trop fréquente fut de confondre, dans la légitime revendication de sa souveraineté magistérielle, la défense positive de ses droits avec sa vocation négativement directionnelle du Politique, c'est-à-dire seulement castigatrice. L'envers obligé d'un tel abus d'autorité fut aussi trop souvent d'être du côté du plus fort (ou de celui qu'elle croyait tel).[28]

---

[28] La lecture de l'ouvrage d'Adrien Loubier (*Démocratie cléricale*, 1992, Éd. Ste Jeanne d'Arc) est riche d'enseignements qui illustrent et confortent notre propos :

a) La juste doctrine de la distinction traditionnelle des « Deux Glaives », exprimée par le pape Gélase, contredit l'abus d'autorité de Boniface VIII (*Unam Sanctam*).

b) À propos de « l'ambition théocratique des clercs » (A. Loubier, p. 137), cause partielle de la crise actuelle de l'Église, Marcel de Corte verra dans cette dernière « le châtiment de la volonté de puissance ecclésiastique » (p. 194).

c) L'Église, par le Cardinal Gasparri, ordonna au clergé mexicain, en 1929, de se soumettre à une loi inique et impie, imposée par un gouvernement de Francs-Maçons appuyés par les États-Unis (fermeture des églises et interdiction du culte). Sommés de déposer les armes, les Cristeros furent massacrés pendant des décennies par centaines de milliers (p. 143).

d) Déplorant la promotion de l'« Action Catholique », Maurice Pujo écrivit à bon droit : « Par la démocratie, le pouvoir temporel, rival du spirituel <il ne l'est en fait que par accident>, est assez affaibli pour ne plus être dangereux, et Rome ne s'aperçoit pas que l'affaiblissement de ce pouvoir, qui imposait l'ordre, déchaînant les masses amorphes et les instincts aveugles, fera surgir un bien autre danger. (...) Cette bride lâchée au libéralisme, à la démocratie, à l'anarchie, a pour but plus ou moins conscient de faire la place à une autorité plus absolue que toutes celles qui auront été ruinées : l'autorité de Rome étendant son pouvoir spirituel au domaine temporel et tendant à l'absorber tout entier » (p. 187-188).

e) Léon XIII, voulant « nationaliser le catholicisme en Serbie », préparait en 1884 un concordat serbe dans le dos de la monarchie habsbourgeoise (p. 102). Et l'on connaît aujourd'hui l'appui déterminant des Panslaves octroyé aux responsables maçonniques de la Guerre de 14.

f) Selon l'Article 6 du Concordat signé par le Cardinal Consalvi le 15 juillet 1801, au nom de Pie VII, les évêques français étaient tenus de prêter serment au Premier Consul dans les termes suivants : « Je jure et promets à Dieu, sur les Saints Évangiles, de garder obéissance et fidélité au gouvernement établi par la constitution de la république française » (p. 122). Ce qui revenait à entériner tous les principes de la Révolution française.

43-1 – Les fruits politiques du cajétanisme

Les considérations qui précèdent permettent d'expliquer l'indulgence des théocrates pour les régimes d'inspiration capitaliste individualiste, peu soucieux de justice, quand bien même ils savent que la promotion de la pléonexie constitutive de tels régimes prépare l'avènement du socialisme athée. L'ordre bourgeois et sa police n'empêchent pas d'aller à la messe. Et puis tant que, par la magnanimité des industriels catholiques et bien-pensants, les caisses des évêchés sont pleines, pourquoi bousculer imprudemment une organisation si pieusement favorable à la vertu chrétienne de résignation ? Rappelons à cet égard que Cajetan fut en matière économique le défenseur du « triple contrat » (*contractus trinus*) qui permettait de contourner les interdictions ecclésiastiques à l'égard du prêt à intérêt. Si sa justification du capitalisme naissant fut la doctrine officielle de l'Église jusqu'à la réforme calviniste, la chute de la finance catholique (à partir du décret de Valladolid de juin 1557) incita l'Église, par la résistance pontificale de saint Pie V et de Sixte-Quint, à révoquer toutes les complaisances canoniques à l'égard du capitalisme, dont la pratique du triple contrat qui fut considérée comme illicite. Pour avoir fait capoter le concile que l'Empereur et le roi de France voulaient réunir à Pise en vue de provoquer une réforme disciplinaire de l'Église, Cajetan fut nommé par Jules II cardinal en 1517, évêque en 1519 et légat en Allemagne.

Notons encore qu'une telle conception cajétanienne de la nature humaine (cf. notre § 42, deuxième alinéa) s'approprie aisément à la conception étroitement nationaliste du royalisme maurrassien, dont l'idée de base est le refus de prise en compte d'un bien commun politique qui transcenderait l'intérêt privé des nations. Tel est le résultat de l'empirisme comtien qui sous-tend toute la démarche de l'école maurassienne (et/ou bainvillienne) selon laquelle l'ordre politique mondial n'est jamais, au mieux, qu'un équilibre instable entre des forces à jamais hostiles, sans qu'aucun progrès en ce sens, ne fût-il qu'asymptotique, soit jamais possible. Le refus maurrassien d'une finalité transnationale des efforts nationaux ne s'explique pas autrement que par ses origines positivistes : une telle finalité réelle, incarnée dans la logique du Politique lui-même, ne peut être mise en évidence que **métaphysiquement**, puisqu'elle n'est pas historiquement vérifiée. Et nul n'ignore ce que Maurras, propugnateur de « l'égoïsme national sacré » (« Tout ce qui est national est nôtre...), pensait de la métaphysique. D'où son postulat d'une nocivité intrinsèque de l'Idée impériale, nocivité supposée qui interdit à l'ordre politique de pouvoir poursuivre son accomplissement exhaustif dans son élément propre. Aujourd'hui l'Allemagne libérale, maçonnique et décervelée, bourrelée de remords et littéralement énervée, marguillier honteux de l'ONU, prépare en Europe, avec la complicité

Léon XIII, par l'ordre du Ralliement (encyclique « *Nobilissima Gallorum Gens* » du 8 février 1884) durcira cette funeste direction ecclésiale.

de toutes les forces subversives des nations d'Occident, l'avènement d'un gouvernement mondial qui sera, s'il voit jamais le jour, comme l'antithèse de l'idéal politique auquel elle était destinée. Au reste, le « Politique d'abord » de Maurras désigne, comme ce dernier le reconnaît, une antériorité chronologique et non de causalité, subordonnant le Politique à l'Économique, l'Économique à la Famille, la Famille elle-même au bien de la personne, lequel, selon que le maurrassien sera catholique ou non, prendra la figure soit du salut religieux individuel, soit d'une rédemption agnostique ou païenne par la célébration exaltée de la culture classique unilatéralement latine et méditerranéenne : « La politique la première, la première dans l'ordre du temps, nullement dans l'ordre de la dignité. Autant dire que la route doit être prise avant que d'arriver à son point *terminus* ; la flèche et l'arc seront saisis avant de toucher la cible ; le moyen d'action précédera le centre de destination » (Charles Maurras, cité par Y.M. Adeline, *op. cit.*, p. 100). En sorte que le nationalisme maurrassien, implicitement personnaliste, développe concomitamment une exaltation subjectiviste de la patrie dans le service d'un bien faussement commun parce que rapporté au Moi de chaque Français, et une défense instrumentaliste du Politique dans la mesure où ce Moi cocardier consent à se faire catholique. Un tel nationalisme n'a plus rien d'organique.

Notons enfin que cette même conception cajétanienne de la nature humaine, ci-dessus évoquée, constitue en fait le fondement logique, sinon historique, de l'absolutisme légitimiste, en droit antinationaliste (en dépit des vœux pieux formulés par le Comte de Chambord). En effet :

On peut penser que la Révolution française, en son effroyable surgissement typique d'un messianisme satanique, par-delà les causes dispositives de l'économie, de l'évolution des techniques, des sociétés secrètes ou de la médiocrité des derniers acteurs de l'Ancien Régime, procède, dans son concept, d'une conception constructiviste de la monarchie. Selon cette conception, le roi est unilatéralement l'arbitre des volontés individuelles, et non plus l'hypostase de la volonté objective de la Nation. Il se pense alors comme cause efficiente qui préside à ce nouveau modèle de monarchie. Laquelle dans cette optique n'est plus **nationale** (ou ne se définit par accident comme telle que dans son opposition gallicane à l'Église), mais se révèle une superstructure organisatrice de type dynastique arraisonnant extrinsèquement la multitude. On voudra bien observer que cette extériorité de l'État et de la Nation relève d'une **certaine** manière pour la monarchie d'envisager son projet de lieutenance du Christ. Cette manière nouvelle est précisément la différence abstraite de la nature et de la surnature qu'instaure, conceptuellement sinon historiquement, le concept de puissance obédientielle pris en son acception cajétanienne. Précisons la logique de cette conception constructiviste de la monarchie.

L'autorité (quant à son sujet d'inhérence) est directement désignée par Dieu (tel est le sens du providentialisme bibliste de Bossuet), et ratifiée (ou **non**, et tel est le fait du gallicanisme du même Bossuet) par l'Église. Le Prince détenteur de l'autorité n'est pas éduit de la multitude, il prétend mener ses peuples à Dieu en tant que bras séculier de l'Église. Il est extérieur à la multitude comme la puissance obédientielle est extérieure (et non plus immanente) ou comme indifférente à la nature humaine même intègre. Finalisé par la fin même de la puissance obédientielle abstraitement surajoutée à la nature humaine, c'est de cette fin que le Prince tire son mandat. Or une telle fin n'est pas un acte posé par une puissance naturelle, mais par la grâce. Donc c'est de la Surnature (et non plus de la logique naturelle du Politique) qu'il tient son mandat. Mais celle-ci n'est pas posée par la nature de l'homme, puisqu'elle est transcendante et gratuite. Donc le prince n'est pas éduit de la multitude. Cette nouvelle conception de la lieutenance du Christ exclut l'immanence de l'universel (le tout de la cité, similitude de l'âme), au particulier, et par là la fondation ontologique du bien particulier par le bien commun. Le tout de la cité se réduit alors à un conglomérat sans unité interne, maintenu par la seule foi qui donne aux hommes de se supporter ensemble. Ainsi en arrive-t-on à ce paradoxe effarant que la Révélation chrétienne révélerait la vraie nature de l'homme comme égoïsme foncier (le service antique du bien commun n'ayant été, dit-on, que divinisation de la cité « totalitaire »), mais qu'elle le transfigurerait par la grâce en altruisme.

Ce que révèle une telle figure politique, c'est une subordination **instrumentale** de la sphère privée profane à la sphère publique (tel est le réquisit opératoire de l'absolutisme), mais en vue d'une **subordination essentielle et finale de la sphère publique à la sphère privée religieuse**. Au nom d'une vocation transcendante, la religion émancipe la famille et l'individu de leur sujétion vis-à-vis de l'État. On ne peut être plus anti-aristotélicien : la cité n'est plus fin naturelle de l'individu et des communautés intermédiaires. C'est sous ce rapport qu'il ne nous paraît pas excessif de rapprocher la monarchie que nous nommons constructiviste (celle des Bourbons) des régimes libéraux bourgeois conservateurs. Au reste, tel fut bien le projet des Restaurations françaises (oligarchies chartistes) que d'en proposer la synthèse avec l'aval sans réserve des princes de l'Église. Comment, dans ces conditions, s'étonner du caractère **accidentellement**, sporadiquement mais encore trop fréquemment antichrétien des révolutions fascistes ?

43-2 – Néo-paganisme nationaliste

Il n'est pas étonnant, sous ce rapport, que l'école d'Action Française ait été développée, avec les travers positivistes qu'il convient de lui reconnaître, par des agnostiques et non par des laïcs catholiques, puisque l'Église par le Ralliement et le cléricalisme de l'Action Catholique avait privé ces derniers de toute compétence politique. **En revanche, le procès intenté, par les néo-païens antidémocrates, à la Religion catholique, se retourne contre eux** :

Selon l'adage néo-platonicien (ou dionysien) repris par saint Thomas, toute chose tend vers ce dont elle procède comme vers sa fin ultime. C'est pourquoi la fin ultime ou absolue (à savoir indépendante, émancipée de toute relation extrinsèque de causalité) de la créature est la Cause première. Et la Cité ne saurait être cause première puisqu'elle est intrinsèquement dépendante de ceux qu'elle intègre. Qu'advient-il d'elle et de ses membres si la prétention s'empare d'elle de se poser comme leur fin ultime ?

Rappelons que la nature politique de l'homme tend à réaliser toutes ses virtualités dans une totalité organique unifiante qui dépasse la finitude et la contingence de la personne singulière. La nature politique de l'homme n'est qualitativement réalisée que comme personne, n'existe concrètement que comme substance singulière, n'est exhaustivement déployée que comme réalité sociale. Aussi cette nature politique tend-elle à réaliser l'unité dans la cité autant qu'il est possible, selon le modèle de l'unité substantielle. Mais elle ne peut, dans son vœu de contracter l'impossible statut de substance sociale, que se sublimer dans une réalité singulière qui, pour être substantielle sans supprimer la structure accidentelle de tout d'ordre définitionnel d'une réalité sociale, doit respecter plusieurs exigences :

a) Cette réalité doit être immanente à la Cité, parce que le propre d'une totalité unifiante est d'être ontologiquement fermée sur soi. Cette fermeture ontologique n'exclut pas mais fonde son ouverture opérative ou aptitude à la communication *ad extra* ; deux entités ne peuvent communiquer intentionnellement qu'en commençant par se distinguer et s'opposer entitativement. Si cette réalité n'était pas fermée sur elle-même, elle serait partie d'un tout plus grand et se réduirait au statut d'organe, exclurait par là d'être un organisme. Elle doit donc assumer le rôle de principe formel de la Cité.

b) Mais cette réalité doit aussi synthétiser ou réduire à l'acte la volonté objective de la multitude (à ce titre, elle en est le principe de différenciation intestine), puisqu'elle est le terme en lequel se repose et s'accomplit la nature politique de l'homme, qui, en tant qu'humaine, est exigitive du recueillement d'elle-même dans l'indépendance ontologique d'une singularité substantielle. **C'est pourquoi elle est elle-même une substance singulière parmi des substances singulières.** On entend souvent les chrétiens aristotélisants rappeler qu'il existe trois régimes en droit non peccamineux (monarchie, aristocratie, démocratie ou république ou « politie », respectivement déviées en tyrannie, oligarchie ou ploutocratie, démagogie ou ochlocratie), et que la « bonne » démocratie confère au peuple le soin de désigner le sujet du pouvoir sans avaliser le dogme de la souveraineté populaire (puisque l'autorité procède de Dieu). Mais il faut bien admettre que même dans cette perspective — et c'est pourquoi nous ne la faisons pas nôtre — le peuple est souverain dans la désignation du prince, et que *le droit (dévolu au prince) d'exercer le pouvoir présuppose le pouvoir* (qui alors doit être reconnu comme primitivement inhérent à la multitude) *de donner droit* *à l'exercer, et qu'une part d'**autorité** native doit être reconnue au peuple.* C'est ce que nous contestons (même dans l'hypothèse d'un état de pure nature ou de grâce supralapsaire), pour des raisons que nous avons déjà évoquées plus haut (§ 38-1) et qu'il convient de préciser ici. Si en effet la cause efficiente de la cité, volonté objective de la multitude immanente à tous les particuliers, était de soi capable de s'exercer sans se médiatiser dans l'*imperium* d'une personne singulière, elle serait immédiatement personnelle ou subjective en chacun des particuliers qu'elle habite et coïnciderait avec la volonté générale de Jean-Jacques Rousseau. Elle n'aurait pas à se poser préalablement d'une part comme puissance passive au pouvoir dans la multitude, d'autre part comme puissance active au pouvoir dans une personne singulière (le prince). Et on ne voit pas comment des souverainetés individuelles pourraient fusionner dans une Personne publique qui ne fût pas substantielle, puisqu'il est définitionnel de la nature politique de l'homme de se donner en tant qu'humaine l'existence sur le mode substantiel : n'existent « *in concreto* » que des individus. Et cela reviendrait à exiger de la cité qu'elle fût substance. Mais comment ses membres pourraient-ils lui préexister au point de passer contrat entre eux pour l'en faire jaillir, si le propre d'une substance est d'être ontologiquement antérieure à ses parties ? On peut certes nous rétorquer que la volonté générale de Rousseau n'est pas la volonté particulière de chacun, qu'« on veut toujours son bien, mais (qu') on ne le voit pas toujours » : « Il y a souvent bien de la différence entre la volonté de tous et la volonté générale ; celle-ci ne regarde qu'à l'intérêt commun, l'autre regarde à l'intérêt privé, et ce n'est qu'une somme de volontés particulières : mais ôtez de ces mêmes volontés les plus et les moins qui s'entre-détruisent, reste pour somme des différences la volonté générale » (*Contrat social*, II, III). Mais cette distinction vertueuse est intenable, qui voudrait que la volonté générale fût immanente à la volonté particulière non comme le principe à son effet plus ou moins dégradé et inadéquat (un tel principe équivaudrait à ce que nous avons nommé ici volonté objective), mais comme la partie à son tout, de telle sorte que les volontés particulières s'élagueraient réciproquement dans l'opération du vote, se libérant les unes par les autres de ce que chacune contient de privé au point que la consultation électorale dégagerait comme mécaniquement leur plus grand commun dénominateur, la volonté générale supposée omnisciente, omnipotente et infaillible, telle celle de Dieu : outre que le privé ne contient pas le public comme sa partie mais comme son principe qui s'individue en lui qui en retour le peut trahir, encore faudrait-il que les volontés particulières, pour être en mesure de se redresser réciproquement, fussent telles que, prises deux à deux, chacune eût un défaut privé qui pût être annulé par le défaut symétrique de l'autre, ce qui est faire peu de cas du manque total d'originalité dont les hommes font preuve dans le choix de leurs vices. De telle sorte que la volonté générale de Rousseau n'est rien d'autre, concrètement, que l'expression de la majorité, c'est-à-dire la volonté d'un groupe dont tous les individus veulent dans l'ensemble la même chose : la société réelle de Rousseau n'est que le fruit vénéneux d'une volonté générale qui commence par exister comme volonté subjective individuelle en chacun des sociétaires contractants. Pour nous au contraire, une élection n'est légitime que si le droit à exercer le pouvoir est conféré par un pouvoir collectif lui-même **délégué** par un pouvoir individuel souverain et absolu. On ne saurait établir de parallèle entre le Sacré Collège et une communauté politique. Un roi peut déléguer son autorité à une communauté pour qu'elle désigne ses chefs intermédiaires, parce qu'il fait être la cité même. Mais le pape ne fait pas être l'Église, dont la Tête est d'abord le Christ.

c) Ainsi, pour être « *materialiter* » partie du tout dont elle réduit en retour la forme à l'acte, cette réalité doit conjuguer l'universalité de la forme (sociale) et la singularité de la substance. Elle doit être une personne, le monarque : universelle par son statut d'hypostase de la volonté **objective** de la multitude, particulière dans son être naturel et historique, singulière en tant que pensée organisatrice capable de projets universels posés par des décisions libres singulières. Sous ce rapport, nous faisons nôtre la formule de Hegel : « La personnalité de l'État n'est réelle que comme une personne : le monarque » (*Principes de la Philosophie du Droit* § 279), qu'il nous paraît nécessaire de compléter par une autre d'Otto von Bismarck : « Le patriotisme allemand <et la chose vaut pour tout État rationnel, ce qui ne signifie pas que la conception bismarckienne de l'État serait impeccable sous tous les rapports> a besoin (...) de la fidélité dynastique (...). Les intérêts dynastiques sont légitimes s'ils se conforment aux intérêts nationaux » (*Erinnerung und Gedanke*, 1898. Cité dans la revue *La Légitimité* n° 35, 1997). Si la personne du prince est le principe actualisant de la communauté politique par les vertus **opératives** de son *imperium* royal, elle n'est, **dans son être naturel et historique**, que la **représentation** de l'unité analogiquement substantielle de la multitude. L'unique manière pour la volonté objective de conserver l'universalité générique d'une causalité impersonnelle en tant qu'immanente à la multitude, tout en contractant la singularité d'une volition efficace, est de s'hypostasier dans une volonté particulière ayant pour bien propre le bien commun en tant que tel, et non en tant qu'individué (ce qui est le bien particulier).

Il résulte de ces observations que l'acte de diviniser la cité, c'est-à-dire d'absolutiser le Politique — vœu commun, quant au résultat, des luthériens et des néo-païens — revient à diviniser, dans un premier temps, le monarque lui-même. Tantôt on lui confère la toute-puissance spirituelle du pape, tantôt on le travestit en demi-dieu triomphant. Mais César n'est que le résultat de la causalité immanente de la nature politique de l'homme, à l'œuvre en tout homme ; et l'Absolu ne saurait être un résultat, à moins de ne l'être que de soi-même (telle la Procession intra-divine des Personnes). C'est pourquoi la divinisation de la cité équivaut ultimement à réduire César à l'hypostase démagogique et résiduelle de **subjectivités** populaires déversant en lui toutes leurs complaisances, se reconnaissant et s'adorant à travers lui dans une liturgie collectiviste dérisoire. Tel est le fait de tous les fascismes de gauche, de tous les nationalismes néo-païens qui font de la nation la cause finale de l'État et qui, prétendant se contre-diviser à l'ordre des nationalitarismes (droit des peuples à disposer d'eux-mêmes sous l'égide de l'universalisme abstrait des Droits de l'Homme, par opposition au devoir des peuples de rester eux-mêmes) n'en sont pas moins nominalistes et, partant, subjectivistes : la nation, la communauté ethnique serait une divinité, une infrastructure substantielle éternelle, toutes les valeurs morales seraient subordonnés à ses intérêts stratégiques et impérialistes et ne vaudraient que pour eux (doctrine vitaliste-historiciste de Dilthey). Tels se présentent le sionisme d'un Martin Buber et le socialisme allemand d'un Heidegger : variantes politiques du messianisme gnostique selon lequel le divin impersonnel prendrait conscience de soi et se réaliserait dans un Christ collectif ethnique. Dans de telles cités, les volontés ne fusionnent que par maximisation de leur individualisme (en voulant « être soi » comme le dit si bien Jean-Jacques, et n'être que soi en sa singularité ineffable et incommensurable à toute autre, on finit par perdre toute consistance au point de se fondre dans le Tout) dans un Moi commun qui n'est que la caisse de résonance de leurs exigences privées (le moi particulier ne s'aliène que pour se retrouver dans le Tout qu'il contemple comme l'être démultiplié qu'il se donne en un acte abnégatif fondateur de son aséité). Inviter la cité à se prendre pour fin **ultime** revient à avaliser l'exigence subjectiviste d'auto-déification de l'homme de la foule, à convertir le *populus* en *vulgus*, à promouvoir l'esprit libéral et démocratique dont précisément les néo-païens accusent contradictoirement le christianisme d'en être la source. Loin de relativiser le bien commun immanent de la cité, l'affirmation de la transcendance de Dieu et de l'universalité supra-politique de l'Église le fonde et le conforte dans son ordre propre.

Si l'homme est supposé avoir pour vocation de se faire Dieu, il ne le peut que collectivement et en vue d'un Dieu collectif. Mais pourquoi alors s'arrêter à ce type de collectivité finie qu'est la nation ? Il serait dans la logique d'une telle attitude d'aller jusqu'au bout de ce que lui prescrivent ses prémisses, et de se consommer dans l'universalisme marxiste.

43-3 – Le rôle délétère de la bourgeoisie en contexte monarchique non organique

Il a été montré plus haut (§ 43-1) en quoi la doctrine cajétanienne (préfigurée en fait chez maints auteurs, dont Dante) d'une dualité de fins (naturelle et surnaturelle) dans l'homme, pensées comme abstraitement juxtaposées, induisait une contradiction qui se retrouve diversement dans le monarchisme légitimiste, le nationalisme royaliste de Maurras, et les monarchies bourgeoises chartistes (dont les monarchies constitutionnelles actuelles et les républiques conservatrices, toutes deux libérales, sont les sous-produits). Avant que d'aller plus avant dans l'analyse des raisons psychologiques de l'aversion d'un certain catholicisme à l'endroit de l'organicisme, nous voudrions illustrer, par quelques observations d'ordres pratique et historique, la fécondité d'une intégration de l'organicisme dans la monarchie.

Dès lors que le bien commun du Politique n'est reconnu, voulu et servi comme tel, que s'il est le meilleur du bien propre, immanent à ce dernier comme la cause à son effet et par là comme la raison d'être à laquelle il est voué à faire retour, le personnel politique dirigeant doit se reconnaître comme l'incarnation de la forme de la cité. Et puisque l'universel du bien commun est éduit du particulier en lequel il se pose et s'anticipe, chacun doit être en mesure de participer vitalement au service du bien commun selon ses aptitudes et sa vocation propres. D'où la nécessité d'une circulation prudente des élites qui d'une part prévient les dégénérescences individuelles, d'autre part et peut-être surtout prévient la stratification mécanique de la société en classes : le tout n'y est que le résultat de la coexistence des parties, et non le principe de leur différenciation. C'est pourquoi une société d'ordres (dont la corruption est la classe) entendus non seulement comme fonctions, mais comme corps se perpétuant par endogamie systématique et constitués d'individus dotés de charges héréditaires, est irrationnelle et virtuellement conflictuelle. Il n'est pas question ici de méritocratie, qui dévoie la justice distributive. Prise comme cet aspect principal de la justice particulière qui s'exerce du tout vers la partie en assurant à chacun une distribution des biens et des charges proportionnelle à ses mérites et à ses talents, la justice distributive est elle-même subordonnée à l'ordre du bien commun dont elle est l'opérateur privilégié : si le méritocrate exige un poste qui fait valoir ses talents, subordonnant ainsi à lui-même l'ordre politique qu'explicite la justice distributive, c'est l'ordre politique qui par la justice distributive intègre se subordonne le citoyen vraiment vertueux.

Et c'est bien l'adoption du concept politique de nation entendue comme matière ou puissance de l'État qui eût prévenu en France et probablement dans toutes les monarchies d'Ancien Régime les deux erreurs de la bourgeoisie : le gallicanisme et l'apparition des classes sociales. Comme on le sait, les Bourgeois ont absolutisé le pouvoir royal au point de servir une raison d'État prise en un sens machiavélien, c'est-à-dire tant comme dissociée de la morale naturelle que comme soucieuse de se soustraire à l'Église. Absolutisant le pouvoir royal — mais pour hâter l'affaiblissement de l'aristocratie ou s'y intégrer jusqu'à s'y substituer — ils ont certes favorisé la centralisation politique et ainsi renforcé l'unité de l'État ; ils ont accompli une œuvre légitime sous ce dernier rapport (dépasser les reliquats de la féodalité diviseuse) mais, en vertu de la nouvelle conception de la lieutenance du Christ induite par le cajétanisme (qui exclut l'immanence de l'universel au particulier), ils ont favorisé l'avènement des classes antagoniques. C'est l'adoption du concept de nation organique qui seul eût accompli la centralisation juste, sans favoriser la sacralisation théocratique et gallicane du prince, parce que cette adoption, réduisant le prince au rôle de principe actualisateur de la nation dont il est lui-même matériellement le membre et l'instrument de son acte (l'État), fait du bien commun — et non de la recherche tout individuelle, non médiatisée par le service dû à ce dernier, du salut individuel — le moteur de l'organisation de la cité.

De plus, les travaux de Régine Pernoud établissent que la bourgeoisie eut historiquement le mépris du travail manuel dans son souci de singer l'aristocratie dont elle enviait l'oisiveté, et que par là, loin de le rationaliser, elle **adultéra** le système amendable des corporations : « Par suite de l'entente du patronat, de la bourgeoisie municipale et de l'État, les compagnons ne purent faire prévaloir leurs revendications même les plus légitimes » (P. Boissonnade, cité par R. Pernoud, *Histoire de la Bourgeoisie*, t. II, p. 131, Seuil, 1981). Est dénoncé dans le même ouvrage (t. I, p. 321 à 328) le souci des maîtres de former une caste héréditaire en dépit des efforts royaux, souci accusé par la montée du capitalisme qui de plus en plus exigeait la possession d'un grand capital pour se mettre à son compte, et transformait les compagnons en salariés. D'où la naissance des compagnonnages, des coalitions et des troubles sociaux divers : « Les doctrines économiques de l'Église, fondées sur la théorie du juste prix, étaient en somme en accord avec les passions populaires, dont les Frères prêcheurs étaient volontiers les organes » (H. Hauser, *Travailleurs et marchands de l'Ancienne France*, Paris, 1920, p. 119, cité par R. Pernoud, *op. cit.*, t. I, p. 326). « Au XVIe siècle, déclare R. Pernoud (*op. cit.*, p. 327), on pourrait résumer l'évolution qui s'est produite en constatant qu'à la notion de bien commun s'est substituée celle de bien public. La nation s'est constituée, et on ne la considère plus seulement comme un organisme dont toutes les parties doivent s'équilibrer, mais comme une firme commerciale que le monarque s'attache à faire prospérer en assumant son bon fonctionnement. » Et le propre d'une firme commerciale est d'avoir hors d'elle-même sa fin, ainsi de n'être pas organique. Si les mouvements sociaux sont réprimés, la richesse publique censée profiter à la nation entière sera recherchée par les rois mais, « dans la pratique, c'est la bourgeoisie qui sera l'instrument et aussi le bénéficiaire de cette orientation nouvelle de la politique royale » (*ibid.* p. 327), bourgeoisie dont les membres « tantôt comme prêteurs, et tantôt comme agents d'administration et entrepreneurs, commencent à jouer un rôle essentiel dans la vie monarchique » (p. 330). Si le droit romain ressuscite légitimement grâce aux bourgeois dès la fin du XIIIe siècle, il est transformé au XVIe siècle sous l'influence de la seconde scolastique (comme l'a montré Michel Villey) d'inspiration déjà personnaliste (parce que chrétienne mais nominaliste et stoïcienne), et les charges deviennent vénales à la même époque ; commence à se former alors une noblesse de robe qui, rivale de celle d'épée, préparera 89.

La logique d'une monarchie nationale **organique** eût exigé que les fonctions héréditaires de la bourgeoisie et de la noblesse fussent converties à celle, rationnelle et non héréditaire, des **fonctionnaires** (en droit les vrais aristocrates, ceux qui visent immédiatement le bien commun comme leur bien propre). À cette fonction se fussent ajoutées naturellement celles du clergé (fonction administrée à la fois par l'État et par Rome harmonisées dans leurs attributions respectives selon la modalité des concordats) et des producteurs (organisés en corporations horizontales pour les métiers et en cycles de production verticaux pour les entreprises). Les fonctionnaires sont la vérité de l'aristocratie puisque la hiérarchie, qui explicite la forme de la cité, ou État, est éduite des familles sous l'impulsion de l'État souverain et ne s'identifie pas à une série de castes familiales : le privé s'achève, aux deux sens du terme, dans le public comme dans sa vérité et dans sa fin ; si le privé persiste à se maintenir comme tel en elle, refusant sa sublimation et par là se refusant à lui-même, alors à la fois il confisque l'État à son profit (libéralisme économique), à la fois il tend à se décomposer lui-même (éclatement des familles et atomisation de la société, selon une conception du droit illustrée par le Code civil révolutionnaire de Napoléon). Les fonctionnaires sont les juristes, les intendants, les grands commis, les organisateurs de l'administration. On sait que le mouvement de substitution de la bourgeoisie à la noblesse s'est consommé sous Louis XIV parce que les aristocrates, frondeurs et féodalistes, retardaient à ce titre l'avènement de l'État rationnel. C'est pourquoi ces derniers précipitèrent plus tard, objectivement liés (quoiqu'opposés à elle sous d'autres rapports) à la bourgeoisie parlementaire contre l'absolutisme royal, l'avènement de la Révolution française. Au fond, seule une conception organique de la cité garantit en chacun de ses membres le souci du bien commun, parce qu'elle assure seule l'immanence idéelle de l'État à chacun d'eux : « Dans la monarchie féodale, l'État était certes souverain par rapport à d'autres États, mais, à l'intérieur, ni le monarque, ni même l'État n'étaient souverains. D'une part, les affaires et les pouvoirs particuliers de l'État et de la société civile étaient entre les mains des corporations <que Hegel récupère légitimement, mais, comme plus tard le fascisme, en tant que posées par l'État> et des communes indépendantes et, de ce fait, le tout était plus un agrégat qu'un organisme ; d'autre part, ils étaient la propriété privée de certains individus et ce qui devait être décidé par eux dans l'intérêt du tout dépendait de leur opinion et de leur bon plaisir » (Hegel, *Principes de la Philosophie du Droit*, § 278, trad. Derathé). Mais il n'est d'État organique que s'il est doté d'un **corps**, dont les parties, rassemblées et unifiées par lui, ne sont différenciées **que par lui** ou par l'impulsion des tendances naturelles en lesquelles il s'anticipe (les relations familiales et autres communautés intermédiaires) et qu'il respecte comme autant de conditions de sa genèse, de telle sorte qu'un tel corps, pris abstraitement ou considéré indépendamment de la forme étatique qui l'actue, n'est pas de soi différencié, ou ne l'est qu'en puissance. Un tel corps est la nation entendue comme communauté de destin ou communauté naturellement vouée à illustrer une certaine manière d'être homme. Ses membres sont pairs et tiennent de l'État lui-même, qui entérine leurs vertus naturelles complémentaires, les différences sociales positionnelles de juste inégalité. Ils ne les tiennent pas d'un droit moral, familial ou privé, qui serait antérieur à l'État, puisque c'est lui qui, comme premier objet que s'est proposé la nature (comme le dit Aristote : *Politique*, I), est premier en intention ou dans l'ordre de causalité. Et c'est pourquoi le service de la guerre, en laquelle l'État risque son existence parce que la nation y joue son identité, a pour vocation d'être assumé par la communauté tout entière, comme le préconisait déjà Platon dans les *Lois* (livres VI et VIII). Quant à l'obligation pour l'État de respecter comme autant de conditions de sa genèse (ainsi ne fait-il que se respecter en elles) les tendances individuelles en lesquelles il s'anticipe, elle vient de ce que, fin des communautés intermédiaires et des personnes elles-mêmes, l'État n'en est pas la fin **ultime**, et c'est pourquoi il n'en est pas cause première. Aussi a-t-il le pouvoir de poser les tendances individuelles comme conditions de sa genèse mais sans épuiser la fin ultime — non politique et religieuse — qui se cherche en elles, de telle sorte qu'il les pose politiquement mais non ontologiquement, et par voie de conséquence il se les subordonne en vue de lui-même comme bien commun sans se subordonner la fin ultime — à laquelle il est lui-même ordonné — dont elles sont la préfiguration.

44 – L'obsession du mal et du péché comme ruse du subjectivisme

Que la Tradition catholique contemporaine, réveillée par l'admirable lucidité de Monseigneur Lefebvre, mais aussi de maints autres responsables religieux, développée par le courage de ses vaillants curés qui méritent toute notre reconnaissance, persiste à se chercher une doctrine politique dans les courants exclusivement légitimiste et maurrassien, à la fois solidaires et rivaux, n'est pas, en vertu de ce qui précède, sans nous plonger dans la perplexité. Nul n'ignore l'inique brutalité que l'Église conciliaire réserve aux fidèles lefebvristes (dont nous sommes)[29], dans le moment où elle fait preuve d'une scandaleuse indulgence — au vrai d'une complicité déclarée — pour les ennemis les plus féroces de l'Église de Dieu. Avouons que nous avons parfois l'impression que les ecclésiastiques traditionalistes se comportent en même façon à l'endroit des catholiques « fascistes », quand on connaît l'étonnante bienveillance des premiers à l'égard des hérésies millénaristes et judaïsantes qui prolifèrent chez bon nombre de leurs ouailles illuminées.[30]

Est-il en vérité sage, développant un esprit inquisiteur permanent fondé sur la méthode du procès d'intention, tapi, sur ses gardes, dans une subjectivité mauvaise, de flétrir toutes les manifestations vitales de la nature sous le prétexte qu'elle est blessée ? Est-il prudent de gratter les plaies de la nature pour confirmer sa joie amère de la savoir débile, et redoubler de circonspection à l'égard de tous ses élans ? Est-il réaliste, s'accommodant, au nom d'une *Realpolitik* « catholique », du machiavélisme pratique le plus propre à susciter l'indignation

---

[29] Rappelons encore une fois que ces lignes furent écrites il y a près de vingt ans.

[30] Rappelons que le « figurisme » était la doctrine du diacre François de Pâris, chef de file des convulsionnaires de Saint-Médard. Selon cette interprétation très particulière et pour le moins contestable de l'Ancien Testament, les prédictions bibliques seraient plus que des préfigurations des événements relatés par les Évangiles. Certaines d'entre elles vont se réaliser au delà du Christ ; les Juifs seront rappelés parce qu'ils demeurent, dit-on le peuple élu...

de ses victimes qui, par faiblesse, plongent en retour dans le camp de la subversion, de redouter toute aspiration à l'idéal dont on oublie trop souvent qu'il est la vraie mesure du réel ? Tout idéal de justice sociale est-il dangereux ? Il est de bon ton d'affirmer que la perfection n'est pas de ce monde. Mais le propre du machiavélisme est de ne plus croire au caractère unitif de soi des valeurs vraies. Une telle psyché conduit à la condamnation de toute passion, et surtout de la passion — entendue comme enthousiasme — de la raison en quête victorieuse de possession de la vérité. Il en résulte un fidéisme latent. Il en résulte aussi, ce qui est un comble pour le réaliste, une attitude de « belle âme », dans l'acception hégélienne de l'expression. En effet, il est rationnel que la raison mouvant la volonté se médiatise dans l'irrationalité des passions. La crispation sur elle-même de la raison dubitative, réticente par prudence vis-à-vis de son propre appétit, équivaut au romantisme. Usant toutes ses forces à se préserver pure de toute contamination dans l'ordre de la confiance en les puissances naturelles, une telle « raison prudente » ne peut, excédée et comme insupportable à elle-même, que se dévorer mais, impuissante à le faire, elle est happée par l'engagement le plus trivial sans avoir la maîtrise de son abandon : vertu intellectuelle, la prudence perfectionne la raison dans l'ordre de l'agir, non dans l'ordre théorétique ; à vouloir substituer la prudence à la sagesse, on rend la raison pratique imprudente. Au nom de l'apophtegme véreux : « le mieux est l'ennemi du bien », qui avalise toutes les lâchetés, cette psyché de « Modéré » (au sens d'Abel Bonnard) enjoint aux hommes de bonne volonté qu'elle écœure de pactiser avec la subversion. Il est foncièrement imprudent d'élever la prudence au rang d'affection pathologique. Il est prudent de savoir prendre des risques. Telle une femme qui voudrait ne se donner à personne et qui, en dernier ressort, est prise par n'importe qui, la politique cléricale du « moindre mal » apparent se fait embobiner depuis un siècle par la stratégie retorse de ses ennemis. De même qu'une femme ne conjure un tel dilemme qu'en sublimant la naturalité de sa féminité en direction de noces surnaturelles, de même la stérile subjectivité dubitative ne se sauve qu'en consentant à se sublimer en raison. Elle accepte par là, dans l'ordre théorique, l'exigence du désir rationnel de vaincre le scepticisme et, dans l'ordre pratique, l'opportunité risquée des engagements révolutionnaires salvateurs : on ne pactise ni avec le traditionalisme politique (déviation fidéiste), ni avec le positivisme (déviation empiriste) — deux formes de scepticisme larvé — ; on ne s'accommode ni de la société bourgeoise, ni du capitalisme libéral, ni du credo républicain, qui ne sont pas amendables, fussent-ils mouillés d'eau bénite. Des familles chrétiennes consentant au joug d'une république jacobine, même modérée, produiront à long terme une progéniture républicaine.

Il y a quelque chose de révoltant dans cette idée fixe, typiquement traditionaliste, qui consiste à diagnostiquer dans le fascisme un avatar de l'esprit démocratique. La croisade des fascismes fut la seule entreprise sérieuse capable d'en finir une bonne fois avec l'héritage de la Révolution française. Une telle obsession révèle un goût secret pour les frondes, aristocratique ou bourgeoise-parlementaire (à savoir, précisément, réformée ou janséniste). Le pouvoir politique est, dit-on, mauvais puisque, procédant d'une nature peccamineuse, il est corrompu. L'organisation politique doit toujours être imparfaite, inchoative. Les pouvoirs ne doivent être unifiés que formellement, « en principe », parce que l'inachèvement dans son ordre propre de l'harmonie naturelle (dont on a vu pourtant, au § 38-1, qu'elle a la structure d'un conflit surmonté) serait comme le gage de son ordination effective au bien surnaturel. On trouve de cela chez les existentialistes chrétiens, pourtant peu tendres à l'égard des « Modérés » (mais pour des raisons fallacieuses), qui font de la déconstruction des exigences « totalitaires » de la nature humaine la condition du respect de la vocation surnaturelle de la personne. Les admirateurs catholiques de Gallifet et les émules de Mounier se révèlent telles les deux faces d'une même médaille.

C'est bien la passion secrète de la division qui anime les tenants droitiers de l'antifascisme, à savoir au fond l'esprit démocratique. On supporte comme un mal nécessaire un pouvoir imparfait qu'on sait tel et parce qu'on le sait tel. Ce scepticisme politique et philosophique rejoint la thèse luthérienne de l'intellect incurvé sur lui-même. On supporte un pouvoir imparfait parce que, ne lui reconnaissant que le rôle d'instrument de promotion des biens **privés**, on se sait pouvoir l'aménager, le contourner, s'y soustraire et s'en gausser entre soi : attitude bourgeoise conservatrice de ceux qui ne voient dans l'État que le gendarme protégeant leurs affaires et les patronages. Sous le couvert de conjurer les utopies qui promettent le Paradis sur Terre, on se soustrait discrètement au devoir d'y réaliser l'ordre, que chacun sait ne pouvoir être parfaitement réalisé dans sa sphère propre mais auquel il faut tendre pourtant. Il ne faudrait tout de même pas oublier que la vocation du Monde, qui est de passer, n'exclut pas qu'il ait un ordre, et que l'actuation politique de cet ordre relève de l'art humain ; que l'homme, fait pour glorifier Dieu, ne Le glorifie pas moins, se sauvant par là, par l'exercice et le déploiement des puissances de sa nature rédemptée par la grâce, que par le refus de ce qu'il y a de pourri dans le monde et dans la nature. Puisque la nature est sujet de la grâce, elle ne tend à la béatitude surnaturelle, c'est-à-dire ne va au-delà d'elle-même, qu'en se disposant à assumer exhaustivement ses exigences essentielles propres. Vouloir, pour la gloire de Dieu, au moyen d'une nature blessée, l'accomplissement des virtualités objectives de la nature humaine, tel est l'héroïsme auquel est convié le chrétien par la nature même et par la grâce de Dieu. C'est par la nature, restaurée dans la grâce, qu'on lutte contre les effets pervers de la blessure congénitale de la nature, de telle sorte que le refus du Monde, au sens augustinien, n'est que le plébiscite du cosmos aristotélicien.

Comme par un réflexe pavlovien, la sensibilité des « Modérés » doublés d'esprit traditionaliste réactionnaire ose identifier dans tout ce qui promeut l'organicité de la cité une passion féminine à l'égard du culte du chef. Faut-il tuer tout enthousiasme, tout amour et toute obéissance pour être un mâle ? N'être séduit par rien sous prétexte que les femmes en chaleur le sont inconsidérément ? Ces bien-pensants font songer au Cardinal Van Roey, archevêque de Malines, obligeant sous peine de péché les électeurs rexistes de Léon Degrelle à s'en détourner au profit du capitaliste véreux, mais catholique et « généreux », Van Zeeland. Une bonne partie du *Zentrum* sous la République de Weimar était de la même farine. Il ne manque pas jusqu'à de nombreux fidèles lefebvristes pour s'offrir au gaullisme (telle est la logique de l'engagement maurrassien) dans le but de fustiger le fascisme au nom du Sacré-Cœur. Disons-le tout net : le gaullisme est un avatar lamentable de la démocratie chrétienne qui, se souvenant de ses origines jacobines, devient en lui grandiloquente, teigneuse et cynique.[31]

Épier, du tréfonds de sa subjectivité rétive et soupçonneuse, tous les manquements de la nature humaine à la loi divine en excipant de la déchéance ou de la faiblesse de la nature pour la mieux conspuer, est une manière astucieuse et confortable de se complaire, dans un acte de parfaite mauvaise foi, dans sa subjectivité bien-aimée. Ma subjectivité est mienne, et je suis elle et me possède par là aussi longtemps que, sourd à toute injonction extérieure et négativement recueilli en moi-même, je m'accroche au point de m'y identifier à la pulsation de réflexivité qui me constitue comme conscience. Par cette réflexivité, je m'émancipe des Intelligibles idéaux (les « Mères » dont parlait Goethe) dont le réel est pétri. Et il est vrai qu'il s'agit d'une servitude : le connaître et le vouloir humains ne s'exercent que comme subordonnés à leur objet. Un tel pathos subjectiviste de la distance à l'égard des puissances spirituelles de la nature humaine dispense son adepte de se reconnaître le devoir tout à la fois de dévoiler et de

---

[31] Si la vision « gaullienne » du destin de la France peut être définie, en son apparente noblesse, comme l'incarnation ou la conscience de soi nationale d'une troisième voie européenne (à distance des blocs américain et soviétique, et protectrice du Tiers Monde) dont elle eût été le fer de lance, force est de remarquer qu'une telle politique française n'avait pas les moyens de ses prétentions, et que telle était la vraie vocation des forces de l'Axe. Nous pensons que De Gaulle le savait qui préféra, en coucou sanguinaire doublé d'une mouche du coche dérisoire, favoriser la victoire des Blocs pour en tirer profit personnel, plutôt que de laisser s'accomplir l'œuvre par d'autres qui l'eussent achevée en le laissant dans l'ombre où il eût dû demeurer.
Jean Oberlé, journaliste à l'émission *Les Français parlent aux Français* de la BBC, déclara jadis à Pierre Ordioni (qui relate l'anecdote dans son ouvrage *Entre Rome et la France*, 1926-1946, Albatros, 1991, p. 203) : « Comment ne nous as-tu pas ralliés ? **De Gaulle c'est Maurras à cheval.** » Dans un discours radiodiffusé du 20 janvier 1942, ce même De Gaulle clama (cf. Ordioni p. 194) : « Il n'est pas un bon Français qui n'acclame la victoire de la Russie !... Dans l'ordre politique, l'apparition certaine de la Russie au premier rang des vainqueurs de demain apporte à l'Europe et au monde une garantie d'équilibre dont aucune Puissance n'a autant que la France de bonnes raisons de se féliciter. »
Il n'est pas besoin d'être grand clerc pour mesurer aujourd'hui, rétrospectivement, et en dépit du collapsus apparent du communisme, le degré de l'aberration toute machiavélique, ou parétienne, liée au nationalisme aveuglé des gaullo-maurrassiens.

faire advenir l'ordre induit par la rationalité du réel. Mais refuser l'adhésion au réel pouvoir de connaître et de vouloir l'ordre, pouvoir qui crucifie la conscience dans son exigence d'extaticité, et ne condescendre à se perdre que dans la vérité de la foi, c'est faire non de la nature (et en particulier de la raison naturelle) mais de la subjectivité vide le sujet de la grâce. C'est vivre le don de la foi sur le mode d'un mouvement d'émancipation de la conscience se soustrayant à la causalité de son essence. C'est donc se soustraire aux effets salvateurs de sa nature graciée. Car un tel vide ne saurait constituer un réceptacle adéquat : la grâce n'aurait plus de maison où se loger, plus de matière à rédempter. De même, dans l'ordre pratique, refuser l'engagement politique radical, l'acte révolutionnaire dangereux qui remet les choses à l'endroit, porteur d'une espérance d'ordre, et lui préférer le positivisme conservateur (l'empirisme organisateur !) par prudence sceptique, c'est conforter les maux que l'on prétend conjurer. **Dénigrer la nature et la réduire à sa blessure, c'est au fond se soustraire à la nature pour s'identifier à sa conscience.** La conscience morbide et exacerbée des effets du péché originel développe objectivement une psychologie de type existentialiste. Ainsi en vient-on, au nom de la dignité de la personne, à exalter la subjectivité terroriste en prenant l'air compassé de celui qui, revenu de toutes les naïvetés humaines — on évoque alors avec condescendance, voire avec mépris, le « romantisme fasciste » — ne se donne qu'aux injonctions transcendantes. Pendant ce temps, le monde continue de tourner à l'envers, c'est-à-dire de se détraquer. Les fonctionnaires de la basoche pétainiste et néo-pétainiste pourront continuer à amortir leurs flatulences dans les confortables fauteuils de leurs ministères socialistes ou gaullistes, en se convertissant à la lecture du *Figaro*. Suffisants et veules, ils se désolidariseront de la cause révisionniste qu'une hystérèse de sincérité et d'honnêteté les avait timidement invités à méditer. Ils consolideront pendant des décennies « l'ordre » mondial judéo-américain. On les verra défier héroïquement le Système à l'occasion des « Journées chouannes »...

Ce qui précède autorise à faire observer qu'en refusant, au nom de la raideur classique — cette fascination toute cartésienne de la distinction et de la clarté — tout ce qui d'une manière ou d'une autre pourrait rappeler les ferveurs dévoyées du romantisme, on coïncide avec le subjectivisme, cœur du romantisme. N'entrevoir, par habitus janséniste, dans la nature humaine que sa blessure ; ne diagnostiquer, dans son accomplissement d'elle-même en raison politique, que l'effet naturaliste d'un néo-paganisme immanentiste ; brandir les foudres de la surnature pourchassant le naturalisme non tant pour restaurer la nature que pour, secrètement, la fustiger en tant même que nature et, en convulsionnaire pascalien qui ressemble à Tartuffe, hypertrophier la subjectivité en feignant de la haïr, c'est être de mauvaise foi. C'est faire la coquette admirablement décrite par Sartre. Où est le mâle dans l'affaire ? C'est en voulant jouer à l'homme que les femmes sont de mauvaise foi. C'est en étant de mauvaise foi qu'elles sont aussi le plus femelles. On confond trop souvent l'art du possible avec le quiétisme de l'impuissance, la lucidité à l'égard de ce qu'il y a de pourri dans l'homme avec la justification de la vacuité de tous ses élans. C'est en désirant sans complexe et sans remords, avec cette bonne dose de confiance et d'amitié pour soi-même qui révèle l'authentique humilité, l'accomplissement de l'ordre induit par les exigences rationnelles et affectives de la nature, que l'on prépare adéquatement sa subordination à la surnature.

Mais la sensibilité catholique contre-révolutionnaire et cléricale illustre au mieux sa prédilection pour les engagements « prudents et sérieux » en affichant sa sympathie presque inconditionnelle pour le franquisme. Il est difficile de ne la point partager lorsqu'on se souvient de la courageuse lucidité du Caudillo face aux subversions marxiste, anarchiste, maçonnique, ou aux démissions des monarchistes libéraux. On retiendra cependant tant sa réticence permanente pour la Phalange et les puissances de l'Axe (analogue à celle du Maréchal Pétain, champion américanophile du double jeu, à l'égard d'une politique de franche collaboration), que sa cécité devant la subversion conciliaire et les dangers de l'ultra-libéralisme lancé par les technocrates de l'Opus Dei. Ces travers révèlent comme la vérité du franquisme son rejeton vomitif et prévisible, le régime déliquescent d'un Juan Carlos arborant kippa, ivre de cosmopolitisme affairiste, mais monarchiste et catholique. Nous évoquions pour les opposer, au début de ce livre, Henri V et Mussolini. La comparaison entre le phalangisme (marginalisé par Franco) et la monarchie démocratique du Bourbon contemporain aboutit à la même interrogation : lequel des deux est le plus démocrate ? Le plus subversif ? Quel est le parti le plus prudent et le plus sérieux ? Les mêmes remarques valent pour la sympathie inconditionnelle dont semble bénéficier, chez les « conservateurs » (que leur reste-t-il à conserver aujourd'hui, après qu'ils ont tout lâché à la Subversion, n'usant leurs moignons désarmés que contre le fascisme qui pourtant eût pu seul les sauver ?) catholiques le Franc-Maçon Augusto Pinochet. Qu'il ait sauvé le Chili du marxisme, qu'il ait été un temps indignement retenu par Albion l'éternellement perfide, ne devrait pas faire oublier qu'entouré des « *Chicago boys* » de Milton Friedman et d'une véritable colonie de conseillers israélites et ultra-sionistes, il commit la bassesse de se joindre à son futur geôlier contre l'Argentine (où Perón est encore honoré dans les couches populaires) lors de la guerre des Malouines.

CHAPITRE V

De l'importance qu'il sied de conférer aux sociétés secrètes

45 – Introduction

Parmi les nombreux reproches qui furent adressés aux fascismes, il en est un, tout particulièrement embarrassant pour le catholique, qui touche aux relations qu'entretinrent leurs fondateurs, ou certains d'entre eux, avec les sociétés secrètes, l'ésotérisme et la théosophie. Notre propos n'est ni de les disculper, ni de minimiser injustement l'importance de ces engagements impurs, ni d'apporter sur le sujet des révélations particulières que nous ne possédons pas. Il est plutôt de réfléchir sur la signification de ces engagements, et sur leur portée. **Nous essayerons d'établir que même des influences aussi sulfureuses, même la revendication d'une paternité idéologique aussi inquiétante, ne compromettent pas le bien-fondé de certains aspects rationnels — ceux-là mêmes que nous retenons — des fascismes, tant dans leur contenu théorique que dans leurs initiatives pratiques.** Nous avons fait observer plus haut (§ 20-5-1 et suiv.) que le national-socialisme n'était pas un courant homogène, et qu'il serait pour le moins abusif de le réduire à son courant ésotérique. Alain de Benoist (revue *Éléments* n° 92, juillet 1998, p. 22) évoque sans s'y attarder (et certes dans une perspective qui n'est pas la nôtre) ces « anti-hitlériens nazis » déçus et même persécutés par le IIIe Reich. Il ajoute : « On pourrait enfin évoquer les noyaux oppositionnels, aujourd'hui bien identifiés, qui se constituèrent pendant la guerre au sein de la S.S. et du S.D. Si le IIIe Reich avait duré plus que les douze années durant lesquelles il a occupé le pouvoir, il est probable que de telles dissidences se seraient approfondies et multipliées. » Ce qui revient à dire que si Hitler avait gagné la guerre, émancipant l'Europe de l'étau soviéto-capitaliste dont les mâchoires sont solidaires non seulement stratégiquement mais idéologiquement, alors le Führer et son entourage disparate eussent dû, à peine d'être renversés, composer — en vertu de l'absence même d'unité du haut commandement allemand et nonobstant l'antichristianisme de certains de ses membres — avec les forces culturelles et religieuses fondatrices de l'unité et de l'identité occidentales : en réveillant l'Europe, ils eussent réveillé ce qui avait fait l'Europe, et ce jusqu'en sa dimension essentielle de Chrétienté[32].

46 – Contre certaines informations fantaisistes

Une certaine presse se plaît pourtant à suggérer que le nazisme serait dans son essence un ésotérisme. Elle vise par là tantôt à le diaboliser, au sens propre : telle est la prose des courants catholiques monarchistes et/ou démo-chrétiens. Elle vise tantôt à lui donner les lettres de noblesse d'une religion. Telle est la nourriture des néo-nazis dérisoires et déclassés qui se consolent dans le rêve d'une apocalypse capable de balayer le monde qui les a exclus ; cette espèce d'illuminés fascinés par le mal, que méprisent les anciens combattants du Front de l'Est, est elle-même victime de la désinformation qui leur désigne le fascisme comme le Mal absolu, et ils n'embrassent le fascisme qu'à ce titre. Une telle presse vise enfin, exploitant la crédulité malsaine d'un public déraciné (et en particulier déchristianisé) en peine de mystique de pacotille, à vendre du papier. Sous ce rapport, Antoine Faivre, Directeur d'études à l'École pratique des Hautes Études, (*L'Ésotérisme*, PUF, 1992), observe qu'il existe aujourd'hui des « foires d'occultisme » (p. 114), improbables « bric-à-brac » regroupant « toutes les sciences parallèles que l'on peut imaginer ». Il ajoute : « Il existe des foires d'un autre genre, qui se présentent sous la forme de publications. L'année 1958 a vu paraître en France un livre typique à cet égard, de Louis Pauwels et Jacques Bergier, *Le Matin des Magiciens*, vite traduit en plusieurs langues. Chef-d'œuvre de confusionnisme, savante entreprise commerciale dont le succès s'est prolongé par la revue *Planète* (1962-1968). Il s'agit surtout d'un programme visant à présenter les mystères métaphysiques et religieux comme des mystères scientifiques, et *vice-versa* » (p. 114). De telles observations en disent long sur le sérieux de ces entreprises et des informations sur lesquelles elles se fondent.

En fait, comme le rappelle Otto Skorzeny (*La Guerre inconnue*, Albin Michel, 1975, p. 231), le « Reichsführer Himmler croyait aux devins. Je puis assurer qu'Adolf Hitler n'y croyait pas. J'ai lu que le Président Poincaré consultait secrètement Madame Fraya, voyante extra-lucide, que la célèbre Madame

---

[32] Quand on se souvient que le schéma de ce qui serait *Nostra Aetate* fut pratiquement rédigé par les membres juifs de la Conférence de Seelisberg en 1947 (en Suisse : 28 Juifs, 23 protestants et 9 catholiques, « méditant » sur les causes de l'antisémitisme chrétien), on mesure la pression considérable des Juifs sur les membres dirigeants de l'Église catholique après la victoire soviéto-américaine de 1945, laquelle permit à la communauté juive internationale, par l'exploitation systématique de ce qu'elle nomma la « Shoah », d'acquérir une puissance sans précédent dans toutes les sociétés où elle sévit. La « victoire » de 1945 rendit possible la communisation de la moitié de l'Europe, l'affaiblissement définitif de l'Europe et la montée concomitante de la puissance états-unienne, et surtout la naissance d'Israël et l'obtention de Vatican II qui judaïse le christianisme. Si Hitler avait gagné la guerre, l'Église aurait certainement fait l'économie de cette crise moderniste dont elle n'est toujours pas sortie depuis plus de cinquante ans.

de Thèbes conseillait Édouard Daladier et que Winston Churchill faisant grand cas d'un "mage", Ludwig von Wohl, réfugié hongrois. Il est possible que ce Wohl ait surtout donné aux astres un langage stalinien. Himmler, en tout cas, questionna devins et astrologues afin qu'ils lui révélassent l'endroit où le Duce était retenu prisonnier. J'ignore les procédés divinatoires qui, en l'occurrence, furent mis au service du Reichsführer. Ce qui est certain, c'est qu'en Italie ni le marc de café ni les tarots ni la boule de cristal ou le pendule <ce dernier très prisé dans les milieux catholiques intégristes, en particulier monarchistes millénaristes et antifascistes...> ne nous furent d'aucun secours. »

Julius Evola, pourtant contaminé lui-même, dit-on, par l'occultisme et l'alchimie, rappelle :

> « (...) il faut considérer comme une rêverie ce que certains ont soutenu, en marge d'une interprétation "démonologique" de l'hitlérisme, à savoir que le mouvement inversé de la croix gammée était un signe involontaire mais clair de son caractère démoniaque. De même, ce que certains ont affirmé après la guerre au sujet d'un arrière-plan "occulte", initiatique ou contre-initiatique, du national-socialisme relève de la divagation pure et simple — et nous pouvons le dire en connaissance de cause. En 1918 déjà, un petit groupe avait été créé, la *Thulegesellschaft*, qui avait choisi pour symboles la croix gammée et le disque solaire ; mais, germanisme mis à part, son niveau spirituel était plus ou moins celui du théosophisme anglo-saxon. Il y eut aussi d'autres groupes et d'autres auteurs, par exemple Guido von List et Lanz von Liebenfels (celui-ci créa même un "ordre"), qui annoncèrent par avance les idées de Hitler et employèrent la croix gammée ; mais tout cela sans racines, sans rattachement à une vraie tradition, avec un mélange de divagations personnelles de toutes sortes » (*Le Fascisme vu de droite*, *op. cit.*, p. 198). « (...) dans le cadre du parti, on n'alla pas beaucoup plus loin que l'exhumation, de nature presque folklorique, de certaines coutumes » (*id.* p. 197). En fait de « *Weltanschauung* », « on n'arriva pas, dans la définition de celle-ci, à quelque chose de solide et d'unitaire (...) » (p. 193).

Antoine Faivre rappelle (*op. cit.*, p. 14 et 15) que certains théoriciens nazis ont fait usage des thèmes ésotériques « d'une manière (...) limitée, et qu'on a par la suite exagérée : cf. l'ouvrage fondamental de Nicholas Goodrick-Clarke, *Les Racines occultistes du nazisme*, Pardès, 1989 ». Alain de Benoist (*Vu de Droite*, Copernic, 1977, p. 239-240) rappelle que Karl Haushofer, fondateur de la géopolitique, disciple de Schopenhauer et orientaliste, n'appartint jamais à la *Thulegesellschaft*, non plus qu'à la société du Vril, cette « Grande Loge lumineuse » d'inspiration rosicrucienne et suscitée par le Français Louis Jacolliot, mort en 1890 (consul à Calcutta sous le Second Empire, il se contenta d'exploiter le roman *The Coming Race* de Sir Edward Lytton, cf. Goodrick-Clarke p. 302) : « Fondée par le publiciste Rudolf von Sebottendorf (Rudolf Glauer), qui devait mourir noyé en 1945, en Turquie, la société Thulé est à l'origine une simple branche du *Germanenorden* (Ordre des Germains), créé dans le Harz en 1912. En janvier 1918, elle comprend 220 membres, dont Rudolf von Sebottendorf donnera la liste en annexe de son ouvrage, publié en 1933 : *Bevor Hitler kam*. (...) On y trouve les noms de Rudolf Hess, de l'ingénieur Gottfried Feder, de Dietrich Eckart, etc. Mais pas celui de Haushofer. » La très grand quantité de sectes, ordres, sociétés de pensée, amicales, regroupements fantaisistes et folkloriques qui, tels des champignons aussi misérables que peu vénéneux, poussaient dans l'Allemagne et l'Autriche des années 20, et qui furent comme le terreau historique obligé (parce qu'y étaient refoulés tous les courants hostiles au gouvernement libéral et démocratique de l'époque) dans lequel poussa le national-socialisme, atteste beaucoup plus l'état lamentable d'un peuple déboussolé par ses vieux conflits religieux internes (Catholiques contre Protestants), par ses troubles divers consécutifs à la défaite de 1918, par l'attitude politique louvoyante de l'Église catholique à son endroit (elle favorisait plus les revendications slaves que l'unité du monde germanique), qu'un plan maçonnique de subversion du monde européen catholique.

François-Georges Dreyfus, auteur d'un récent *Troisième Reich* (Livre de Poche, 1998), présente la *Thulegesellschaft* comme « la synthèse entre le piétisme naturiste qui se développe dans le protestantisme allemand depuis la fin du XVIIIe siècle et une forme d'eschatologie germanique issue de la révolution germaniste que, peu à peu, mettent en place Paul de Lagarde, Langbehn ou Spengler » (p. 59). Reprenant la tradition maçonnique des Illuminés de Bavière (à laquelle appartenait Joseph de Maistre) et celle des Rose-Croix, cette société aurait regroupé Haushofer, Eckart, Feder, Frank (Hans), Hess (Rudolf), Himmler, Lehmann (Alfred) et Rosenberg (Alfred). Mais bientôt, dès 1924, pour assurer l'unité doctrinale du Parti, « on éloigne le "*Tannenberg Bund*" de Ludendorff qui, sous l'influence de son épouse Mathilde, s'adonne à des divagations pseudo-mystiques pour lutter contre les Juifs, les catholiques et les maçons. Du reste, très vite, après la prise du pouvoir, cette communauté, proche au fond des idées de la *Thulegesellschaft* comme des tendances occultistes d'Himmler et de Rosenberg, sera purement et simplement interdite » (p. 90). Rudolf Steiner, dont il sera question ici plus bas, quittera la *Thulegesellschaft* dès 1913 (cf. Dreyfus, *op. cit.*, p. 60). Plus généralement, les vrais ennemis d'Hitler seront les Juifs, les communistes, les démocrates, mais aussi les Francs-Maçons, quelle que soit leur tendance.

Dans un ouvrage bien documenté (*Les Racines occultistes du nazisme*, Pardès, 1989, de Nicholas Goodrick-Clarke), on apprend que l'aryosophie, « sagesse occulte ayant trait aux Aryens » (p. 2), fausse science plus ridicule que dangereuse (« fantasmagories », dit l'auteur p. 7), développée par Jörg Lanz von Liebenfels († 1954) et Guido von List († 1919), fut beaucoup plus une **consé-**

quence moderne des circonstances politiques, sociales et religieuses en lesquelles se débattait le peuple allemand à la fin du siècle dernier, qu'une cause du nazisme dont accouchèrent lesdites circonstances.

> « Dans le rôle marquant joué par l'occultisme dans leurs doctrines, il faut voir, avant tout, le désir de conférer une légitimité sacrée à leurs positions politiques extrêmes et à leur réaction profonde contre leur époque » (p. 3). « Les idées et les symboles des théocraties anciennes, des sociétés secrètes, et la gnose mystique du Rosicrucianisme, de la Kabbale et de la Franc-Maçonnerie, furent donc combinés à l'idéologie *völkisch* afin d'apporter la preuve que le monde moderne était fondé sur des principes mauvais et erronés, d'exposer les institutions d'un monde idéal et de faire la louange de ses valeurs » (p. 6). Plus clairement « (...) une idée persiste, largement répandue dans un certain genre de littérature à sensation, selon laquelle les Nazis furent principalement inspirés et dirigés par des agents occultistes de 1920 à 1945. Cette **mythologie** <c'est nous qui soulignons> ne doit pas son origine à l'aryosophie, mais à une fascination pour le nazisme née après la guerre » (p. 299). « Cette littérature évoquant des résurgences clandestines, des initiations illicites et la persistance d'idées et de cénacles "démoniaques", constitue un corpus historiographique spéculatif, fondé sur une argumentation très faible et des associations ténues, et destiné à faire croire que le national-socialisme était lié avec l'occultisme » (p. 300). « Cette historiographie tente d'expliquer le phénomène nazi par un pouvoir ultime et secret, qui soutenait et contrôlait Hitler et son entourage. Ce pouvoir caché est caractérisé soit comme une entité désincarnée (par exemple "forces noires", "hiérarchies invisibles", "supérieurs inconnus"), soit comme une élite magique située dans un âge éloigné ou en un lieu distant, avec laquelle les nazis auraient été en contact » (p. 301). « Le **mythe** <c'est nous qui soulignons> du lien nazi avec l'Orient a une généalogie complexe d'origine théosophiste » (p. 301).

Rêveurs inoffensifs (sauf par leurs escroqueries...) et chimériques (telle Madame Blavatsky, plagiaire et aventurière peu sulfureuse en fait), tels furent en réalité les théosophes et aryosophistes que leur vanité disposa à répandre l'idée qu'ils auraient suscité de grands mouvements politiques. L'ésotérisme des racistes rêveurs dont se gaussa Hitler lui-même est essentiellement d'origine anglo-saxonne. Pauwels et Bergier, dans leur livre à succès, n'apportent que des informations fantaisistes et même des fables (cf. Goodrick-Clarke, p. 302 à 305). Il est douteux en fait qu'Hitler ait jamais été influencé par Haushofer dont les théories sont empruntées à Sir Halford Mackinder. « La conséquence de ce lien <supposé> avec les "Supérieurs Inconnus" était que la société Thulé s'avérait ainsi être l'agent dirigeant secret du IIIe Reich. Cette assertion ainsi que de nombreux autres détails sont dénués de tout fondement. La société Thulé fut dissoute vers 1925, quand elle eut perdu ses soutiens. Eckart et Rosenberg ne furent rien de plus que des hôtes de la société Thulé au temps de sa splendeur, et il n'y a aucune preuve qui permette d'associer Haushofer à ce groupement » (p. 305).

L'existence « d'un lien sinistre d'influence diabolique entre l'Allemagne nazie et un Tibet fabriqué par l'imagination théosophiste » (p. 305) est un mythe grotesque. Goodrick-Clarke, très hostile au nazisme et non indemne lui-même d'un certain nombre de préjugés, apporte de nombreuses autres corrections ou réfutations aux milliards d'erreurs et d'assertions controuvées dont les fascismes furent recouverts depuis cinquante ans. Les sources de la mythologie relative à un pseudo-occultisme nazi sont à trouver dans les écrits fantaisistes de Trevor Ravenscroft, lié à l'anthroposophie de Rudolf Steiner. Gravé au-dessus de la porte d'entrée du monastère bénédictin de Lambach (dont Hitler enfant fréquenta la manécanterie), le svastika est un signe héraldique lié au nom de Theodorich Hagn (« Haken » signifie crochet), abbé du monastère. Hitler le choisit comme symbole du Parti National-Socialiste à la fois à cause de cet usage chrétien du svastika, à la fois, et plus prosaïquement, parce qu'il était l'emblème (déjà « *senestrorsum* ») de nombreux groupements « *völkisch* », dont la DAP (*Deutsche Arbeiterpartei*) de Drexler, qui deviendra la NSDAP. La revue *Ostara*, de Lans von Liebenfels, n'influença Hitler qu'en tant qu'elle charriait des informations vulgarisées sur Gobineau, Nietzsche, Wagner et Chamberlain, informations précieuses pour l'autodidacte Hitler, homme au départ ignorant mais point sot. « Aucun document n'a été retrouvé qui montrât ses <Hitler> liens avec le *Germanenorden*, le *Reichshammerbund* ou d'autres groupes *völkisch* de la ville <Münich> avant la Première Guerre mondiale » (p. 280). « Il n'y a pas de preuve que Hitler ait jamais fréquenté la société Thulé » (p. 281). La critique de Hitler, dans *Mein Kampf*, à l'égard des « clercs *völkisch* gyrovagues », « implique clairement le mépris de Hitler pour les cercles conspirationnels et les études occultes-racistes, et sa préférence pour l'activisme direct » (p. 281). « L'aryosophie apparaît donc moins comme un facteur d'influence que comme un symptôme précurseur du nazisme. Ses origines reposent sur le conflit entre les intérêts allemands et slaves dans les régions frontalières de l'Autriche du XIXe siècle » (p. 282). En effet, « les gouvernements conservateurs, cléricaux et slavophiles avaient (...) rendu plausible, et même peut-être inévitable, à partir de 1879, l'émergence d'une réaction allemande anticatholique et populiste. Beaucoup d'Allemands estimaient que la hiérarchie catholique leur était hostile, et l'attribution de nombreuses paroisses allemandes à des prêtres tchèques avait provoqué un vif mécontentement en Bohême » (p. 17). Aussi, « cette situation donna naissance à des idéologies défensives présentées comme des panacées par leurs avocats » (p. 22), lesquels, aryosophes, empruntèrent pour les construire des éléments au théosophisme qui alors se répandait dans tout l'Occident et non seulement en Allemagne (cf. p. 22). « List et Lanz exprimaient tous deux le sentiment très répandu de la précarité de l'ethnie allemande dans l'empire autrichien finissant » (p. 282).

Si de telles affirmations sont exactes — et elles le sont très probablement — il ne reste pas grand-chose des délires qui furent complaisamment développés sur les origines et la nature sataniques de l'hitlérisme.

Attardons-nous néanmoins quelque peu sur Rudolf Steiner, qui nous présente une « belle » illustration des spéculations développées dans la maçonnerie en général, et dont nous nous souviendrons lorsqu'il s'agira de réfléchir sur la portée réelle de ce type d'enseignement dans la genèse des doctrines perverses qui chassent de la société moderne le christianisme et l'ordre naturel des choses.

Rudolf Steiner, qui sans la diriger joua un grand rôle dans la *Thulegesellschaft* et dont les écrits se répandent dangereusement aujourd'hui jusque dans la Tradition catholique, est un authentique gnostique. Admiré par les philosophes Bergson et Boutroux, il prétendait, en bon théosophe, que les mythes et les mystères antiques sont l'expression d'un subconscient personnel et collectif révélant une « nature supérieure au sein de la nature », selon le mot de Goethe, jadis connue par une religion secrète aussi ancienne que les peuples. La perception des réalités supérieures dépendrait d'un certain « état d'âme » ; le contenu des mythes ne serait pas un ensemble de symboles inventés pour habiller des vérités abstraites, mais serait l'exposé des véritables expériences psychiques de l'initié. Steiner est l'auteur de formules du genre suivant : « Ma personnalité n'est qu'un moyen pour cette force créatrice, pour le Divin qui est en moi » (*Das Christentum als mystiche Tatsache*, 1908, traduit par Violette Rivierez : *Le Christianisme et ses mystères*, Fisbacher, Paris, 1968, p. 46). « Dès que tu observes ce qui se passe autour de toi en homme **intelligent** <Steiner préfère l'image au concept>, tu dois nier Dieu. Car Dieu n'est pas explicable par tes sens ni ta raison qui expliquent toutes les perceptions sensibles. Dieu, justement, est ensorcelé dans le monde et c'est **sa** force qui t'est nécessaire pour le trouver. Cette force, il faut la réveiller en toi » (*id.* p. 50). « Où est Dieu ? (...) c'est dans la nature qu'il faut le trouver ; car il s'est enseveli en elle comme en un tableau enchanté. Ces mots : Dieu est Amour, le myste les entendait dans un sens supérieur. Car Dieu a poussé cet amour à l'extrême ; il s'est sacrifié lui-même par un amour infini ; il s'est répandu, il s'est morcelé dans la multiplicité des êtres. Ils vivent mais lui ne vit pas en eux ; il sommeille en eux mais il vit en l'homme. L'homme peut faire **en lui** l'expérience de la vie divine. S'il veut en avoir la connaissance, il faut d'abord qu'il crée cette connaissance qui délivrera le Dieu ensorcelé. L'homme ainsi éclairé tourne son regard au-dedans et se regarde lui-même. Il s'écoute. Il entend la pulsation du divin dans son âme, comme une puissance créatrice cachée, mais encore dépourvue d'existence visible. Il y a dans cette âme une place où le Dieu ensorcelé peut revivre. L'âme est la mère qui a conçu le Dieu de la Nature ; qu'elle se laisse féconder par la nature, et elle enfantera le divin » (*ibid.* p. 50-51). En d'autres termes, le Dieu-Père s'aliène dans la Nature, et nie cette aliénation comme conscience de soi en l'homme, c'est-à-dire comme conscience humaine du divin, le Fils qu'elle produit comme son Verbe immanent en s'unissant à la nature. « Il n'est pas question d'un divin en dehors et au-delà du monde. Le Dieu vit dans l'homme ; et là, il vit d'une façon humaine. Il est la force qui pousse l'homme à se rendre de plus en plus divin » (p. 63). « L'âme est reconnue la mère du divin (...). Le monde des dieux est né dans l'âme (...). Derrière les dieux, apparaît la mère du divin, qui n'est autre chose que la force de l'âme humaine » (p. 87). « Les gnostiques avaient confiance dans la sagesse humaine et la croyaient capable d'enfanter (par l'initiation) un Christ auquel on pouvait mesurer le Christ historique, et grâce auquel celui-ci pouvait alors être compris et vu sous son vrai jour » (p. 171). Bien entendu, ces pitreries immanentistes s'accompagnent de la doctrine de la métempsycose : l'homme a pour vocation ultimement de devenir ange. La grande catastrophe intellectuelle serait la venue de la scolastique rationaliste qui nie la supériorité de l'image par rapport au concept, et qui conteste ces visions imaginatives de mondes supposés réels et supérieurs au monde que nous connaissons : par la « crise » qui survint en 1250 en Occident, il y aurait eu la séparation la plus profonde entre le « monde spirituel » et l'homme ; « la connaissance fut restreinte au monde physique des sens » (*Die Geistige Führung des Menschen und der Menschheit*, trad. Violette Rivierez : *La Direction spirituelle de l'homme et de l'humanité*, p. 240, Fisbacher, Paris, 1968).

47 – Réflexion critique

Il y a pour le catholique, et plus généralement pour l'homme de bon sens, quatre manières de connaître la réalité : la connaissance commune, la foi et la théologie révélée, la métaphysique prise au sens large, et la science expérimentale. Tout ce qui s'en écarte relève de la fausse science, de l'imaginaire passionnel, de la poésie dévoyée et du mythe. Le champ du mythe concerne, comme le fait observer Antoine Faivre (*L'Ésotérisme*, PUF, 1992, p. 13), l'« anthropologie de l'imaginaire ». Il appartient au philosophe d'en dégager le noyau rationnel, c'est-à-dire l'essence qu'il voile par sa forme et dont il dévoile métaphoriquement le contenu, en termes d'ordre conceptuel. Il appartient au théologien d'y discerner, selon les cas, soit les traces d'une hérésie ou d'un culte rendu à Satan, soit quelque aspect plus ou moins corrompu de la Vérité révélée. Il n'est pas, dans l'ordre naturel (par opposition à celui de la grâce), de type de connaissance plus parfait que celui qui relève de l'ordre conceptuel, parce que par le concept, ne fût-il qu'analogique, est saisie l'essence de la réalité. Quant à l'ordre des réalités intelligibles qui dépassent le plan de la connaissance naturelle, il n'est appréhendé par l'homme en cette vie que selon la foi (qui donne d'adhérer à la Vérité sans la comprendre, ce qui n'exclut pas une certaine intelligence de son contenu) ou selon l'expérience mystique (qui est de soi proprement indicible et qui ne peut être restituée que par des images verbales, par des métaphores plus destinées à dire ce que l'expérience n'est pas que ce qu'elle est). Ce même ordre de réalités intelligibles est pédagogiquement — de pédagogie divine — présenté à l'homme selon l'usage, instauré par Dieu seul, de symboles (et « symbole » dit originellement un signe de reconnaissance) : « L'herméneutique (du grec *herméneutikè*, art d'interpréter) est initialement la discipline qui a pour objet la mise au jour du sens profond d'un texte sacré dont la sublimité du message exige d'être adaptée à l'esprit de ceux à qui il est adressé. "Le rayon divin ne peut luire pour nous qu'enveloppé par la diversité des voiles sacrés". Thomas d'Aquin explique ce mot du pseudo-Denys : "Il convient à la Sainte Écriture de nous livrer les choses divines sous le voile de similitudes empruntées aux choses corporelles. Dieu pourvoit à tous les êtres conformément à leur nature. Or il est naturel à l'homme de s'élever à l'intelligible par le sensible, parce que toute notre connaissance prend son origine des sens" (*Somme théologique*, I^{a} q. 1 a. 9). Il est dit dans la Bible (Osée XII, 11) : "J'ai multiplié les visions et, par les prophètes, j'ai parlé en similitudes" (...) » (Béatrice Decossas, *Le Sens*, Éd. Quintette, Paris, 1995, p. 17-18). Et Béatrice Decossas de rappeler l'enseignement de saint Thomas (I^{a} q. I a. 10) : « Il est au pouvoir de Dieu d'employer, pour signifier quelque chose, non seulement des mots, mais les choses mêmes. Dans toute science, ce sont les mots qui ont valeur significative. Ici, les choses même signifiées par les mots signifient à leur tour. La première signification, celle des mots, correspond au sens littéral ou historique. La seconde, celle par laquelle les choses signifiées par les mots signifient d'autres choses, est le sens spirituel où on distingue le sens allégorique par lequel la Loi ancienne signifie les réalités de la Loi nouvelle ; le sens moral par lequel les choses réalisées par le Christ sont le signe de ce que nous devons faire ; enfin le sens anagogique par lequel les mêmes choses signifient ce qui sera dans la gloire éternelle » (*ibid.* p. 18).

On voit par là que, dans un texte quelconque, tout ce qui relève du symbole a pour vocation d'être réfléchi et explicité conceptuellement. S'il s'agit d'un texte profane, il appartient à la philosophie rationnelle d'en dégager la signification claire ; ainsi procède-t-on à partir des mythes, tels celui de la Caverne ou d'Aristophane dans les dialogues de Platon. S'il s'agit d'un texte religieux — de religion révélée, car la religion naturelle (fondée sur la connaissance rationnelle de Dieu) relève de la philosophie — il appartient à la théologie prise comme science de progresser dans l'intelligence de la foi. Maintenant, il arrive que l'on prétende à un usage profane de la pédagogie divine. Cela se produit quand certains textes à prétention religieuse mais ne relevant pas de la vraie et unique Révélation semblent appeler une herméneutique qui s'apparenterait au métier de théologien, ou encore quand certains textes appartenant à la vraie Révélation font l'objet d'une herméneutique non catholique, telle celle des kabbalistes. Dans ce cas, il ne peut s'agir que de fantaisies dangereuses qui ou bien dénaturent un message divin, ou bien entourent d'ornements amphigouriques une idée fausse relevant d'une philosophie mal fondée. René Guénon, gnostique moderne bien connu, affirmait : « Les mythes sont des récits symboliques, de même que les "paraboles" qui, au fond, n'en diffèrent pas essentiellement » (*Aperçus sur l'initiation*, Éditions traditionnelles, rééd., Paris, 1985, p. 121, cité par Jean-Claude Lozac'hmeur, *Essai sur le symbolisme maçonnique, Fils de la Veuve*, Éd. Ste Jeanne d'Arc, 1990, p. 137). Rapprochant le mot « *mythos* » du latin « *mutus* » (muet) et des verbes grecs « *muein* » (se taire), « *mullo* » (fermer les lèvres), « *muêo* » (initier aux mystères), il concluait : « Si le mythe ne dit pas ce qu'il veut dire, il le suggère par cette correspondance analogique qui est le fondement et l'essence même de tout symbolisme ; ainsi, pourrait-on dire, on garde le silence tout en parlant, et c'est de là que le mythe a reçu sa désignation. » On peut voir, dans ce souci de suggérer sans dire, l'intention de ne s'adresser qu'à des initiés anonymes, membres en puissance d'une secte tenue d'être discrète en vertu de ses projets subversifs inavouables. On peut y voir aussi plus volontiers, tant chez les auteurs et diffuseurs du mythe que chez ses destinataires, l'artifice par lequel il leur est donné de se mentir à eux-mêmes, d'être de « mauvaise foi » au sens sartrien de l'expression : on ne peut avoir claire conscience du mal dans le moment où on le choisit, puisqu'il est objectivement haïssable ; pour le choisir, il faut se le représenter sous la raison du bien, c'est-à-dire se mentir. Car enfin, ou bien le sens est évoqué latéralement, dans les voiles de l'analogie et de la métaphore, pour s'approprier à la finitude des intellects créés en vertu de son excès réel ou supposé de clarté intelligible : tel est le motif des paraboles (ordre surnaturel) et des mythes philosophiques (ordre naturel). Ou bien le sens est intentionnellement celé pour s'approprier au désir peccamineux de ceux qui veulent choisir le mal. Tel est le caractère propre des mythes et symboles véhiculés par la maçonnerie et par la gnose : le « secret » n'est qu'un voile pudique porté sur la trivialité d'un enseignement philosophique fallacieux dont l'expression claire révélerait la fausseté. **L'« occulte » qui se donne des grands airs, loin d'introduire à la sublimité d'un message supra-naturel, n'est, pour le catholique qui ne s'en laisse pas conter (ou que son intellectualisme préserve des dérives « apparitionnistes »), rien d'autre que l'occultation d'une erreur intellectuelle ordinaire, de sorte que la perversité de la gnose et de la maçonnerie tient au degré d'erreur dont sont affligées les philosophies qu'elles charrient.** Hegel à sa manière l'avait compris, qui observait qu'« en certains cas particuliers on pourrait bien montrer que des symboles et autres figures de ce genre ont été employés en guise d'énigmes pour faire de leur contenu un mystère difficile à pénétrer. On pourrait supposer cette intention en ce qui concerne les symboles et les mythes de la Franc-Maçonnerie ; cependant il ne faut pas à cet égard l'accuser injustement lorsqu'on est convaincu que, ne sachant rien de spécial, elle n'a par suite rien à celer. On se convaincra aisément qu'elle ne possède, n'a en réserve rien, en fait de sagesse, de science ou de connaissances particulières, rien d'une sagesse qu'on ne saurait trouver partout, si l'on considère les écrits qui en proviennent directement, ainsi que ceux que produisent ses amis et détenteurs sur une branche quelconque des sciences et des connaissances ; et il ne s'y trouve rien qui dépasse la limite de la culture générale habituelle et des connaissances courantes » (*Geschichte der Philosophie*, Éd. Hoffmeister, Leipzig, 1940, trad. Gibelin, cité par Jacques d'Hondt, *Hegel secret*, PUF, 1968, p. 332-333).

48 – Réflexion critique (suite : concept et image)

Antoine Faivre (*op. cit.*) rappelle les prétentions de l'imaginaire, caractéristiques de l'ésotérisme, à introduire l'homme à un ordre de réalités et d'expériences que la philosophie, la Révélation et la foi ne dévoileraient pas. L'imagination serait « une sorte d'organe de l'âme grâce auquel l'homme pourrait établir un rapport cognitif et visionnaire avec un monde intermédiaire, avec un mésocosme — ce que Henry Corbin a proposé d'appeler un ***mundus imaginalis*** » (p. 17). « Ainsi comprise, l'imagination (***imaginatio*** est parente de ***magnet, magia, imago***) est l'outil de la connaissance de soi, du monde, du Mythe, l'œil de feu perçant l'écorce des apparences pour faire jaillir des significations, des "rapports", pour rendre visible l'invisible, le "***mundus imaginalis***" auquel l'œil de chair seul ne donne point accès, et pour rapporter de là un trésor contribuant à un élargissement de notre vision prosaïque. L'accent est mis sur la vision et sur la certitude plutôt que sur la croyance et la foi. Cette imagination fonde une philosophie visionnaire » (p. 18). « (...) par l'imagination active et l'expérience du symbole qui assurent une ressaisie de l'expérience mythique, <la théosophie> est supposée transformer celui qui la pratique » (p. 29).

Le « projet <de la gnose> est plus totalisant que la métaphysique de type aristotélicien parce qu'il vise à intégrer le soi, et le rapport du sujet à soi, ainsi que le monde extérieur tout entier, dans une vision unitaire de la réalité » (p. 30). La gnose « abolit la distinction entre foi et connaissance (la foi n'est plus nécessaire, dès lors que l'on "sait") ; d'autre part, elle est supposée posséder une fonction sotériologique, c'est-à-dire qu'elle contribue au salut individuel de celui qui la pratique » (p. 30). Le Franc-Maçon Louis Pauwels (*Ce que je crois*, Grasset, 1974, Poche, p. 277 à 301) dévoile les mêmes prétentions de l'imaginaire dans les initiations maçonniques :

> « La franc-maçonnerie est une institution d'initiation spirituelle au moyen de symboles » (*Symposium des grands maîtres européens*, 1952, cité par Pauwels p. 277). « La conscience double <profane et sacrée> que l'on acquiert ainsi, peu ou prou, n'est pas descriptible dans le langage habituel, linéaire, univoque. Le langage de la conscience double est un vécu ; il ne peut être un dit. C'est en ce sens qu'il y a secret. Il n'y a pas secret par volonté délibérée de mystère. Il y a du secret parce qu'il y a du différent inexprimable » (Pauwels p. 283). « Le secret est dans l'unité. La dynamique est dans l'unité. Dieu et l'Homme, le Monde et l'Au-delà deviennent un : ils se connaissent l'un l'autre » (Aurobindo, cité par Pauwels p. 291).

Il existe une sagesse et une vérité dans l'homme, primitives et antérieures à toutes les religions, actualisées par l'initiation, parce que la conscience humaine est la conscience de soi du divin dans le monde. C'est exactement le même enseignement que celui de la gnose de Steiner et actuellement du *New Age*. Cette « sagesse » est éveillée par l'image, elle est « vécue » sans être dite, elle exclut par là le concept, parce que si l'homme est Dieu, le dire de soi conceptuel de l'homme et de l'univers devrait être la prolation d'un Verbe subsistant, ce que l'initiation ne promet tout de même pas. Dans le délire au fond naïf de la prétention à de telles expériences « mystiques » qui, abolissant le langage, abolissent la raison, l'initié peut toujours rêver, endormi par ses mirages, et se croire au-delà du concept en se noyant dans l'inconscient végétatif.

On voit ainsi que l'ésotérisme usurpe le droit divin d'user pédagogiquement d'images pour faire accéder l'homme à la connaissance des choses de Dieu, et substitue la confusion du magique et de l'occulte au mystère du vrai surnaturel dont l'obscurité résulte d'un excès de clarté. L'ésotérisme substitue une intuition sensible du faux surnaturel à cette participation non sentie, mais objective, à la vie même de Dieu, opérée par la grâce. Comme le fait remarquer Antoine Faivre, l'avicennisme au Moyen Âge « est supplanté par l'averroïsme, ce qui entraîne dans la théologie une quasi-disparition du ***mundus imaginalis*** et de ses intermédiaires, ainsi que de l'imagination active, au profit d'un rationalisme qui va finir par devenir la marque propre de l'esprit occidental » (*op. cit.*, p. 37). L'ésotérisme de Supermarché qui sévit aujourd'hui « répond toujours au besoin plus ou moins conscient de retrouver dans notre monde décentré et éclaté l'***Unus mundus***, l'unité de l'univers et de l'homme, à travers un langage d'intégralité fondé sur le principe de similitude » (p. 98). Jusque dans son expression la plus sotte et la plus mercantile, l'ésotérisme se révèle comme une tentative d'intuitionner dans le monde une présence divine à lui consubstantielle, c'est-à-dire comme un refus de reconnaître la transcendance absolue du Dieu Créateur, ce Dieu de l'unique Révélation, déjà pressenti par l'intellectualisme grec (de Xénophane à Aristote) en termes **conceptuels** par opposition aux images des religions à mystères.

Pour ce modèle de théologien catholique, de philosophe intellectualiste et réaliste que fut saint Thomas d'Aquin, l'« *ars notaria* » (méthode par laquelle on prétend devenir savant sans étude ni travail) doit être défendu, parce qu'il est illicite et inefficace. En effet (cf. *Somme théologique*, II^{a} II^{ae} q. 96 a. 1) il prescrit, pour acquérir la science, des moyens qui ne peuvent la donner, telle l'inspection de certaines figures (*sicut inspectio(ne) quarumdam figurarum*), l'articulation de paroles incompréhensibles, et la pratique de choses semblables. Les moyens prescrits par cet art n'agissent donc pas comme causes, mais comme signes ; et puisque ces signes n'ont pas été établis par Dieu comme ceux des sacrements, ils sont vides et destitués de toute énergie intrinsèque ; dès lors ils ne peuvent avoir d'autre effet « que de former et d'exprimer symboliquement des pactes et des alliances avec les démons » (Saint Augustin, *De Doctrina christiana*, II 20), lesquels sont dotés de pouvoirs préternaturels mais sont incapables de prévoir l'avenir et ne peuvent porter la lumière dans l'intelligence de l'homme. Par là, saint Thomas fait comprendre à ses disciples que tout ce qui relève de la superstition (et l'ésotérisme n'est pas autre chose au fond) est au mieux une naïveté inefficace, au pis un pacte passé avec le diable.

Les considérations qui précèdent invitent à penser que tout mythe, même s'il est susceptible d'envelopper la mémoire de pratiques satanistes, doit être examiné **conceptuellement**. Même lorsqu'il suggère qu'il serait plus que ce comme quoi il paraît (à savoir une histoire inventée illustrant une morale, un mensonge plaisant chargé d'une certaine intelligibilité) il doit être étudié comme ce pour quoi il se donne **à la raison**. On ne doit pas tenter d'accéder par l'image à la pseudo-mystique supposée dont il serait la traduction profane. S'il s'entoure de mystères et de sous-entendus, ce n'est qu'une pauvre ruse destinée à cacher sa vacuité trop visible dès qu'il est conceptuellement explicité. Rationalisée, la gnose n'est pas autre chose qu'un panthéisme doublé d'un subjectivisme, telle la philosophie de Fichte, comme le montre d'ailleurs sa *Philosophie de la Maçonnerie* (Les fameuses *Lettres à Constant*) : un Dieu ignorant de lui-même, une pure puissance à être Dieu, prend conscience de soi et par là se pose en son aséité ou absoluité en s'objectivant un monde spirituel, le Verbe, qui lui-même « se réfracte en une multitude d'esprits finis qui s'objectent un monde » (R. Verneaux, *Histoire de la Philosophie moderne*, Beauchesne, 1963, p. 181). C'est seulement dans les doctrines rationnelles proprement philosophiques, dont les mythes sont l'ornement et comme l'expression potentielle en laquelle elles se précèdent elles-mêmes, qu'il convient de chercher les vraies causes de la perversité ou les vraies raisons de la fécondité des mythes. La thèse fichtéenne est épouvantable, mais elle est claire. Si l'on se souvient du privilège fichtéen accordé à l'action et à la liberté par rapport à la théorie, si l'on substitue avec Feuerbach la matière à la divinité primitive de Fichte (le Moi impersonnel), on obtient la doctrine marxiste qui se suffit à elle-même pour être effrayante et terriblement efficace, sans qu'il soit besoin pour dénoncer son horreur de l'entourer d'oripeaux maçonniques supposés l'expliquer. Ce n'est pas parce que la Ire Internationale est née dans une loge maçonnique qu'elle était dangereuse, c'est parce qu'elle était marxiste. Si le national-socialisme et le fascisme sont contestables et dangereux à certains égards, ce n'est pas parce qu'une frange minoritaire de leurs adeptes se livrait à des pitreries ésotéristes, c'est pour les raisons invoquées dans l'encyclique *Mit brennender Sorge.* Car enfin, si, comme nous l'avons établi plus haut (§ 47), l'obscurité intentionnelle des mythes gnostiques est le procédé destiné à masquer dans l'esprit même de leurs adeptes la contradiction intenable de la philosophie qui en droit les explicite, les diffuseurs de tels mythes répugnent par eux-mêmes à la clarification de ces derniers : ils veulent faire passer dans la réalité, s'appliquant à le rêver, ce qu'ils se refusent à penser (car ils sauraient alors que ce n'est pas réalisable). Si en retour il sort de ces mythes une doctrine intelligible (cohérente ou non), leur passage dans la réalité se transcrit sous la forme d'une idéologie historiquement et pratiquement incarnée, c'est-à-dire d'un courant politique. Quant à l'assimilation de l'ésotérisme de la maçonnerie et du nazisme (s'il existe) à l'« *ars notaria* » (cf. notre § 48), elle n'est recevable que si cet ésotérisme répugne lui-même à être explicité conceptuellement, puisque cette explicitation révélerait son inefficacité naturelle ou ferait l'aveu de ses affinités avec les démons. Or il est impossible de rendre désirable ce qui de soi suscite la répulsion, à moins de le couvrir des attributs apparents du bien (faire croire que le diable est le vrai Dieu), c'est-à-dire de faire retour au mensonge constitutif du mythe et exclusif de la clarté conceptuelle. Dès lors, si le mythe inspire une action politique historiquement repérable — laquelle suppose la clarification de sa doctrine et la suppression de sa forme mythique — c'est qu'il ne relève pas de l'« *ars notaria* ».

Il y aurait un intéressant parallèle à faire entre la mentalité ésotériste et la mentalité scientiste, à tout le moins la mentalité induite par la pratique des sciences expérimentales. Comme l'a montré Karl Popper, le physicien substitue à une intellection des essences méthodologiquement exclue par lui, une représentation imaginaire (telle est la théorie physique par laquelle il peuple la réalité d'entités dont il ignore le statut ontologique) à jamais invérifiable mais seulement falsifiable. Et il est toujours tenté de « voir » avec les yeux (ou de se représenter comme visible de droit) ce qu'il se refuse à étudier métaphysiquement, au point d'aboutir, quand il s'agit d'interpréter ses propres résultats, à des aberrations (tel est aujourd'hui le cas dans les développements de la mécanique quantique) qui l'inclinent à se replier (à tort évidemment) sur une interprétation kantienne ou transcendantale de la connaissance scientifique. De même, il est plus facile de s'imaginer les causes que de les chercher par la pensée, de les hypostasier dans une secte ou un individu aisément repérables et représentatifs que de les discerner dans la perversité d'un concept : si l'essence du Bien coïncide avec ce Sujet éminemment singulier qu'est Dieu, l'essence du mal ne coïncide pas avec le diable et ses sicaires, puisque la maximisation du mal qui est l'exténuation de l'être (convertible avec le bien) équivaut à sa suppression. Il est plus facile, en vertu d'une confusion entre cause première et causes secondes, d'évoquer à tout moment, par une haine soupçonneuse de la raison — haine qui fait croire au sérieux des mythes dont elle prétend pourtant dénoncer les dangers — le rôle du diable et des sociétés secrètes, que de penser l'Histoire, c'est-à-dire de dégager les causes qui déterminent sa direction, lesquelles, comme il l'a été montré (§ 6 et 13) se discernent d'abord dans la logique des doctrines philosophiques par lesquelles les hommes se font habiter. Expliquer toute l'Histoire par les manœuvres des sociétés secrètes ou des Juifs, ou des multinationales, ou des jésuites, ou des banques (la liste n'est pas exhaustive...) relève de la schizophrénie ou de la naïveté pathologique.

Loin d'être la cause secrète, non démocratique, d'une démocratie formelle (dénoncée comme oligarchique) qui serait l'alibi des loges en leur volonté monarchique et luciférienne d'assujettissement de la masse, la Franc-Maçonnerie et les organismes qui lui sont apparentés sont bien plutôt l'effet d'une mentalité démocratique et libérale qui, parce qu'elle est intrinsèquement contradictoire, est contrainte de fonctionner selon des modalités pratiques qui vont au rebours de ses principes. Mais ces modalités sont en fait connues du plus grand nombre, à tout le moins elles sont pressenties par lui, et il les accepte tacitement, loin de les subir en victime, comme l'instrument honteux de l'intenable idéologie qu'il a néanmoins choisie. La dénonciation de l'incontestable puissance des sociétés secrètes n'est d'aucun effet salvateur pour les sociétés contemporaines en mal de lucidité relativement aux lois réelles de leur fonctionnement, si cette entreprise de dévoilement ne s'accompagne de celle, moins ésotérique, moins « croustillante » et plus conceptuelle, de la psyché subjectiviste qui conditionne leur existence et leur efficacité, et que sa banalité, son évidence même, font par trop négliger, comme si l'obscur et l'occulte désignaient seuls le profond.

49 – L'influence réelle des sociétés secrètes

> « Que représente <au XVIIIe s.> donc la Maçonnerie, au point de vue religieux, politique et culturel ? » se demande Jacques d'Hondt (*Hegel secret*, PUF, 1986, p. 336). Elle n'a pas l'unité de pensée d'un parti politique moderne, la chronique des loges ne rapporte que des choses insignifiantes, on s'y amuse. « Le mystère des Temples attirait quelques rêveurs, qui venaient y chercher la révélation d'on ne sait quel fabuleux secret : le démon de la thaumaturgie, de la magie, de l'alchimie, les conduisait dans cette société qui groupait aussi tant d'ennemis des charlatans. (...) Sans programme net, la Franc-Maçonnerie réunissait tous ceux qui ne trouvaient pas la satisfaction de leurs aspirations dans les organisations publiques établies : églises positives, corporations, sociétés diverses (...) tous les hérétiques, tous les non-conformistes, tous les adversaires de l'état de choses existant. (...) Il faut se garder d'exagérer le rôle de la Maçonnerie dans la Révolution française. Les Maçons libéraux d'Allemagne, Bode, Böttinger, l'éditeur Cotta, et leur ami français Mounier, rejetaient avec raison la stupide accusation selon laquelle Maçons et Illuminés d'Allemagne auraient, comme à volonté, déclenché la Révolution en France ! (...) La Maçonnerie ne suscita pas délibérément la Révolution. Plus qu'une cause d'événements sociaux, elle représente un effet, ou du moins un accompagnement. Poussés par une vague conscience des exigences du temps, les révolutionnaires se cherchaient en elle. Leur rencontre hâtait une prise de conscience plus claire, favorisait les regroupements. La Maçonnerie allait jusqu'à organiser, dans certains cas, des poussées sociales créées hors d'elle. Portée, elle aussi, par le courant, elle le canalisait et l'orientait partiellement, à sa manière. Puis, elle se trouvait parfois débordée » (p. 336 à 338).

Et nous pensons que les choses n'ont guère changé. Incontestablement très puissante d'un point de vue sociologique, unie seulement par sa haine du catholicisme, elle n'est cependant pas plus qu'une cause instrumentale. Les projets politiques et philosophiques subversifs naissent hors d'elle, et elle les diffuse ; ou bien ils naissent en elle, parce qu'elle est la matière idéale (en tant que réunion de tous les contestataires), le terreau privilégié en lequel fleurissent ces projets vénéneux, mais elle n'est pas le germe de ce qui pousse en elle : elle n'a pas de projet positif concerté. Le vrai germe n'est autre que la puissance d'insurrection des esprits bouillonnants qu'elle rassemble, attire, intègre ou récupère. Tantôt effet, tantôt accompagnateur, tantôt diffuseur ou précurseur non conscient de lui-même des grandes irruptions historiques, les sociétés secrètes n'ont jamais eu l'importance que les obsédés du complot et de l'histoire parallèle, peut-être par réaction réductionniste contre la terreur obsidionale très réelle qui les accable, ont voulu lui conférer dans les milieux catholiques de Tradition. Aussi, si le fatras pseudo-mystique dont s'est entourée une certaine intelligentsia nazie déclassée et farfelue, beaucoup moins influente qu'on a bien voulu le dire, doit être jugé, c'est à l'aune de la réflexion philosophique, qui est seule compétente parce qu'elle le réduit à son vrai sens. Et tout observateur lucide peut s'apercevoir qu'il s'agissait d'étayer, par un mélange de mythologie germanique et de réductionnisme scientiste d'inspiration anglo-saxonne et française (dans la ligne des Idéologues), les revendications d'un nationalisme allemand frustré et désorienté. Les § 20 à § 21-5-8 du présent ouvrage ont proposé quelques analyses relatives à la doctrine nazie, en dénonçant en elle ses durcissements unilatéraux.

50 – La thèse de Jean-Claude Lozac'hmeur

Il reste qu'un série d'observations troublantes pourrait suggérer que la gnose, l'ésotérisme, la théosophie et la symbolique maçonnique, loin d'être l'ensemble des oripeaux à forme pseudo-religieuse d'un imaginaire en rupture de ban avec la raison, seraient autant de manifestations d'une unique religion satanique, inspirée par le diable lui-même, aussi vieille que le monde, matrice intentionnelle de toutes les hérésies et de toutes les doctrines subversives, et que le nazisme, en tant qu'ésotérisme, pourrait en participer. Telle est la thèse savante du Professeur Jean-Claude Lozac-hmeur (*Fils de la Veuve, Essai sur le symbolisme maçonnique*, Éd. Ste Jeanne d'Arc, 1990), prise très au sérieux et diffusée avec soin par les Dominicains d'Avrillé, que nous nous proposons de discuter après l'avoir succinctement présentée.

Pour l'auteur, « les mythes (et en particulier les mythes indo-européens) sont des textes religieux conservant sous forme symbolique une doctrine secrète : celle reprise plus tard par la Franc-Maçonnerie » (p. 11). Étudiant (cf. p. 71 du même ouvrage), au cours de recherches sur l'Énigme du Graal, les domaines irlandais (histoire de Lug et de Fionn), germanique (histoire de Sigurdr), iranien (histoire de Kai Khusrau), breton (Lai d'Yonec), latin (légende de Romulus et Remus), grec (légendes de Persée et de Jason), hindou (légende de Krishna) et ossète (légende de Batraz), Jean-Claude Lozac-hmeur reconstitue l'archétype indo-européen à partir duquel s'est développée la célèbre légende. À ces domaines s'ajoutent divers mythes parallèles (légende de Prométhée, poème babylonien d'Atrahasis, histoire du vol des Veda par le démon Hayagriva dans le Baghavat, histoire d'Héphaïstos le Forgeron, légende de Cronos, légende d'Osiris, légende de Mithra, le Conte 17 des Frères Grimm, la légende de Yeitso et des deux frères Navajos, et divers contes russes, malgaches, gallois, chinois et arabe) d'origine non toujours indo-européenne. Voici la reconstitution (<a> : p. 72) et l'interprétation (<b> : p. 75) du mythe, qui présente de nombreuses analogies avec l'histoire de Perceval (Légende du Graal) :

> (a) « Un roi apprend par un oracle qu'il mourra de la main d'un de ses descendants. Pour empêcher que la prédiction ne se réalise, il enferme sa fille unique dans une tour. Un héros ou un dieu réussit à s'introduire dans la prison et obtient les faveurs de la Princesse. De leurs amours naissent plusieurs enfants. Informé, le roi se retourne contre le séducteur qu'il tue ou blesse grièvement. Puis il tente de faire disparaître ses petits-fils dont l'existence met en péril sa propre vie. La Veuve réussit à sauver le dernier-né avec lequel elle se réfugie dans le désert ou la forêt. Lorsque l'enfant atteint l'âge d'homme, elle lui révèle le secret de ses origines et lui fait promettre solennellement de tuer le vieux roi. Le Héros va défier le meurtrier, surmonte les épreuves que celui-ci lui impose, délivre une princesse et venge la mort de son père. »
>
> (b) « Le Dieu mauvais (le Roi) voulait garder pour lui seul la Connaissance (la Princesse) afin d'éviter que les Hommes ne s'en emparent et ne l'anéantissent. Le Dieu Bon (le Père), bravant son interdiction, apporta la Connaissance sur la Terre. Il en résulta l'apparition d'une race de surhommes (les Fils de la Princesse). Au cours de la lutte qui suivit, le Principe du Mal fut victorieux. Mais sa victoire fut incomplète puisqu'il échoua dans sa tentative de détruire la Connaissance (la Princesse devenue Veuve) et l'Humanité (les Fils de la Princesse). En effet, grâce à l'Arche — symbolisée par le coffre de Persée ou le berceau de Romulus et Remus — quelques hommes échappèrent au cataclysme et entreprirent de transmettre aux générations suivantes le récit de ce qui s'était passé à l'aube de l'Histoire. Telle fut l'origine de l'Initiation dont les candidats promettent de venger la mort de leur Père, le Dieu Bon. »

Jean-Claude Lozac-hmeur en déduit (p. 93) que « la structure ternaire du panthéon indo-européen <s'est> développée à partir d'une Triade originelle composée d'un Dieu Bon, d'un Dieu Mauvais et d'une Déesse-Mère symbolisant à la fois la Connaissance et la Fécondité ». Il rapproche alors son résultat des observations de Georges Dumézil (*Mythes et dieux des Germains*, 1939, p. 13) qui voyait dans la tripartition des fonctions sociales le prolongement de la Grande Triade typique des religions nordiques : dieu souverain magicien, dieu batailleur, déesse (ou dieu ou groupe de dieux) garantissant la fécondité. Ce qui est une manière de suggérer que toute l'organisation politique des indo-européens est pré-gnostique, inspirée d'un culte à Satan-Athéna (« Athéna » étant rapproché de « Sathana »), et que toute la pensée indo-européenne est une subversion de la pensée juive déposée dans l'Ancien Testament : Yahvé est un Dieu mauvais en insurrection contre son Verbe que Lucifer, l'ami et sauveur des hommes, féconde et communique à ces derniers.

51 – Réflexion critique : logique du politique et sociétés secrètes

Nous ne pensons pas pour notre part que les sectes expliquent tout, même si elles jouent un rôle d'amplificateur des perversions et des hérésies. Nous ne croyons pas que l'évocation de la puissance du diable et de ses suppôts initiés suffise pour avoir la clef des événements passés et contemporains, comme si toutes les erreurs intellectuelles du passé et du présent, toutes les entreprises insurrectives à l'égard de la Sainte Religion catholique et des trônes, trouvaient en un culte rendu à Satan la raison ultime de leur logique, de leur puissance et des affinités qui rapprochent leurs auteurs. Le démon agit certes, mais il ne peut court-circuiter les initiatives des hommes. Il agit par eux et avec eux, il ne peut que les disposer à mal user de leur libre arbitre. Et puisqu'il existe une nature des choses et une nature humaine dont procède le libre arbitre lui-même (fût-il capable de ne point ratifier l'« *intentio naturae* » à laquelle il est suspendu), c'est ultimement dans la logique des théories qui inspirent les actions humaines — et non dans l'efficace d'enseignements et de pouvoirs préternaturels communiqués aux initiés satanistes supposés expliquer toutes les subversions — qu'il nous paraît opportun de chercher les causes ultimes des événements historiques. Parallèlement, c'est dans les actions humaines procédant d'une nature blessée par le péché originel, mais libre et non radicalement corrompue, que peut s'insinuer la cause **dispositive** des initiatives diaboliques qui, elles-mêmes, peuvent se médiatiser dans les sectes. Mais cette cause est seulement dispositive et non principale, parce que le démon ne peut ni changer la nature profonde des choses instituée par le Créateur, ni avoir prise sur le libre arbitre des hommes en tant que tel. Aussi, c'est par la logique du Politique, extra-position de l'âme humaine (comme Platon l'illustre au livre IV de *La République*), laquelle logique ne peut être adéquatement saisie jusqu'en ses produits dévoyés que conceptuellement (cf. livres VIII et IX de *La République*), qu'il est possible de saisir dans leurs causes formelles premières les tournants de l'Histoire, les causes efficientes étant à identifier dans les volontés libres des acteurs historiques qui embrassent telle ou telle doctrine politique. Les idées qui animent la tête des hommes, vraies ou fausses, les visions du monde auxquelles ils souscrivent et qui induisent par leur contenu certaines conséquences obligées, sont les vrais moteurs de l'Histoire universelle, de la décadence et de la renaissance des sociétés. Et c'est l'office de la dialectique que de montrer en quoi des positions unilatérales opposées peuvent cependant s'engendrer l'une l'autre, non seulement dans la tête de ceux qui les pensent mais dans la réalité des faits. Voilà pourquoi nous sommes, quoique (et en vérité parce que) catholique, extrêmement circonspect à l'égard des apparitions non reconnues par l'Église, à l'égard des théories du complot[33], des réductionnismes dénonçant d'une manière ou d'une autre une « main

[33] Telle est pourtant la thèse de Mgr Jouin, au début du siècle, qui définissait Israël comme le roi, le Maçon comme son chambellan et le Bolcheviste comme son bourreau.

cachée qui dirige », à l'égard de tous les phantasmes de l'extrême-droite, catholique en particulier, dont nous sommes pourtant issu et qui est comme notre maison spirituelle. Nous croyons plus à la causalité et à la dangerosité des idées rationnelles qu'à celle des officines mystérieuses. Nous ne croyons pas à l'existence d'un gouvernement mondial satanique secret qui tirerait toutes les ficelles. Le gouvernement des hommes ploie sous la pression des idées qu'ils embrassent, même si cette dernière les conduit ailleurs que là où les intentions subjectives présidant au choix de ces idées les pressaient d'aller. Comme le disait Vergniaud, député de la Gironde, la Révolution dévore ses propres enfants.[34]

Or l'exigence de vérité philosophique, la longue genèse de l'École (thomiste) et plus généralement des outils philosophiques nécessaires à l'explicitation du dogme catholique, passent par les spéculations des Physiologues présocratiques (tous plus ou moins imbibés d'orphisme), d'Héraclite et de Parménide, de Platon et d'Aristote (autant de pensées plus ou moins pétries des schémas doctrinaux issus des Tragiques grecs et des religions à mystères), comme plus tard par la si riche école néo-platonicienne, l'augustinisme et l'œuvre de Denys l'Aréopagite (si récurrente dans la synthèse thomiste). Si ces thèmes de pensée sont l'expression profane, sous forme de mythes, d'une religion primitive anti-théiste et à ce titre diabolique, d'où vient que la philosophie grecque, de Platon à Proclus, ait si bien servi le christianisme ? Faut-il, comme feu Claude Tresmontant (qui discrètement ne croyait ni à la Trinité, ni à la divinité de Jésus, ni au péché originel, ni aux anges), rejeter en bloc tout l'héritage platonicien et néo platonicien pour être chrétien ? S'il fallait, avec Étienne Couvert (cf. *La Gnose contre la foi*, Chiré, 1989), vouer aux gémonies toute forme de platonisme (comme si l'aristotélisme avait été produit *ex nihilo*), il faudrait jeter aux orties saint Augustin et saint Thomas. Aussi ne se peut-il pas que ces mythes indo-européens ne soient pas — ne le fussent-ils qu'imparfaitement ou même négativement — virtuellement riches de quelque vérité, autrement la philosophie grecque en laquelle s'est naturellement coulée la réflexion catholique n'en fût pas sortie.

On est ainsi en droit de penser que les Indo-Européens (dont nous n'avons pas de raison de nier l'existence), comme d'autres peuples (et peut-être tous) furent jadis dépositaires d'une vérité issue tant de la Révélation primitive (dont saint Thomas enseigne l'existence : *Somme théologique*, II[a] II[ae] q. 2 a. 7) que des restes de la lucidité d'Adam après la chute, et que cette vérité fut souillée par les mensonges du diable.

---

[34] Lorsqu'elles sont unilatéralement subjectives, les raisons, circonstancielles et passionnelles, qui font embrasser une doctrine et qui déterminent la manière dont cette dernière s'inscrira dans la réalité historique, entretiennent à l'égard du contenu doctrinal qu'elles croient se subordonner le même rapport que celui qu'entretient, selon Clausewitz, le métier des armes à l'égard du métier de chef politique : « La guerre a une grammaire propre, non une logique propre » (R. Aron, *Mémoires*, Julliard, 1983, p. 646).

Le peuple juif fut dépositaire, en vue de la visite du Christ, d'une première Alliance qui sera consommée (accomplie et supprimée, ou sursumée) par le Christ, et cette Alliance fut souillée au contraire par leurs propres mensonges. Rapportant l'épisode (Jn XI, 45-53) de la réunion des Pontifes et des Pharisiens après la résurrection de Lazare, au cours duquel le Grand-Prêtre Caïphe décida la mort de Jésus (« il faut qu'un homme meure pour le peuple, afin que toute la nation soit sauvée »), le chanoine Alfred Weber (*Les Quatre Évangiles en un seul*, Verdun, 40e édition, p. 339) et le R.P. Lépicier font remarquer que le Christ avait accompli une multitude de miracles par lesquels trop de monde (aux yeux des Pharisiens) croyait en Lui. Les deux théologiens ajoutent en note : « La conclusion logique était : Donc il faut y croire. Mais alors tout leur prestige tombait. Et ils aimèrent mieux résister à Dieu que de renoncer à leur domination. » Si vraiment Caïphe savait que Jésus était le Messie, il savait que la rédemption universelle qu'Il apportait supprimerait la vocation nationale et temporelle des Juifs pour la convertir — les supprimant par là en tant que Juifs et leur faisant perdre tout privilège particulier — à l'Église catholique. C'est pour avoir tenté de confisquer, s'obstinant à se croire seuls élus, le Salut en vue d'une prétention à la domination temporelle, qu'ils furent rejetés. Évoquant le péché des Juifs déicides (*Somme théologique*, III[a] q. 47 a. 5), saint Thomas cite l'Évangéliste : « si je n'étais venu, et que je ne leur eusse point parlé, ils ne seraient pas coupables ; mais, maintenant, ils sont inexcusables dans leur péché » (Jn XV, 22). L'Aquinate rappelle ensuite que « le plus grave de tous les péchés » fut commis par les « *principes Judaeorum* ». Le péché des autres Juifs est un peu moins grave, et celui des Romains est « *multo magis excusabile peccatum* ». Les Juifs sont inexcusables parce qu'ils ont connu que Jésus est le Fils de Dieu mais, par haine et par envie, ils n'ont point voulu céder à l'évidence. L'ignorance affectée n'excuse pas le péché mais l'aggrave. À l'article 6 de la même question, saint Thomas explique que la formule du Christ : « Ils ne savent pas ce qu'ils font » vaut seulement pour le peuple ignorant, non pour les Princes des Juifs. Tel était l'enseignement de l'Église catholique jusqu'à la crise de Vatican II.

Les Indo-européens furent dépositaires d'une tradition primitive entachée des insinuations du démon auquel nos premiers parents prêtèrent l'oreille. Mais la spéculation occidentale, rationnelle, des vieux « physiciens » présocratiques, des Ioniens, des Éléates et de leur prestigieuse descendance philosophique des Ve et IVe siècles, s'est établie à travers et **contre** le dualisme latent que Jean-Claude Lozac-hmeur discerne dans l'archétype indo-européen (et probablement universel) qu'il a dégagé des mythes, lesquels sont susceptibles toujours de deux lectures, comme il l'a été ici suggéré plus haut (§ 21-5-7). En effet, le roi peut tout autant désigner Dieu ; ses descendants l'humanité peccable qui convoite la Connaissance ; sa fille unique enfermée la Connaissance jalousement préservée par lui de l'emprise corruptrice du diable ; la tour en laquelle elle est captive l'Arbre de la Genèse ; le héros peut désigner Lucifer ; les enfants de la princesse et du héros l'humanité déchue ; l'initiative royale de faire disparaître les petits-enfants peut désigner le Déluge ; la Veuve et son dernier-né peuvent signifier à leur tour la sagesse divine et son rejeton le Christ qui délivre la connaissance embrouillée des hommes (la princesse) ; quant à l'abolition du père primitif, elle peut exprimer symboliquement la substitution du Dieu d'Amour au Dieu Vengeur. Dans la théogonie orphique, Zagréos, identifié à Dionysos et appelé à régner sur le monde, est fils de Zeus, dépecé par ses ennemis les Titans (foudroyés par Zeus) et ressuscité par son père. On trouve dans l'orphisme l'idée de péché originel, celle de l'immortalité de l'âme individuelle dotée de libre arbitre, celles de mortification (aux Enfers) de l'âme et de béatitude toute spirituelle, celle de baptême (au lait de chevreau). Dans la théogonie hésiodique Dionysos, comme le Christ, est fils de Dieu et de la mortelle Sémélé ; l'omophagie, ou manducation de chair crue destinée à s'assimiler au dieu en absorbant ses incarnations, constituait, telle une préfiguration de l'eucharistie, le rite principal du culte rendu à Dionysos. Ce n'est pas impunément si, sur les stèles funéraires de l'ère chrétienne, le Christ fut souvent représenté avec les attributs d'Orphée. Ainsi peut-on voir dans les mythes ambigus de l'Antiquité tant la préfiguration de la Vérité catholique que celle, gnostique, d'un culte rendu à Satan. Jean-Claude Lozac'hmeur en convient lui-même en écrivant : « La religion archaïque des Indo-Européens, le culte d'Isis et de la Bible semblent reposer sur un même fonds de traditions » (*Fils de la Veuve*, *op. cit.*, p. 104). Certes, l'auteur insiste plus sur les différences que sur les similitudes, au point de considérer que toutes les religions archaïques sont sataniques. Mais il n'est pas interdit non plus de saisir dans tous ces mythes autant d'expressions métaphoriques, et transposées dans l'élément fini de la vie temporelle, de l'éternelle Geste divine et trinitaire par laquelle le divin est Dieu, Se réconciliant avec Lui-même à partir de Sa Différence absolue qu'Il assume.[35] Sous ce rapport, Prométhée désigne le négatif divin, Sa puissance intestine d'assomption intemporelle de toute finitude dont la réflexion immanente est reconduite à l'Origine paternelle : Hercule délivre Prométhée sous l'injonction de Zeus. Au reste, si le sens unilatéral que confère Jean-Claude Lozac'hmeur à l'archétype qu'il dégage devait, comme il nous y invite (p. 93), être strictement appliqué à la tri-partition des fonctions sociales propre aux Indo-Européens et conceptualisée par Platon, il faudrait comprendre que le Dieu Mauvais ou dieu batailleur, symbole dans l'hypothèse du Dieu des Juifs supposé abhorré par les Indo-européens, est une dimension constitutive de la belle totalité de la cité grecque et plus généralement païenne, ce qui n'est pas très cohérent.

Si la spéculation occidentale s'est exercée, en tant que recherche rationnelle de l'être en tant qu'être — c'est-à-dire en son **unité** qui transcende tous les

[35] « Les mythes, s'ils sont vraiment des mythes, doivent séparer dans le temps les circonstances du récit, et distinguer bien souvent les uns des autres des êtres qui sont confondus et ne se distinguent que par leur rang ou par leur puissance » (Plotin, *Enn.*, III 5, trad. Brehier). En d'autres termes, les personnages des mythes désignent les moments intemporels d'autoconstitution de la même et unique Réalité intelligible.

genres — à travers et contre le **dualisme** latent de ses origines religieuses ambiguës qui constituaient comme sa matière, elle opéra, en tant que rationnelle, comme une **rupture** avec la pensée mythique.

Les Juifs, eux, opèrent en tant que Juifs refusant de se sublimer en chrétiens, une rupture avec leur propre Révélation, et se retrouvent dans une position analogue à celle des gnostiques (et des néo-païens qui sont en fait tous gnostiques plus ou moins consciemment) dont ils s'inspireront (en sortira la Kabbale), bien que cette position en soit l'envers dialectique (ce qui fut évoqué ici § 21-5-8).

C'est pourquoi la rationalisation par les Grecs de leurs propres mythes aboutit à un dessertissage de la vérité, et à un retour inchoatif à la Révélation primitive supra-lapsaire. Le diable est assez malin pour ne pas nier Dieu le Père. Il l'abolit sans Le nier : le « Dieu » de Basilide est un « Dieu-non-être » intrinsèquement lié au monde imparfait qu'il engendre inconsciemment, de même que le « Dieu » de Valentin est « Abîme », lui aussi dépendant d'une création dont il a besoin ; il en est de même pour le « Grand-Tout-Plérôme » ou *En sof* de la Kabbale, chaos informe et presque non-être, qui ne se pose qu'en s'aliénant dans une création viciée que seuls les Juifs, ceux qui ont la *Neschama* ou âme divine, sont à même de parfaire, de justifier et de rédempter. Le diable, dans les mensonges dont il use pour pervertir la Révélation primitive, fait croire que Dieu s'est trompé en engendrant le monde qu'il assimile au Fils par qui tout a été fait (d'où l'anticosmisme gnostique que condamnera Plotin, cf. *Ennéades* II 9), de sorte que Lucifer est dans cette perspective le bon « Fils » qui se fait l'égal du Père (au point d'être, comme sa conscience de soi, la réalité divine actuelle dont le « Père » n'était que la puissance) en réformant son œuvre et en sauvant les hommes.

Ainsi donc, un « Père » ignorant se pose dans l'existence par libération de sa vacuité originelle en engendrant un « Fils » mondain, en s'aliénant en lui, et cette « catastrophe » est sauvée par le diable qui fait retour au « Père » qu'il réalise en vérité. Les Gnostiques, de Marcion aux Bogomiles, refusent l'Ancien Testament et haïssent les Juifs ; ils vénèrent le Nouveau Testament et « Jésus » qui est en vérité Lucifer. Mais, comme il l'a été développé ici au § 21-5-8, leur histoire du monde qui est consubstantielle à celle de Dieu obéit à la même structure que celle des Juifs : le Christ des Gnostiques n'est pas ressuscité, ils aiment le « Verbe » qu'ils identifient au « Dieu Bon », en vérité Lucifer.

Mais il faut remarquer, au rebours du schéma spéculatif central du judaïsme et de la maçonnerie, que la négativité divine est absolue, et que cette tendance à l'oblitérer leur est commune avec une certaine conception du catholicisme (celle peut-être de Jean-Claude Lozac'hmeur et d'Étienne Couvert qui tous deux opposent unilatéralement paganisme et christianisme). Certains catholiques légitimement anti-gnostiques sont à bon droit effrayés par le schéma propre à la gnose : le divin virtuel s'aliène dans une création mauvaise, dans une extériorisation de lui-même en laquelle il se nie ou s'anticipe, et nie sa négation pour sourdre victorieux de ses cendres, tel le Phénix. Mais ces mêmes catholiques vouent une même réprobation à tout ce qui connote l'idée d'une négativité constitutive de tout être en tant qu'être. Rappelons que nous entendons par négativité, conformément à l'usage hégélien du terme, le concept, de soi non spécifiquement hégélien (parce qu'il est au fond aristotélo-proclien), désignant cette puissance ontogénique intestine à ce qui, comme système (parfait ou imparfait) de soi-même, possède son identité en la posant par conversion ou identification à soi (et telle est la réflexion ontologique) de la différence intérieure qu'il assume et dont il se fait provenir. En refusant toute négativité dans le réel, ces catholiques compromettent l'intelligence de la foi au Dieu Trinitaire, le désir naturel de Dieu ou tendance immanente au retour à l'Origine (tendance qui fait s'accomplir la créature dans et par l'acte de renoncer à soi), la conception organique de la cité politique (le tout vivant se fait dépendre de ses parties qu'il fait être en tant qu'il *se* différencie en elles, ainsi les pose, dans une action réciproque — condition nécessaire d'un bien commun ayant raison de fin — exigeant que le tout ait forme de réflexion ou identité de l'attraction et de la *répulsion*) et bien d'autres choses encore qu'il ne serait pas opportun d'évoquer ici. C'est cet **effroi** devant la négativité qui semble constituer chez eux ce qu'il faut bien nommer — en dépit de leur lucidité, qui leur vaut notre respect, à l'égard de maints aspects de la Subversion — une erreur de perspective qui leur fait partager objectivement certains travers des ennemis du catholicisme. Jean-Claude Lozac'hmeur ne veut pas comprendre, par exemple (il n'est — hélas — vraiment pas le seul dans le Landerneau surnaturaliste des catholiques de Tradition chimériques gâtés par les pitreries nationalistes lamentables du supposé « marquis » dit « de La Franquerie »), que le Juif est au catholique telle la chrysalide par rapport au papillon, laquelle s'accomplit ou s'achève (aux deux sens) dans l'acte de se supprimer, se conserve dans ce qui la nie et qui, en tant qu'il est sa vérité, est ontologiquement premier par rapport à elle : c'est le judaïsme qui procède proleptiquement du christianisme, le Juif n'est nullement « frère aîné ». Et si le christianisme est ontologiquement premier par rapport à ce dont il se fait historiquement provenir en le niant, c'est qu'il *se* nie lui-même dans ce dont il se fait le résultat victorieux. Et un tel négatif ne saurait évidemment être peccamineux. Refuser l'idée même de négatif non peccamineux et réflexif comme loi éternelle de l'être en tant qu'être, cela revient à imputer au péché des déterminations qui procèdent de Dieu, et c'est là, en retour, se rendre aveugle à l'égard des entreprises négatives, et peccamineuses, des diffuseurs du péché, en particulier ces « judéo-chrétiens », ainsi ces Juifs (on ne peut être juif et chrétien) qui croient que la conversion des Juifs au christianisme leur restituerait leur vocation d'élus temporels destinés à instaurer une théocratie planétaire dont ils seraient politiquement les « prêtres ». Voilà où mène cette obstination à séjourner dans la représentation spatiale ou temporelle en délaissant le champ des exigences rationnelles, ainsi dialectiques, du concept[36]. Si le simple était exclusif du complexe, il *composerait* avec le complexe dans un tout dont il serait une

---

[36] Il est une autre raison, plus importante encore que les précédentes, pour se détacher de cette manière toute temporelle, ainsi non dialectique, de dresser la généalogie des idées, et c'est la suivante :
Si le mal est essentiellement relatif au bien qu'il conteste (thèse thomiste indubitable) ; si l'erreur est une espèce de mal, alors l'erreur fait mémoire de la vérité qu'elle corrompt ; mais si les dépositaires de la vérité se révèlent incapables de réduire à néant la séduction de l'erreur en dénonçant de manière satisfaisante son caractère intrinsèquement contradictoire, c'est que de tels dépositaires n'ont pas pris la mesure de toute la vérité dont ils se disent les hérauts ; ce qui revient à dire que l'erreur se révèle porteuse d'un vérité qu'elle tient captive en la dénaturant, ainsi d'une vérité qui n'a pas été adéquatement aperçue par les défenseurs du camp du vrai. C'est alors qu'il se révèle vital pour un tel camp de libérer la vérité captive là où elle est, en l'allant chercher dans la boue du mensonge et de la duplicité, pour la restituer à son lieu propre ; c'est sous ce rapport qu'il est nécessaire qu'il y ait des hérésies, dont la réfutation fait progresser l'intelligence du dogme. Telle est l'attitude rationnelle et honnête qui est attendue de ceux qui prétendent être les serviteurs de la vérité, lesquels aujourd'hui, plutôt qu'à s'interroger sur la pertinence des questions que posent les partisans de l'erreur (lesquels partisans proposent des réponses erronées à des problèmes réels), préfèrent, en se donnant des attitudes d'intransigeance et de pureté impavide, affirmer que de tels problèmes sont des faux problèmes, et persister dans la représentation tronquée qu'ils se font des vérités dont ils se disent les gardiens. Et ainsi les vrais problèmes demeurent, dont s'emparent les méchants pour imposer une solution fallacieuse, pendant que les bien-pensants s'étonnent d'être inefficaces et de prêcher la bonne parole dans le vide, accusant leurs critiques de manque d'esprit surnaturel alors que ce sont eux qui manquent de santé naturelle, en l'occurrence de vigueur rationnelle. Toute la problématique de Vatican II tourne autour de l'existence d'un désir naturel de Dieu et, par voie de conséquence obligée, de la question du point de suture entre nature et grâce. Un tel problème est au fond, considéré en contexte théologique, celui du rapport entre fini et infini. Plutôt qu'à l'affronter, les bien-pensants préfèrent nier purement et simplement, en affadissant le discours thomiste, l'existence d'un tel désir naturel de Dieu. Or si tant de gens savants, intelligents et honnêtes, persistent à se vouloir catholiques au sein de l'Église conciliaire dont ils ressentent certes les malaises mortifères, si ces mêmes personnes sont si peu séduites par le discours psittaciste des Traditionalistes, c'est que ces derniers s'obstinent à ne pas comprendre que, face à cette crise sans précédent dans l'histoire de l'Église, il convenait d'être assez audacieux pour oser penser que la gnose, perversion suprême de l'intelligence, est elle-même gravide d'une vérité captive dont le réalisme thomiste est en droit, sinon en fait, le légitime propriétaire. Elle est la perversion suprême de l'intelligence parce qu'elle parvient à inviter l'homme à se déifier sans lui enjoindre d'oblitérer en lui-même le souci de la transcendance, dès lors qu'une telle oblitération, si antinaturelle, l'inviterait à renoncer à son projet satanique de déification : un dieu ignorant de lui-même et inachevé s'aliène dans une nature dont sourd l'esprit fini se restituant, en s'infinitisant, à son origine qu'il parfait et achève ; l'homme est voué à être dieu, tout en admettant être précédé par du divin. Et cette perversion de l'intelligence est comme le climat « naturel » de la modernité, que cette dernière soit libérale et maçonnique, marxiste et matérialiste, ou moderniste. Comme formalisation conceptuelle géniale de la gnose, l'hégélianisme — auquel n'ont

partie et, ayant à ce titre raison de puissance (la partie est au tout comme la puissance l'est à l'acte), un tel « simple » serait, comme puissance, matériel (au moins sous le rapport de l'analogie), par là divisible et complexe. Le simple qui n'est que du simple bascule dialectiquement dans le complexe ; le simple n'est simple qu'à la condition de se faire l'identité concrète du simple et du complexe, assumant la différence qu'il nie souverainement dans l'acte où il la confirme. Dieu est acte pur et absolument simple, à raison même de Sa Vie trinitaire porteuse d'une diversité *réelle* intestine à Sa Vie. La positivité absolue de ce qui est simple n'est telle que par assomption d'une négativité qu'elle fait se renier en la radicalisant.

En effet, les Juifs n'acceptent ni la Trinité ni l'Incarnation. Ils refusent à Dieu le droit de S'incarner parce qu'ils excluent que l'absolue identité ou unité exige que Dieu soit réellement différent de Lui-même dans Lui-même, ou assume une différence absolue en laquelle Il éprouve toute finitude, c'est-à-dire maîtrise absolument dans Son Acte éternel la puissance absolue — et telle est la négativité — à être Ce qu'Il est. Mais les gnostiques non plus n'acceptent, d'une manière générale, ni la Trinité ni l'Incarnation réelle. Ils soutiennent, selon le mot de Jean Borella (que nous suivons sur ce point, et sur ce point seulement), soit un angélisme anti-créationniste, soit un docétisme christologique (cf. revue *Vu de Haut*, Fideliter, n° 1, 1981). Les Gnostiques nient que la véritable intériorité soit la kénose ontologiquement rédemptée, distincte de l'exinanition contingente qui l'extériorise, d'une extériorisation intérieure. C'est parce qu'en vérité cette extériorisation intérieure est de toute éternité posée en Dieu comme Verbe, et ramenée par l'Esprit (en même temps que confirmée par Lui dans Sa Différence) à l'Origine paternelle dans une Réflexion parfaite de soi sur soi ; c'est parce que l'Infini seul assume le fini jusqu'au bout de lui-même indépendamment de la création du monde, qu'Il peut S'objectiver un monde créaturel fini, contingent mais réel (et non seulement phénoménal

---

succédé que des excroissances plus ou moins heureuses de tel ou tel moment de ce système — est probablement le système philosophique (au vrai le seul système réussi) le plus pervers qui soit. Mais à ce titre même, pour qui sait comprendre que la vérité qu'il confisque est précieuse à la mesure de la perversité de l'erreur qui la tient captive, il est éminemment gravide d'une grande promesse. Or les sycophantes bien-pensants tout attachés à détourner l'esprit des vraies solutions en le fixant sur des causes seulement instrumentales de la subversion — telles les sectes et leur influence en forme de complots qu'il suffirait de dénoncer pour avoir tout compris de la situation politique actuelle et de l'esprit de notre temps — contribuent à retarder, sous couvert de préserver l'héritage reçu, l'avènement des conditions de salut de cet héritage qui, comme toujours, ne sera conservé et sauvé qu'en étant enrichi. Quant à savoir pourquoi la Logique hégélienne du Concept, en tant que gravide de la Logique de l'Essence ou de la Réflexion, procure des outils de résolution précieux pour la résolution du problème du rapport entre nature et surnature (laquelle est la nature même de Dieu), ce n'est pas ici le lieu de l'établir. Nous avons tenté de le faire dans un autre ouvrage (*Présentation de l'Institut Charlemagne*, DMM, 2016) auquel nous renvoyons.

comme le prétend Hegel), et l'investir par l'Incarnation, non ablatif de Son absoluité. C'est aussi pour cette raison que l'Incarnation salvatrice, en tant qu'exinanition, est pleinement Révélation de Ce que Dieu est en Lui-même indépendamment de Sa création : lorsque Jésus répond à Pilate, à la Tour Antonia, qu'Il est venu pour rendre témoignage à la Vérité, Il veut dire qu'Il est venu pour sauver les hommes, pour leur donner l'exemple d'une vie parfaite, pour accomplir ultimement la création qui ne glorifie Dieu à Sa mesure que si Dieu l'habite, mais aussi qu'Il est venu pour montrer aux hommes ce qu'Il est en Lui-même indépendamment de Sa Révélation (la Personne du Christ est Celle du Verbe, et il n'y a pas de personne humaine dans le Christ), comme l'éternelle Résurrection, l'éternelle Victoire qu'Il est. Là-contre, l'intériorité des gnostiques est exclusive de l'extériorité, le monde est mauvais, Dieu est incapable d'être immanent au monde sans y perdre Sa transcendance, de telle sorte qu'il n'y a pour eux aucune immanence de la causalité divine au monde charnel (ainsi tout gnosticisme est-il dualiste) en même temps que les réalités spirituelles (telles les âmes) ne sont pas créées *stricto sensu*, mais sont autant d'étincelles échappées d'une substance divine elle-même potentielle.

Selon nous, les mensonges du diable sont une **édulcoration** de la vérité, tout comme la témérité des hérésies n'est pas un surcroît de courage mais une privation de ce dernier : de tels mensonges édulcorent la négativité et la posent hors de Dieu. Elle ne subsiste alors, selon leur représentation, que comme l'effort avorté d'un monde impuissant à être sauvé, ontologiquement déchu, envers d'un « Dieu » impuissant à se faire bon, vraiment divin, et à créer un monde bon. Mais, toujours selon cette représentation, le diable, lui, assume la fonction du négatif salvateur, du contestataire rédempteur, et tel est par exemple le démiurge « roublard » Ogo Yurugu des Dogons du Mali, tel est le « *Trickster* », ce Prométhée nord-américain, tel est Seth, le dieu « roublard » des Égyptiens, etc. (cf. Ioan P. Couliano, *Les Gnoses dualistes d'Occident*, Plon, 1990).

Or cette édulcoration opérée par les mensonges du diable fut radicalisée, re-dramatisée et par là **inversée**, comme nous l'avons dit, par la rationalisation (rupture avec la pensée mythique) de la philosophie grecque. En instaurant la recherche strictement rationnelle et proprement métaphysique du statut de l'être en tant qu'être, les premiers philosophes, embrassant un **monisme** de l'être (condition d'une appréhension univociste et totalisante de ce dernier), ont commencé par nier, **le présupposant par là**, le dualisme théologique et prégnostique des religions à mystères et du mythe : l'être est un (Parménide), il est avec Héraclite devenir et conflit c'est-à-dire négativité (intuition de l'être comme privation et de la contradiction comme moteur), dans le moment où, défini comme eau, air, « *apeiron* » (Thalès de Milet, Anaximène, Anaximandre), il est défini comme cause matérielle puis, comme nombre (Pythagore de Samos), il se révèle comme cause formelle, comme Esprit avec Anaxagore (intuition de l'être comme cause efficiente), comme Bien et Idée avec Platon, comme cause finale avec Aristote qui, unifiant les acceptions de l'être dans une doctrine des catégories et de la causalité, rassemble les enseignements de ses prédécesseurs dans la théorie de l'hylémorphisme qui rend possible ultimement, dans l'affirmation de l'analogie de l'être, celle du Premier Moteur non mû personnel et réellement distinct du monde, aséique et transcendant. En dernier lieu, dans la ligne de Denys l'Aréopagite qui récupère le thème néoplatonicien de réflexion substantielle, Achard de Saint-Victor rappelle que la causalité du Premier ne prend la forme d'un acte **créateur** que parce que le Premier assume dans Lui-même la différence qu'Il instaure entre Lui et Son œuvre contingente ; ainsi est préparée l'adéquate définition du « *creari* » comme « *emanatio totius esse* » (saint Thomas).

En Grèce, de la boue du mensonge (Révélation primitive adultérée par le diable et l'obscurcissement de la pensée des hommes) est née l'expression inchoative de la vérité. Comme le dit quelque part élégamment Claude Bruaire, il faut épouser les refus pervers pour les faire périr dans ce qu'ils récusent, maximiser l'erreur qui ainsi confesse son propre néant, parce que le mal, loin d'être une entité positive qui s'opposerait au bien, emprunte à ce dernier l'énergie par laquelle il le conteste, ce qui revient à faire l'aveu de ce que le bien n'est tel que par victoire sur la privation en laquelle il s'anticipe, laquelle n'est l'indice d'un mal (moral) qu'en tant qu'elle se refuse à s'absolutiser, ou s'**édulcore**.

Si le contenu de la présente réflexion sur l'influence réelle des sociétés secrètes est exact, l'avènement consommé de la décadence n'est, d'un point de vue catholique, ni dans une théocratie juive appuyée par le mondialisme bancaire, ni dans la République universelle du babélisme maçonnique, mais dans le communisme athée. La « foi » luciférienne doit se consommer elle-même en athéisme. L'instinct de révolte qui consiste à diviniser la subjectivité et la liberté humaines ne se consomme qu'en athéisme parce que la conscience « prométhéenne » (elle l'est bien peu en fait, hallucinée par sa mauvaise foi qui lui masque la contradiction d'un **désir** d'indépendance faisant l'aveu de sa **dépendance** en tant même que désir, puisqu'elle n'est pas l'origine de ce dernier en lequel au contraire elle s'éveille à elle-même) ne souffre pas de rival, comme le clamait Marx dans *La différence de la philosophie d'Épicure et de Démocrite*. C'est pourquoi le libéralisme judéo-maçonnique basculera dans le communisme qui, loin selon nous d'être mort, a programmé depuis des lustres sa sporadique mise en sommeil, et feint de mourir à lui-même pour donner au libéralisme d'aller jusqu'au bout de ses contradictions et de mourir d'intumescence, réengendrant son frère ennemi qui en retour le dévorera. Il en sera du monde libéral à l'égard du nouveau bolchevisme à venir comme il en fut de Kerensky à l'égard de Lénine[37].

[37] Nous renvoyons le lecteur à la mise au point de la note 3 du présent ouvrage.

52 – Réflexion critique (suite) : du danger d'une surévaluation de l'influence des sectes

Si, comme nous avons tenté de le montrer, l'ordre et la paix ont la structure d'un drame résolu ; si la vérité a la structure d'une erreur sublimée ; si notre intellect déficient ne peut saisir d'abord ce qui est en soi plus intelligible, c'est-à-dire l'unité en laquelle se décomposent les perspectives ou positions unilatérales qu'il convertit, c'est que la fixation — de soi fautive et peccamineuse si elle était maintenue — des perspectives unilatérales est la matière obligée à partir de laquelle, de fait, la raison, qui les fait périr en les radicalisant, travaille et atteint dialectiquement la vérité. « *Oportet haereses esse* » : Aristote (et avec lui saint Thomas) n'est pas la « synthèse » d'Héraclite et de Parménide (comme s'il cumulait deux monismes inacceptables) mais leur conversion à leur identité concrète qui en est la raison mais qui les présuppose comme sa matière. Les choses seraient simples si l'on pouvait distribuer univoquement toutes les doctrines, tous les courants de pensée, entre les sphères du bien et du mal. Il n'est pas question d'insinuer qu'il fallait que le mal fût posé pour que le bien fût possible. L'œuvre du mal (et l'erreur est une espèce du mal) est l'instrument en soi non nécessaire mais par accident et pour nous utile, qui donne à notre connaissance du bien — en prenant conscience du mal, de cette privation du bien qu'il est et qu'il révèle unilatéralement, et en luttant contre lui — de prendre la mesure de son propre contenu et de sa propre profondeur. Un esprit fini non perverti par la Chute passerait, dans sa recherche naturelle de la vérité, par les positions unilatérales qu'elle intègre en les sublimant, mais il les reconnaîtrait immédiatement comme autant de moments (dont la fixation ou l'indépendance est précisément l'erreur et le mal) discursifs de l'auto-déploiement du vrai et du bien, moments qui pour cet esprit sont chronologiquement premiers par rapport à la vérité, mais qu'il sait être, en soi, déjà assumés par elle et à ce titre intrinsèquement transformés. Considérons, plus généralement et pour éviter toute équivoque, la dialectique de l'amour telle qu'elle est exposée par Platon dans le *Banquet* :

> « (...) la seule façon correcte de s'initier ou d'être initié aux mystères de l'amour est précisément de commencer par les beautés de ce monde et de s'élever sans cesse, comme par degré, à cette Beauté-là, d'un beau corps à deux, de deux à l'ensemble, de la beauté des corps à celle des actions, de celle des actions à celle des connaissances, pour aboutir enfin à une connaissance dont l'objet n'est autre que cette Beauté-là, et enfin apprendre ce qu'est le Beau en soi » (221c-211d, trad. Philippe Jaccottet).

La beauté d'un corps suscite un amour qu'elle déçoit en tant que, s'éveillant à lui-même en s'appliquant à elle, cet amour s'aime lui-même et se révèle à lui-même virtuellement infini puisque réflexif : aussi grand soit le bien désirable, reste toujours dans le désir une puissance non comblée par lui, qui est précisément le désir de son acte. Prenant conscience de sa disproportion foncière par rapport au bien qui l'avait suscité, l'amour lance alors l'intellect à la recherche d'une beauté supérieure et ainsi remonte d'autant plus haut qu'il est plus capable de se ressourcer dans la rechute en lui-même qui fait suite à son échec. Mais si les objets intermédiaires de l'amour, les beautés finies, sont en mesure de donner à l'amour de se régénérer dans l'acte de sa propre déception ou pénurie, c'est que la Beauté dont il est l'appétit et qui est sa raison assume superlativement — s'y anticipant comme en ses moments avant même qu'ils n'existent hors d'elle-même comme ses participations mondaines finies — tous les degrés de beauté qu'il parcourt. L'infini concret est le fini nié : si l'amour est aimable (« *ipsum velle quoddam bonum* »), cependant que, comme manque ou souffrance, il est privation du bien qu'il appète, c'est que, en tant qu'aimable, il participe du Bien, mais, tout autant, il participe du manque, et cela n'est possible sans contradiction que s'il est définitionnel du Bien de parcourir en lui-même tous les degrés finis de sa perfection infinie, se faisant inclusif de son contraire (le manque de bien qui, comme intérieur au bien, explique qu'il soit aimable lui-même) et, par là, se faisant éternelle victoire sur le degré nul de sa perfection. Les biens finis sont comme la matière sacrificielle de l'amour vrai. Ils sont à aimer pour être transgressés avant même que d'être consommés. Et le mal consiste corrélativement, comme l'erreur, tant dans le refus (en vertu de leur incomplétude) de désirer les biens finis (comme si le désir vide se pouvait nourrir lui-même) que dans celui (à cause du sacrifice qu'induit ce second mouvement) de s'en dégager (comme si une participation finie pouvait combler le désir du Bien), c'est-à-dire, par deux fois, dans le refus de l'œuvre rédemptrice de la négativité. L'erreur et le mal ne sont ni dans la finitude ni dans le désir de l'infini, mais dans le désir infini (au vrai indéfini) du fini qui est finitisation réductrice du désir de l'infini.

Messieurs Lozac'hmeur et Couvert, tous deux érudits, profondément chrétiens, lucides et courageux, font remonter l'origine de l'initiation maçonnique l'un à Adam pécheur (ou plutôt aux fils de Caïn), l'autre à la gnose qui serait née en climat juif. Tous deux dénoncent en elle le satanisme, l'insurrection contre Dieu, et en dégagent des traces dans les mythes indo-européens mais aussi égyptiens et en fait dans presque toutes les cultures anciennes. Ils en déduisent que tout ce qui, de près ou de loin, procéderait de tels mythes, doit être radicalement rejeté. C'est cette conclusion qui nous paraît excessive.

Tout d'abord, elle mésestime le travail du négatif, dans la pensée et dans le réel, elle le frappe de suspicion comme s'il s'agissait d'une complaisance pour le mal, et par là elle interdit qu'on puisse en fait comprendre la réalité (humaine et politique en particulier) dans sa structure métaphysique et dans les lois de son développement : le Professeur Lozac'hmeur va jusqu'à condamner dans son principe la démarche dialectique qui, parce que ternaire, serait à ce titre un héritage du rosicrucisme ; tout autant, de ce que la Grande Triade des religions indo-européennes inspire (comme l'a montré G. Dumézil) la tripartition des fonctions sociales chère à Platon, il faudrait aussi écarter cette dernière. D'autre part, leur conclusion tend à relativiser le danger de l'athéisme marxiste pour dénoncer dans la maçonnerie inspirée par la Kabbale, c'est-à-dire dans le mondialisme bancaire, supposé être son instrument, le mal absolu. Tout se passe, pour le dire trivialement, comme si la légitime aversion droitière et fondamentalement catholique à l'égard du communisme se retournait, croyant n'avoir plus rien à mordre de ce côté depuis la chute du Mur de Berlin, contre le « *Weltgeist* » aujourd'hui incarné dans le libéralisme américain pour lequel elle eut longtemps, pourtant, les yeux de Chimène.

Devant que d'avoir à être identifié comme le mal absolu et indépassable, le communisme ne serait ainsi qu'un sous-produit de la Franc-Maçonnerie, laquelle serait consciemment sataniste dans son essence et donc spiritualiste à sa manière. L'antithéisme serait plus grave que l'athéisme. La Maçonnerie serait, en résumé, dirigée par deux groupes solidaires quant à la fin poursuivie bien qu'antagonistes. La fin serait Babel, le royaume du Grand Monarque, c'est-à-dire de l'Antéchrist, sorte de théocratie luciférienne flanquée d'un clergé aristocratique confondu avec un peuple élu. Les deux groupes ou tendances, les deux familles rivales de Grands Initiés, seraient d'une part les néo-païens, les nazis et leur descendance recyclée dans le « *New Age* », d'autre part, au fond, les Juifs. Cette position est en partie — quant à l'idée d'une subordination du communisme au mondialisme bancaire — reprise avec truculence par François Brigneau (*Mais qui est donc le Professeur Faurrisson ?*, Publications FB, 1992, p. 41) :

> « Maurice Bardèche, par exemple, ne devine pas que l'affrontement (ou le pseudo-affrontement) New-York–Moscou est plus de frime que de fond. Comme la danse des petits pains de Charlot dans *La Ruée vers l'or*, nous avons assisté pendant soixante-dix ans au ballet terrifiant des deux mâchoires de la même tenaille. Les danses à vous glacer les sangs, avec plumes et peintures de guerre, n'empêchèrent jamais l'existence, entre les appareils des deux camps, de puissants liens sanguins. On les connaissait depuis 1917, et même avant... Moscou n'a jamais été qu'un épouvantail fabriqué. Quand New-York n'en a plus eu besoin, il s'est écrasé, sans qu'il eût été besoin de grandes secousses pour le jeter à bas » (c'est nous qui soulignons).

Si nous souscrivons pour notre part à l'essentiel de ce qui précède nos soulignements, nous ne faisons pas nôtre l'idée qui est formulée dans ce qui est souligné. François Brigneau voit, bien sûr, les Juifs dans les manipulateurs de l'épouvantail. Le Professeur Jean-Claude Lozac'hmeur y discerne plutôt les Initiés lucifériens, de droite comme de gauche, les Maîtres de la maçonnerie aussi vieille que le Prince de ce monde. Il est vrai que les Juifs doivent être considérés, pour un antisémite cohérent, comme de simples amplificateurs de poisons qu'ils sont bien incapables d'inventer, tel le gnosticisme, pétri du schéma dégagé par le Professeur Lozac'hmeur, et qui, intégré par eux à la Loi mosaïque qu'ils dénaturent par là, a produit le Talmud et la Kabbale.

Faire des Juifs la cause première de toute subversion, comme le développait jadis Mgr Jouin (précédé au siècle dernier par l'abbé Barruel, Mgr Deschamps, Jacques Crétineau-Joly, etc.), c'est leur conférer une singulière importance et leur rendre un hommage bien peu conséquent.[38] Quant à nous, nous ne jugeons pas opportun de personnifier le moteur véritable de l'épouvantail évoqué par Brigneau. Nous reconnaissons plus prosaïquement dans le concept impersonnel du communisme athée, dans la logique séductrice qu'il exerce — lui et ce qui le prépare (toutes les formes de subjectivisme) — au sein des intelligences révoltées, le véritable manipulateur de tout ce petit monde, jusques et y compris, dans une certaine mesure, du diable lui-même. Le bolchevisme ne fut qu'un moment du communisme, mais ce dernier est susceptible de maints avatars. Il fut l'expression nationale, par là inadéquate à son concept, de l'athéisme systématique et planétaire.

Commençons, pour étayer s'il est encore besoin notre propos, par rappeler les informations suivantes :

a) « Le premier pas fut fait par le protestantisme ; le second est fait par le modernisme, le **prochain précipitera dans l'athéisme** » (Saint Pie X, encyclique *Pascendi*, 1re partie, VI, § 55 *in fine*).

b) Dans l'encyclique *Humanum genus* (2e partie), Léon XIII dénonce « **l'erreur maçonnique de la démocratie et son aboutissement logique, le communisme** (...). Or que ces deux doctrines soient professées par les Francs-Maçons, que tel soit pour eux l'idéal d'après lequel ils entendent constituer les sociétés, cela est presque trop évident pour avoir besoin d'être prouvé. Il y a déjà longtemps qu'ils travaillent à le réaliser en y employant toutes leurs forces et **toutes leurs ressources. Ils frayent ainsi le chemin à d'autres sectaires nombreux et plus audacieux**, qui se tiennent prêts à tirer de ces faux principes des conclusions encore plus détestables, **à savoir le partage égal et la communauté des biens** entre tous les citoyens après que toute distinction de rang et de fortune aura été abolie. » Certes, ces textes ne sont probablement pas marqués du sceau de l'infaillibilité. Mais ils indiquent clairement que le *summum* du mal est l'**athéisme** et le matérialisme communiste, ce qui est incompatible avec la thèse d'un spiritualisme sataniste à forme monarchique. Au reste, Jean-Claude Lozac'hmeur en convient implicitement qui cite, dans son ouvrage *De la*

[38] D'autre part, c'est oublier que les Juifs se révélèrent toujours, en dernier ressort, les victimes des machines de guerre idéologiques qu'ils lancent (sans les inventer) contre le christianisme : le bolchevisme s'est retourné contre eux lors des purges staliniennes. Si, à propos de l'origine supposée judaïque de l'Islam, la thèse du P. Gabriel Théry et de l'abbé Joseph Bertuel est scientifiquement recevable, elle confirmerait encore notre propos.

Ré-volution (Éd. Ste Jeanne d'Arc, 1992, p. 63 et 64), les papes combattant à Rome « la conspiration de ces sociétés dans lesquelles tout ce qu'il y a eu, dans les hérésies et dans les sectes les plus criminelles, de sacrilège, de honteux et de blasphématoire, s'est écoulé, comme dans un cloaque, avec le mélange de toutes les ordures (...) » (Encycl. *Mirari vos*, 1832) ; mais ces sociétés voulaient « **pousser les peuples au criminel système du socialisme et du communisme** » (Encycl. *Qui pluribus*, 1846).[39]

Il nous semble que, en fait de consommation de la décadence, les vaticinations de Renan sont plus proches que l'hypothèse d'un antithéisme de l'effroyable vérité :

> « Ma conviction intime est que la religion de l'avenir sera le pur humanisme, c'est-à-dire le culte de tout ce qui est de l'homme. (...) La science large et libre, sans aucune chaîne que celle de la raison, sans symbole clos, sans temples, sans prêtres, vivant bien à son aise dans ce qu'on appelle le monde profane, voilà la forme des croyances qui seules entraîneront l'humanité » (*L'Avenir de la science*, cité par *Le Grand Robert* à l'article « Humanisme »).

La révolte suprême n'est pas l'adoration du diable, parce qu'il y a encore là l'affirmation d'une certaine transcendance, fût-elle dévoyée. Elle est ce qu'indique le prophète : « *Haec dicit Dominus Deus* : *maledictus homo qui confidit in **homine*** » (Jérémie XVII, 5). Le plus grand mal de l'homme est l'homme, non le diable. « *Stetit in se* », nous dit l'Écriture à propos du démon : les hommes ne se font les esclaves du diable qu'en tant que tous l'imitent, et il n'est chef des méchants qu'à ce titre, comme le montre saint Thomas (*Somme théologique*, III[a] q. 8 a. 7). Ils ne sont esclaves du diable qu'en tant qu'ils se reposent en eux-mêmes et pour eux-mêmes, non en tant qu'ils l'adorent ; en tant qu'ils se déifient, non en tant qu'ils se trompent de souverain. Le diable n'est dit chef des méchants qu'en tant que tous se détournent de Dieu, parce que ce détournement

---

[39] « Parmi tous les péchés, l'innombrable litanie, l'océan des péchés du monde, il y a un péché premier. Quel est-il ? Il a un nom moderne, c'est l'athéisme. C'est le rejet de Dieu. Cet athéisme de masse, organisé, militant, conquérant, qui est un fait nouveau dans l'histoire de l'humanité, n'est pas autre chose que la plénitude, le plein développement du péché originel d'Adam et d'Ève, qui a été la première négation de Dieu. Le premier péché dénoncé par la Vierge à Fatima, c'est donc le péché de l'athéisme, source commune de tous les péchés du monde » (R.P. Joseph de Sainte-Marie, o.c.d., † 24/10/1985 — Conférence du 12 octobre 1981 prononcée à l'occasion de l'ouverture du Pèlerinage de l'Association Saint-Benoît, patron de l'Europe, reproduite dans le n° 176 du journal *L'Appel de Notre Dame*, 193 av. du Maine 75014 Paris, du troisième trimestre 1999). Notons que la consécration de la **Russie** (et non seulement du monde) au Cœur Immaculé de Marie n'a toujours pas été faite : « Le moment est venu où Dieu demande au Saint-Père de faire, en union avec tous les évêques du monde, la Consécration de la **Russie** à mon Cœur Immaculé » (N.D. de Fatima, *message de juin 1929*, à Lucie).

a raison de **fin** en tant qu'on y voit et cherche la liberté (cf. saint Thomas, *ibid.*). Puis donc que la liberté dévoyée, la prétention à l'indépendance autarcique et même aséique, est « *ratio* » du « *non serviam* », on ne voit pas que l'homme pécheur se puisse subordonner à un ange. De même l'Antéchrist n'est dit chef des méchants qu'à raison de sa malice, non suivant l'ordre du temps, ni parce qu'il aurait la puissance d'agir sur eux ; non à raison d'une ressemblance d'influence, mais de perfection dans le mal (*id.* III[a] q. 8 a. 8). Il est cause exemplaire de la révolte, non cause finale, et il n'est cause efficiente que par accident, au titre si l'on veut de cause dispositive. La cause efficiente ultime de la révolte est la liberté de la créature décidant de s'envoûter elle-même et de se prendre pour fin.

« Il se fera passer pour Dieu » (II Thessal. II, 4) : cet homme que sera l'Antéchrist, qui ne sera pas une incarnation de Lucifer (parce que c'est ontologiquement impossible), ne sera pas un adorateur du diable mais un halluciné de sa propre déification, le dernier promoteur et prophète de la déification de l'homme. Le diable ne peut qu'inviter les hommes à se déifier, trop malin pour ne pas leur celer son désir de les récupérer, d'exercer sur eux sa haine, à leur mort en tant que damnés, mais pas assez « malin » (parce que l'orgueil rend bête) pour comprendre que son désir impossible d'être adoré ne peut être payé, et que son mensonge à soi-même et aux hommes ne peut être honoré que par un culte foncièrement mensonger. On peut aussi penser, il est vrai, que l'Antéchrist, comme un certain nombre de ses prédécesseurs, aura littéralement vendu son âme au diable, choisissant sciemment l'enfer pour se repaître des délectations terrestres, en particulier la jouissance du pouvoir. Saint Thomas suggère quelque chose de ce genre en évoquant (*Compendium*, c. 194) l'homme qui après son premier péché se fit l'esclave des esprits impurs, croyant trouver en eux une aide pour sa conduite dans l'acquisition des choses sensibles, d'où la naissance de l'idolâtrie. Cependant, il ne s'agit pas dans cette perspective d'un culte rendu à Satan, sinon tout formel et marqué lui-même du fiel de la plus grande duplicité, c'est-à-dire non du tout d'un acte d'adoration, mais d'un tribut payé à lui en vue de biens mondains. À ce sujet, la « seconde bête » (Apocalypse XIII, 15) ne rend pas un culte à Satan, n'invite pas à cela, mais invite à rendre un culte à la statue de l'Antéchrist lui-même, conscience de soi de la « Volonté générale » des méchants. Puis donc que ce dernier visera, avec ses affidés, son bien propre et non celui du diable, c'est bien la déification de la subjectivité qui demeure l'horizon du mal. Quant au démon lui-même, il ne tourmente les hommes que pour les faire tomber, il ne veut leur donner de se perdre que pour éprouver dans cette action le manifeste de sa puissance, la glorification de son moi : ayant décidé de n'aimer que lui-même, il s'est rendu mauvais, objectivement non aimable à lui-même et, plein de remords sans aucune contrition, il se venge sur les autres, par amour dévoyé de lui-même, de sa haine de soi. Il veut un culte mais, étant de soi haïssable, il lui est ontologiquement impossible de se faire aimer en vertu d'une appétibilité (les forces préternaturelles qu'invoquent les pécheurs par convoitise des biens terrestres) qui, de fait, ne renvoie qu'à soi-même chacun de ceux qu'il tente.

D'autre part, le diable lui-même doit être de « mauvaise foi », au sens sartrien du terme. Il doit se mentir pour lutter contre Dieu, puisqu'il se sait vaincu pour l'éternité. Il doit pour lutter se voiler la vérité, condamné à vivre en état d'éternel mensonge à soi ; on ne saurait lutter contre un ennemi quand on a pleine conscience de la vacuité de la lutte. Le diable ne pourrait sans se mentir jouir de son douloureux refus de Dieu (en tant qu'il y voit l'exaltation de sa propre liberté, ou le désir éperdu de possession de soi par soi), et jouir de Lui soustraire des âmes, que s'il ignorait que sa liberté même est créée, qu'il n'est pas une de ses volitions qui ne soit permise[40] par Dieu, qu'ainsi l'acte de nier Dieu est encore un effet de la Providence de Dieu. Et le démon ne peut l'ignorer qu'en **décidant** de l'ignorer, c'est-à-dire en se mentant. Il est le père du mensonge parce qu'il a commencé par se mentir à lui-même, et sa chute qui le constitue comme diable, diviseur parce que divisé contre lui-même, est encore une preuve et un motif de la Gloire de Dieu. Mais les hommes savent bien que le diable a été vaincu. Aussi les méchants, qui l'imitent, se mentent à eux-mêmes en niant Dieu et ne suivent le diable qu'en tant qu'il est l'archétype de l'insubordination ou de la liberté férocement voulue pour elle-même, et ils ne tendent vers cet archétype que pour se l'approprier ou le rapporter à eux-mêmes : la liberté prise pour fin ne saurait tendre vers un « bien » en s'y subordonnant, parce qu'elle n'aurait plus raison de fin ; il est dans la logique de celui qui se fait le suppôt du démon de conserver par-devers lui l'espoir de supplanter le diable lui-même. S'il est ainsi des hommes capables de se subordonner à Satan, il faut logiquement qu'ils aient commencé par se mentir à eux-mêmes, c'est-à-dire à voir en lui autre chose que ce qu'il est. **Ils doivent précisément n'y voir qu'un mythe**[41], c'est-à-dire la projection métaphorique de leur liberté terroriste. Ce qui revient à dire que le mensonge d'un tel mythe n'est pas de voiler la vérité, ou de la révéler dans une « *velatio* » (ou encore latéralement), mais de se donner à penser précisément à titre de mythe, ou comme histoire symbolique. C'est ainsi que Bakounine considéra le « mythe » de la révolte de nos premiers parents. **Le véritable sataniste est athée.** On ne préfère Lucifer (le dieu « bon ») au Dieu « mauvais » (Yahvé) que parce que ce dernier est pensé comme l'émanation d'un néant créateur qui prend ultimement conscience de soi en l'homme. Le gnosticisme est, sous ce rapport, l'anticipation de soi de l'athéisme, comme la représentation ou image de ce dont ce dernier est le concept, et le panthéisme n'est, selon le mot de Vinet, qu'un athéisme emphatique et solennel. Étienne

---

[40] Et même voulue, sous un certain rapport. Dieu est omnipotent aussi bien par les décrets de Sa volonté que par Sa science infinie, sans que cette Volonté soit ablative de la liberté de la créature. Il faut « tenir les deux bouts de la chaîne », comme le dit Bossuet dans son *Traité du libre arbitre* (c. IV).

[41] Jean-Claude Lozac-hmeur remarque lui-même (*Fils de la Veuve*, *op. cit.*, p. 138), que « *muthos* » signifie aussi « fable », « récit servant de prétexte à une moralité ».

Couvert (*De la gnose à l'œcuménisme*, Chiré, 1983, p. 31), fait justement observer : « Ceux qui vont atteindre la perfection, les vrais "Élus du Dragon", auront, **par je ne sais quelle aberration de l'entendement** <c'est nous qui soulignons>, reconnu vraiment le Serpent et lui adresseront alors, en toute "connaissance", leurs hommages. Mais ils seront, au sens propre, possédés et non libres. » Or c'est précisément cette « aberration » qui appelle une explication : ils veulent en vérité se déifier, et cette prétention, qui ne supprime pas en fait leur libre arbitre, exclut qu'ils se subordonnent à un Maître.

On pourrait certes suggérer que les méchants se mentent à eux-mêmes (condition obligée de tout péché qui présuppose l'obscurcissement intentionnel de la vision du bien) en ce qu'ils décident d'apercevoir en Satan un Dieu bon. Mais alors de trois choses l'une. Ou bien Satan est reconnu comme une créature, et alors sa révolte — supposée salvatrice dans l'hypothèse puisque Dieu est « mauvais » — est vaine et vouée à l'échec : il est absurde de lutter contre celui dont on tient l'être, pour le renverser, puisqu'on renverse par là la source de son existence propre et de l'efficace de sa propre insurrection. Reconnue *a priori* comme vaine par les hommes, ou impuissante, la révolte du diable ne saurait les inviter à distinguer en lui un Dieu bon. Ou bien Satan n'est pas une créature et, reconnu comme le vrai Dieu, il contracte aux yeux du méchant le caractère haïssable que lui inspirait Yahvé puisqu'un tel « créateur » exige de ses rejetons qu'ils lui subordonnent leur liberté. Ou bien encore Satan n'est pas une créature mais il n'est aucun besoin de créateur parce que les subjectivités angéliques et humaines sont autant de prises de conscience de soi d'un divin impersonnel. Mais ce processus de prise de conscience de soi ne saurait s'arrêter là : si le divin se fait, **devient**, se réalise dans l'Histoire, alors le divin est au terme, dans « l'homme nouveau », l'homme générique mythique de l'avenir **humain.**

Pour toutes ces raisons, nous ne croyons pas, comme nous l'avons annoncé, à l'existence d'un gouvernement mondial secret et organisé dont les maîtres seraient les suppôts de l'enfer. L'unité positive est la marque de la divinité de l'Église. La Contre- Église ne peut avoir d'unité que négative, le commun refus de la même unité. Mais un tel refus de l'unité exclut que ses négateurs, fût-ce pour s'y opposer, s'en fassent eux-mêmes participants, qui de ce fait sont divisés nécessairement entre eux. Et si l'on envisage un gouvernement non purement humain mais diabolique, consciemment opposé au Bien absolu qu'est Dieu et délibérément voué à la réalisation du mal absolu (peut-il jamais l'être ?) par l'effet d'une véritable possession, force est de remarquer qu'il n'est pas au pouvoir du démon de se subordonner, même dans l'élément limité d'une secte dont tous les membres seraient consciemment satanistes, toutes les ressources de la liberté de ces hommes déchus. En effet, le mal n'est jamais voulu pour lui-même, n'étant jamais désiré que « *sub ratione boni* » ; le choix du mal demeure peccamineux en tant qu'est révélée dans la position de ce choix la conscience de ce que ce bien relatif est privation d'un bien plus grand. Or le mal du péché est le refus et la transgression de l'« *intentio naturae* », laquelle est l'expression de la volonté divine. Le mal absolu est donc le refus radical de toutes les lois de la nature humaine (et tel est le carpocratisme), cependant qu'il ne peut être voulu, à peine de n'avoir pas de contenu ou de n'être pas (puisque le bien et l'être sont convertibles), que s'il satisfait néanmoins quelque virtualité de la nature humaine. Et la seule virtualité de la nature humaine qui se puisse opposer radicalement à la nature humaine elle-même est la subjectivité, parce qu'elle est à la fois intérieure à la nature humaine (elle en procède), à la fois telle qu'elle est capable de se l'objectiver tout entière, c'est-à-dire de se poser à distance et au-dehors de ce dont elle est constitutive. Le seul mal absolu possible qu'il soit au pouvoir de l'homme de plébisciter est le projet de l'érection de sa subjectivité comme « *ratio* » de toute chose. Ce ne peut être que l'émancipation par la subjectivité de la nature humaine qui la mesure en droit, dans une relation conflictuelle de la subjectivité à l'égard de l'essence humaine et, au terme, par une négation par la subjectivité de l'essence humaine elle-même. Toutefois, à peine de s'abîmer dans le néant (puisque être, c'est être quelque chose de déterminé, ou avoir une nature), la subjectivité ne peut vouloir son émancipation entendue comme indépendance à l'égard de toute manière d'exister. Elle ne peut donc accomplir son vœu de transgression absolue qu'en se reconnaissant comme vouée à se donner sa propre manière d'être, sa nature. Ainsi peut-elle continuer à être, sans être mesurée par une nature. Mais cette opération est le privilège de Dieu seul : se donner sa nature c'est, *ad intra*, s'engendrer et, *ad extra*, être capable de donner sa nature à l'être que l'on crée. L'acmé de la contestation, pour un être libre, est donc le choix opéré par la subjectivité de se déifier. Or la déité ne souffre pas de rivale puisqu'une coexistence d'absolus les rendrait dépendants, relatifs et non absolus. La conscience déifiée ne peut donc se subordonner au service d'une fin qui la transcenderait, tel un Lucifer entendu comme un anti-Dieu. C'est pourquoi l'adhésion à une secte sataniste n'est que la version inchoative de l'athéisme, tréfonds indépassable du refus de Dieu. La liberté des hommes déchus dont il était question plus haut, de ces hypothétiques possédés qui auraient choisi leur possession, n'est donc pas totalement confisquée par le choix du mal supposé rédhibitoire (Satan), parce que se faire en cette vie l'affidé du diable est seulement souscrire à une représentation du mal, non à son essence. N'étant pas totalement assujettie au diable, cependant qu'elle le croit, elle n'a pas pleine conscience de la nature du projet satanique qu'elle sert, précisément et paradoxalement (mais non contradictoirement) parce qu'elle sert consciemment ce Malin dont la ruse suprême réelle est de laisser croire qu'il n'existe pas. N'ayant pas pleine conscience d'un tel projet, elle ne peut l'organiser en se soumettant toutes les initiatives insurrectionnelles à l'encontre de la Volonté divine. Un gouvernement mondial satanique omnipotent sur des pécheurs, fussent-ils en petit nombre, est donc impossible. S'il en existe un qui prétendrait par exemple (tel le fameux « *Kahal* », tribunal international de la Synagogue talmudique supposé siéger à New York selon Mgr Jouin, Henry Ford ou Léon de Poncin) diriger secrètement toutes les loges maçonniques, toutes les Banques centrales, tous les Partis communistes, etc., il se contente de se rêver comme tel. Ce qui existe en revanche, et qui s'émancipe des autres formes de subversion parce qu'il les accomplit (fût-ce contre elles-mêmes, qui sont rivales entre elles), c'est le communisme réel, horizon indépassable de toutes les tentatives de déification de la subjectivité. Du point de vue du sentiment, ou de la représentation, le satanisme religieux, ou antithéisme, suscite une répulsion plus grande que l'athéisme. Mais il n'est pas certain qu'il soit, conceptuellement, le degré dernier du mal.

53 – Conclusion

La thèse de l'essence de la Subversion comme antithéisme explique la « chute » du communisme : ce dernier ne serait qu'un instrument des Loges et en dernier ressort du Judaïsme, à moins qu'il ne soit un instrument du Judaïsme et en dernier ressort des Loges qui le manipuleraient et qui se permettraient ainsi de développer en leur propre sein un courant anti-juif, néo-païen et, pour le dire en un mot, nazi. Nous avons dit nos réticences à l'égard de cette position. Mais notre explication appelle un complément. Quelle est de notre point de vue la raison de cet effondrement ? Si le communisme est indépassable en tant que seule organisation rationnelle politique d'un monde athée (l'homme s'engendrant par la transformation du monde et se donnant sa nature sociale qu'il se sait posséder comme son résultat par la collectivisation des moyens de production, c'est-à-dire grâce à l'appropriation par chacun des instruments laborieux de son autocréation), d'où vient qu'il ait été, semble-t-il, vaincu par un concours de forces dont la logique immanente, parce que fondée sur le subjectivisme, est d'en préparer objectivement l'avènement, quelque fortes et même sincères qu'aient pu être les dissensions entre les deux blocs ?

Si telle n'est pas la vocation du présent ouvrage que de répondre à cette question, il est permis néanmoins de suggérer ceci : le communisme soviétique s'est dissous dans le monde pour l'empoisonner. Une première phase, léniniste-stalinienne, de soixante-dix ans, succéda à l'internationalisme prolétarien des premiers marxistes qui attendaient que le capitalisme tombât comme un fruit mûr. Si l'on rapproche les analyses complémentaires de Claude Polin, d'Alexandre Zinoviev, de Françoise Thom et d'Hubert Bassot, ou même de Michel Heller, on est fondé à penser que le communisme est intentionnellement sorti d'une stratégie nationale passagère pour exacerber les contradictions de l'économie devenue mondiale depuis l'avènement assez récent de l'interdépendance effective des nations (dont l'économiste Maurice Allais a dénoncé la foncière instabilité), c'est-à-dire pour vérifier le discours théorique de Marx relativement au mouvement de bascule du capitalisme vers le socialisme dans les pays industriellement les plus développés.

Quant au national-socialisme, nous avons vu qu'il y avait loin des braillards pangermanistes, plus ou moins occultistes et pour la plupart protestants (tel Schönerer et son mouvement « *Los von Rom* »), au nationalisme somme toute assez classique du catholique Adolf Hitler, de Mgr Innitzer (archevêque de Vienne), du Cardinal Faulhaber (archevêque de Munich), de Mgr Rarkowski (ami de Mgr Benigni), de Mgr Gröber (archevêque de Fribourg), ou de Mgr Mayol de Lupé (aumônier de la *Brigade SS Charlemagne* et ami personnel de Pie XII). Ce qu'il y a de condamnable dans la NSDAP, en tant qu'irrationnel, qui induit les travers qu'on lui connaît (mais qui se retrouvent tout aussi bien dans l'école d'Action Française) et que l'Histoire a retenus en les hypertrophiant démesurément, c'est le caractère peut-être subjectiviste d'un tel nationalisme. Nous entendons par là cette propension à l'exaltation de la nation entendue non comme subordination du moi à une perfection spirituelle, mais comme la complaisance du moi dans une fusion collective et passionnelle qu'en vérité il se subordonne. Ce subjectivisme, radicalisé, n'est autre que le moteur qui métaphysiquement accouche, à son terme logique, du mondialisme marxiste. Mais le national-socialisme, autant que le fascisme, remit en cause les dogmes de 1789 : Être suprême rousseauiste, souveraineté populaire, individualisme, subjectivisme échevelé, égalitarisme, hédonisme. Réaction maladroite et désespérée contre la décadence du monde moderne, le subjectivisme de la NSDAP fut tempéré par le reliquat mal compris d'un authentique souci de transcendance, de dépassement de soi dans l'acceptation des lois de la nature, du tragique de la vie et de l'inégalité bienfaisante des êtres ; autant de vertus qui sont incompatibles avec le babélisme maçonnique et son retour à l'Âge d'Or qui n'est autre qu'un paradis dont le souverain serait l'homme déifié, dans une ivresse de matière où la subjectivité de Jean-Jacques contemplerait son infinité. Certains théoriciens confus et disparates du national-socialisme (qui n'est doctrinalement qu'une nébuleuse) se sont peut-être parfois inspirés plus ou moins, dans leur éclectisme ridicule en peine de donner figure à cet appétit mal éduqué de transcendance, de thèses gnostiques dangereuses en lesquelles le Professeur Lozac'hmeur crut reconnaître la permanence du schéma général qu'il a mis en évidence en étudiant les mythes indo-européens. Toutefois, dussent-ils avoir été corrompus par les mensonges du démon, ces mythes n'en révèlent pas moins la réminiscence d'une Révélation primitive et constituent, comme nous avons essayé de le montrer, comme la matière du dévoilement rationnel et critique de maintes vérités naturelles et essentielles. Nous sommes bien certain que Moscou et New York sont les deux faces de la même médaille. Mais cette dernière ne saurait avoir été forgée et manipulée par les Initiés d'une quelconque secte. Bien plus que le traditionalisme monarchiste, lequel eut longtemps pour les Maçons une bienveillance qui confine à la collaboration, les expériences fasciste et national-socialiste, couvertes de milliards d'injures et salies par les mensonges les plus énormes, ont été érigées en hypostases du Mal par les maçons eux-mêmes, de **toutes** obédiences, lesquelles ne furent jamais politiquement inquiétées, de manière vraiment sérieuse, que par de telles expériences.

Il est vrai que certains maçons furent collaborationnistes. Mais il conviendrait dans chaque cas de distinguer entre ce qui relève de l'opportunisme, du manque d'information ou du mauvais calcul. Pour ce qui est de l'opportunisme, on peut vouloir être du côté des plus forts du moment en vue de les infiltrer, de les manœuvrer de l'intérieur, on peut feindre de les approuver pour continuer à subsister (puisque le régime fermait les Loges) : on vit même plusieurs Israélites solliciter leur adhésion à la NSDAP. Pour ce qui est d'une possibilité de méprise, ou du manque d'information, on sait que certains trouvèrent dans la maçonnerie, dont ils ne connaissaient que les aspects les plus superficiels, la forme d'une spiritualité que cent cinquante ans de jacobinisme et un siècle de scientisme les avaient empêchés de reconnaître en sa vérité dans le catholicisme oublié. Quant au mauvais calcul, plusieurs furent les maçons à tenter de voir dans le national-socialisme naissant, soit à cause de sa branche gauchiste (révolution permanente), soit à cause de sa branche naturiste et gnostique (qui séduisit même un moment Teilhard de Chardin...), soit encore en vertu de ses prouesses industrialistes lui frayant une troisième voie entre socialisme collectiviste et libéralisme individualiste, un avatar pour temps de crise de la vieille utopie hédoniste et du rationalisme de l'*Aufklärung*. Mais tous s'en détachèrent après qu'ils eurent compris le caractère foncièrement réactionnaire de la révolution fasciste et national-socialiste dans son entreprise de réfection de l'Europe livrée à toutes les formes de la Subversion.

Dans un article très clairvoyant (paru dans *Rivarol*, n° 2491 du 28 juillet 2000, p. 7), Léon Arnoux rappelle que la loi est toujours dans un pays donné l'expression d'une volonté politique : des « vérités » intangibles ont été établies à Nuremberg dans un procès qui fait toujours jurisprudence en dépit de l'évolution des données de l'histoire, qui devrait modifier ces vérités et ne pas les transformer en dogmes. Léon Arnoux ajoute : « C'est ici que l'on peut apprécier où se situe le pouvoir réel. » La décision d'« affirmer, de nier, ou de bloquer certaines choses est (...) politique (...). Les pouvoirs judiciaires, médiatiques, culturels, bancaires ou autres existent bien. Mais ils sont les courroies de transmission du véritable pouvoir qui les centralise tous et les a tous dans sa main : le pouvoir politique. » Et en effet, qu'il existe une causalité réciproque des différents pouvoirs s'exerçant les uns sur les autres n'exclut pas qu'il y ait une hiérarchie dans les divers ordres de causalité (causes principales et instrumentales ; causes efficiente et matérielle, formelle et finale) : la cause principale meut la cause instrumentale (qui peut certes influencer la première), la cause finale meut les autres causes (dont elle doit certes tenir compte et qui peuvent compromettre son effet). Nous faisons nôtre le propos de Léon Arnoux, en ajoutant que le pouvoir politique est lui-même, comme première cause efficiente, mû en dernier ressort par l'idée politique ou cause formelle visée à titre de fin, c'est-à-dire par la doctrine ou l'idéologie — avouée ou non, consciente ou non — qui l'inspire. Les causes sociales de type sectaire (ou bancaire ou de toute autre nature) ne sont premières ni dans l'ordre de l'efficience ni dans celui de la forme : elles présupposent le pouvoir politique qu'elles n'investissent qu'avec son consentement (*i.e.* en le servant), elles doivent se faire politiques pour être efficientes ; et elles ne pourraient briguer le magistère politique si leur ésotérisme de pacotille (ou les techniques d'enrichissement financier) ne contenait (ou ne procédait d') une doctrine philosophique susceptible d'être rationnellement dégagée.

CHAPITRE VI

Le point de vue catholique à propos de la question juive

54 – Introduction

On ne peut tirer, d'un point de vue catholique ici adopté, un bilan honnête du traitement qui fut appliqué par les autorités du IIIe Reich à la communauté juive, qu'en posant le problème du judaïsme dans les termes en lesquels le posèrent les États catholiques (et plus généralement les sociétés occidentales, toutes formées à l'école du christianisme) hostiles à la laïcité, c'est-à-dire les États vraiment catholiques. C'est à l'aune du contenu même, ici exposé brièvement, de la question juive, que nous laisserons aux lecteurs le soin de dégager les termes de la solution finale qu'elle appelle, et de juger de la pertinence ou de l'inadéquation de la réponse qui lui fut apportée par les fascismes. Nous rappellerons que la loi française interdit aujourd'hui qu'il puisse être sereinement procédé, dans un travail publié, à l'analyse critique des conditions historiques de cette réponse.

Publié le 16 mars 1998, le *Document de la Commission pour les rapports religieux avec le Judaïsme*, préfacé par Jean-Paul II, a déçu la communauté juive internationale qui attendait non seulement une reconnaissance par l'Église catholique de sa responsabilité dans ce qu'il est officiellement convenu d'appeler la « Shoah », mais encore une condamnation de l'antijudaïsme chrétien. En ce qui concerne l'omission relative à ce dernier point, les catholiques n'ont pas lieu de se réjouir, parce qu'un tel texte remet en cause, au fond, la légitimité même de l'Église catholique. On voudra bien noter qu'il n'est pas question ici de se complaire dans le paradoxe.

55 – L'enseignement de l'Église

Au chapitre III de l'ouvrage *Le Choix de Dieu* du Cardinal Lustiger, on trouve des formules de l'espèce suivante :

« Israël a sa raison d'être jusque dans le Royaume des Cieux. (...) La catégorie "chrétien" ne gomme pas les catégories du Juif et du païen ; l'Église ne nie pas les différences, elle les relativise en les référant au Christ. (...) Dans l'unique histoire humaine, ceux qui reconnaissent le Christ comme Messie ne sont pas les seuls à travailler avec Lui à la Rédemption du monde. (...) Les Alliances ne se périment pas l'une l'autre. »

En substance, cette doctrine ne diffère pas beaucoup de celle qu'on trouve sous la plume d'auteurs aussi divers qu'Hubert Le Caron (*Dieu est-Il antisémite ?*, Éd. Fideliter, 1987), les rédacteurs de la revue lefebvriste du MJCF (*Savoir et servir* n° 57, p. 22), et plus généralement une branche non négligeable d'auteurs catholiques, souvent traditionalistes, qui confèrent une responsabilité très importante, à nos yeux démesurée, à l'influence de la communauté juive dans l'explication de l'histoire du monde. Une telle doctrine est objectivement philosémite puisqu'elle enseigne que le peuple juif, jadis élu, demeure élu en tant que nation et, à ce titre, le préféré de Dieu qui lui réserve, après sa conversion, la première place spirituelle au sein de l'Église et la première place politique parmi les nations ; la création d'Israël en 1948 serait un bien, les Juifs seraient en quelque façon rappelés, conformément à l'enseignement « figuriste » du diacre Pâris. Pourtant, une telle doctrine favorise logiquement, en milieu catholique, un antijudaïsme extrême : si « *corruptio optimi pessima* » ; si le peuple juif, en sa réalité ethnique, demeure en droit l'élu et le préféré de Dieu, à ce titre le meilleur en tant que le plus aimable, son refus du christianisme en fait pour un chrétien l'ennemi privilégié et comme la source de toutes les corruptions de la société chrétienne.

On est en droit de penser que les choses ne sont peut-être pas si simples. Une telle attitude revient d'une part à concéder aux Juifs la seule chose qui leur soit chère, à savoir l'actualité de l'élection et de la préférence charnelle à raison de laquelle, selon leur conception de la dilection divine, ils se croient autorisés à dominer le monde par tous les moyens (c'est-à-dire en tant que facteurs de dissolution de toutes les hiérarchies naturelles), pour la gloire de leur Dieu qu'ils en viennent, en tant que Kabbalistes, à confondre avec eux-mêmes et avec leur propre gloire. Ce n'est pas la haine qu'ils suscitent qui les scandalise. Ils aiment à être haïs parce que cette hostilité leur est motif d'un surcroît d'autoglorification. Ils cultivent par elle l'hallucination qu'ils entretiennent en eux depuis deux mille ans, à raison de laquelle ils continuent à se rêver comme le sel de la terre : n'étant guère riches de raisons intrinsèques de s'aimer, ils ont besoin de la haine des autres. Les haïr au point d'en faire les causes premières de la Subversion revient à les honorer, c'est-à-dire à les servir. La seule chose qu'ils ne supportent pas est qu'on les prenne pour ce qu'ils sont, c'est-à-dire pour des gens ordinaires qu'aucun talent naturel particulier ne prédispose à susciter l'envie, qu'aucune perversité intrinsèque autre que le contenu de leur croyance ne désigne à la vindicte. D'autre part, une telle attitude intellectuelle « figuriste » revient, dans l'analyse des causes qui font l'Histoire, à contracter cet habitus stoïcien induit par la substitution d'une philosophie pré-nominaliste de l'événement à la philosophie aristotélicienne de l'essence ou forme. La cause de la diffusion historique du mal ne serait pas à chercher dans le contenu des doctrines ou projets auxquels souscrivent librement les volontés, elle serait à chercher dans les sectes, les groupes de conspirateurs, les tribunaux secrets, ce qui est encore une manière d'adopter les fantasmes de l'Histoire parallèle ou officieuse, des théories du complot, comme si le diable (ou les Juifs) était la cause du mal et non son instrument. Nous avons dit dans le chapitre précédent ce qu'il convenait selon nous de penser de ce tour d'esprit.[42] Il n'est pas question de nier l'influence considérable, économique et médiatique, politique même lorsqu'ils en viennent à s'emparer des leviers du pouvoir, des groupes subversifs en général. Il est seulement question de ne pas identifier la cause formelle aux causes dispositives. La maçonnerie et le lobby juif, ou le lobby protestant, ne sont influents que parce que le catholicisme et la saine philosophie, qui faisaient la force des peuples d'Europe, se sont attiédis en ces derniers au point de leur faire embrasser des doctrines fausses qui paralysent leurs puissances de réaction et d'affirmation de soi.

Beaucoup plus fidèle au dogme catholique, objectivement parlant, quoique pour en tirer des conséquences opposées au catholicisme, est la position du Professeur Yeshayahou Isaï Leibovitz :

> « Il n'y a <entre Juifs et chrétiens> ni héritage commun ni dialogue. Le christianisme est issu de sources juives, mais c'est une religion grecque. (...) Pour nous, du point de vue de la foi, le christianisme n'a aucune importance. Mais, pour les chrétiens, depuis l'an 33, le fait même de l'existence d'un judaïsme est impensable. (...) La base de la foi chrétienne est la négation de la légitimité du judaïsme. Le christianisme se considère comme le seul

---

[42] **Pour mémoire** :
Si Dieu, qui est le Bien, meut les causes naturelles et les causes volontaires à titre de Principe **premier**, il n'en est pas de même, dans l'ordre des actions mauvaises, pour le diable qui n'est pas l'essence du Mal. La cause première du Mal réside dans les puissances de déclinabilité liées au libre arbitre des créatures raisonnables : « (...) *tam angelus quam quaecumque creatura rationalis, si in sua natura consideretur, potest peccare* » (saint Thomas d'Aquin, *Somme théologique*, I^a q. 63 a. 1 : s'il est considéré dans sa nature même, l'ange comme toute créature raisonnable a la possibilité de pécher). Mais le libre arbitre est lui-même l'attribut de la volonté qui, appétit rationnel, est intrinsèquement suspendue à la raison. Puis donc que la raison — intellect en tant qu'il se meut — se nourrit d'idées, c'est en dernier ressort dans la logique non libre des idées ou doctrines (vraies ou fausses) auxquelles elle souscrit librement qu'il convient de chercher le destin objectif d'un choix libre. C'est aussi, quand elles sont fausses, dans la puissance de séduction de telles idées **en tant qu'idées** qu'il convient de chercher les motifs de l'engagement peccamineux du vouloir, et non « *primo et per se* » dans ce sujet diabolique qui ne les hypostasie nullement, au rebours de l'Essence divine qui dans l'ordre du Bien et du Vrai hypostasie les Idées éternelles.

judaïsme authentique. (...) <Les Papes> accomplissaient ce qui devait être accompli : la liquidation du judaïsme » (*Le Nouvel Observateur*, 24 décembre 1992). Il s'agissait bien entendu de l'œuvre des papes avant Vatican II.

Pour le catholicisme bien compris, le peuple juif de l'Ancien Testament, issu originairement de la semence d'Abraham, est un peuple artificiel, c'est-à-dire un peuple opéré par l'art divin, dont le constitutif formel exclusif n'est nullement naturel mais d'ordre culturel, et plus précisément théologique. Les Juifs ne constituent pas une race, au sens biologique du terme, en dépit de leurs propres prétentions et, sur ce sujet, de l'approbation des Nazis. Leur communauté s'est enrichie très vite de rameaux divers, au départ sémitiques, au point d'être qualifiée de « ramassis » (« *vulgus promiscuum* » : Nombres XI, 4). François-Georges Dreyfus (*Le Troisième Reich*, Poche, 1998, p. 77-78) rappelle justement :

> « Günther s'étend bien moins sur ce que les antisémites allemands appellent la "race juive". Cela n'aurait pas été inintéressant, il aurait été obligé de distinguer des groupes qui, eux aussi, ont des "caractéristiques physiques et spirituelles-intellectuelles" : il aurait pu distinguer les Juifs allemands déjudaïsés, souvent blonds (ou roux) aux yeux clairs, les Juifs venus de l'est, généralement bruns, "petits, foncés, trapus", très proches de ce qu'il appelle la race "estique" pour la bonne raison que bon nombre de ces Juifs sont très vraisemblablement des "Estiques" descendants d'un peuple ouralien, les Khazars, dont une partie se réfugia au VIIIe siècle en Ukraine du Nord autour des marais de Pinsk ; de là ils rayonneront vers la Lituanie et la Galicie avant d'être germanisés par les Juifs rhénans obligés de fuir les bords du Rhin soit au temps des Croisades, soit lors de la peste noire. En réalité la grande majorité des Juifs allemands ne doit pas avoir grand-chose à voir avec l'ethnie sémite... »[43]

---

[43] Dans ses *Mémoires* (Julliard, 1983, p. 503), Raymond Aron rappelle honnêtement que « ceux que l'on appelle les Juifs ne sont pas biologiquement, pour la plupart, les descendants des tribus sémites dont la Bible consigne les croyances et raconte, transfigurée, l'Histoire. Dans le bassin méditerranéen, à la veille ou dans le premier siècle de l'ère chrétienne, des communautés juives existaient, dispersées, converties au judaïsme et non pas nécessairement composées d'émigrés de la Palestine. Pas davantage les Juifs de la Gaule romanisée ne venaient tous de Palestine. Juifs et chrétiens furent proches les uns des autres avant la victoire des chrétiens et la conversion de Constantin. » Les Juifs contemporains sont « davantage marqués par leurs cultures nationales respectives que par la référence à une ascendance plus mythique qu'authentiquement historique ». Récemment, l'historien israélien Shlomo Sand, professeur d'histoire contemporaine à l'université de Tel-Aviv, a confirmé (*Comment le peuple juif fut inventé* : Fayard, 2008, *Comment la terre d'Israël fut inventée* : Flammarion, 2012) ces thèses de Raymond Aron et de François-Georges Dreyfus.

Mais son caractère de peuple mêlé est bien antérieur à la venue du Christ.[44] Le peuple juif n'avait aucune vocation naturelle (politique et culturelle), mais seulement une vocation surnaturelle qui s'achève, dans les deux sens du terme, qui s'accomplit et se supprime, se consume ou se « sursume », dans le Christ : il ne reste rien de la chrysalide, sinon une coquille vide et morte, vouée à la poussière, après la genèse du papillon. En d'autres termes, le peuple juif de l'Ancien Testament, dont l'actuelle communauté juive hostile au christianisme se veut le prolongement, réactualisant par là le péché de ses pères dont elle endosse ainsi la responsabilité, appartient pour le catholique aux poubelles, ou au musée, de l'Histoire du Salut. C'est pourquoi toute tentative de dissocier, par passion antisémite d'inspiration gnostique (Marcion), le Nouveau Testament de l'Ancien, dessert illogiquement, en redonnant vie à la chrysalide (qui ne meurt à elle-même qu'en se déchirant dans la production de son fruit), son vœu de dissoudre le judaïsme. Contre le néo-paganisme (que les Juifs lucides reconnaissent comme leur allié objectif), contre tout christianisme « positif » ou national qui se refuserait à assumer la mémoire de son origine historique orientale, s'interdisant ainsi de s'en reconnaître comme la raison ou la finalité (c'est-à-dire l'origine ontologique), il n'est qu'une manière conséquente de professer l'antijudaïsme, c'est d'être catholique. Dans son légitime souci de saper à la base le pseudo-prophétisme de Teilhard de Chardin, le Père Calmel faisait observer (*Théologie de l'Histoire*, DMM, 1984, p. 79 et 80) qu'il n'y a plus aujourd'hui d'Histoire Sainte, au sens habituel du terme. Il rappelait qu'il est tout simplement faux, pour le catholique, d'affirmer que par les événements de l'histoire humaine l'Esprit-Saint nous apporterait quelque chose de plus et ferait progresser la Révélation dans l'Église comme Il le fit dans l'ex-peuple élu par les événements de l'Exode. Autrement, l'Église recevrait par là un complément de lumière et de grâce qui lui ferait défaut, ce qui revient à dire que tout n'aurait pas été donné dans le Christ. On ne saurait en vérité élever l'histoire humaine à la dignité de cause efficiente de la Révélation et du Salut. C'est dans l'Église

---

[44] A. Chouraqui (*Dialogue entre Jean Daniélou et André Chouraqui*, *Les Juifs*, Verse et Controverse, Beauchesne, 1966, p. 29) rappelle : « Vous parliez de l'ethnicité de l'Israël biblique : le peuple de la Bible se constitue d'une manière paradoxale au cours du millénaire qui s'écoule entre Abraham et David. Il se constitue non pas à partir d'une ethnicité ou d'une terre définie, mais à l'appel d'un message, d'un Dieu, d'une Alliance. On voit le peuple d'Israël se constituer par vagues successives d'hommes qui sortent comme aujourd'hui d'ailleurs, du sein des civilisations voisines. L'Israël moderne ressuscite <Chouraqui s'en réjouit, ce qui est compréhensible puisqu'il n'est pas chrétien> le processus de la constitution de l'Israël biblique : des hommes sortent de pays, de civilisations différentes et viennent s'agglomérer, s'intégrer sur une terre qu'ils élisent et pour laquelle ils optent. » C'est la religion seule qui fait le Juif, et qui n'induit des caractères sociologiques, psychologiques, physiques même, que comme conséquence. André Chouraqui rappelle (p. 85, *op. cit.*) que le « type » juif est venu de la mise à l'écart des Juifs dans les ghettos.

que l'Esprit-Saint réside, et c'est par Elle qu'Il procure le Salut. Mais l'enseignement du Père Calmel vaut tout autant pour la situation des Juifs après la déchirure du voile du Temple, qui consommait la rupture de la Première Alliance et la substitution à cette dernière de la Seconde et définitive Alliance inaugurée par le Christ. Si l'Église désire la conversion des Juifs comme de tout homme, Elle n'a pas besoin de leur conversion pour se constituer comme le lieu et le Corps en et par lequel l'Esprit-Saint procure le Salut. Or reconnaître aux Juifs une prédestination surnaturelle toute particulière **aujourd'hui** — telle, selon Jacques Maritain, une « œuvre d'activation terrestre de la masse du monde » (formule en laquelle Bernanos voyait la description fidèle du rôle du diable) — c'est dire, leur imputant une vocation unique dans l'économie du Salut, que l'Église est en attente de les intégrer comme cette cause efficiente de Salut qui lui donnera d'être pleinement l'Église que, dans l'hypothèse, elle ne serait pas encore vraiment...

Si — le Salut **universel** étant **raison** de la venue du Christ (préparée par la formation instrumentale du peuple juif), de Sa mort et de Sa Résurrection — la judéité n'est pas abolie par le christianisme, c'est que le Christ même après Son martyre reste associé de manière privilégiée aux Juifs en tant que Juifs, de telle sorte que Sa formalité sotériologique leur est intrinsèquement liée au point de faire dépendre son efficace de la consommation historique ultime — post-christique dans l'hypothèse — de la vocation du peuple juif. Le Christ n'achève Sa mission rédemptrice, c'est-à-dire n'est vraiment Sauveur, que dans et par l'entéléchie historique de la judéité (leur reconnaissance par l'Église, que d'aucuns identifient à leur conversion ultime annoncée par saint Paul), et alors il n'y a d'Église vraie, de Corps mystique constitué, que dans la Parousie...

Pour le dire autrement, si le Christ est raison d'être du peuple juif, c'est que l'élection de ce dernier a le statut de moyen. Si une telle élection subsiste après la Résurrection, c'est que la Résurrection ne consomme pas la mission salvatrice du Christ : ou bien le Verbe S'est incarné en vain, ou bien l'envoi de l'Esprit promis après l'Ascension n'insufflera dans le Corps mystique Ses vertus apostoliques de force et de vérité qu'après l'avènement du Messie qu'attendent les Juifs ; au mieux, à supposer que les Juifs ne prennent pas l'Antéchrist pour le Christ, la mort et la Résurrection du Christ ne contractent, dans cette perspective, leur vertu salvatrice que dans et par la Parousie...

Beaucoup plus catholique est la position de Denise Judant, catholique d'origine juive (et non « Juive convertie », car un Juif converti n'est plus Juif, d'aucune façon) qui, dans *Jalons pour une théologie chrétienne d'Israël* (Éd. du Cèdre, Paris, 1975) déclare :

> « L'alliance conclue avec le peuple juif de l'Ancien Testament n'était (...) que provisoire » (p. 2) ; « le peuple juif n'a été que l'instrument du salut voulu par Dieu ; d'autre part, il s'agit de l'ancien Israël et non du peuple juif actuel » (p. 21). Dans le même ouvrage : « D'après le Nouveau Testament,

rien ne permet de penser que le peuple juif conserve un rôle particulier dans l'économie divine » (p. 66). « Quoi qu'il puisse arriver à la partie incrédule du peuple juif, les promesses de Dieu sont accomplies. Tout est réalisé dans le Christ » (p. 68). « L'élection primitive, l'élection du peuple juif en Abraham est ordonnée au salut par le Christ, elle n'a pas d'autre finalité » (p. 95). « Tel est le vrai "mystère d'Israël" : non pas une dialectique[45] entre l'Église et le peuple juif actuel, mais le mystère du salut lui-même » (p. 111). « Le "mystère d'Israël" n'est pas l'existence du peuple juif, mais sa réintégration éventuelle dans l'Église, il implique l'acceptation du Christ et son refus, ainsi que les conséquences qui en découlent » (p. 112). « Ni le peuple juif, ni le judaïsme n'ont désormais de rôle particulier à jouer dans l'ordre du salut. Les Juifs ont à reconnaître le Messie, tout comme les païens » (p. 109-110). « Certains estiment que la partie incrédule du peuple juif bénéficie d'un amour préférentiel de Dieu. Cette position ne s'appuie pas sur l'Écriture et elle est étrangère, si ce n'est opposée, à la Tradition de l'Église » (p. 117). Et Denise Judant cite (p. 61) saint Thomas d'Aquin : « Les bienfaits accordés par Dieu au peuple d'Israël représentent ceux dont le Christ nous a gratifiés » (*Somme théologique*, I[a] II[ae] q. 103 a. 3). Puisque la deuxième Alliance **se substitue** (Hébr. VIII, 7) à la première, elle précise : « Le Docteur Angélique n'envisage pas que les dons de Dieu aient pu rester d'une façon quelconque sur les Juifs. Pour lui, ceux-ci ont été "dépossédés de la grâce (*exciderant a gratia*)" » (p. 103). Plus clair encore : « La conduite de Dieu montre que l'ensemble des païens lui est plus précieuse que les Juifs et qu'Il les aime davantage (*sic igitur ex hoc ipso videtur gentilitas esse pretiosor et magis Deo accepta quam judaea*) » (saint Thomas d'Aquin, à propos de l'Épître aux Romains (XI, 26), dans son commentaire de cette même Épître : Éd. Vives, Paris, 1878, t. XX, p. 540). On peut ajouter, pour clore le débat : « Vous avez souffert (...) de la part des Juifs, qui ont tué même le Seigneur Jésus et les Prophètes, et qui nous ont persécutés à notre tour ; qui ne plaisent point à Dieu, et qui sont les ennemis de tous les hommes ; nous empêchant de parler aux Gentils pour qu'ils soient sauvés, afin de combler en tout temps la mesure de leurs péchés ; car la colère de Dieu est arrivée sur eux **définitivement** » (Saint Paul, I Thessal. II, 5-16).

Il résulte de ces considérations que la particularité nationale d'un tel peuple, et sa réalité politique temporelle, avaient pour vocation de se convertir en l'universalité spirituelle et surnaturelle de l'Église éternelle (dont l'Israël historique n'était que la préfiguration), laquelle transcende en se les subordonnant, mais sans les supprimer, les vocations nationales des peuples naturellement constitués : si le monde arabe, en majorité musulman, se convertissait au catholicisme, il ne cesserait pas d'être arabe et d'en conserver le génie propre. Mais tel

[45] Thèse professée par le Père de Lubac (moderniste) et par l'abbé Julio Meinvielle (contre-révolutionnaire).

n'est pas le cas du peuple juif qui, lointainement d'origine sémitique, est un peuple non naturel mais de part en part théologique. Aussi les Juifs n'ont-ils plus, même convertis, de vocation particulière, ni dans l'économie du Salut, ni dans l'ordre naturel (tel celui de la culture). Les dons et l'appel « sans repentance » de Dieu (Rom. XI, 28-29) désignent la vocation des Juifs à se convertir au christianisme et à se fondre dans les peuples déjà constitués. Jacques Maritain, inspiré par la mystique échevelée de Léon Bloy, associait à l'orthodoxie catholique la reconnaissance de l'État d'Israël, pour des raisons qui ne sont peut-être pas étrangères à celles qu'évoque Lucien Rebatet dans *Les Décombres*. En vérité, du point de vue catholique, l'État d'Israël n'a pas lieu d'exister. Il est l'affirmation théologico-politique d'un droit des Juifs à exister en tant que Juifs dans un monde ayant vocation à devenir catholique. Or le judaïsme et le catholicisme s'excluent aussi radicalement, comme l'avaient compris les frères Lémann, le Père Ratisbonne et le Père Kolbe, que la chrysalide et le papillon. Donc l'affirmation théologico-politique d'un droit des Juifs à subsister comme Juifs, c'est-à-dire sous forme nationale, est l'affirmation d'un projet de substitution, appuyé par une diaspora dont nul aujourd'hui n'ignore la puissance économique, de Jérusalem à Rome : « Jérusalem, c'est le toit du monde. C'est là-bas que le destin de l'humanité se scelle. Israël est un arbre qui a ses racines dans le ciel et donne ses fruits sur la terre » (Grand Rabbin Joseph Sitruk, *Le Monde* du 6 mai 1992, p. 11). C'est pourquoi le pape saint Pie X opposera un refus définitif aux sollicitations de Théodore Hertzl. Les Juifs convertis (qui par là, en fait, ne sont plus juifs) ne sont aucunement l'objet d'une dilection divine particulière. Il n'y a plus d'autre race élue que celle, ecclésiale, des baptisés en Jésus-Christ. Au fond, il n'y a pas, pour le catholique et théologiquement parlant, de problème juif. Il n'est de problème juif que pour les Juifs, et c'est à ce titre seulement qu'il est un problème pour le catholique, en tant que ce dernier a la double charge d'apostolat et de défense de l'intégrité de la foi.

56 – Les raisons inavouables de l'antisémitisme traditionaliste

Que certains membres de la Traditions catholique contemporaine, peut-être à la nuque raide, en tout cas remuants et obstinés, se sentent autorisés — parce qu'ils maintiennent par ailleurs intègre le dépôt de la foi — à professer le contraire avec un aplomb et un dogmatisme que ne s'autoriserait pas un pape, relève de l'abus d'autorité. Ils s'arrogent en effet le droit d'imposer à leurs lecteurs, qui souvent sont des ouailles désorientées, leurs opinions, voire leurs coquecigrues privées. Il est certes permis à tout catholique, dès lors qu'il est respectueux du dogme, de proposer certains développements privés sur des questions libres non encore tranchées par le magistère. Mais, en tant qu'ils sont privés, ces développements ne sauraient exclure d'être soumis à la critique. Faut-il rappeler qu'en notre siècle douloureux de Passion de l'Église, alors que nul catholique traditionaliste n'est indubitablement assuré de ce que les « papes » modernistes jouissent de la plénitude des charismes attachés à leur fonction, les religieux traditionalistes, et les auteurs dont ils approuvent publiquement l'enseignement, se voient conférer par la Providence une espèce d'autorité de substitution, par là une responsabilité immense qui devrait les inviter à la plus grave prudence et à n'imposer que ce qui est certain, entériné comme tel par le magistère de toute l'Église d'avant la crise ? À moins qu'ils n'aient la magnanimité de cultiver, dans les publications qu'ils contrôlent et seulement sur tout ce qu'il est théologiquement permis de discuter, le pluralisme politique avec une équanimité et une impartialité qui seraient en même temps le gage de leur indépendance et renforcerait encore leur autorité sur tous les points théologiques essentiels, on est en droit d'attendre d'eux, comme envers du respect qui leur est dû, un certain devoir de réserve. On peut être pleinement catholique sans se faire maurrassien, monarchiste légitimiste ou pétainiste. Émettre une telle observation, qui se veut déférente, nous paraît d'autant plus nécessaire que bien des fidèles désemparés sont enclins à se reposer dans les réductionnismes paresseux, et à donner libre cours à des passions vengeresses (sur le problème juif en particulier) dont ils ne voient pas qu'elles nourrissent en fait la cause de leurs adversaires. Au reste, ce philosémitisme (déclarer que les Juifs seraient encore le peuple élu) si intimement mêlé à leur animadversion provoque chez les vrais défenseurs de l'identité européenne une réaction de rejet, certes injustifiable en soi, à l'égard du catholicisme lui-même qu'une telle conception invite tellement à considérer faussement comme une variante ou un sous-produit de l'esprit juif et oriental. Nous ne devons pas céder à cet antisémitisme viscéral (qu'il convient de distinguer de l'antijudaïsme de raison), qui pousse certains catholiques, afin de mieux faire ressortir l'hostilité d'Israël à l'égard des sociétés chrétiennes et son danger, à exagérer les prétendues vertus naturelles des Juifs. Plus juste est la position du Cardinal Daniélou sur ce point :

> « (...) le Juif <Daniélou parle du Juif d'avant l'Incarnation> est celui qui loue Dieu, c'est-à-dire que le Juif se trouve avoir, entre tous les peuples du monde, une signification d'un ordre absolument différent, et qui ne relève aucunement de ses aptitudes naturelles, car après tout je suis persuadé pour ma part que la civilisation juive était, à bien des égards, une civilisation inférieure aux grandes civilisations de cette époque » (*Dialogue avec André Chouraqui*, *Les Juifs*, Verse et Controverse, Beauchesne, 1966, p. 25-26).

Encouragés par les dons acquis d'adaptation que les sommèrent d'adopter dix-neuf siècles d'ostracisme, les Juifs n'ont répandu, par leurs provocantes réussites sociales, le mythe de leur supériorité intellectuelle, que pour persuader — et désespérément se persuader eux-mêmes — du mérite de leur élection, laquelle est caduque en vérité et, par ailleurs, n'est nullement fondée sur un mérite humain puisqu'elle relève tout entière de la miséricorde divine. Affligés d'une sorte de singulier complexe non dénué de cette envie et de ce ressentiment propres aux résidus d'aristocraties déchues et chimériques, les exégètes catholiques soutenant la thèse de l'actualité de l'élection des Juifs sont en général inspirés par les fantaisies historiques du Marquis de La Franquerie. Il s'agit, on l'a compris, de tenter de fonder théologiquement, par l'origine supposée judaïque du « sang bleu », leur prétention à recouvrer, nonobstant leur incompétence et leur paresse aussi notoires qu'il y a deux siècles, les privilèges dont ils s'étaient inconsidérément dessaisis lors de la Nuit du 4 Août (qu'on songe aux agissements du Vicomte de Noailles et du duc d'Aiguillon). Ils s'appuient aussi sur les vaticinations gnostico-maçonniques de Joseph de Maistre et, dans ce cas, sont millénaristes (ainsi attendent-ils un pape juif et un Grand-Monarque...), en dépit du décret du Saint-Office du 21 juillet 1944 (rapporté par la *Documentation Catholique* du 21 décembre 1947, colonne 1629-1630) et confirmé par Pie XII, qui émet au sujet du millénarisme, même mitigé, des réserves si fortes qu'il faut être de mauvaise foi pour n'y pas reconnaître une condamnation. Ils ne voient pas que les Juifs, parce que ces derniers ne sont pas naturellement dotés de la créativité propre aux peuples culturellement féconds, ne sont pas responsables des doctrines antichrétiennes dont ils ne furent jamais que les amplificateurs. Plus mesurée que la leur, et plus vraie, est la position d'Abel Bonnard :

> « Benda a dit qu'il voudrait une Affaire Dreyfus éternisée : c'est là un témoignage sans prix du fait que les Juifs ont besoin de la guerre civile. Ce sont les Juifs qui introduisent dans le corps de la France (...) une âme étrangère, par le moyen de l'idéologie révolutionnaire, **c'est-à-dire par la faute des Français** » <c'est nous qui soulignons> (*Inédits politiques*, Avalon, Paris, 1987, p. 123).

Si l'Histoire offre l'exemple de rares esprits juifs vraiment novateurs, tels Spinoza ou Marx, il s'agit toujours d'auteurs antisémites.[46]

[46] Spinoza enseigna en effet, dans le *Traité théologico-politique* : « À l'égard de l'entendement et de la vertu véritable, aucune nation n'a été faite distincte d'une autre, ainsi il n'y en a pas une que Dieu à cet égard ait élue de préférence aux autres (la formule, si elle désigne les Juifs de l'Ancien Testament, est fausse pour le théologien catholique). **Aujourd'hui donc**, les Juifs n'ont absolument rien à s'attribuer qui doive les mettre au-dessus de toutes les nations. » Or cette prétention des Juifs est constitutive de leur judéité. La nier revient à rejoindre le camp des antisémites, plus précisément ou plus rigoureusement le camp des tenants de l'antijudaïsme.
George Soros peut bien proclamer, sans être inquiété par les foudres des organisations antiracistes : « Pour moi, être juif implique que l'on appartient à une minorité. Je crois que le génie juif existe. Il suffit de regarder le succès des Juifs dans les domaines de la science, de la vie économique et des arts (...) la judaïté est un élément essentiel de ma personnalité et, comme je l'ai déjà dit, j'en suis très fier » (*Le Défi de l'argent*, Plon, 1995, p. 187). Tout à son plaidoyer complaisant, l'auteur omet d'observer que les Juifs ne sont jamais des créateurs (le mot est pris en son sens courant : des novateurs). Ils se contentent d'interpréter, d'exploiter et de **rentabiliser** — témoin la réussite de Soros lui-même — des principes et des acquis dont ils ne sont pas les auteurs.

57 – Conclusion

Il convient ainsi d'observer que les serviteurs de l'Église conciliaire rendent un bien mauvais service au catholicisme en l'innocentant de toute responsabilité dans la diffusion de l'antijudaïsme, parce que le catholicisme est constitutivement une négation, et **la** négation du judaïsme. Il n'est qu'une manière conséquente d'être catholique, c'est d'assumer l'antijudaïsme radical (au sens étymologique) du Christianisme, comme l'enseigne à juste titre le Professeur Leibovitz. Telle est aussi l'unique manière de conjurer le racisme biologique (juif et antijuif) qu'aucune conscience chrétienne, s'il est compris comme déterminisme et comme matérialisme, ne saurait avaliser. Mais cela n'interdit pas à une conscience chrétienne de juger opportun l'exercice tout particulier de la vertu de prudence à l'égard des convertis d'origine juive, quand on songe au comportement des marranes en Espagne.

58 – Épilogue

S'il est dans la logique du christianisme authentique, c'est-à-dire catholique, de supprimer **théologiquement**, par leur conversion, les Juifs et le judaïsme, il est dans la logique du judaïsme de supprimer le christianisme.

> Pour Abraham Livni (*Le Retour d'Israël*, Éd. du Rocher, 1989), l'une des dimensions de la « techouva » (ou Retour) est « la fin d'une époque historique bi-millénaire, celle de l'exil du peuple juif, de sa dispersion parmi les peuples ; et le commencement d'un nouveau cycle d'histoire centré sur la résurrection du peuple d'Israël » (p. 11). « (...) Auschwitz est le produit ahurissant, mais finalement logique, d'une civilisation bi-millénaire » (p. 27). « (...) Auschwitz est la démonstration, suprêmement absurde, des conséquence extrêmes du mensonge sur lequel la civilisation chrétienne a été bâtie pendant vingt siècles » (p. 28) ; « (...) le mythe théologique construit autour de la personne de Jésus, transformée en Jésus-Christ, et constituant la mythologisation d'un Israël accompli, la mythisation d'un rôle éducateur et rédempteur que le peuple d'Israël assure, selon la Bible, durant toute la durée de l'histoire, voilà le mensonge et la source du mal » (p. 39-40). « (...) la seule spécificité du Juif est de pouvoir assumer plus authentiquement l'identité de l'homme. Seul le Juif consciemment greffé sur la révélation du Sinaï, et placé ainsi au centre du projet créateur, peut, en vérité, connaître l'homme, et apprécier les hommes » (p. 41). « "Dieu pourvoiera <sic> lui-même à l'agneau de l'holocauste, mon fils", avait répondu Abraham à son fils Isaac, dans leur commune remontée aux Sources de la Vie (Genèse XXII, 8). Et depuis, tout au long de l'histoire, leurs descendants ont été mystérieusement appelés à renouveler la suprême affirmation ! La **montée au calvaire** <c'est nous qui soulignons>, au bûcher, à la chambre à gaz, n'était pas pour eux un mythe. C'est sur leurs personnes qu'ils l'accomplissaient. Mystère de la mort **expiatrice, donatrice de vie, et qui vaincra un jour la**

mort dans la résurrection des morts ! » <c'est nous qui soulignons> (p. 52-53).[47]

De toute évidence, ainsi que le prévoyait jadis Moses Hess, le peuple juif actuel, selon un mimétisme satanique, se prend pour le Messie qui, dans la chambre à gaz, meurt, ressuscite et sauve l'humanité.[48] Verbe incarné et collectif, il est l'immanence du divin dans l'histoire ; selon l'enseignement gnostique de la Kabbale, il réalise concrètement la déité de Dieu. Si l'avènement d'une telle « résurrection » est bien le retour des Juifs en Palestine, force est pour le catholique de conclure qu'il faut choisir, comme entre l'Église et la Synagogue, entre le Christ et l'État d'Israël. Après que Jean-Paul II a solennellement reconnu — en croyant par là disculper l'Église de toute responsabilité dans la diffusion de l'antisémitisme — la réalité historique de ce qui fut aussi appelé l'Holocauste, il est permis à un catholique de se demander si la liquidation juive du christianisme et des chrétiens, objectivement consentie par le « pape », sera « seulement » théologiquement tentée.

---

[47] Dans le même esprit, Emmanuel Lévinas put écrire : « Une fois de plus, Israël aura été appelé, comme dans sa "Bible", à témoigner de tous, et dans sa "Passion", à mourir la mort de tous et à aller jusqu'au bout de la mort » (journal *L'Arche*, juin 1981). Rien de plus logique de son point de vue. Conformément à l'ensemble de la tradition juive qui refuse la distinction réelle, hylémorphique et grecque, du corps et de l'âme, « l'incarnation de la subjectivité humaine garantit sa spiritualité (je ne vois pas ce que les anges pourraient se donner ou comment ils pourraient s'entraider) » (*Éthique et Infini*, Fayard, 1982, p. 93). Si l'esprit n'est tel que comme « autrement qu'être ou au-delà de l'essence », alors « la percée même du subjectif, du psychisme humain, dans son originelle vigilance ou dégrisement, c'est l'être qui se défait de sa condition d'être : le dés-inter-essement » (*ibid.* p. 96). Aussi l'être de l'esprit est-il de n'avoir pas d'être, d'être comme décompression d'être ou fissure ontologique de l'En-Soi matériel et **charnel** qu'à ce titre il **présuppose**. Conséquence : l'Esprit de Dieu, qui est pur Esprit sans corps, n'est concret ou existant que comme mémoire de lui-même en tant qu'Idéal ou puissance à exister, dans un Christ charnel, collectif et national, tel le peuple élu d'Israël, élu par Dieu pour faire être Dieu.

[48] Le 1er décembre 1998, Madeleine Albright, chef de la diplomatie états-unienne, déclara que l'un de ses objectifs majeurs consistait à « faire progresser l'enseignement, le culte du souvenir et la recherche relatifs à l'Holocauste ». « Il s'agit d'une tâche qui ne connaîtra jamais d'achèvement. » « Elle doit être renouvelée au fur et à mesure que l'espèce humaine se renouvelle, de génération en génération, de sorte que nous soyons sans arrêt confrontés à la réalité de l'Holocauste et que celle-ci ne cesse de nous troubler » (cf. Journal *Rivarol* n° 2413, déc. 1998, p. 9). La célébration de l'Holocauste, sacrifice perpétuel à l'instar de la transsubstantiation des catholiques, doit ainsi rendre présent pour la sempiternité de l'Église judéo-babélienne le Golgotha d'Auschwitz.

CONCLUSION GÉNÉRALE

59 – Aux « Modérés »

« Lorsque des gens nous expliquent qu'ils abominent Reynaud et Mandel, la franc-maçonnerie et la juiverie, et n'en font pas moins des vœux chétifs et crispés pour la victoire de l'Angleterre, qui, si seulement elle était possible, aurait pour effet de ramener et de rétablir tout ce qu'ils prétendent détester, faut-il leur insinuer qu'il y a peut-être dans leurs sentiments une légère contradiction ? » (Abel Bonnard, 7 décembre 1940, *Pensées dans l'action*, Éd. Avalon, Berlin, *Hitler et moi*, 1987, p. 247-248).

Franquistes, Pétainistes (c'est-à-dire au fond anglophiles et américanophiles), Monarchistes germanophobes de toutes tendances, disciples de la Banque et manipulateurs du goupillon — tous ceux qui condamnent le « racisme antichrétien », qui évoquent les « Nazis rouges du Parti Communiste Français », qui ne peuvent s'empêcher d'associer le crime de l'avortement à Auschwitz, aujourd'hui laudateurs inconditionnels du « courageux petit État d'Israël » les vengeant d'avoir perdu l'Algérie — ont subi, pour reprendre les termes que Bormann impute à Hitler, les étreintes les plus triviales des gangsters américains et des sauvages bolcheviks. Mais l'hydre fasciste a été vaincue ! À ceux qui, par leur détermination maladroite mais courageuse, entendirent servir l'ordre sans demander leur avis aux clercs qui en avaient la charge et que leur historique impéritie eût dû inviter à la clémence, ils préférèrent leurs ennemis objectifs se contentant de les détruire sans prétendre les tancer. Les laïcs au nom de la France seule et de sa « mission divine », les clercs au nom de la « prudence » et d'une politique ruineuse d'équilibre des forces internationales (autant que par la propension de l'Église à se placer toujours dans le camp du plus fort), se sont faits les fourriers de la maçonnerie, du communisme, du sionisme et de la subversion tiers-mondiste frénétique. Tel est le monde qu'ils laissent, satisfaits d'eux-mêmes, à leurs enfants. Si ces derniers n'ont pas perdu toute lucidité, ils reconnaîtront que les soldats de l'armée européenne vaincue à Stalingrad ont plus fait, non seulement pour la race blanche, mais pour l'Europe chrétienne et pour l'Église, que la progéniture tant des fins de race réfugiées à Coblence que des conservateurs qui s'extasient devant Galliffet. Après avoir écrasé sans pitié la Commune au profit des Versaillais qui, pour la plupart, étaient les héritiers bourgeois de la nationalisation (en fait, de la spoliation) des biens de l'Église, il se fit, comme on sait, le factotum des Rothschild lors de l'Affaire Dreyfus. Quant à la noblesse, Bossuet disait déjà : « La noblesse n'est souvent qu'une pauvreté vaine, ignorante et grossière, oisive, qui se pique de mépriser tout ce qui lui manque ; est-ce là de quoi avoir le cœur si enflé ? » (Cité par J.P. Brancourt, revue *Réaction* n° 1, Printemps 1991, 6 rue des Halles 75001 Paris) Et il est difficile de ne pas souscrire au sévère jugement de Bossuet lorsqu'on lit la déclaration suivante du Comte de Boulainvilliers (Franc-Maçon de haut grade initié avec Montesquieu à Londres), révélatrice, dès la fin du XVIIIe siècle, d'un égoïsme de **classe** destructeur de la monarchie :

> « Il est faux que ce ne soit pas la force des armes et le hasard d'une conquête qui aient fondé primitivement la distinction qu'on énonce aujourd'hui par les termes de noble et de roturier. **Il est faux que nous soyons nobles pour un autre intérêt que pour notre intérêt propre** <c'est nous qui soulignons>. Nous sommes, sinon les descendants en ligne directe, du moins les représentants immédiats de la race des conquérants des Gaules ; sa succession nous appartient, la terre des Gaules est à nous » (Cité par Michel Toda, *Bonald*, Éd. Clovis, 1997, p. 164).[49]

Sur les décombres de l'Église et de l'Occident, la jeunesse lucide ne supportera plus d'être insultée, brocardée, reniée, trahie par les rescapés melliflues, les « Modérés », du temps où tout était encore possible. Le grand critique littéraire que fut Robert Poulet écrivit : « **J'accuse la bourgeoisie occidentale** (...) **de n'avoir pas prévu que la défaite des fascismes, même adultérés, simplifiés et souillés, entraînerait l'exclusion du seul moyen qui pût encore sauver le**

---

[49] L'honnêteté exige cependant que soit salué avec reconnaissance l'exemple de maints aristocrates européens n'ayant jamais forligné, français en particulier et souvent hobereaux mais parfois d'illustre lignée ; sans cet exemple, imputable aux vertus ancestrales de leur vocation servicielle, les luttes morales et politiques contre la Subversion, mais aussi le combat contre l'Église moderniste, n'eussent pas été les mêmes, et l'égalitarisme insurrectif de la populace, que son indigence matérielle (toute relative) et son exemption d'un devoir particulier de fidélité ne rendent nullement moralement supérieure à ses anciens maîtres, se fût exercé avec une virulence encore plus ravageuse. D'avoir longuement contribué à défaire la France catholique et royale, c'est-à-dire la seule et vraie France, n'ôte pas à nos grandes familles princières le privilège de l'avoir construite et appelle, de la part des révolutionnaires fascistes ayant prétention à la reconstruire, un devoir critique de reconnaissance et de fidélité. Il serait contradictoire, absurde et ruineux pour son projet, qu'un révolutionnaire nationaliste de droite en vînt à faire table rase du meilleur de son passé : la France n'est pas sans le processus de son ontogenèse dont les agents, par là, sont constitutifs de son essence. Une aristocratie ne se crée par *ex nihilo*. Fruit d'une laborieuse et séculaire formation, elle se renouvelle, c'est-à-dire s'enrichit en s'élaguant.

magistère de la race blanche » (*J'accuse la bourgeoisie*, Copernic, 1978, p. 13). Si la Providence permet un jour le rétablissement de la monarchie, celle-ci intégrera les vertus du fascisme. Au rebours des vaticinations gnostiques de l'Illuminé Joseph de Maistre, la Contre-Révolution sera révolutionnaire, c'est-à-dire fasciste. Quelque effort qu'elle fasse jamais pour se défendre d'être identifiée par la Subversion au camp de la Bête immonde, la Contre-Révolution catholique perdra toujours à ce jeu-là, parce que cette intention d'identification ne repose pas sur la seule mauvaise foi des adversaires du catholicisme. Même les Maurrassiens, pourtant peu suspects de germanophilie, s'y sont cassé les dents. Qu'elle le veuille ou non, la Contre-Révolution, qui procède à la fois de la Révolution et des contradictions — gravides de cette dernière — de l'Ancien Régime, est objectivement renvoyée du côté des fascismes, parce qu'ils sont le produit maladroit, exaspéré, de l'inachèvement structurel de la Contre-Révolution. Le fascisme et le paganisme moderne sont, à la monarchie catholique, tels des fils irrespectueux à l'égard d'un père oublieux de ses devoirs et que leur insolence invite, à tort, à refouler dans le camp des contempteurs de l'autorité paternelle. Plutôt que de s'épuiser à anathématiser le fascisme en des professions de foi qui font figure de reniements, la Contre-Révolution doit avoir le courage d'en assumer l'héritage. Le dissoudre en elle — ce qui suppose qu'elle l'accueille — est l'unique manière d'en réduire les aspects inacceptables.

Que les catholiques, parvenus au terme de ce pénible ouvrage, daignent se souvenir des informations suivantes rapportées par Pierre Ordioni (*Entre Rome et la France*, 1926-1946, Albatros, 1991, p. 280 et suiv.) :

En 1934, appuyé par le Maréchal Pilsudski, le colonel Beck signa avec Hitler un traité d'amitié germano-polonais. En 1939 Hitler proposa aux autorités de Varsovie un pacte de vingt-cinq ans garantissant l'indépendance et les frontières de la Pologne, en échange d'une part du retour de Dantzig au Reich, d'autre part du libre passage de la Wehrmacht dans le Corridor. Hitler, à ce moment, envisageait d'écraser le bolchevisme en se dispensant d'un accord germano-soviétique, et par là d'appliquer à l'Ukraine sa doctrine du *Lebensraum*. L'offre du Führer fut repoussée par Beck, qui préféra se lier aux Anglais qui l'en pressaient. P. Ordioni, se fondant sur un mémoire du Général Musse, rappelle que les intentions d'Hitler coïncidaient avec les vœux de Pie XII : si la Pologne avait accepté l'offre d'Hitler en 1939, elle eût conservé son indépendance, l'Église uniate d'Ukraine eût été libérée du joug moscovite, l'Europe de l'Est eût été épargnée de la maladie communiste, l'Europe tout entière eût empêché l'Amérique de jouer son rôle actuel de planétaire Carthage corruptrice. C'est ainsi que Pie XII adressa à Hitler, le 6 mars 1939, une lettre que P. Ordioni reproduit aux pages 250 et 251 de son ouvrage, et qui s'achève sur les termes suivants :

> « Nous nourrissons la confiance que cet ardent désir de Notre part (de voir se perpétuer la cordialité des rapports entre l'Église et l'État allemands),

qui est étroitement relié au bien-être du peuple allemand et à l'efficace affermissement de tout ordre, puisse se réaliser avec l'aide de Dieu. Dans cette attente, Nous implorons pour vous, très Honorable Monsieur, et pour tous les membres de votre peuple, avec les meilleurs vœux, la protection du Ciel et la bénédiction du Dieu Tout-Puissant. »

Les théories racistes slavophobes d'Hitler eussent certainement compromis l'épanouissement, pour un temps, des populations d'Ukraine. Mais eussent-elles été longtemps appliquées ? On a vu ce qu'en pensait Léon Degrelle. De plus, forte de la bénédiction de l'Église qui n'eût pas manqué de se manifester explicitement après un succès hitlérien en Ukraine, la droite aristocratique allemande et autrichienne n'eût pas suivi les agissements du traître Canaris, et les courants prolétariens du régime eussent dû composer avec elle. D'autre part, certains propos de soviétiques contemporains laissent songeur : Nina et Jean Kéhayan, marxistes français impénitents dégrisés par un séjour prolongé en URSS, racontent (*Rue du Prolétaire rouge*, Seuil, 1978, p. 92-93) qu'un dirigeant des Komsomols, bien qu'ingénieur « promis à une brillante carrière dans l'appareil dirigeant de son pays », leur déclara : « Je suis sûr que si Hitler avait gagné la guerre et que si les Allemands dirigeaient notre pays, nous serions aujourd'hui plus libres et plus heureux. »

Quoique sombrant en même temps dans les espérances illusoires d'une démocratie chrétienne rédemptrice, Pie XII considéra même après la guerre que l'Allemagne « demeure la clé de voûte de la chrétienté en Europe malgré les ruines sur lesquelles elle survit » (Ordioni, *op. cit.*, p. 248). L'Allemagne a-t-elle conservé sa vocation romaine et catholique de Fédérateur impérial des Nations d'Occident et de bras armé, par saint Michel son patron, de la Sainte Église ?

On ne saurait déduire l'histoire. Certes, le développement systématique cohérent d'une idée entérine sa vérité : toute inadéquation de l'idée au réel est logiquement sanctionnée, pour qui sait l'identité des lois de la pensée et de celles du réel, par la révélation de l'incohérence intrinsèque de cette idée. Il reste, pour reprendre le vocabulaire de Raymond Aron, que la **logique** des idées ne saurait, sans qu'il soit tenu compte de la **grammaire** des génies nationaux, prévoir les faits historiques supposés corroborer ces idées : la logique des idées est inopérante si l'on fait abstraction des qualités, des faiblesses et des conditions quasi physiologiques, logiquement indérivables, des peuples que ces idées peuvent inspirer et auxquelles ces mêmes peuples se peuvent soustraire ; leur vie est faite de chair et de libre contingence autant que de prédestination rationnelle. Il ne suffit pas que l'Idée impériale soit en Europe reconnue comme un projet nécessaire en tant que potentialité latente en peine de son actualisation, pour qu'elle se concrétise immanquablement. Il ne suffit pas qu'un peuple ait naguère manifesté son aptitude à la vocation impériale qu'il se reconnaissait, pour qu'on puisse prévoir le retour germanique du Saint-Empire et l'avènement de sa maturité (car il n'a jamais existé dans le passé que de manière inachevée).

L'Allemagne actuelle, américanomorphe, a oublié son identité et n'est plus en mesure, probablement pour longtemps, de reconstituer un Saint-Empire. C'est peut-être aux Catholiques français les plus inactuels, à ce jour et depuis toujours — mais non pour toujours — divisés politiquement, que l'Allemagne devra de recouvrer sa vocation politique. Une telle divine surprise se produira peut-être quand l'ardeur à éclipses et la lucidité sporadique, mais aussi la puissance d'insurrection mieux préservée qu'Outre-Rhin des Français, leur auront fait redécouvrir, avec leur identité nationale véritable, leur mission européenne essentiellement culturelle et spirituelle. Puisse le présent livre y contribuer.

INDEX DES NOMS CITÉS

A

B

C

D

E

F

S

T

V

W

X

Z

TABLE DES MATIÈRES

Deuxième section : Les prétentions hégémoniques du fascisme

Troisième section : Sur l'hypertrophie fasciste de l'État

Chapitre III : Les tensions intérieures à la pensée monarchiste

Chapitre IV : Origines subjectivistes de l'antifascisme traditionaliste

Chapitre V : De l'importance qu'il sied de conférer aux sociétés secrètes

Chapitre VI : Le point de vue catholique à propos de la question juive

Conclusion générale

Mai 2018
Reconquista Press
www.reconquistapress.com

www.ingramcontent.com/pod-product-compliance
Lightning Source LLC
Chambersburg PA
CBHW060312030426
42336CB00011B/1007
9780993399374